ÉTICA CRISTIANA

Gerald Nyenhuis
James P. Eckman

Contiene las obras *Ética cristiana: un enfoque bíblico-teológico*, por Gerald Nyenhuis; *Ética cristiana en un mundo postmoderno*, por James Eckman; y un estudio programado por la Facultad Latinoamericana de Estudios Teológicos

EDITORIAL
UNILIT

ÉTICA CRISTIANA

© 2002 Logoi, Inc.
14540 S.W. 136 Street, Suite 200
Miami, Florida 33186

Diseño textual: Logoi, Inc.
Portada: Meredith Bozek

Este texto incluye las obras de:

Gerald Nyenhuis, *Ética cristiana: un enfoque bíblico-teológico.*

James P. Eckman, *Ética cristiana en un mundo postmoderno.*
© 1999 Evangelical Training Association. Usado con permiso.

Producto: 491083
Categoría: Ética cristiana
ISBN: 0-7899-1065-9
Impreso en Colombia

CONTENIDO

Ética cristiana: un enfoque bíblico-teológico

Gerald Nyenhuis

PRÓLOGO A LA SEGUNDA EDICIÓN

Ya han pasado veinte años desde que la primera edición de este libro fue publicada, y casi treinta desde que empecé a escribirlo. Este dato mismo basta para justificar una nueva edición. Sin embargo, existen otras razones. Algunas de ellas tienen que ver con el hecho de que las lecciones fueron escritas para ser comentadas en clase; no para ser publicadas. Además de las inelegancias de expresión y los siempre presentes errores de imprenta, que nunca faltan en este tipo de trabajos. Esperamos haber corregido la mayoría de ellos en esta edición.

Hemos vuelto a escribir el libro en su totalidad. Aunque las ideas y la estructura del libro son las mismas, cada párrafo ha sido revisado. Creo que no hay ninguno que no tenga cambios, aunque sea solamente de una palabra, del orden de ellas o de un signo de puntuación. Hemos agregado párrafos y, a veces, hemos dado nuevas explicaciones.

La primera reacción a la primera edición, de parte de un alumno, fue algo así: «este no es un libro de ética, sino de teología bíblica». Le respondí que había captado bien el sentido del libro. Después de todo, es un libro de texto en la carrera de teología, y el libro trata de las bases bíblico-teológicas de la ética cristiana.

Esto lo hicimos a propósito. Hoy en día estamos demasiado acostumbrados a la (falsa) distinción entre lo teórico y lo práctico. La verdad es que no hay nada tan práctico como la buena y correcta teoría. En la vida cristiana, a veces, hacemos la misma distinción (falsa) entre la doctrina y la vida, cuando la verdad es que la doctrina es la indispensable base de la vida cristiana. Este libro pretende poner la base (teórica) para tomar las decisiones (prácticas) ético-morales. Cada decisión en la vida moral presupone un criterio, una norma, algo tomado como la verdad en la que se basa tal decisión. Nuestro propósito es hacer más clara esta base bíblica. En el sentido práctico, este libro no es un recetario. No dice instrucciones como: toma esto, luego lo otro, no hagas esto, etc., a fin de que si las seguimos pudiéramos llegar al punto deseado. En este sentido no es un manual. Es más bien un libro diseñado para ayudar al pastor o al líder cristiano (maestros y oficiales en las iglesias) en la toma de decisiones ético-morales. El libro no toma las decisiones por ellos. Ellos tienen la responsabilidad de hacerlo. Este libro quiere poner claridad en las bases bíblico-teológicas de estas decisiones.

Por eso, el libro no propone mis decisiones como norma. No dice si estoy a favor o en contra del sexo pre o extramatrimonial. (Estoy en contra.) No dice si apruebo o no el aborto (no lo apruebo), y si acepto la conducta homosexual como normal (no la acepto). Mis decisiones no son secretas; estoy muy dispuesto a revelarlas. Pero este libro no tiene la función de revelar ni de justificar mis decisiones; tiene el propósito de mostrar cuáles son las bases bíblico-teológicas para tomar tales decisiones.

Cuando uso el término «bíblica-teológica», en cuanto a la ética, no quiero decir «bíblicas y teológicas» como si fuesen dos cosas, a pesar de que estén íntimamente relacionadas. La teología bíblica (teología-bíblica) es la ciencia bíblica que encuentra las verdades bíblicas en su contexto. En esto es diferente de la teología sistemática que busca encontrar el sistema bíblico en el que cada doctrina o enseñanza tiene su lugar. También difiere de la exégesis que busca la correcta interpretación de cada texto. La teología bíblica acepta los resultados de la sana exégesis, pero no llega a la sistematización de las doctrinas. Más bien propone los conceptos y enseñanzas bíblicas como autoritativas para la ética, esto es, para la ciencia teológica que tiene que ver con la toma de decisiones ético-morales en la vida cristiana. Es mi sincera convicción que el punto de partida de todo razonamiento cristiano, incluyendo el pensamiento ético, tiene que ser la revelación de Dios. Damos por sentado que Dios se ha revelado y por eso lo podemos conocer. Y por cuanto se nos ha revelado, también podemos conocer su pensamiento. Es nuestro deber, como estudiantes de teología, es decir, estudiantes de las verdades de la revelación de Dios, examinar el revelado pensamiento de Dios que es pertinente a nuestro quehacer ético. Este libro tiene el propósito de orientar nuestros pasos en el esfuerzo de cumplir con esta tarea.

No hay lugar a dudas: el líder cristiano hoy en día tiene que estar bien preparado en cuanto a la ética. Todos los problemas que tenemos como cristianos en el mundo de hoy tienen dimensiones éticas. La ética no es ajena a ninguno de los problemas que enfrentamos; por tanto, tenemos que saber cómo aplicar el «enfoque bíblico-teológico» a estos. Este libro espera ser útil en el cumplimiento de esta área del trabajo pastoral.

La ética se incluye en el Evangelio. El Evangelio contiene fuertes elementos éticos. El mensaje del Evangelio, si se predica con profundidad, contiene las orientaciones éticas de la Biblia. No se puede predicar el Evangelio sin tratar con los temas éticos. Se espera que este libro guíe al comunicador del Evangelio en este deber.

Jesús dijo que se debe escudriñar las Escrituras, porque ellas hablan de Él. Tenemos que escudriñar las Escrituras para saber lo que Él quiere que hagamos, ahora, en el mundo que habitamos; cada cual en el lugar en que Dios le haya colocado como ciudadano en el Reino de Cristo. Este libro quiere insistir en esto. Vayamos, entonces, a escudriñar las Escrituras.

AGRADECIMIENTOS

Estoy muy agradecido al Sr. Leslie Thompson, presidente de Logoi, Inc. y de la Universidad FLET, por haber escogido este libro, hace veinte años, para formar parte del programa FLET, y por haber provisto los medios necesarios para la realización de esta segunda edición.

También expreso mi gratitud a la Iglesia Berith, en la ciudad de México, por haber extendido mis «vacaciones» a fin de que pudiera terminar este trabajo.

De la misma manera, expreso mi gratitud a la Universidad Iberoamericana, de la ciudad de México, por otorgar al autor un sabático para dedicarse a escribir. Esto le dio tiempo para trabajar en distintos proyectos para Logoi y FLET incluyendo este proyecto.

En especial expreso mi gratitud a mi esposa, Francisca Castro de Nyenhuis, que fue alumna y secretaria cuando la primera edición fue escrita. Fue ella quién pasó las primeras páginas, en aquel entonces, a máquina. Ahora, en esta segunda edición, hemos trabajado juntos, a tal grado que ella es verdaderamente la coautora del libro. Yo quería poner su nombre como coautora, pero ella no lo permitió. Ella entiende mi pensamiento —a veces mejor que yo— y me ha apoyado, sostenido (y aguantado) totalmente en este trabajo. Tengo muchas razones para estar agradecido a ella; su colaboración en este trabajo es solamente una de las muchas.

CAPÍTULO 1

EL ESTUDIO DE LA ÉTICA CRISTIANA

I. ¿QUÉ ES LA ÉTICA BÍBLICA-TEOLÓGICA?

A. LA ÉTICA EN GENERAL

La ética es el estudio científico de la vida moral humana determinada por su ideal y su forma verdaderos. Procura contestar ciertas cuestiones fundamentales que todos enfrentamos, tales como: ¿Cuál es el verdadero significado de la vida humana y su propósito? ¿Cómo determinamos quién es el hombre bueno?, ¿cuáles son las marcas de la vida buena? ¿Cuáles son las implicaciones en nuestra vida del sentido humano del deber? ¿Habrá una obligación moral?, ¿cómo se determina?

De este intento de definición notamos que la ética trata de los más profundos intereses y necesidades del hombre. El ser humano está constituido de tal modo que podemos llamarlo un ser «racional-moral», o sea, es tanto un ser racional como un ser moral. Esto, por supuesto no excluye el hecho que también es un ser emotivo, pero esto no tiene que ver tanto con la ciencia de la ética. El ser humano no solamente tiene intelecto sino también tiene conciencia. No solamente percibe cómo son las cosas sino también se da cuenta de que las cosas deben ser de un cierto modo. Además de averiguar, calcular, reflexionar, pensar, y meditar, también se esfuerza por lograr sus metas. Es cierto que tiene ideas, pero, también tiene ideales. Se empeña por realizar su objetivo, su fin, ya que tiene consciencia de ellos. Tiene en su corazón el concepto del «más alto bien», un *summun bonum*. Se da cuenta de que hay una diferencia entre lo bueno y lo malo, entre lo correcto y lo equivocado. Este aspecto de la experiencia humana —el aspecto moral— es lo que se constituye en la materia de la ciencia ética.

Sin embargo, la ética no queda satisfecha con el mero estudio del aspecto moral de la experiencia humana en sí. Es más que un estudio descriptivo de este aspecto del ser humano. La psicología, o sea, el estudio científico de los procesos de la vida psíquica humana, también incluye dentro de la esfera de sus estudios una consideración del aspecto moral de la experiencia. La diferencia es que la psicología es una ciencia descriptiva mientras que la ética es una ciencia normativa. El estudio de la ética tiene la tarea de buscar la verdadera norma o regla para la vida moral humana. Su meta es determinar un criterio objetivo de lo bueno, al cual todos los hombres como seres morales deben conformarse. Con esto vemos entonces que el estudio de la ética se eleva sobre el nivel de lo empírico, lo subjetivo, y sobre lo meramente descriptivo, y procura proporciona un ideal de carácter objetivo y normativo.

B. LA ÉTICA CRISTIANA EN PARTICULAR

La cuestión del punto de vista (o de los supuestos) es de importancia primordial en el desarrollo de cualquier ciencia. Ningún pensador puede estudiar los fenómenos fundamentales sin que, consciente o inconscientemente, proceda sobre la base de un supuesto, en una pre-concepción o pre-comprensión de la verdad y de la propiedad de algún punto de vista. El punto de vista, o supuesto, tiene que ver con el ángulo desde el cual percibimos algo. Este punto de vista desde el cual uno ve el mundo y la vida, sea el que fuere, es lo que, al final, determinará la perspectiva o el enfoque de todas las cuestiones relacionadas con una ciencia. El supuesto[1], entonces, es lo que cada persona tiene que dar por sentado para empezar a pensar. Esto se aplica también al moralista que estudia la ciencia ética, tanto como a cualquier pensador, sea filósofo o teólogo, naturalista o humanista, artista o científico, ateo o teísta, budista o cristiano. Todos tendrán un conjunto de convicciones básicas en cuanto a la naturaleza de la realidad que constituye sus postulados, su enfoque, su punto de vista, o *pou stoo*, el supuesto por el cual mira, evalúa, y procura resolver los problemas éticos. Cualquiera que escriba sobre la ética (o sobre cualquier otra ciencia) deberá aclarar para sí mismo y para sus lectores cual es su punto de vista, su supuesto — su perspectiva fundamental— al seguir los estudios éticos.

Nuestra perspectiva al seguir esta ciencia es la de la teología evangélica. La defensa de esta perspectiva no es nuestra tarea en este momento. La apologética tiene por fin el vindicar el sistema de la verdad cristiana y nos llevaría demasiado lejos de nuestra tarea el intento de hacerlo aquí. Sin embargo, en la realización de nuestra tarea, es importante aclarar lo que involucra para nosotros esta perspectiva en cuanto al estudio de la ética.

Con el fin de poder mostrar las implicaciones de esta perspectiva haremos uso de ciertos adjetivos para designar la orientación de nuestra ética; nuestra ética es: 1. *teológica*, 2. *cristiana*, y 3. *reformada*. En cierto sentido podemos decir que estas designaciones son sinónimas; ya que fundamental e idealmente quieren decir lo mismo, y mutuamente se incluyen. Pero también

---

1 Algunos autores usan la palabra «presupuesto», y algunos «presuposición». Preferimos «supuesto» por ser más sencillo y porque no se confunde con la contabilidad como pasa con la palabra «presupuesto». «Supuesto» viene de *sub* y *puesto* que quiere decir «puesto por debajo».

es cierto que cada término tiene sus matices y asociaciones, por lo que el un análisis de cada uno de estos términos será provechoso para nosotros.

1. Nuestra perspectiva es *teológica*.
La única manera que tenemos de conocer y saber es por el conocimiento de Dios.[2] La única manera de conocer a Dios es a través de su auto-revelación, esto es, por medio de la voluntaria autocomunicación divina con el hombre, en los términos y bajo las condiciones del finito conocimiento humano[3]. Esta revelación la tiene el hombre en su corazón por razón de que es un ser creado, y tiene la capacidad de ver la grandeza de Dios en todo lo que ha hecho, o sea, en toda la creación. Esta la llamamos la revelación general. Si el pecado no hubiera entrado en la vida humana y en el pensamiento humano, todos los hombres conocerían verdadera y adecuadamente a Dios por razón de esta revelación general. La entrada del pecado hizo necesario otra revelación, que fuera en su carácter redentiva y restaurativa. Esta revelación la llamamos la revelación especial y se enfoca en Jesucristo, Dios revelado en la carne, para la redención del hombre. Por la operación del Espíritu de Dios en la regeneración, el creyente se apropia esta revelación de Cristo y, a la vez, de su redención. El que cree en Jesucristo llega a ser una nueva criatura. Su conocimiento está corregido por la Palabra e iluminado por el Espíritu Divino.

2 Véase el capítulo uno del importantísimo libro *Las Instituciones de la religión cristiana*, por Juan Calvino, publicado por la Fundación editorial de Literatura Reformada (FELIRE) Apartado 4053, Rijswijk (Z.H.), Países Bajos. También es disponible por Libros Desafío, Grand Rapids, Mich, USA
3 El presente autor ha escrito sobre este tema en *La Naturaleza de la inspiración y la teología*, una guía para los estudios de postgrado en teología, publicado por Logoi/FLET.

A la luz de la revelación redentiva el creyente, en principio, de nuevo puede ver todas las cosas como son. Tiene verdadero conocimiento de Dios, al grado de que se apropia de la revelación redentiva en Cristo y se alimenta de ella. Por esta misma luz conoce todas las cosas: a sí mismo, a sus compañeros, así como el significado y propósito de la vida. De la misma manera que la Palabra personal (Cristo) es conocida solamente por la Palabra escrita (la Biblia), que son las Escrituras inspiradas por el Espíritu Santo, que nos interpretan a Dios en Cristo. Tenemos en las Escrituras la última fuente y el criterio final para nuestro conocimiento de Dios, de Cristo, de nosotros mismos, y también de la vida moral cristiana.

Conclusión: Todo nuestro estudio de la vida moral y su ideal será determinado y controlado básicamente por el conocimiento de Dios y su auto revelación en las Santas Escrituras como la única fuente de autoridad de la verdad. Nos dejaremos controlar por la exégesis bíblica. Todo esto está implicado al enunciar nuestra perspectiva teológica.

2. Nuestra perspectiva es *cristiana*.
   En realidad esto no agrega nada a la característica que acabamos de mencionar arriba. Mira al mismo tema de un mismo enfoque pero de un ángulo diferente y da énfasis a otro elemento importante, es decir, a la centralidad de Cristo en la revelación, en la teología, y en la vida cristiana. Para nuestro estudio de la ética, el punto de partida u óptica especial se encuentra en la revelación *cristiana*, en la fe *cristiana*. Llamamos *cristiana* esta revelación porque Cristo es su contenido central. Sin Cristo no existe el cristianismo, y solamente la doctrina bíblica de Cristo hace que la ética cristiana sea verdaderamente *cristiana*. Por creer que la verdad cristiana es la última verdad, contemplamos todas las cuestiones mo-

rales a la luz de Cristo. La norma de la vida cristiana es la voluntad de Dios en Cristo, como está revelada en las Escrituras. La Biblia es más que un recordatorio de la vida religiosa y moral de la nación hebrea o una historia o de su pensamiento, o de su experiencia religiosa. Tampoco es meramente la historia del pensamiento o experiencia de los cristianos primitivos. La búsqueda última y fundamental del hombre, y su necesidad más profunda, encuentran su respuesta y satisfacción solamente en la sobrenatural auto-revelación de Dios en y por Cristo, quien es el Alfa y la Omega de las Escrituras. Conclusión: Al estudiar la ética situamos nuestro punto de partida en la divina revelación sobrenatural de las Santas Escrituras, de las cuales Cristo es, a la vez, la culminación, el punto focal, y el centro de ellas. Procedemos sobre la base de una fe y una confianza en el Cristo de las Escrituras y una profunda lealtad a él. Todo esto queda implícito al dar el nombre de *cristiano* a nuestro estudio. Nuestra perspectiva es teológica, pero específicamente cristiana.

3. Nuestra perspectiva es *reformada*.
Si el concepto de la auto-revelación sobrenatural de Dios, que se encuentra en el Cristo de las Escrituras, fuera uniforme entre todos los cristianos, la designación de nuestra perspectiva como *reformada* estaría de sobra. Pero existen entre ellos muchos conceptos diferentes sobre la auto-revelación de Dios y sus enseñanzas, grandes diferencias, profundas, anchas y serias. Existen, por ejemplo, diferencias irreconciliables entre los conceptos de Cristo, de la revelación, de las Escrituras, de la salvación, y aun en sus doctrinas acerca de Dios. Entonces, a fin de evitar malentendidos, nos es menester utilizar una designación precisa para indicar nuestra perspectiva, una designación que exprese sin ambigüedad lo que

estimamos como el verdadero contenido de la perspectiva cristiana y teológica. Esto lo encontramos en la histórica designación *reformada*. La interpretación de nuestra perspectiva teológica y cristiana es la interpretación reformada, o sea, la de la reforma religiosa del siglo dieciséis. Somos herederos de esta reforma. Nos identificamos con los grandes reformadores, aquellos que, en el siglo dieciséis, llamaron a la iglesia a volver a la Biblia, la inspirada Palabra de Dios, como la fuente, la base y la norma de su pensamiento teológico, y, por ende, su pensamiento ético.

El enfoque *reformado*:

a. El enfoque reformado es relativamente el más alto y completo concepto de teología. La perspectiva teológica tiene que empezar y terminar con Dios. «De Él, para Él, y por Él, son todas las cosas» (Ro 11.36). Esto va en contra de mucho pensamiento, llamado hoy en día teológico, que empieza con la experiencia religiosa humana. La perspectiva reformada es netamente teocéntrica. Y es precisamente esta característica lo más notable en el punto de vista reformado. Más que cualquiera otra escuela de teología, la teología reformada ha tomado en serio la prioridad de Dios y su auto-revelación en todo su pensamiento

b. El enfoque reformado es el concepto más bíblico y teológico de la revelación. Son varios los conceptos de revelación que están en boga en el pensamiento teológico actual. Algunos de ellos han llegado al punto de identificar toda revelación con el descubrimiento humano de la verdad. Lo más frecuente, en la actualidad, es que se ha identificado la revelación con ciertas fuertes experiencias religiosas o con ciertas actitudes netamente subjetivas.

El concepto reformado de la revelación es verdaderamente el más teológico y también el más genuinamente bíblico, ya que conscientemente toma la Biblia como la fuente, pauta y norma de todo su pensamiento. Más que las otras escuelas de teología, el concepto reformado hace hincapié en la necesidad absoluta de la revelación sobrenatural, y funda esta revelación en la trascendencia divina (por virtud de la creación) y en la santidad divina y el amor divino (por virtud de la redención del pecado).

c. El enfoque reformado es el concepto relativamente más completo y puro del cristianismo. Enaltece a Cristo, al Cristo de las Escrituras. Tiene un Cristo que es realmente divino, y cuya encarnación y redención son absolutamente únicas, singulares, y finales. Acentúan la autoridad y realeza del Divino Cristo, sobre el cual la Iglesia cristiana esta fundada (y que esta autoridad lo sea no solamente de nombre, sino también en realidad). Tal es la perspectiva de la teología reformada. De ella encontramos en la historia su más fina expresión en las obras de eruditos cristianos como Agustín, Juan Calvino, Juan Knox, Jonatán Edwards, Carlos Hodge, Abraham Kuyper, Luis Berkhof, J. Oliver Buswell y Cornelio Van Til. Es este el punto de vista que determinará todo nuestro pensamiento al seguir la ciencia de la ética.

C. Definición de la ética reformada

Ahora bien, a la luz de lo que expusimos arriba nos es posible dar una definición más precisa a nuestra ciencia. Ofrecemos cuatro definiciones. La diferencia principal entre ellas radica en el hecho de que cada una usa un término diferente como punto de referencia en cuanto al fin supremo de la experiencia moral. Lo máximo, pues, de la experiencia moral puede caracterizarse en relación con cuatro distintos términos que nos permiten ver la ética desde cuatro distintas ópticas. Estos términos que juntos facilitan un concepto más completo y definen la ética como una búsqueda son: *lo bueno, lo recto, lo debido, lo ideal.* Cada una de las siguientes definiciones incorpora uno de estos términos.

1. La ética cristiana es aquella ciencia teológica cuya tarea es la de determinar la naturaleza y condiciones de la vida verdaderamente *buena*, a la luz de la revelación de Dios en las Escrituras.
2. La ética cristiana es aquella ciencia teológica que determina cuál es la manera *recta* de vivir para el hombre, de acuerdo con las normas de la Palabra de Dios.   *II Reyes*

3. La ética cristiana es aquella ciencia teológica que estudia la base, la norma y la realización práctica del *deber* de la vida en la manera determinada por la voluntad de Dios revelada en las Escrituras.

4. La ética cristiana es aquella ciencia teológica que estudia la vida moral y cristiana, declara el hacer la voluntad de Dios, revelada en su Palabra, como el *ideal* fundamental para esa vida, y procura encontrar la manera por la cual este ideal pueda realizarse por el cristiano como agente moral en todas sus relaciones de la vida.

Posiblemente la última de las cuatro definiciones sea la mejor. Es, por lo menos, la más explícita. Tiene también el mérito de poseer un sabor más novotestamentario que las otras tres.

II. LA URGENCIA DE LA TAREA ÉTICA

La tarea ética que acabamos de definir es una tarea urgente. Esto es evidente por la naturaleza de la materia. Pero decirlo no es más que una perogrullada. La verdadera urgencia de la tarea ética se halla en las circunstancias especiales en que nos encontramos hoy. Por varias razones:

1. El gran número de nuevos problemas morales, difíciles y complicados que las condiciones de la vida actual nos ha echado encima.

2. La tendencia actual deliberadamente anticristiana de la moralidad y la ética, aun en los países nominalmente cristianos.

3. Nuestra innegable negligencia en el estudio de la ética en la teología reformada.

Consideremos una por una estas observaciones en cuanto a la urgencia de la tarea ética:

1. *La complejidad y dificultad del moderno problema moral*
   Un creciente número de serios problemas morales, característicos de la época moderna y la postmoderna, exigen solución. Algunos son nuevos, traídos por las nuevas formas de pensar y los descubrimientos científicos, y otros son nuevas formas de antiguos problemas éticos. Además, lo que muchos llaman la tarea social del cristianismo y posturas hacia la ecología en realidad son la tarea moral. Afirmamos que solamente los principios de Cristo ofrecen una verdadera solución para las enfermedades morales de nuestra época. Para que estas sean más que simples palabras piadosas y lisonje-

ras es menester que comprobemos su verdad en la vida actual. Y esto depende de un sincero desempeño de nuestra tarea ética. Todo mejoramiento social, todos los planes prácticos para aliviar las condiciones intolerables, y cada programa cristiano para la reforma moral deben arraigarse en un concepto sano de la base, del motivo, del ideal y de la meta máxima de la vida moral cristiana, vistos a la luz de la revelación de Dios.

En el pasado casi toda la energía de las iglesias reformadas se disipaba tanto en la formulación teológica de su doctrina como en la búsqueda de soluciones en las controversias doctrinales. Las actividades asociadas con estos esfuerzos, por lo menos en la mayoría de los casos, han sido absolutamente esenciales, y actualmente podemos pensar mejor como cristianos debido a ellas. Además nos dan un fundamento seguro para sostener nuestro pensamiento ético. Pero el tiempo viene, y es ahora cuando necesitamos aplicar nuestras energías también a la solución de los grandes problemas morales de nuestra época. Esto constituye un reto grande para la ética cristiana, particularmente para la reformada. La tarea de aplicar las consideraciones éticas de la teología reformada a los problemas morales, grandes y complicados de nuestra época se nos presentan ahora con más insistencia que nunca.

No obstante, una palabra de advertencia puede ser útil aquí. Nuestro pensamiento ético no debe estar orientado solamente hacia los problemas que actualmente buscan solución. Tenemos que ver más allá. Positivamente tenemos que buscar lo bueno, lo recto, lo debido y lo ideal, en relación con cualquier problema, situación y condición de la vida. La ética tiene que desarrollar los principios bíblicos que conforman la base para tomar las decisiones ético-morales. La vida ética cristiana tiene que ver con la toma de decisiones más que con simplemente aceptar las normas sugeridas por otros, aunque sean del pasado.

2. *La tendencia anticristiana en la moralidad de la ética actual*
La tendencia anticristiana es demasiado notable en todas las expresiones de la vida y pensamiento actuales, tanto en Europa como en las Américas. El cristianismo ha sido excluido como fuente y norma de valores y como la pauta del pensamiento.

a. En cuanto a la moralidad actual
En la vida de mucha gente, cristiana por tradición, se ve un repudio creciente de las normas cristianas en la vida práctica y moral. Uno de los fenómenos más asombrosos en la actualidad es el de la «descristianización» o «secularización» de grupos cristianos. Aun en un libro publicado recientemente, un autor puso como título la pregunta: «¿Todavía podemos ser cristianos?» Muchos «cristianos» deben preguntarse: ¿Somos todavía cristianos? Presenciamos una tendencia cada vez más fuerte de un alejamiento de los modos cristianos de vivir. Esto se nota sobre todo en el decaimiento del matrimonio (y de la vida familiar) como una institución divinamente ordenada. El divorcio es aceptado por la sociedad en general y la fidelidad dentro del matrimonio ya no se estima como altamente deseable. Y este es meramente uno de los muchos ejemplos posibles, pero sirve de evidencia de que el ser humano está separándose rápidamente de los valores cristianos de la vida y del deber.

b. En cuanto a la ética actual
El repudio de las normas morales cristianas de la vida práctica se debe en gran parte a la diseminación de teorías

y sistemas anticristianos a través de la enseñanza universitaria, la plataforma de conferencias, y los medios de comunicación. Son dos, por lo general, los tipos básicos de la ética moderna que corresponden a los dos principales tipos de la filosofía anticristiana en la época actual: (1) el idealismo y (2) el naturalismo.

(1) La ética idealista moderna

De los dos tipos mencionados arriba, este se considera el más respetable. Es la ética de muchos de los eruditos universitarios. En algunos casos la han fundido con el cristianismo, siendo el resultado una forma de moralismo religioso. La mayor parte del modernismo (o liberalismo) teológico aboga por una ética de este tipo. Puede parecer cosa equivocada llamar a esta una ética anticristiana, pero con algo de ropaje cristiano no puede ocultar su verdadera identidad. La ética idealista está de acuerdo con la ética cristiana en postular que la realidad última sea «espiritual» (es decir, no simplemente biológica o material) y mantener que ha de existir una norma objetivamente válida de lo correcto. Pero esto no hace que la ética idealista sea una ética cristiana. Al contrario, es sutilmente anticristiana. En casi todas sus formas presenta una confianza (o una fe) en la capacidad natural del hombre para realizar su ideal y hacer lo bueno; supone una perspectiva evolutiva que rechaza la enseñanza bíblica de la caída; niega la operación de la gracia sobrenatural en la redención y en la regeneración; no cree en el pecado y la culpabilidad; considera que toda maldad no es más que lo bueno todavía por realizarse; y mantiene que el ideal moral es básicamente la autorrealización del ser humano a través del desarrollo de todas las potencialidades nativas del hombre. Aboga por la autonomía del ser humano: da por sentado de que el hombre sea autónomo. Este tipo de ética, especialmente por su alianza con la teología modernista, ha sido una de las influencias más potentes en las tendencias anticristianas en la ética moderna.

(2) La ética naturalista moderna
Este tipo de pensamiento se inspira en el repudio de que haya (o que pudiera haber) una realidad espiritual en cualquier forma. Es más plenamente anticristiana y menos sutil. Jura por la ciencia natural y la teoría de evolución. El punto de vista biológico es la última categoría. Implica una ética utilitaria y hedonista. El placer es el bien más alto, y el placer sobre esta base es esencialmente el placer sensual, aunque sea de un tipo refinado. Además, todo lo que sea útil para conseguirlo se justifica.

Este segundo tipo de ética, el naturalista, es francamente hostil al cristianismo. Nitzsche y Dewey son dos de sus exponentes modernos. La ética marxista, que ya no se enseña mucho, ha dejado sus huellas en el pensamiento actual, y es básicamente naturalista también. Es el punto de vista ético que está en ascendencia en la mayoría de las universidades latinoamericanas y europeas, y es predominante en muchas de ellas. Viene a veces disfrazado de una perspectiva humanista, pero su hostilidad a todo lo sobrenatural y a todo lo teológico, a todo lo que es básico en la religión y la moralidad, es en todos los casos muy notable. Esta perspectiva, perfilada por numerosos líderes intelectuales, constituye el ataque más serio y franco hoy día contra los principios y normas de la ética cristiana.

3. *Nuestra deficiencia en el estudio de la ética bíblico-teológica en tiempos pasados*

Todo lo dicho antes acentúa la urgencia de la tarea ética, sobre todo para nosotros los que aceptamos los fundamentos de la teología reformada. La urgencia se hace aun más apremiante cuando notamos el hecho de que la teología reformada tiene que confesarse culpable de una negligencia en el estudio de la ética.

No se puede echar la culpa a los reformadores y a los primeros teólogos protestantes. En el primer siglo de su historia la iglesia reformada se caracterizaba por una vitalidad notable, tanto en ética como en doctrina. Apreciaban ambos aspectos: tanto el teológico como el ético. Troeltsch y Weber han dado su testimonio acerca de la vitalidad ética de los fundamentos calvinistas. El interés ético era vivo también en la generación inmediatamente posterior a Calvino. Esto se hace muy evidente con la publicación en 1577 de un libro clásico de la ética reformada: *Lambertus Danaeus, Ethices Christianae,* Libri III. Muchas de las primeras teologías en la tradición de la Reforma contenían tratados de la ética en su exposición, frecuentemente en la forma de un comentario sobre los diez mandamientos. Las teologías de Turretín y de Witsius son buenos ejemplos.

El trazar las influencias que operaban en las siguientes décadas y siglos y que debilitaban el interés en la ética sería un estudio de mucho valor. Pero a la misma vez sería un estudio que exigiría largo tiempo y mucha investigación en la historia de la teología reformada. Sin embargo, no cabe duda que una tendencia hacia un cierto «ortodoxismo» malsano y hacia un malentendido escolasticismo teológico tuviera sus malos efectos. Como quiera que haya sido la historia de la ética en la teología reformada, es un hecho innegable que la teología reformada moderna es culpable de negligencia real del estudio ético. Esto se confiesa sobre todo dentro de los mismos círculos en que más se esfuerzan por hacer una ética reformada.

Estas consideraciones, junto con la tendencia actual de reducir el pensamiento bíblico a un «evangelio» básico y general, sin hacer distinciones o precisiones en la interpretación bíblica, y sin aprender con profundidad sus enseñanzas, hacen aun más urgente el desempeñar nuestro deber ético como teólogos protestantes.

Existe una necesidad imperiosa de un testimonio fuerte e inteligente en cuanto a las implicaciones morales de nuestra fe, frente al relativismo ético de nuestra época. La iglesia cristiana tiene que hablar claramente, no solo sobre los puntos doctrinales sino también sobre los principios éticos. La teología debe indicar la diferencia entre los fundamentos éticos corrientes de nuestros días y los de la ética que se sujeta a la Palabra de Dios. La tarea apologética de la iglesia cristiana también tiene su fase ética. El cultivo del estudio ético sobre la base bíblica puede ser un estímulo grande para una apreciación más a fondo del aspecto ético de la predicación. Enfrentándose a las corrientes modernas de la moralidad y la ética, el pueblo cristiano necesita de un profundo sentido ético en su conciencia. No debemos confundir la moralidad con la ética, pero sí podemos estar seguros de que el estudio de la ética, si está bien hecho, sin lugar a dudas dará aliento a la vida moral del cristiano, tanto al que la estudia como a los que están bajo su influencia espiritual. El estudio de la ética es también una «precondición» para resolver los muchos problemas, confusos y complicados, que la vida moderna presenta al cristiano.

III. Los postulados teológicos de una ética bíblica-teológica

A. La ética y la dogmática[4]: su interrelación

La dogmática y la ética están estrechamente relacionadas. A la verdad, por muchos siglos la ética no se veía como ciencia aparte sino que se trataba como una parte de la dogmática. Aunque se encuentran los comienzos de la ética cristiana ya en Clemente y en Orígenes, en Ambrosio y en Agustín, y a pesar de que tenemos que reconocer que una gran parte de la teología de la edad media se ocupaba con las cuestiones morales, la ética cristiana no vino a ser ciencia particular sino hasta después de la Reforma. En la época de la Reforma los teólogos luteranos, tanto como los reformados, incluían su consideración de problemas éticos dentro de las obras de la dogmática. Quien trató primero con la ética como una ciencia teológica distinta fue un teólogo reformado, que ya hemos mencionado, Lamberto Daneus, profesor en Ginebra y Leydon, en sus tres tomos sobre ética cristiana, publicados en 1634. Este primer tratado de

4 A algunos les puede parecer raro que usemos la palabra «dogmática» aquí. La palabra casi siempre se usa *en malem partem*, o sea, en el sentido despectivo. La aplicación del adjetivo «dogmática» suele implicar una crítica negativa. Usamos la palabra aquí en el sentido en que la explicamos en la obra *La naturaleza de la inspiración y teología*, que resumimos. Un dogma es una doctrina llevada a su más autoritaria expresión. Una doctrina es una verdad bíblica expresada en forma pedagógica. La forma de la doctrina está en función de su comunicación. Entonces una doctrina es la verdad Bíblica organizada y expresada para ser comunicada. Cada vez que hacemos un resumen de un pasaje de la Biblia y que insistimos que la Biblia enseña tal y tal cosa, hacemos doctrina. El dogma es una doctrina que ha sido derivada de las Escrituras, formulada por un cuerpo eclesiástico competente y declarado ser la enseñanza Bíblica. Los dogmas entonces forman el contenido de nuestra fe. La dogmática, como ciencia teológica, es el estudio de la formulación y el contenido de los dogmas, es decir, las doctrinas de las Escrituras. Actualmente, en lugar de «dogmática» se emplea más el término «teología sistemática», aunque n o es precisamente lo mismo que «dogmática».

ética como ciencia distinta marca un gran paso hacia delante en el desarrollo teológico.

La distinción entre la dogmática y la ética como dos ciencias teológicas nunca debe conllevar a un divorcio entre ellas. La dogmática y la ética constituyen dos aspectos del estudio de la teología sistemática. Esto indica su íntima relación. La dogmática y la ética en la teología están relacionadas como dos puntos de vista de la misma perspectiva cristiana. Ambas tratan de las verdades fundamentales del sistema cristiano, pero dentro del sistema cristiano las dos ciencias difieren en la misma manera en que la metafísica y la ética lo hacen en el campo de la filosofía. Podemos decir que la dogmática es el estudio de las creencias cristianas, y la ética trata de su aplicación a la vida cristiana. El teólogo holandés que formó un periódico, una universidad y llegó a ser el primer ministro de Holanda, Abraham Kuyper, expuso esta distinción al decir que la dogmática trata de la norma de la fe, y la ética de la norma de la acción. Esto va de acuerdo con una frase que empleamos frecuentemente: «la Biblia es nuestra única regla infalible de fe y conducta». Aunque no insiste en esto, el mismo autor dice también, que podemos utilizar el término de «dogmática» para incluir ambas ciencias. No queremos insistir en este punto, pero sí apreciamos su intención de acentuar la estrecha relación entre la dogmática y la ética. Para utilizar una expresión del Sr. Kuyper, la primera ciencia trata de *dogmatic veritatis,* y la segunda trata de *dogmatic vitae* (o sea, la dogmática de la verdad, y la dogmática de la vida).

La estrecha relación entre las dos ciencias teológicas queda reforzada con el hecho de que la dogmática es la base de la ética. Nuestra ciencia de vivir tiene su base indispensable en nuestra ciencia de formular las doctrinas o las creencias. La solución del problema ontológico determina la respuesta al problema ético. Nuestras creencias del ser determinan las conclusiones referentes a nuestro bienestar. Como en la filosofía, la ética está determinada por la metafísica; de la misma manera en la teología cristiana la ética está determinada por la dogmática. Los grandes supuestos de la vida moral, sobre los cuales opera la ciencia de la ética cristiana, son derivados de la dogmática cristiana. Las grandes verdades en cuanto al Ser de Dios, la naturaleza del hombre, el pecado, la salvación, y la consumación de la historia del mundo forman la materia de la dogmática y se constituyen en los supuestos de la ética.

Esta íntima relación entre la dogmática y la ética suele negarse actualmente y ello resulta en un divorcio de las dos ciencias teológicas. Bajo la influencia del ritschlianismo (que encuentra su expresión en la tendencia antidoctrinal de la época), muchos teólogos subestiman la dogmática. Hay en nuestros días un cambio de énfasis de la doctrina para aplicarla a la vida que dista mucho de ser equilibrado. El cristianismo práctico y social de nuestros días aunque pone cierto énfasis sobre la ética, positiva y deliberadamente subestima la doctrina. Debemos cuidarnos contra el error de poner nuestro énfasis en un lado a expensas del otro; la dogmática es la base indispensable de la ética.

Sin embargo, por tener ansias de evitar un extremo, no debemos descuidar el peligro de caer en lo opuesto. Entonces, si existe en derredor nuestro una tendencia de sobrestimar la ética cristiana, esto no será razón para subestimarla. Aun entre los grupos cristianos conservadores no es esto un peligro imaginario, sino es obvio a todo observador atento. Frecuentemente entre ellos, la justificación y todo lo que pertenece a este ciclo de la verdad cristiana se subraya tanto que la santificación y las verdades con ella relacionadas resultan suprimidas. El equilibrio admirablemente mantenido en el Catecismo de Heidelberg puede tomarse por modelo en todos los grupos. Existen casos en que los hombres moverían cielo y tierra para luchar por lo que consideran una doctrina o principio importante, y en el proceso pisotearían todas las cortesías cristianas y las demandas fundamentales de la vida ética. Estos casos constituyen tristes y humillantes instancias del peligro referido. Debemos cuidarnos contra el «unilateralismo» o exageración moralista por un lado, pero no debemos estar menos alerta a los peligros de un estéril e inmoral dogmatismo por el otro.

No se puede negar que el desarrollo del carácter cristiano, de las cortesías cristianas, y de las virtudes cristianas no ha marchado al mismo paso que el desarrollo del conocimiento doctrinal. Contra esta tendencia, aunque parezca no muy fuerte, en el cristianismo actual debemos estar alerta y no buscar una falsa seguridad escondiéndonos tras las murallas de la sana doctrina, con un supuesto interés en la dogmática. Reconozcamos que tal actitud resultará en el empobrecimiento de ambos estudios, porque la dogmática está también relacionada con el aspecto moral de nuestra fe.

B. Los postulados de la ética cristiana, ¿cuáles son?

No podemos comenzar un estudio científico sin hacer supuestos, o sea, sin presuponer algunos principios básicos como punto de partida. El organismo entero de la ciencia humana está entretejido. Las ciencias particulares no están aisladas del resto del cuerpo del conocimiento. Esto es cierto en las ciencias naturales, en las humanidades, en las ciencias sociales, y también en la ética. Los supuestos básicos de una ciencia suelen ser parte del cuerpo de otra ciencia. En aquella otra ciencia donde propiamente pertenecen han sido discutidos y establecidos, mas para el propósito de una nueva ciencia, estas verdades, son supuestos, o postulados. Un postulado, entonces, es una verdad establecida en una ciencia, pero que funciona como un supuesto en otra ciencia; es lo que se da por sentado para iniciar esta ciencia, pero siempre viene como un supuesto prestado de la ciencia previa donde fue elaborado, desarrollado y defendido.

La ética reformada también tiene sus postulados prestados. Toda ética los tiene prestados. Tienen que ver con lo que se entiende en cuanto a la naturaleza de la realidad. El filósofo idealista tiene razón cuando dice que toda discusión de la ética tiene que basarse en supuestos metafísicos. Es decir que las cuestiones de lo bueno y lo malo pueden ser consideradas solamente sobre la base de los supuestos correctos; respecto a la naturaleza del mundo, de Dios, del Hombre, y de la relación entre ellos.

Nosotros, los que aceptamos el punto de vista teológico y reformado como nuestro verdadero supuesto, reconocemos que toda ética genuinamente cristiana tiene que basarse en las verdades fundamentales que propiamente pertenecen al estudio de la dogmática. Los supuestos de la vida moral cristiana, y los postulados para su estudio, se encuentran en las grandes verdades de la dogmática. Son verdades que ha encontrado en la Biblia y las ha desarrollado y formulado. Son el resultado de los estudios dogmáticos y se toman ahora como la base de la ética.

La dogmática es el indispensable fundamento de la ética. Las cuestiones referentes al verdadero ideal de la vida y su realización propiamente pueden considerarse solamente a la luz de las grandes verdades del sistema doctrinal del cristianismo: respecto a Dios, al hombre, al pecado, a Cristo, a la salvación, y al porvenir. Por esto la ética reformada comienza con aceptar las verdades básicas de la dogmática reformada, que son sus supuestos, sus postulados, y sus lemas.[5]

---

5 Son varios los libros que dan buena exposición de estos dogmas. Uno de los más sencillos y, a la vez, relativamente completo, es el libro de Luis Berkhof *Manual de doctrina cristiana*, publicado ahora por Desafío, Grand Rapids, MI., USA. De la misma

Al estudiar estos supuestos de la vida moral del cristiano, nuestro interés es doble: primero, nos interesan como lemas, es decir, queremos entenderlos en sí; y segundo, nos interesan las implicaciones éticas de estos supuestos. En cada caso, debemos determinar claramente cuáles son las verdades básicas que nos presta la dogmática. El establecimiento y la vindicación de esas verdades, está más allá de la esfera ética. Damos por sentado que esto se haya hecho en el estudio de la dogmática. Al explicar las implicaciones de esas verdades doctrinales, sin embargo, tenemos la tarea de mostrar sus implicaciones en cuanto a la ética. ¿Cuáles son estos postulados doctrinales de la ética reformada? Son seis y corresponden a las seis grandes doctrinas del sistema cristiano. Estos dogmas no vienen aislados, ya que la Biblia no solamente nos enseña algunas doctrinas, sino también nos presenta un sistema doctrinal. Estas seis doctrinas son: la doctrina de Dios, del hombre, del pecado, de la redención, de Cristo, y de la consumación de la historia humana.

Estas seis doctrinas nos dan seis postulados:

1. El postulado teológico; o sea, la doctrina de Dios como supuesto de la vida moral del cristiano y su ideal.
2. El postulado antropológico; o sea, la doctrina del hombre como supuesto de la vida moral y cristiana y su ideal.
3. El postulado hamartológico; o sea, la doctrina del pecado, como supuesto para la vida cristiana moral y su ideal.

editorial y también escrito por Luis Berkhof, tenemos el libro de texto *Teología sistemática* —uno de los mejores y más famosos libros de teología del siglo veinte. De Logoi/FLET tenemos el libro de J. Oliver Buswell, *Teología sistemática de la religión cristiana.* Otro texto de teología sistemática de buena y bien merecida fama es la obra *Teología sistémica* de Carlos Hodge. La traducción al castellano, publicado por CLIE es muy reducida (casi a la mitad) pero, a pesar de ello, el libro es muy recomendado. El libro, *las Instituciones de la religión cristiana* de Juan Calvino, aunque no está organizado como libro de texto de teología, sigue siendo uno de los mejores libros sobre este tema.

4. El postulado soteriológico; o sea, la doctrina de la redención como supuesto de la vida moral y cristiana y su ideal.
5. El postulado cristológico; o sea, la doctrina de Cristo como supuesto de la vida cristiana y su ideal.
6. El postulado cosmo-escatológico; o sea, la doctrina de la consumación de la historia humana como supuesto de la vida moral y cristiana y su ideal.

Volvamos ahora a la consideración de esos postulados, uno por uno, individualmente (y sus implicaciones éticas), con la excepción de aquellos que se relacionan directamente con el hombre como agente moral, o sea, los postulados antropológicos, hamartológicos, y el soteriológico. Esos tres los estudiaremos aparte, en la consideración del cristiano como agente moral, que es el tema del siguiente capítulo. La importancia ética de esos tres postulados se restringe, de una manera casi completa, al estudio del cristiano como agente moral y, por eso, nos conviene tratarlos en esta conexión.

Los demás postulados, sin embargo, tienen implicaciones más generales, y estas las estudiaremos a continuación.

C. EL POSTULADO TEOLÓGICO DE LA ÉTICA CRISTIANA

Este postulado envuelve una consideración de la doctrina de Dios como un supuesto de la vida moral cristiana. Es una doctrina fundamental. No es meramente determinativa de la ética como lo son también los otros supuestos sino es el fundamento de todos los otros supuestos. La doctrina de Dios es fundamental y determinativa en toda dogmática y en toda ética.

La centralidad de Dios en toda religión y toda moralidad es esencial. Una de las más serias enfermedades del pensamiento moderno es que sufre del eclipse de Dios. Se habla mucho de religión pero poco de Dios en la predicación moderna, en la enseñanza y en la teología. Es un cambio que ha entrado progresivamente en el pensamiento cristiano durante los últimos 150 años. Tapa a Dios todo pensamiento teológico que ha sido inspirado por Schleiermacher y los filósofos idealistas del siglo veinte. El pensamiento panteísta lo hace al identificar a Dios con su creación y sobre todo con la humanidad en su mejor forma.

También ocultan a Dios otros tipos de pensamiento. Todos los que han sido influidos por la teología moderna, por ejemplo, el tipo agnóstico-moralista del pensamiento religioso. En este pensamiento o se niega a Dios o se le reduce a un apéndice de una religión esencialmente humanista moralista. Este punto de vista ha influido profundamente todas las éticas. ¡Ha llegado al punto en que algunos han dicho que Dios ha muerto!

Si queremos una ética verdadera, tenemos que salir de tales perversiones y distorsiones de la religión y de la teología. Tenemos que volver a reconocer la prioridad y la majestad del Dios Santo, Amante, y Trascendente. Si Dios es Dios, este hecho tendrá importancia primordial en toda religión y moralidad, tanto en la teología como en la ética. Es el lugar primordial que ocupaba Dios en la vida moral y en el pensamiento de Jesús, de Pablo, de Agustín, de Lutero, y de Calvino. Tenemos que preguntar entonces: ¿Quién es Dios? y ¿qué influencia tiene el concepto verdadero de Él en nuestra vida moral y en el pensamiento ético?

1. Dios como un ser moral

Dios es un ser infinito, absoluto, espiritual, trino, perfecto en sabiduría y poder, en bondad, en justicia, en santidad, y en amor; tanto en la plenitud de su eterna y autosuficiente existencia como en las múltiples relaciones que sostiene con sus criaturas racionales.

Dios es personalidad absolutamente divina. Es infinito en su Ser y sus perfecciones. Es la fuente de todo bien. Es el bien absoluto y personal (*ho agathos;* Mr 10.18b: *oudeis agathos, ei mee, ho Theos*). El bien que haya, fuera de su Ser, se deriva de Él, y tiene su origen en Él. La perfección de sus atributos[6] es una perfección absoluta e infinita. Luego: Dios es sabiduría absoluta e infinita, poder absoluto e infinito, santidad absoluta e infinita, justicia absoluta e infinita, y amor absoluto e infinito, etc.

En cuanto a esto podemos preguntar: ¿Es Dios un ser moral? La respuesta tiene que ser afirmativa. Pero, a la vez, hay que añadir que no podemos comparar las características de la personalidad finita del hombre como ser moral, con el Ser divino como un ser moral. Lo que dijimos al hablar del hombre como ser moral no se podría aplicar a Dios porque el ser moral en el sentido humano implica los siguientes elementos:

a. El estar sujeto a la ley moral, cuya base está fuera de la humanidad y se impone sobre ella autoritativamente y reclama una obediencia categórica.

b. El estar constituido de modo que por una progresión gradual del esfuerzo moral se aproxima al verdadero fin de su ser.

---

6 El libro, *el Dios que adoramos*, publicado por Logoi/FLET, trata de los atributos de Dios.

Ninguno de estos dos elementos que se encuentran en el ser moral del hombre se aplica a Dios.

Pero, sí, Dios es un ser moral, infinitamente moral. Es bueno, absolutamente bueno. Es Espíritu. Está totalmente enterado, de Sí mismo y de todo, es autoconsciente, es autodeterminante como todo ser moral. Cual Espíritu infinito, Dios es perfecta y eternamente autoconsciente; eterna y perfectamente comprende la plenitud de su glorioso Ser. Se realiza perfecta y eternamente. Dios vive hacia un fin y es un fin perfecto y absolutamente bueno.

Carlos Hodge dice: «Se envuelve en la mera naturaleza del ser racional y voluntario, que se conforma a la regla de lo correcto, lo cual en este caso es la misma razón infinita de Dios» [*traducción del inglés*] (*Teología sistemática*, tomo I, p. 379). Tanto como es bueno, Dios es perfectamente libre. Tal como es Dios, es moral en el sentido más profundo de la palabra.

Una y otra vez, en la historia del pensamiento religioso, los pensadores especulativos y los místicos han insistido en colocar su concepto de Dios «más allá del bien y el mal». Tal es la posición del panteísmo brahmánico. Se encuentra esta idea también en el pensamiento de muchos místicos, tanto cristianos como incrédulos. Y en los años recientes los idealistas absolutos han defendido la idea.

Todo concepto de Dios como «más allá del bien y del mal» no es digno de Dios. No existe, por supuesto, ningún mal en Dios, pero esto no es lo que quieren decir con el término «más allá del bien y del mal». Lo que quieren decir es que la distinción misma entre el bien y el mal no tiene significado en relación con Dios. Se concibe a Dios como un absoluto amoral. Concebir a Dios como un absoluto amoral no es solamente una contradicción de términos sino que además pervierte el concepto del mismo Ser de Dios. Dios es perfectamente bueno y santo, y no puede tener ninguna comunión con el mal. ¿Cómo entonces puede ser indiferente en cuanto al bien y el mal? El sacrificar los atributos morales de Dios a los metafísicos conduce inevitablemente a una perversión del mismo Ser de Dios: «Dios es Luz y en Él no hay tinieblas» (1 Jn 1.5, cf. Stg 1.17).

2. *Las implicaciones éticas de la doctrina de Dios*
La doctrina de Dios tiene las siguientes importantes implicaciones éticas, las cuales básicamente determinan nuestro concepto de los fundamentos de la moralidad cristiana:

a. Existe una antítesis absoluta entre el bien y el mal. La naturaleza moral de Dios es la garantía de que vivimos en un mundo en el cual el bien y el mal no son asuntos indiferentes. La base última de esto se encuentra en lo que podemos llamar la «bondad metafísica» de Dios, la expresión más profunda de su naturaleza moral. Esta «bondad metafísica» de Dios está muy relacionada con lo que la Biblia muchas veces denomina Su santidad cuando la palabra «santidad» se toma en un sentido amplio de la palabra. La santidad es «aquella perfección de Dios en virtud de la cual Él eternamente ordena y mantiene su propia excelencia moral, aborrece el pecado y requiere pureza en sus criaturas morales». «Sed santos porque Yo soy Santo» dice el Señor (Lv 11.45; 20.26; 1 P 1.16). He aquí la razón de decir que la antítesis entre el bien y el mal es absoluta.

b. La naturaleza moral de Dios es la base de la responsabilidad moral del hombre. Somos moralmente responsables porque Dios nos hizo criaturas morales, a su propia imagen. Dios el Creador llamó al cosmos a existir, y en un orden natural y moral. Es el Creador, Sustentador, y Gobernador moral. Por más profundo que sea el concepto humano acerca de la Santidad de Dios, más profundo y penetrante será su concepto de la responsabilidad moral. Y, a la inversa, si es liviana su idea de la Santidad de Dios, su sentido de responsabilidad moral también será débil. Tenemos una ilustración de esto en el hinduismo moderno con su concepto panteísta (y politeísta) de Dios. El Dr. Kellogg, quien pasó su vida de misionero en la India, cuenta acontecimientos persuasivos de su propia experiencia. Dice que es cosa común para un hindú disculparse de una maldad culpando al Brama, el tono impersonal, que es el que actuaba en y a través de la persona. También dice que el concepto del deber, de la conciencia, y de la verdad que encontraba era un concepto vago y relativo. Insiste en que la raíz de todo esto es el concepto de la naturaleza de Brama (S.H Kellogg, *Manual de la religión comparada*).

c. La voluntad de Dios nos proporciona una regla para la vida moral. Esta norma es la expresión de la santa voluntad de Dios. Para nosotros, la expresión de la santa y perfecta voluntad de Dios es el Bien. Y el pecado es lo que va contra esa perfecta y santa voluntad de Dios. Solamente cuando tengamos un sentido profundo de la santa voluntad de Dios, entenderemos que el pecado es verdaderamente pecaminoso para nosotros. «Contra ti, contra ti solo he pecado y he hecho lo malo delante de tus ojos» (Sal 51.4). Esto es lo que David exclama en cuanto a un pecado que parece ser cometido contra su prójimo. José muestra una aguda sensibilidad de la voluntad de Dios cuando exclama, frente a la tentación de pecar, de la misma manera: «¿Cómo, pues, haría yo este grande mal y pecaría contra Dios?» (Gn 39.8). Las maldades sociales de nuestra época son malas solamente porque son, y al grado en que son, violaciones de la voluntad de Dios.

Así se debe notar que la voluntad de Dios, que determina la norma de lo bueno para el hombre, no es una voluntad caprichosa. El fundamento último de lo correcto y lo bueno se encuentra en el Ser perfecto de Dios, en su naturaleza cual Bien Absoluto, y en su voluntad divina, que es la expresión consistente de su naturaleza perfecta. Lo bueno es, entonces, bueno porque Dios así lo desea; y también se puede decir que Dios lo desea porque es bueno. No debemos entender por esta última frase que ello implique la existencia de una norma moral de lo bueno existente aparte de Dios, o por encima de Él, a la cual tiene que conformarse. No existe una idea de lo bueno la cual sea más definitiva a la santa voluntad de Dios, con la cual Dios mismo tenga que estar de acuerdo. Dios mismo es la fuente de todo bien y su norma. Alguien ha dicho correctamente. «No es meramente que la justicia sea justa porque Dios la ordena; más bien, todo lo que Él ordena es justo». El pecado no es pecaminoso meramente porque lo prohíbe Dios, sino que todo lo que Él prohíbe es pecado. Cualquier santidad, cualquier majestad que pertenezca a la eterna ley de justicia pertenece a Dios. Esta ley es la perfecta expresión de su voluntad.

d. La meta más alta, el sublime fin, el sumo propósito de todo esfuerzo moral se encuentra en Dios. Es, a la verdad, Dios mismo. El Catecismo de Westminster pregunta: «¿Cuál es el fin principal del hombre?» y responde: «El fin principal del hombre es el de glorificar a Dios y gozar de Él para siempre.» El salmista dice: «¿a quién tengo en el cielo sino a ti?» El calvinista genuino no «usa» a Dios sino quiere servirle. El conformarse a Dios es la meta moral más alta del hombre. El último fin del verdadero creyente es el cielo, y el cielo es el cielo porque allí está Dios.

D. El postulado cristológico de la ética cristiana

La doctrina de Cristo también tiene significado ético de mucha importancia. La doctrina de Cristo, que recibimos como lema de la dogmática, se puede resumir en esta declaración: Jesucristo es el Dios-Hombre (no el hombre divino sino Dios revelado en la carne), verdadero Dios y perfecto hombre. ¿Cuáles son las implicaciones éticas de esta verdad cristológica?.

1. El Redentor sin pecado rindió una perfecta obediencia de infinito valor por el pecado del mundo. Esta es la gran verdad de la redención, pero enfocada, no del punto de vista soteriológico sino del cristológico. «Al que no conoció pecado por nosotros lo hizo pecado (2 Co 5.21). Otro pasaje bíblico muy conspicuo en cuanto a esta verdad del punto de vista cristológico es Hebreos 7.26,27: «Porque tal pontífice nos convenía: santo, inocente, limpio, apartado de los pecadores, y hecho más sublime que los cielos; que no tiene necesidad cada día, como los otros sacerdotes, de ofrecer sacrificios por sus pecados, y luego por los del pueblo: porque esto lo hizo una sola vez, ofreciéndose a sí mismo».

2. Nuestro Señor-Salvador es a la vez la cabeza y el principio organizador de la nueva —esto es, la redimida— humanidad. Él es el último Adán (1 Co 15.45,47). Él es el autor de la vida (Hch 3.15).

3. El Dios-Hombre es la incorporación perfecta y el prototipo del bien humano, de la perfección humana. En Jesucristo el ideal, el hombre perfecto, reaparece en la humanidad. Es la perfecta incorporación del carácter ético. Lo muestra en su

carácter exaltado, en su divina conciencia, y en su tratamiento irreprochable con sus compañeros. «Y la Palabra se hizo carne... lleno de gracia y de verdad» (Jn 1.14). «¿Quién de vosotros me redarguye de pecado? (Jn 8.46a). «...dejándonos ejemplo... el cual no hizo pecado, ni se halló engaño en su boca» (1 P 2.21, 23).

E. EL POSTULADO COSMO-ESCATOLÓGICO DE LA ÉTICA

También la doctrina de la época venidera, como la conocemos por la revelación divina, es radicalmente determinativa de nuestra vida ética y su perspectiva. Los elementos de esta doctrina, juntamente con sus implicaciones éticas, pueden expresarse de la siguiente manera:

1. Dios creó la historia, está en ella y la dirige a su fin. Tanto, el destino humano como el destino cósmico están en Su mano. Además, las dos cosas son inseparables, porque el Creador de una cosa es a la vez el Creador de la otra, y el cosmos en su forma actual no es más sino el escenario para el propósito de Dios en la historia humana donde lo lleva a cabo.

2. La meta y la consumación de la historia, está determinada por el propósito redentor de Dios, que se realiza en Cristo para la humanidad. El Calvario tiene significado central y determinativo para una filosofía cristiana de la historia. Para estudiar una filosofía cristiana de la historia vale la pena empezar con San Agustín. En su obra *La Ciudad de Dios*, San Agustín ofrece la primera filosofía de la historia realmente comprensiva. Además es una filosofía cristiana de la historia.

3. Al fin el bien vencerá al mal. Cristo ya, en principio, ha conquistado el pecado y a Satanás, y al fin de la época mostrará una victoria completa sobre el mal. No vivimos en un universo neutral en el cual las fuerzas del bien y del mal tienen igual poder. Aunque empíricamente existe todavía mucha maldad y vemos mucho de lo diabólico en la vida humana, ciertamente Dios en Cristo ya ha triunfado sobre el mal y triunfará empírica y completamente sobre todo pecado y sobre toda maldad en la consumación de la edad.

4. Nuestra vida y la vida de la humanidad entera, con todas sus contradicciones, encontrarán su ajuste último en el juicio divino.

PREGUNTAS PARA REFLEXIONAR

1. Explique de manera clara, concisa y precisa las dos categorías generales o panorámicas de la ética presentadas por el autor.

2. Enumere y explique brevemente las tres características de la ética tal como presentada en el texto.

3. Enumere los seis postulados descritos en el capítulo y explique cada uno en sus propias palabras de manera clara, concisa y precisa.

4. Como preparación para escribir su propia perspectiva acerca de la ética escriba puntos de acuerdo y/o desacuerdo con el contenido del capítulo y áreas que requieran más lectura, investigación y reflexión.

CAPÍTULO 2

EL AGENTE MORAL CRISTIANO

En el capítulo introductorio hemos tratado de la naturaleza de la ciencia ética cristiana y de los fundamentos teológicos sobre los cuales esta ciencia descansa. Estudiamos los postulados en que se fundamenta la ética, aunque algunos dirían que no necesitan una exposición especial en un curso de ética, ya que confiamos en los resultados de la dogmática. Hicimos un repaso de ellos, sin embargo, para aclarar nuestros fundamentos. Algunos de los postulados, no obstante, requieren una explicación especial por su estrecha relación con la ética y la vida moral. El propósito de este capítulo es hacerlo.

Aquí nos ocuparemos en considerar al agente (o actor) de la vida moral cristiana. Este agente es el cristiano que se esfuerza para vivir cristianamente. Para entender al cristiano en su papel de agente moral nos conviene que lo estudiemos primero como hombre creado por Dios; luego como hombre caído en el estado de pecado, y finalmente como hombre redimido por Cristo y regenerado por el Espíritu de Dios. En este capítulo consideraremos al hombre tal como está constituido por virtud de su creación, y también trataremos del ser humano en el estado de pecado y de redención.

I. LA NATURALEZA DEL SER HUMANO

El hombre[1], constituido como tal desde el principio por Dios, es espíritu finito con substrato físico, hecho a la imagen de Dios y, por esto, poseedor de una naturaleza racional-moral en la cual y a través de ella debe desarrollarse para glorificar a Dios, servir a sus semejantes y realizarse a sí mismo.

1. El hombre es espíritu, pero espíritu finito (es decir, creado). Esto lo hace semejante a Dios, pero también notablemente lo distingue del ser divino, quien es Espíritu infinito.

2. Aunque el hombre es esencialmente espíritu, tiene cuerpo (o habita un cuerpo). La relación entre cuerpo y alma es un problema desconcertante. La relación es muy íntima en cuanto a nuestra vida terrenal. La deterioración del cuerpo nos conduce hacia el fin de la existencia mundana. Al estudiar al hombre como ser ético es menester que consideremos, tanto el cuerpo como el alma. El punto de vista bíblico, teísta y cristiano del ser humano excluye la idea de que el hombre sea puramente físico o puramente espiritual. Siempre el concepto incluye la indisoluble unión entre cuerpo y espíritu. Es cierto que el cuerpo se incluye en la personalidad del hombre; por esto su vida terrenal tiene mucho que ver con la teoría ética del hombre y sus deberes.

No obstante, el hombre es espíritu. Y lo es esencial y eternamente. En la vida terrenal, tan íntimamente están relacionados el cuerpo y el espíritu que el cuerpo puede llamarse el instrumento del alma; pero no viceversa. El hombre tiene cuerpo y

---

1 Empleamos el vocablo «hombre» no en el sentido de «varón», sino en el sentido de ser humano sin referencia a su género.

habita un cuerpo; pero es espíritu. Ello lo eleva por encima de lo animal, le da un destino espiritual y eterno.

3. Su naturaleza es racional-moral. Esto ya está implícito en que el hombre, siendo espíritu, está hecho a la imagen divina. Además, es una extensión y un efecto de su espiritualidad. La racionalidad y la moralidad se implican recíprocamente. Un ser verdaderamente racional es moral; y un ser verdaderamente moral es racional. No obstante cada término designa un aspecto distinto de la naturaleza humana. Por ser racional el hombre ve significado y coherencia en las cosas; siendo ser moral está consciente de que su existencia tiene propósito o finalidad. Para tratar justamente con los dos aspectos: racional y moral (indebidamente se suprime el uno o el otro en ciertos sistemas de moralidad), preferimos mencionar los dos aspectos juntos e indicar su unidad por el uso del guión, es decir, la naturaleza «racional-moral».

Las implicaciones éticas de la doctrina bíblica de la naturaleza del hombre son importantes y significantes. Las implicaciones tocan a tres puntos: (1) El fin verdadero del hombre; (2) la libertad humana; y (3) la conciencia humana.

II. EL FIN VERDADERO DEL HOMBRE

Este fin se encuentra en glorificar a Dios. El que era el último elemento en las implicaciones éticas de la verdad en cuanto a Dios es necesariamente el primero aquí. El fin más alto y más comprensivo de la existencia del hombre es el de cumplir con su propósito: el glorificar a Dios. El servir al prójimo aparte de este fin sería mero humanismo y servicio social humanitario. Pero subordinado a la gloria de Dios el servicio humanitario es una manera en que el propó-

La GLORIA de DIOS

hacer Su voluntad

el agente moral

sito de Dios para nosotros se va realizando. La «autorrea-lización» separada del fin de glorificar a Dios conscientemente no es más que puro individualismo.

Nietzsche, por ejemplo, se gloría en su «autorrealización» pero tiene solamente desdén para Dios. Una vez que el hombre glorifique a Dios, esforzándose con toda su capacidad para hacer su santa voluntad, verdaderamente alcanzará su plenitud como hombre. Entonces se cumplirán todas las capacidades y potencialidades de su naturaleza. No cabe duda de que en la ética cristiana hay algo de lo que podemos llamar «autorrealización», pero es muy diferente del concepto no cristiano. Nos desviaríamos demasiado si tratáramos este punto aquí; sin embargo, volveremos al punto más tarde.

III. La libertad de la voluntad

El problema que tocamos aquí es el más frustrante en toda filosofía y teología. Aunque nos resulte insoluble, ello no quiere decir que una consideración del problema sea infructuosa. Existen temas importantes en cuanto a la verdad y al error que están relacionados con la consideración de esta cuestión.

La confusión y la ambigüedad pueden evitarse si hacemos claras ciertas distinciones. Un gran número de preguntas están implicadas en esta pregunta: ¿Es libre el hombre? Contestamos no sin preguntar antes: ¿Libre con referencia a qué? Esta última pregunta nos conduce a dividir la cuestión en tres partes, o sea, en tres maneras de hacer la pregunta: Si el hombre tiene lo que se llama el «libre albedrío»,

1. ¿Es libre el hombre (y su voluntad) en cuanto a las fuerzas de la naturaleza?
2. ¿Es libre el hombre (y su voluntad) en cuanto a la omnipotencia y providente voluntad de Dios?
3. ¿Es libre el hombre (y su voluntad) con respecto a la realización de su verdadero fin?

1. *¿Es libre la voluntad del hombre en cuanto a las fuerzas de la naturaleza?*

La pregunta no es si el hombre puede hacer lo que le dé la gana sin tomar en cuenta las limitaciones de las fuerzas naturales; todos saben que esto es imposible. Más bien, lo que se indaga es: si la voluntad del hombre está esencialmente determinada por las fuerzas naturales. Este es el punto de vista de cada forma del naturalismo. Este «necesitarianismo»[2] (una especie de determinismo o fatalismo disfrazado) del naturalismo moderno lo repudiamos por ser erróneo. El hombre es libre, y por ser hecho a la imagen de Dios no puede ser, ni llegará a ser, un autómata, un mero instrumento de las fuerzas naturales. No es una causa de tipo físico-químico lo que determina su voluntad, sino que su voluntad está determinada por lo espiritual, es decir, por consideraciones racionales y morales.

Como criatura de Dios, creado a su imagen, el hombre es portador de los atributos de Dios que llamamos los atributos «comunicables».[3] Uno de estos atributos es la «soberanía».

---

2 El término es mío. Con el quiero indicar la fe de que todo pasa por un cierto tipo de impersonal «necesidad».

3 Ver mi libro *El Dios que adoramos* o consultar, en la parte que habla de ello, la *Teología sistemática* de Luis Berkhof.

El hombre por supuesto no es soberano en el sentido absoluto, pero Dios sí le confirió un cierto tipo de «soberanía limitada» al poner ciertos aspectos de la creación bajo su jurisdicción y hacerle responsable en cuanto a estos.

Es de suma importancia y de gran valor defender esta libertad. El criminal no puede disculparse y justificar su comportamiento como el resultado inevitable de la herencia y/o las fuerzas ambientales. El hombre es responsable por sus hechos. Esta responsabilidad se basa en reconocer la existencia de una libertad que el naturalista niega. Esta libertad suele llamarse «libertad formal». Podemos también decir que es libertad en el sentido psicológico. Aun en el estado de pecado, el hombre sigue siendo libre en este sentido: la acción de su voluntad no es simplemente de un resultado de fuerzas físico-químicas, es más y diferente. Esta libertad está explicada en una parte de los *Cánones de Dort* (III y IV, art. 15), donde leemos: «Pero el hombre por la caída no dejó de ser criatura, dotada de conocimiento y voluntad; no lo priva de la naturaleza humana el pecado que ha penetrado en la totalidad de la especie humana, sino que le trajo depravación y la muerte espiritual: así también la gracia de la regeneración no trata a los hombres como bloques o piedras sin sentido ni les quita su voluntad y propiedades, no los maltrata...»

2. *¿Es libre la voluntad humana en relación con la voluntad omnipotente y determinante de Dios?*
    Negamos que la voluntad del hombre sea determinada por fuerzas físico-químicas pero sí afirmamos que existe una voluntad divina que lo abarca todo, de acuerdo con la cual suceden todos los acontecimientos. Todo lo que acontezca sucederá tal como lo determina Dios. El decreto divino establece eterna y seguramente cada evento.

¿Esto, no roba al hombre su libertad? Depende de lo que se quiera decir con el concepto de «libertad». El hombre nunca es libre para hacer lo que quiera. Sus movimientos están siempre restringidos. Pero si la palabra «libertad» quiere decir que uno puede actuar por sus propios motivos, sin que nadie lo obligue a conducirse de cierta manera en la que nunca lo habría hecho por sí mismo, entonces el hombre es libre en este segundo sentido de la palabra. Las limitaciones de esta soberanía restringida del hombre no quitan de él la soberanía que Dios le otorgó al crearlo a su imagen.

¿Cómo podemos relacionar todo esto con una plena aceptación de la predestinación divina tan claramente enseñada en las Escrituras? Quizá la siguiente explicación nos ayudará. El decreto divino establece con certeza cada acontecimiento, segura y eternamente. Pero la certeza de los actos humanos, determinados por el decreto divino, no hace que sea asunto obligatorio. El decreto de Dios determina cada evento a su manera. Hay dos tipos de acontecimientos: los que están en la esfera natural y los que están en la esfera moral. Y cada uno de los dos tipos de sucesos acontece seguramente, pero cada tipo según sus reglas. La certeza de un dato en la esfera moral difiere de la certeza de un hecho en la esfera natural.

Los eventos naturales acontecen seguramente tal como los eventos naturales lo hacen, es decir, como parte de una cadena causal; cada acontecimiento en relación con sus causas. El evento en la esfera natural está determinado por Dios desde la eternidad y acontece en el tiempo de acuerdo con la ley de causa y efecto. Los actos morales (es decir, los actos de los hombres) acontecen con una certeza que es a su propio modo. El decreto divino asegura que todos los eventos morales sucedan, pero acontecen no en relación causal físico-químico sino como acontecimientos morales. La voluntad hu-

mana está determinada por la selección moral. Esto quiere
decir que aunque el acontecimiento de todos los actos del
hombre está asegurado por el decreto divino, no quiere decir, y no implica, que Dios fuerce a uno a hacer cierto acto. El
decreto no constriñe la voluntad humana. La voluntad del
hombre no está forzada desde afuera. Dios es la causa última
de cada evento pero las causas secundarias (agentes morales) no están esclavizadas por estos. (Véase la *Confesión de
fe de Westminster*, Cap. V. párrafo II)

Esta consideración, aunque no resuelva el problema, puede
eliminar ciertos asuntos implícitos. Además, debemos notar
que aunque el problema del llamado «libre albedrío» aparez-
ca como problema teóricamente insoluble, en la práctica la
dificultad no es grande. Las Escrituras, como también la misma experiencia humana, no tienen dificultad en afirmar ambas
cosas: la libertad humana y la predestinación divina. (Véase
Gn 50.20; Lc 22.22 y Heb 22.23.)

3. *¿Es libre la voluntad humana con respecto a la realización de su verdadero fin?*

Al primer tipo de libertad de la voluntad de la cual hablamos,
podemos llamarlo psicológico; y al segundo tipo, teológico.
Ahora trataremos de la libertad moral de la voluntad. ¿Es
libre el hombre en el sentido de ser capaz de realizar su verdadero fin moral? ¿Puede hacer el bien? ¿Está constituido
para poder alcanzar el verdadero propósito de su existencia?
El hombre como lo hizo Dios (es decir, antes de su caída en el
pecado) poseía esta libertad. Usando una frase de San Agustín,
decimos que su estado era el de *posse non peccare*. Esto,
por supuesto, no quiere decir que el hombre retenga actualmente este poder salvo que haya una incursión de gracia divina en su vida. El hombre no puede hacer nada sin Dios, y

nunca ha podido, ni aun cuando estaba en el estado de perfección. Es y siempre fue completamente dependiente de su creador (aun antes de la caída). Pero como criatura de Dios, sostenido por su omnipotente poder, el hombre, por virtud de la creación, tenía la capacidad de lograr el fin verdadero de su existencia: el hacer lo bueno y el vivir de acuerdo con la voluntad de Dios. El pecado no destruyó la libertad psicológica y teológica, pero sí destruyó el segundo tipo, o sea, la libertad moral. El significado de esto lo examinaremos después, al considerar el estado del pecado. Pero antes de hacerlo es menester que estudiemos la conciencia.

IV. EL AGENTE MORAL CRISTIANO: LA CONCIENCIA

A. LA CONCIENCIA EN LAS ESCRITURAS

En el Antiguo Testamento no existe una palabra especial para la conciencia. Pero son varios los pasajes del Antiguo Testamento que se refieren a la manifestación de la conciencia. La palabra LEEBH (corazón) es la palabra que normalmente suele expresar la idea. En Génesis 3.7,10, la vergüenza y el temor son evidencias de una conciencia ofendida. Otros pasajes del Antiguo Testamento que se refieren a lo que llamaríamos la conciencia son: Génesis 4.13-14; Levítico 26.36; Josué 14.7; Deuteronomio 28.67 (véase también v. 65); 1 Samuel 24.5-6; 25.31; 2 Samuel 24.10; 1 Reyes 2.44; Job 27.6; y Proverbios 28.1. Las palabras de Job 27.6 («no me reprochará mi corazón en todos mis días»), y en Eclesiastés 10.20 (la palabra se traduce como «pensamiento» según la Septuaginta, pero también se puede emplear la palabra «corazón» para traducir el hebreo) expresan la idea de la conciencia.

En el Nuevo Testamento la palabra «corazón» también tiene el significado de conciencia. La encontramos cuatro veces en 1 Juan 3.19-21 (véase también Romanos 2.15). Notables ilustraciones de la operación de la conciencia son las que vemos en el caso de Pablo (Hch 26.9), de Judas, (Mt 27.3), y de Pedro (Mt 26.75). Sin embargo, la palabra que el Nuevo Testamento emplea precisamente para significar la conciencia es *suneideesis*. Esta palabra se encuentra no menos de treinta veces en el Nuevo Testamento. He aquí algunos de los textos en que la palabra ocurre más de una vez: Juan 8.9; Hechos 23.1; 24.16; Romanos 2.15; 9.1; 13.5; 1 Corintios 8.7,10,12; 10.25, 27, 28, 29; 2 Corintios 1.12; 4.2; 5.11; 1 Timoteo 1.5-19; 3.9; 4.2; 2 Timoteo 1.3; Tito 1.15; Hebreos 9.9, 14; 10.2, 22; 13.18; 1 Pedro 2.19; 2.16, 25.

B. LA NATURALEZA DE LA CONCIENCIA

1. *Definición: ¿Qué cosa es la conciencia?*

La conciencia es la capacidad moral del hombre de enterarse o darse cuenta; es la facultad de juzgar sus hechos, futuros o pasados, aprobando los que considere correctos y condenando los que considere equivocados. El ser humano se da cuenta de que se da cuenta y está enterado de que está enterado. También podemos decir que la conciencia es la capacidad de estar consciente de que se está consciente.

El hombre es entonces un ser «autoconsciente». Se da cuenta de sí mismo. Puede ser, a la vez, el sujeto y el objeto de su pensamiento. Puede pensar en sí mismo y contemplar sus pensamientos. Cada juicio que hace conscientemente en cuanto a su conducta tiene su aspecto moral y está moralmente condicionado. Nos evaluamos por nuestros actos a la luz de ciertas normas morales. Esta capacidad del hombre de darse cuenta y de funcionar como juez de sus propios hechos es la conciencia humana.

De esto concluimos que la conciencia no es una mera facultad síquica del hombre. Pero tampoco es correcto llamarla «la voz de Dios» en el corazón humano, excepto en un sentido puramente figurado. En el sentido poético hay, por supuesto, mucha verdad en el dicho de Byron: «La conciencia humana es el oráculo de Dios». Goethe describe la conciencia en términos imaginativos: «...todo lo que dice Dios dentro de nuestro pecho». Podemos llamar conciencia a todo esto y también llamarla «una chispa del fuego celestial», pero la conciencia no es la voz divina excepto metafóricamente, o sea, en el sentido de que Dios deja su testimonio a través del autoconocimiento moral de cada hombre.

2. *La conciencia: su referencia personal*
Por ser capacidad del hombre el darse cuenta en el mismo acto de juzgar sus propios hechos, la conciencia esencialmente se refiere a la persona misma, o sea, siempre tiene una referencia personal. Los pronunciamientos de la conciencia siempre son los de la persona acerca de sí mismo. Cada vez que habla la conciencia no aprueba o condena cierto acto en lo abstracto, sino se refiere a la concreta actuación de la persona. En verdad, no es tanto el acto lo que se condena o aprueba, sino la misma persona que hace el acto se aprueba o se condena a sí misma. La referencia personal de la conciencia es enteramente específica: la conciencia nunca aprueba ni condena el acto de otra persona sino el de su persona. La conciencia no acusa ni excusa por algo que haya hecho otra persona sino solamente por lo que hizo la persona misma. Por supuesto, se puede juzgar moralmente un acto de otra persona, y una persona puede hasta decir: «mi conciencia condena el comportamiento de este», pero esto quiere decir solamente que el que habla no lo haría. La conciencia

habla, entonces, en referencia a la anticipación de un posible comportamiento. Al respecto debemos notar que el juicio de la conciencia es inmediato. No lo hace después de una larga deliberación. La conciencia habla inmediatamente, al despertarse, sea en cuanto a un acto contemplado o ya cometido.

3. *La conciencia es positiva y negativa*
    La conciencia aprueba o condena. El aspecto negativo de la conciencia es el más notable en nuestra experiencia. Tanto en la literatura profana como en la sagrada encontramos, en mayor número, ejemplos en que la conciencia condena. De hecho, solemos hablar de la conciencia solamente como aquello que nos «pica» cuando hacemos o contemplamos algo malo. Las historias y episodios de Pedro y Judas en el Nuevo Testamento ofrecen algunos de esos ejemplos; también Hamlet y MacBeth en el teatro de Shakespeare, son algunos ejemplos. Todos son ejemplos de la operación negativa de la conciencia. Pero la conciencia no solamente condena; también aprueba. Condena la conducta equivocada pero aprueba la conducta que considera correcta.
    Algunos teólogos no aceptan el aspecto positivo de la conciencia, pero la verdad es que no cabe duda sobre el mismo. En Romanos 2.14,15 (uno de los pasajes más importantes en cuanto a la conciencia) lo podemos notar claramente: «Porque cuando los gentiles que no tienen ley, hacen por naturaleza lo que es la ley, estos, aunque no tengan ley, son ley para sí mismos, mostrando la obra de la ley escrita en sus corazones, dando testimonio su conciencia, y *acusándoles o defendiéndoles* sus razonamientos». Como ya se ha dicho, la palabra conciencia en el griego es *suneideesis*. La frase «acusando o defendiendo» en el griego es *kateegorountoon ee kai apologoumenoon* (la versión de 1909 de la Biblia «Reina Valera» más atinadamente

dice: «acusando o excusando»). En esta descripción de la conciencia del hombre natural se dice que su conciencia o lo condena o lo aprueba. (Véase también Ro 9.1 y 2 Co 1.12.) Además, debemos notar otras expresiones novotestamentarias, tales como «una buena conciencia», «una limpia conciencia», «una conciencia sin ofensas», etc. Tales expresiones se encuentran en Hechos 23.1; 24.16; 1 Timoteo 1.5, 19; 2 Timoteo 1.3; Hebreos 13.18; y 1 Pedro 3.16, 21. La conciencia «buena», «limpia», «sin ofensas» es una conciencia que aprueba. Hacemos referencia de esta función de la conciencia cuando hablamos de paz en el corazón o de la tranquilidad del alma. Agustín de Hipona, expresó el mismo pensamiento de manera más elevada: «Una buena conciencia es el palacio de Cristo; el templo del Espíritu Santo; el paraíso de gozo; y el sábado (día de reposo) perdurable de los santos». Cuando la conciencia reprueba, el resultado es el sentimiento de culpa, acusación, e inquietud. Cuando la conciencia aprueba, el resultado es paz, tranquilidad, y satisfacción.

Se nos pregunta si el hombre tenía conciencia antes de la caída. La respuesta, por supuesto, tiene que ser afirmativa. El tener conciencia tiene que ver con su naturaleza como creado por Dios. Pero la conciencia no tenía entonces ocasión para rendir juicio negativo porque el hombre no había pecado. La conciencia no podía acusar al hombre hasta después de que este pecara. Pero no cabe duda de que la conciencia en su aspecto positivo, que aprueba las actividades, de acuerdo con la santa voluntad de Dios, operaba en el Huerto de Edén. Los que dicen que la conciencia no existía en este paraíso podrían tener razón si se limitaran a referirse al aspecto negativo de la conciencia. No hubo oportunidad para una manifestación negativa de la conciencia hasta que apareció el pecado. Pero, como ya hemos notado, si al hablar de la conciencia nos limitáramos a su aspecto negativo, tendríamos un concepto incompleto de la conciencia que, más importante todavía, no sería el concepto que se nos presenta en la Biblia. Aunque el hombre en el estado de rectitud no hubiera aprendido por la experiencia la diferencia entre la conciencia aprobadora y la acusadora, seguramente experimentaría la aprobación de su conciencia sobre lo que hacía de acuerdo con lo que sabía que era la voluntad de Dios.

4. *La conciencia anticipante y subsiguiente*

Otra consideración de suma importancia para entender la operación de la conciencia es la de distinguir entre la conciencia en su fase anticipante y su fase subsiguiente. El juicio de la conciencia se relaciona tanto con el futuro como con el pasado. La conciencia no solamente habla después de actuar sino también antes de la acción. Cuando la conciencia nos remuerde, tiene que ver con un acto ya cometido; pero cuando uno dice: «Mi conciencia no me dejará hacer esto», notamos que la conciencia está juzgando antes de que el acto propuesto se cumpla. La referencia al tiempo se expresa con los términos «anticipante» y «subsiguiente».

La conciencia anticipante, mirando adelante, siempre se relaciona con un curso de acción planeado o, a veces, deseado. De acuerdo con la acción sea positiva o negativa, aprueba o condena el acto contemplado. La operación anticipante de la conciencia va acompañada de la experiencia de ser animado o alentado para hacer el hecho contemplado si se considera recto o decidir si se debe hacer. Por el contrario, va acompañado de una exhortación de no hacerlo si el hecho contemplado se juzga reprensible. La conciencia en su fase o aspecto anticipante se manifiesta como sentido de obligación de seguir el camino hacia el deber y de evitar el mal camino.

La conciencia se manifiesta más comúnmente en su fase subsiguiente. Mira a un hecho pasado y lo juzga como acto cumplido. La conciencia subsiguiente se asemeja a la anticipante en que puede, por supuesto, juzgar positiva o negativamente, e indicar tanto su aprobación como su condenación.

5. *La universalidad de la conciencia*
La conciencia es universal en la humanidad. No es una cosa distintivamente cristiana. No es el resultado de la redención, aunque desde luego, la redención tiene mucho que ver con la función de la conciencia. La verdad es que la conciencia cristiana se distingue de otros tipos de conciencia solamente en que se guía por otras normas y distintas reglas. La gracia de Dios purifica la conciencia del creyente (Heb 9.14). Pero la conciencia en sí se encuentra en todo ser humano. La humanidad la tiene por virtud de su creación como ser moral. La tenía antes de la caída, pero solamente en su forma positiva. La tiene desde la caída en ambas expresiones, la negativa y la positiva.

Existen grandes diferencias en la forma de funcionar entre las distintas conciencias humanas, como también en el juicio que pronuncian. La conciencia puede existir a un nivel muy bajo, como existía en algunas naciones en ciertas épocas de su historia. Tanto como la conciencia puede ser tierna y responsiva puede ser dura y callosa. Pero todas esas referencias pertenecen a la función de la conciencia y no a su existencia. La conciencia como tal se encuentra en toda la humanidad y la ha tenido a través de toda la historia. Mientras que el hombre sea un ser humano, mientras que tenga algún sentido moral, por degradado que sea, el hombre tendrá conciencia. Que todo pagano tiene conciencia es la clara enseñanza de Romanos 2.14,15. También encontramos evidencias de la conciencia en la literatura de todas las naciones. Un filósofo de la época moderna que ha puesto mucho énfasis en la realidad y la universalidad de la conciencia es Emmanuel Kant, y no fue creyente. Kant creía en un imperativo categórico y acentuaba el carácter enaltecedor de la conciencia. La lucha constante para encontrar el camino correcto y de vivir en paz consigo mismo, es prueba de la universalidad de la conciencia en la raza humana.

6. *La norma de la conciencia*
Es de suma importancia distinguir entre la conciencia en sí y la regla o norma de acuerdo con la cual esta condena o aprueba. Al rendir un juicio, la conciencia lo hace con base en una regla moral o en una norma que la conciencia reconozca como propia. La sentencia de culpable o inocente se hace a la luz de una norma que es inseparable de la conciencia moral humana. Sin embargo, aunque sean inseparables, debemos distinguir entre el juicio o sentencia que la conciencia rinde y la conciencia misma.

De la misma manera tenemos que distinguir entre la norma con que la conciencia opera y la sentencia (o juicio) que la conciencia pronuncia a la luz de esa norma. Esto se hace claro en las palabras griegas *nous* y *suneideesis*, que Pablo menciona por separado en Tito 1.15. La palabra *nous* se refiere al entendimiento o intuición de lo correcto y lo equivocado; pero la palabra *suneideesis* parece ser la voz que condena o aprueba, en aquella intuición.

La distinción entre la norma y el juicio de la conciencia posiblemente está implicada en la etimología de la palabra «conciencia» *suneideesis*. La palabra latina «con-ciencia» es una traducción literal de «*sun-eideesis*». Estas palabras indican un conocimiento con o junto con algo o con alguien. ¿Con quién o con qué es tal conocimiento de la conciencia un «co-

conocimiento»? Algunos han dicho: con Dios. Pero esto, aunque suene espiritual y piadoso, no se puede afirmar, ya que la conciencia suele equivocarse, aun en el caso de los más sinceros cristianos. A lo mejor es un testimonio o un conocimiento juntamente con uno mismo, es decir, con este entendimiento dentro de uno mismo, con el conocimiento que uno tenga de la ley, de lo correcto y lo equivocado. Y esto implica que la norma, la regla de la conciencia, se reconoce como objetiva y autoritativa.

Ahora bien, la conciencia que juzga no crea sus propias normas, no las inventa, sino simplemente reconoce su existencia y su autoridad. En verdad, el juicio que la conciencia pronuncia con frecuencia va contra los propios deseos y anhelos de uno. Nuestras conciencias nos molestan porque hacen juicios negativos cuando deseamos lo contrario. Los fuertes sentimientos de culpa que (legítimamente) tenemos son el resultado de que la conciencia, operando con una norma, va contra nuestros deseos y nuestras inclinaciones.

Entonces ¿cuál es esta norma? ¿Cuál es aquella norma *de facto* que con tanta diversidad se encuentra en la conciencia de todo ser humano? Su existencia la hemos aprendido de Romanos 2.14-15. Para entender este pasaje es menester que leamos el párrafo entero, los versículos 10-16. El argumento de esos versículos se puede resumir de la manera siguiente: los paganos no tienen ley. Es decir, la Ley en el sentido de la revelada voluntad de Dios, en una revelación especial, no había sido promulgada entre ellos. Pero por naturaleza hacen las cosas que la Ley demanda. Los paganos son entonces ley para sí mismos. Así va el argumento hasta el versículo 14. Pero la pregunta surge: ¿Cómo será esto posible? La respuesta se encuentra en el versículo 15. Ellos (los paganos) mismos muestran por su obra que la Ley está escrita en sus corazones. Grabada en el corazón de la gente pagana está una impresión de las obras que la Ley exige. Y al hacer el bien o el mal, su conciencia da co-testimonio *sun marturousees*. ¿Con qué?, pues con la ley escrita en sus corazones.

Esto nos muestra lo que es la norma verdadera, la regla de facto, de la conciencia humana. Por profunda que fuera la caída humana en el pecado, todo hombre tiene todavía, en su interior, un sentido de lo bueno y lo malo. Cuando habla, la conciencia da juicio (ya sea de condena o de aprobación) a la luz de —con base en— este sentido del bien y del mal, que el libro de Romanos llama la «ley interior». Todo hombre, regenerado o no, tiene un criterio moral, tiene alguna piedra de toque, de acuerdo con la cual su conciencia aprueba o condena sus actos. La norma de facto de la conciencia es, en cada caso, lo dado en cuanto al conocimiento de la ley moral para cada individuo, por torcido que sea tal conocimiento.

La norma de facto en la mayoría de los casos no solamente está mucho más por debajo de la norma ideal sino que por lo general está en su contra. La norma ideal es la norma de la voluntad de Dios para la vida humana. En tiempos antiguos las gentes quemaban a sus niños, dándolos a la muerte en los brazos de Moloch, mientras su conciencia lo aprobaba. (Hoy día nuestras conciencias quizás no aprobarían esto, aunque fácilmente la conciencia moderna aprueba el sacrificio de niños, seres humanos, antes de nacer, en la muy difundida práctica del aborto.) Aun entre los cristianos existe una gran diversidad y, a veces, se halla una contradicción entre sus conceptos respecto a cuál sea la conducta correcta en un cierto caso.

Esto sugiere que la conciencia es falible. La conciencia no siempre tiene razón. Puede aprobar una acción en un cierto caso que es equivocada y reprensible, juzgada desde el punto de vista de lo ideal, es decir, de la voluntad revelada de

Dios. Existe una norma ideal para la conducta moral a la cual todo hombre debe conformarse. La norma ideal es la voluntad de Dios para la vida humana; es la ley divina para la conducta humana. Esto indica que el hombre nunca será inocente, limpio, ni moralmente justo por el simple hecho de que obedezca a su conciencia —aunque en verdad nunca hace esto—, ya que siempre su conciencia le condena, le da sentimientos de culpabilidad, de equivocación. Aun juzgados por nuestra conciencia, nunca somos aprobados. Sabemos que adrede siempre desobedecemos nuestra propia conciencia. El que hace lo mejor que sabe hacer, y no le molesta su conciencia, puede estar seguro de que está violando las demandas fundamentales y morales de la Ley de Dios para su vida. ¿Quiere decir esto que no es menester que el hombre siempre obedezca su conciencia? No, no quiere decir esto. El hombre no puede desobedecer a su conciencia con impunidad. La regla general de que el hombre siempre debe obedecer a su conciencia es en la ética una regla sana. Al violarse la conciencia no se acerca al ideal moral.

Lo que necesitamos es instrucción, educación o entrenamiento para la conciencia. Nuestras normas y reglas morales interiores deben ser labradas, formadas y amoldadas por la norma ideal, que es la santa voluntad de Dios. Aunque uno peque en un caso dado, al obedecer a su conciencia, el pecado no está en obedecer a su conciencia, sino en el no hacer la voluntad de Dios por no llevar en ella la norma correcta. Su fracaso moral se debe a la idea falsa, equivocada, pervertida y torcida que tiene de lo recto y lo incorrecto, y por su incapacidad aun de cumplir con las exigencias de su conciencia. Lo que necesita el hombre natural es la luz de la revelación divina para su vida y una conciencia regenerada para apropiarse de esta luz; como también que su conciencia sea una conciencia que ame a Dios y se afane para crecer en el entendimiento de su santa voluntad revelada para la vida humana.

PREGUNTAS PARA REFLEXIONAR

1. Escriba un breve resumen de la posición del autor con referencia al agente moral cristiano y el fin del hombre.

2. Explique la posición del autor acerca de la libertad de la voluntad.

3. Describa de manera clara, concisa y precisa el enfoque presentado en la sección acerca de la conciencia humana.

4. Como preparación para escribir su propia perspectiva acerca de la ética escriba puntos de acuerdo y/o desacuerdo con el contenido del capítulo y áreas que requieran más lectura, investigación y reflexión.

Capítulo 3

EL AGENTE MORAL CRISTIANO EN LOS ESTADOS DEL PECADO Y DE LA REDENCIÓN

I. En el estado del pecado

Según el testimonio de la Biblia (confirmado en la experiencia humana), el desarrollo del hombre, hecho a la imagen divina, no ha sido gradual ni normal. Una catástrofe trastornó su desarrollo moral. Esta catástrofe en la historia de la moralidad humana se conoce como «la caída», la primera entrada del pecado en la historia humana. A fin de que nuestra ética quede estrechamente relacionada con la vida del hombre, nos conviene entender la naturaleza del pecado.

A. La naturaleza del pecado

Pecado es una palabra que rápidamente está perdiendo su sentido teológico en el vocabulario del hombre moderno. Por supuesto, nadie puede negar la realidad del pecado, ya que seguimos construyendo cárceles, cerramos nuestras casas y ponemos llave a nuestros coches, y hay policías en todos los comercios. Aunque no es posible negar su realidad, hay una renuencia

3 conceptos del pecado

Naturalista-humanista

Panteísta-especulativo

Cristiano y bíblico

para emplear el término «pecado». El hombre moderno que todavía retiene el término, lo usa con acepciones nuevas y le quita su significado original.

En nuestro estudio del pecado debemos notar dos conceptos modernos muy comunes en cuanto a la naturaleza del pecado —el concepto naturalista-humanista y el concepto panteísta-especulativo—, y contrastarlos con el concepto cristiano.

1. *Concepto naturalista-humanista*

   La base de este concepto es, por supuesto, el punto de vista naturalista de la realidad. Tanto el hombre como el mundo se interpretan en términos de fuerzas naturales. La única explicación del ser humano para los que aceptan el punto de vista naturalista es que el hombre mismo y, por ende, toda su conducta y actuación es producto de fuerzas naturales. La vida humana es por consecuencia un proceso de ajuste al ambiente que es esencialmente físico y biológico. Los factores espirituales de la vida son en esencia mecánicos o biológicos. Desde este punto de vista, el pecado no es más que un mal ajuste del ambiente; y el bien, según este concepto, es meramente lo más útil y lo mejor ajustado. En términos más humanistas, el pecado no es más que una desadaptación al ambiente social. Algunas veces este concepto se expresa en términos mecánicos. El ser humano es considerado como una máquina, finamente ajustado, pero que a veces pierde su afinación. El tiempo interno, como un motor, hace que todas las partes se acoplen bien y el engranaje funcione sin estorbos, pero a veces se pierde el ritmo y hay discordancia. La ética entonces tiene que «poner a tiempo» de nuevo esta fina máquina que es el ser humano. La analogía funciona tal vez como ilustración en algunos casos, pero representa un concepto del ser humano que no sirve de base para la ética cristiana. Todo tipo de ética materialista se puede incluir en el concepto naturalista-humanista.

2. Concepto panteísta-especulativo

El concepto panteísta-especulativo es el concepto predilecto del pecado de los que aceptan un tipo idealista de la filosofía. Según ellos, el pecado es la falta de ver las cosas en su totalidad, en su integridad. El pecador es el que ve las cosas parcialmente y fuera de su verdadera relación. El estado del pecado es igual a tener un punto de vista incompleto de la realidad. El pecado desaparecerá tan pronto como tengamos un punto de vista más comprensivo, algo que se logra con el cultivo intelectual.

El ser humano es considerado como portador de ciertos aspectos de la divinidad. Habiendo emanado del ser divino y siendo una manifestación de él no hay limites para su desarrollo. Todo ser humano tiene dentro de sí las posibilidades de grandeza, y al quitar lo que estorba su desarrollo la humanidad llegará a nuevas alturas. Esto se realiza con el desarrollo de sus capacidades intelectuales y artísticas, y sobre todo de la imaginación. Por decirlo en una forma metafórica: la semilla de la divinidad en el ser humano se desarrollará en una transformación gradual de la naturaleza humana en algo muy divino. El pecado en este sistema de pensamiento es básicamente social. Es lo que hay en el ambiente lo que estorba este deseado desarrollo del ser humano. No cabe duda que para el mundo actual que no toma en serio el hecho de que el ser humano es un ser creado, este concepto es muy atractivo.

3. *Concepto cristiano y bíblico*

Ninguno de los dos conceptos mencionados arriba basta para expresar la verdadera naturaleza del pecado. Podemos notar que los que tienen estos conceptos ven algo correcto en el pecado y algo muy noble en su pensamiento, pero el concepto que tienen no concibe el pecado desde la misma perspectiva que la Biblia. Su concepto del pecado no es adecuado y no proporciona los elementos necesarios para una ética cristiana auténtica.

El concepto cristiano y bíblico es muy diferente. Para los propósitos de este estudio no encontramos una expresión más correcta y más completa que la respuesta a la pregunta catorce del *Catecismo menor de Westminster:* «El pecado es la falta de conformidad con la Ley de Dios y la trasgresión de ella» (cf. 1 Juan 3.4).

Esto involucra las siguientes características:

a. El pecado tiene «esencia» espiritual, es decir, pertenece, esencialmente, no a la esfera física, ni a la especulativa y filosófica (la mera racionalidad) sino a la esfera moral. Aun «las pasiones de la carne» no son principalmente carnales, sino son una disposición o actitud del espíritu, que involucra todo el ser humano.

b. El pecado es asunto de la voluntad; es una voluntad contra otra. Esto no quiere decir que los sentimientos y el intelecto no estén involucrados. El pecado ha infectado todo el ser humano, pero la esencia del pecado es de ir voluntariamente contra la voluntad de Dios.

c. El pecado es pecaminoso (en distinción de lo meramente malo) porque es una violación de la voluntad de Dios. Todo pecado es contra Dios; es oposición a Él. No se puede entender lo que es el pecado y evitar una consideración de Dios. El pecado no es solamente trasgresión de la Ley; es trasgresión de la Ley de Dios. Cada ofensa contra el prójimo, o contra la sociedad, es primeramente una ofensa a Dios.

d. El pecado implica una antítesis radical, una antítesis que no se puede resolver en una síntesis sino que muestra un gran conflicto moral. El mal no es simplemente «el bien todavía por realizarse». El pecado nunca puede desarrollarse en el bien, aunque Dios puede trascender los motivos y la naturaleza del pecado y usarlo para sus propios propósitos. El pecado sigue siendo pecado y es oposición a Dios y sus propósitos, y siempre queda relacionado antitéticamente con el bien. El hecho de que los planes de Dios prevalecen, hasta invalidar el pecado y sus efectos en ciertos casos, no nulifica lo pecaminoso del pecado. (Ejemplos de ello se ven en la historia de José en Génesis 37, 39–46).

Además de estas cuatro características, que debemos acentuar hoy día en contra de los muchos conceptos erróneos actuales, la Biblia nos enseña que el pecado es universal; que es condición tanto como acción; y que ha corrompido toda la naturaleza humana (la depravación total). Esto es decir que el pecado afecta a todo ser humano y todo el ser del ser humano.

B. LA INFLUENCIA DEL PECADO

Podemos ver la influencia del pecado sobre el hombre como agente moral desde tres perspectivas que son las mismas que hemos examinado como las implicaciones morales de la naturaleza esencial del hombre: 1. la de su verdadero fin o ideal, 2. la de su libertad, y 3. la de su conciencia.

1. *La influencia del pecado en cuanto al fin, o ideal, verdadero del hombre*
   El hombre en el estado de pecado no ha perdido la idea de un fin o ideal. La tiene y lo motiva. Mientras que no degenere en bruto puede concebir una meta para su vida. Pero cualquier concepto que tenga de su fin, siendo pecador, será un concepto torcido y tergiversado. Odia a Dios y, por tanto, el ideal de su vida no es ya el de hacer la voluntad de Dios. A veces hace lo que pueda parecer ser moralmente bueno, pero no lo hace para agradar a Dios. Todo su esfuerzo es para beneficio propio, o, si es más altruista, para mejorar ciertas condiciones sociales en beneficio de la «humanidad». El ideal teocéntrico de la vida, que le orientaba en su estado original, es decir, antes del pecado, está totalmente ausente.

2. *La influencia del pecado sobre la libertad humana*
   Anteriormente hemos visto que con referencia a la voluntad podemos hablar de tres tipos de libertad: el psicológico, el teológico, y el moral. Este último es el más importante para nuestro estudio, pues está relacionado con la capacidad humana de alcanzar su verdadero fin. El primer tipo de libertad sí está afectado por la caída del hombre en el pecado, pero

solamente en sentido indirecto. Sigue con la experiencia de «autodeterminación» dentro de los límites que le impone su ambiente. El hombre sigue sintiéndose libre ya que sus actos son resultado de fuerzas puramente naturales. Sigue actuando como ser racional-moral. El segundo tipo de libertad tampoco está modificado por el pecado. El hombre es libre pues no está obligado a actuar por voluntad ajena contra la suya propia, ni aun por la voluntad de Dios. Pero la libertad en el tercer sentido sí está perdida. Y este es el sentido en que los teólogos suelen hablar de la libertad de la voluntad. Debido a su caída en el pecado el hombre ya no tiene facultad de escoger y vivir según su verdadero propósito, su *summun bonum*, la voluntad de Dios. El estado de *posse non peccare* se ha cambiado en el de *non posse non peccare*. El hombre en el estado de pecado siempre es esclavo del pecado. Vive en la servidumbre. Es cierto que en un sentido puede hacer algo de lo relativamente bueno, lo que nuestros teólogos antepasados llamaban «bienes cívicos», pero esto es el resultado de la bondad común (se refiere a la actitud bondadosa de Dios hacia el hombre cual hombre, sin que resulte necesariamente en su salvación). Esta actitud de Dios restringe el pecado y limita sus efectos, es lo que algunos llaman la «gracia común». El hombre no puede hacer lo bueno en el sentido más profundo, en el sentido verdadero: lo que es bueno ante Dios. Lo que escoge el hombre en el estado de pecado siempre está de acuerdo con los principios y el poder del pecado, e invariablemente conduce a una vida de enajenamiento y enemistad contra Dios.

3. *La influencia del pecado en cuanto a la conciencia humana*
    La caída en el pecado no borra el carácter moral del hombre. Este sigue siendo un ser moral. El hombre no perdió la con-

ciencia. Todo lo que hemos dicho sobre la conciencia se puede aplicar también a la conciencia del ser humano en el estado de pecado. Sin embargo, tenemos que afirmar que seguramente la conciencia había sido afectada por el pecado, y esto en dos sentidos:

a. El conocimiento de la norma con que la conciencia juzga y regula la conducta humana está pervertido y, por tanto, en su ejercicio la conciencia está equivocada. El sentido de lo recto y lo equivocado está tergiversado. Aunque varía de individuo a individuo, fundamentalmente la perversión es total en todos porque la voluntad de Dios ya no es su norma. La perversión total quiere decir que la totalidad del hombre está pervertida, no hay aspecto alguno en él que no esté afectado, pero no podemos decir que el grado de su perversión sea el máximo posible. Todos los hombres pecan constantemente y no pueden dejar de pecar, pero ninguno peca todo lo que le sea posible pecar.

b. La sensibilidad de la conciencia para discernir el mal se ha debilitado. Aunque el grado de debilidad varía de individuo a individuo, la habilidad de la conciencia está enormemente reducida. No hay persona humana que pueda confiar en el funcionamiento de su conciencia como guía incuestionable. Sin embargo, con todas estas consideraciones, afirmamos que la conciencia se encuentra en cada ser humano, y sigue operando, aun con serias limitaciones, también en el estado de pecado.

II. En el estado de redención

El principio y el fin del sistema bíblico de la verdad es Dios; pero el centro del sistema cristiano es la redención en y por Cristo. El aspecto soteriológico de la verdad cristiana tiene por ello gran significación para la ética cristiana. Precisamente por esto, tenemos la doctrina de la redención como un supuesto básico para la vida moral cristiana. La soteriología tiene dos fases: la objetiva y la subjetiva. Son dos fases de una sola redención, de una sola salvación realizada por Dios tanto fuera como dentro del ser humano. La primera fase habla de la redención realizada objetivamente por Cristo, en su vida y en su muerte; la segunda trata de la redención aplicada por el Espíritu Santo al corazón del creyente. La parte objetiva se realiza en la historia humana, fuera del ser humano, y la parte subjetiva se realiza dentro del corazón humano. La doctrina básica tanto de la fase objetiva como de la subjetiva es la regeneración.

A. La fase objetiva de la soteriología en cuanto a la ética, o las implicaciones éticas de la redención

Se la puede resumir de la siguiente manera:

1. El pecado humano es perdonable porque es esencialmente la violación de la voluntad de Dios. Tratamos aquí la posibilidad del perdón hasta donde esta posibilidad sea determinada por la naturaleza moral del pecado. El pecado no es elemento constituyente de la realidad en sí. Es decir, no pertenece a la constitución de las cosas. Es más bien una falta; es la falta de conformidad con la voluntad de Dios. Si el pecado fuera necesario, o esencial, para la existencia finita (o creada) del hombre, la re-

dención no sería posible. O sea, el pecado no es parte de la esencia del hombre, creado a la imagen de Dios. (En el caso de que fuera, por supuesto, tampoco habría sido posible la caída, porque el pecado habría comenzado con la existencia del hombre finito). Desde este punto de vista, la única «salvación» posible al hombre hubiera sido su propia destrucción como ser finito, y así dejaría de ser hombre. Es precisamente esto lo que se enseña en algunas de las soteriologías contemporáneas. Dicen que el pecado es inherente a la constitución finita de las cosas. La salvación humana se logra al dejar la existencia finita para sumergirse en el océano del Gran Todo. (Nirvana es precisamente esto). ¡Cuán diferente es del verdadero cielo!

2. El pecado humano, siendo violación de la santa voluntad de Dios, no es perdonable sin que haya una satisfacción moral. El pecado, ya descrito arriba, hace que la reconciliación entre Dios y el hombre se efectúe solamente al quitar la ofensa que forma una barrera moral y destruye la comunión entre el hombre y su Dios. Se ha violado la santa voluntad de Dios y, sin que haya una satisfacción no habrá reconciliación. Dios no descarta su santa y perfecta voluntad.

   Se puede objetar: Pero si un padre humano puede hacer esto, ¿no puede hacer Dios lo mismo que hace un padre humano? Respondemos: En cuanto la rotura de las relaciones entre un padre y su hijo sea personal entre los dos, una reconciliación entre ellos es posible. Pero Dios está en relación cósmica con la humanidad. El pecado tiene implicaciones cósmicas respecto a toda la humanidad. Mientras que no se haga satisfacción por la ofensa de la humanidad contra su Dios, el pecado no será perdonable. El perdonar sin satisfacción sería una anulación de la santa y perfecta voluntad de Dios y, por ende, de la naturaleza misma de Dios.

3. El sacrificio infinito de Jesucristo, el momento crucial en la redención objetiva, ha dado completa satisfacción por el pecado del hombre; y por este sacrificio la barrera entre el hombre y Dios está, en un principio, quitada. El calvario, la revelación del misterio de la redención, es la redención cósmica de Dios, según su propia voluntad. De esta manera se ha dado satisfacción a la justicia, y el amor abrió paso hacia una nueva humanidad en Cristo.

B. La fase subjetiva de la soteriología en cuanto a la ética, o las implicaciones éticas de la redención

Se requiere nada menos que un cambio radical (*radix* raíz) en el alma humana para que esta conozca y sirva verdaderamente a Dios. Se necesita la redención, y no meramente el desarrollo de algunas capacidades inherentes al hombre (el ideal de los paganos griegos). Esto se logra, según la clara enseñanza de la Escritura, por la operación del Espíritu Santo. En la redención subjetiva el hombre es transformado en *kainee ktisis*, una criatura nueva (2 Co 5.17). Es la obra de Dios en el creyente. Se quiere decir con esto que lo más profundo de su naturaleza está transformado, sus sentimientos están radicalmente cambiados, su capacidad de conocer a Dios es renovada, y su vida tiene una nueva dirección: hacia Dios. Esta obra del Espíritu, la regeneración, es la implantación de la nueva vida en el creyente. El lado externo, experimentado y manifestado de esta obra es la conversión.

El bendito resultado es la personalidad regenerada que es el agente moral cristiano, es decir, el sujeto (el *agens,* actor) de la vida moral que estudiamos en la ética cristiana. Anteriormente hemos visto a tal agente bajo dos aspectos diferentes; ahora lo vemos desde un tercer y definitivo punto de vista. Hemos visto las implicaciones éticas de la doctrina de la creación del hombre; hemos considerado las implicaciones éticas de la doctrina de la caída y el pecado; pero ahora nos dirigimos a investigar las implicaciones éticas de la redención del hombre.

1. *La redención y la libertad de la voluntad*
   Cuando la vida nueva esté implantada en el hombre, el creyente quedará restaurado a su verdadera libertad: la libertad espiritual. Nuevamente puede escoger el bien. Su servidumbre al pecado queda anulada. Los impulsos más profundos de su corazón regenerado le empujan hacia el bien. Para el redimido, el hacer la voluntad de Dios es comida y bebida, y disfruta ya la libertad de los hijos de Dios. El significado de esta libertad se enseña en muchas partes de la Biblia, como por ejemplo en Juan 8.32-34; en Romanos 8.2 (véase también Ro 6.16-23), y en Santiago 1.25; 2.12.

2. *La regeneración y el verdadero fin del hombre, su ideal*
   El hombre regenerado tiene una nueva perspectiva hacia toda la vida. Ha redescubierto el verdadero fin de toda su existencia. Su ideal otra vez es el verdadero, el original, el teocéntrico, el ideal de glorificar a Dios. El que odiaba a Dios, ahora lo ama, y esto implica la recuperación del ideal verdadero de la vida. Cumple ahora, en sus intenciones, con el propósito de su creación: el glorificar a Dios. El *Catecismo menor de Westminster* empieza con esta idea: el propósito del hombre es el de glorificar a Dios y gozar de Él para siempre.

3. *La regeneración y la conciencia*
   Hemos notado anteriormente, al considerar la conciencia, que el hombre a pesar de su pecado no había perdido su conciencia. Pero su concepto de la norma, de acuerdo con la

cual una conciencia rinde juicio, está torcido. Además, es muy poco sensible al pecado. Y por haberla maltratado por tanto tiempo podemos decir (figurativamente) que está cubierta con una gruesa capa de callos. Pero ahora, en el proceso de la santificación, que comienza con la regeneración, la conciencia del creyente está sujeta a una doble influencia.

Primero, su conciencia de la verdadera norma, de lo correcto y lo equivocado está restaurado. Ello, en cuanto a su conciencia, es un proceso gradual. Es decir, el creyente progresivamente se apropia, hace suyas, a través de la aplicación de la Palabra a su conciencia, las nuevas normas e ideales para su nueva vida. La base objetiva de la norma es la voluntad de Dios revelada en la Biblia. Por supuesto, se da por sentado que se eduque la conciencia regenerada, y esta es una de las principales tareas de todo cristiano. Hay que adiestrarla y disciplinarla constantemente, aplicándole la norma objetiva de la voluntad revelada de Dios. El progreso en la santificación es crecer en saber y hacer la voluntad de Dios. De acuerdo con su progreso, el hacer la voluntad de Dios se constituye en una «segunda naturaleza» para el creyente. De esta manera la conciencia cristiana gradualmente asimila la norma objetiva moral. La norma de la conciencia progresivamente la ocupa y la guía para alcanzar el alto nivel del ideal objetivamente revelado.

Segundo, la influencia de la regeneración en la conciencia es tal que la hace progresivamente más sensible a fin de que responda en su debida manera. Empieza a juzgar sus pensamientos, actitudes y actos con un nuevo criterio. Se hace más consciente de su pecado y, a la vez de la grandeza de la redención, y goza subjetivamente la realización objetiva de ella.

Preguntas para reflexionar

1. Explique de manera clara, concisa y precisa la posición del autor acerca del hombre en el estado de pecado.

2. Enumere y describa los tres conceptos acerca del pecado presentados en el capítulo.

3. Escriba un resumen breve de la enseñanza sobre el tema de la redención presentado.

4. Como preparación para escribir su propia perspectiva acerca de la ética, escriba puntos de acuerdo y/o desacuerdo con el contenido del capítulo y áreas que requieran más lectura, investigación y reflexión.

EL IDEAL MORAL CRISTIANO, EL CONCEPTO DEL *SUMMUM BONUM*, Y EL IDEAL MORAL SEGÚN EL ANTIGUO TESTAMENTO

Vivimos por los ideales. Cada vida consciente es una vida que tiene unos ideales. Una vida sin ideales, si fuera posible, sería una vida sin progreso, sin propósito y sin sentido. El vivir por los ideales es lo que distingue la vida humana de las otras formas de la vida. Aunque podemos notar que aun en la vida vegetal y animal existen ciertas direcciones y metas, no podemos afirmar que sean los ideales conscientes alrededor de los cuales estas formas de vida organizan sus actividades y orientan su existencia. Sin lugar a dudas, la vida biológica es una «interacción» en que todas las fuerzas del organismo cooperan para dirigirse hacia una meta. Pero, el organismo no se da cuenta de la meta, ni conscientemente se esfuerza para lograrla. La meta es consciente solamente en la vida humana. Lo que en la vida biológica es meramente instinto, inclinación, empuje, o tendencia, llega a ser propósito consciente en la vida humana. El hombre se esfuerza por alcanzar lo que haya puesto como su meta. Se hace propósitos, se dirige hacia sus fines, y abraza un ideal. Sus ideales pueden ser indignos de él como ser humano, pueden ser equivocados y perversos ya que muchos se esfuerzan para lograr fines ilegítimos o placeres prohibidos y dañinos, o se orientan para buscar venganza u otros tipos de metas nocivas. Sin embargo, cada ser humano orienta su vida para lograr algo, aunque sea una inactividad casi absoluta.

¿QUÉ COSA ES UN IDEAL?

Un ideal es la representación mental de lo bueno que anhelamos. Es lo que nos esforzamos para lograr. Queremos alcanzarlo. (El término «bueno» en esta definición no implica que lo es objetivamente sino que el que se esfuerza lo considera así). Es la meta para cuya realización nos esforzamos. Es lo deseable a tal grado que da sentido a nuestra existencia. Existen ideales grandes y los hay también pequeños. Cada vida humana contiene un verdadero complejo de ideales. Pero los fines menores, las metas y los ideales pequeños, están subordinados a la relación de un ideal, único, grande, omni-inclusivo y final. Este sublime ideal, que cada persona inteligente tiene (más o menos conscientemente), es su fin principal, el ideal de su vida, el bien más alto (concreto o teórico): es su *summum bonum*.

Es el gran ideal lo que da unidad a la vida humana. El hombre lo hace todo a fin de realizar ese ideal. En sus términos abandona ciertos empeños y, por otro lado, apenas se molesta en llegar a otras metas difíciles de lograr. Por ello, lo que corresponde a nuestro ideal, toca a las fuentes mismas de nuestra vida moral. La vida moral se determina por aquel ideal, y está formada por él.

De todo esto deducimos que el *summum bonum* de una persona es aquel bien que anhela por su propio valor, y en términos de ese bien busca todos los otros bienes. Esta exposición de la idea del *summum bonum* se encuentra ya en Aristóteles, el primer escritor sistemático sobre ética.

Dice Aristóteles: «Si existe un fin de nuestros actos deseados por sí mismo, y los demás por él, y es verdad también que no siempre elegimos una cosa en vista de otras, ello sería tanto como remontar al infinito, y nuestro anhelo sería vano y miserable. Es claro que ese fin último sería entonces no solo el bien sino el bien soberano» (*Ética Nicomaquea*, Libro I, cap. II).

Al hablar del ideal humano, el *summum bonum,* debemos distinguir entre el ideal actual y el ideal verdadero, que es su *summum bonum*. Esta también es la diferencia entre lo que es el ideal actual de la vida y lo que debe serlo. El ideal actual siempre es provisional, aunque funciona en el momento como si fuera el verdadero. Cada persona consciente tiene algún *summum bonum,* que es suyo propio, pero esto no es necesariamente su verdadero *summum bonum*. En cuanto al *summum bonum* actual de los hombres encontramos la más grande diversidad. Aquí se representan grandes conflictos. Para el hedonista, el placer es el *summum bonum*. No solamente es el placer su propio *summum bonum,* está convencido que lo es para otros también. Para el racionalista es la racionalidad, el vivir en armonía con «la razón», y este piensa que todos deben pensar como él. Para otro la autorrealización, el desarrollo de sus capacidades inherentes, que se aplica a sí mismo y a todos los demás. Y aun para otro el humanitarismo, etc.

Pero el verdadero *summum bonum* del hombre no puede ser sino uno, único y unificado. Al considerar el ideal humano, no nos interesa saber empíricamente lo que sean los ideales actuales ni describirlos. Es posible hacer una larga investigación para encontrar los ideales que, consciente o inconscientemente, están en función hoy; pero tal investigación tardaría mucho, y aunque pudiera ser de valor, no es nuestro propósito aquí. Este sería el punto de vista de la ética puramente empírica. Nosotros afirmamos una norma objetiva. Nuestra ética es objetiva y no meramente subjetiva. Nos preguntamos, entonces: ¿Qué cosa es el verdadero *summum bonum*? ¿Cuál debe ser el ideal de todo ser humano? ¿Cuál es el último, el único satisfactorio ideal? Este, lo afirmamos, es el ideal cristiano.

La segunda parte de este libro está dedicada a una consideración del ideal verdadero y cristiano, el *summum bonum*. Da por sentado el hecho de que Dios nos lo ha revelado y lo tenemos que comprender por su Palabra. Aceptamos la unidad de las Escrituras, por eso empezaremos con el Antiguo Testamento y luego estudiaremos el ideal moral del Nuevo Testamento.

I. EL IDEAL MORAL SEGÚN EL ANTIGUO TESTAMENTO

Por cuanto la Biblia es la fuente última de toda verdad, también lo es en la esfera de lo moral. Por eso, debemos procurar determinar el verdadero ideal moral a la luz de sus enseñanzas. No podemos empezar con el Nuevo Testamento descartando el Antiguo, a pesar de que comúnmente se hace, aun por teólogos conservadores en nuestro tiempo. Que lo hagan se debe a una falta de entendimiento de la unidad y la continuidad de la divina revelación, sobrenatural y redentiva, a través de todas las épocas de los dos testamentos, tanto del antiguo como del nuevo. Creemos que los fundamentos de la verdad, tanto los doctrinales como los morales, se encuentran ya en el Antiguo Testamento. Nunca se logrará entender correctamente el Nuevo Testamento sin estudiar el Antiguo. A la verdad, como queremos mostrar, el ideal moral es esencialmente el mismo en los dos testamentos, por grande e importante que fuese el cambio que introdujera Jesucristo en su venida en la carne. Todos los principios morales del Nuevo Testamento se hallan ya en el antiguo. Jesús mismo dio énfasis sobre el Antiguo Testamento, basando sus enseñanzas, éticas y doctrinales, en él. Naturalmente, pues, empezamos el estudio del ideal moral con el Antiguo Testamento.

A. JEHOVÁ Y LA LEY

Al fondo de toda la ética antiguo-testamentaria y su ideal está una cadena de tres verdades que pueden llamarse «los supuestos teológicos del ideal moral del Antiguo Testamento». Esas tres verdades se enfocan en tres palabras: JEHOVÁ[1], BERITH, y TORAH.

1. La verdad básica de toda la teología y ética del Antiguo Testamento es la realidad de *JEHOVÁ*[2], el Supremo, el Transmundano, el Personal Dios-Creador, el Todopoderoso, el Omnisciente, el Soberano, el Santo, el Sabio, el Perfectamente Bueno, el Lleno de Gracia, el Misericordioso, y el Salvador. Jehová es el nombre que Dios dio a su pueblo para que este le pudiera invocar. Es el nombre del Dios que se revela, que se hace conocido, y por el cual se relaciona con su pueblo. Esta verdad, básica y revelada, determina todo lo que sigue. Implícito en esta verdad está el íntimo e inseparable nexo entre la religión y la moralidad. Es la característica más notable de toda la ética bíblica. La verdad religiosa y la verdad moral son, en el fondo, dos aspectos de la misma realidad. El ideal religioso es intrínsecamente moral, y el ideal moral es esencialmente religioso.

1 Usamos el nombre «Jehová» como la traducción castellana del tetragrama hebrea que representa el nombre de Dios y que muchos piensan que se deba pronunciar como «Yahweh» o Yave. Este no es el lugar para entrar en una discusión sobre la legitimidad de usar el nombre «Jehová».

2 Muchos libros sobre la teología sistemática, en la parte que habla de los «nombres de Dios» dan una exposición del nombre «Jehová». La *Teología Sistemática* de Berkhof es un buen ejemplo.

2. Una segunda verdad básica y fundamental de la ética antiguo-testamentaria está inseparablemente ligada con la primera. Se la puede expresar de esta manera: la relación que Jehová mantiene con su pueblo es una relación de pacto, *BERITH*. El pacto fue hecho con Abraham (Gn 15); fue renovado con Isaac y Jacob (Gn 26.24 y 28.13); y fue solemnemente ratificado por toda la nación israelita bajo la dirección de Moisés en el monte Sinaí (Éx 34.27-28). Dios se revela como Jehová, el Dios del pacto, y su pueblo es el pueblo del pacto. Esto involucra privilegios tanto como responsabilidades para el pueblo de Dios.

La revelación del pacto de Jehová con su pueblo se presenta repetidas veces como una relación semejante a la de marido y esposa, o, a veces, la de un padre y sus hijos. (Notamos que la primera está empleada particularmente en los libros de Isaías, Jeremías, Ezequiel, y Oseas.) En ambos casos no debemos pensar en las relaciones conyugales o paternales como las vemos representadas en los enlaces individualistas y fraccionados de la vida moderna, sino según se veían representadas en las asociaciones autoritativas de los tiempos antiguo-testamentarios. Relacionada con estas dos analogías está una tercera: la de un rey con sus súbditos, y los súbditos con el rey. En todas las ilustraciones, destaca el hecho de que el pacto es una relación de mutuas responsabilidades. El Dios que establece el pacto, lo hace soberanamente y, además de otorgar a su pueblo las solemnes promesas, le exige ciertas responsabilidades. De esto aprendemos que el pacto no es meramente un convenio entre iguales. Desde su principio y su fundamento el BERITH entre Jehová y su pueblo es unilateral. El pacto no es el resultado de una consulta que sostuviera Jehová con su pueblo sobre lo conveniente que le sería a este último entrar en tal pacto. Jehová hizo el pacto. Su origen está en la iniciativa divina. Es una muestra de su soberna gracia. Por esto la relación del pacto, en su presentación antiguo-testamentaria, se basa en la elección divina. La vida moral del pueblo de Jehová, tanto como la religiosa, está determinada (idealmente) por la relación del pacto, precisamente porque el pueblo es el Pueblo del Pacto.

3. Una tercera verdad básica y fundamental de la ética antiguo-testamentaria, y que es inseparable de las dos que precedieron, se puede formular así: la (TORAH) la Ley de Jehová. Esta expresión de las condiciones divinas para una relación de pacto incluye todos los principios y preceptos para la vida y la conducta del pueblo de Dios. La Ley de Jehová se arraiga en el pacto y depende de él. Por esto existe una relación íntima entre BERITH y TORAH (Jer 31.33; Éx 19.7). Debemos notar que en Éxodo 34.28 el decálogo se designa como «las palabras del pacto». La TORAH es la codificación de la voluntad de Jehová, quien es la Primera y la Divina parte del pacto y es quien lo redacta. El pueblo de Dios es la segunda parte y tiene que rendir obediencia para alcanzar paz y felicidad.

El concepto de «ley» tiene también connotaciones más amplias. «Ley» es una característica de toda la creación. Toda la creación está bajo la Ley. Estar bajo la Ley es una de los atributos esenciales de toda criatura. En su encarnación, Cristo «nació bajo la Ley» (Gl 4.4). La ley moral es más específica. Tiene que ver con el pueblo de Dios, y fue promulgada a fin de que le fuera bien a su pueblo y que sus días fueran prolongados. Más que una simple exigencia moral, la Ley de Jehová es una bendición a su pueblo ya que proporciona comunión con Dios. De esto tenemos que hablar más.

Las relaciones morales del Antiguo Testamento se basan en esas tres verdades y están determinadas por ellas. Sobre esos fundamentos la estructura entera de la ética antiguo-testamentaria está edificada.

B. LA LEY Y LA VIRTUD EN EL ANTIGUO TESTAMENTO

En esta sección se emplea la palabra «virtud» en un sentido especial. El sentido en que la usamos no es de poder, ni de capacidad, ni de bondad (que suelen ser las acepciones más usuales en nuestros diccionarios). Para nosotros, la idea es más bien la que reúne las cualidades de integridad, rectitud, y probidad. Notamos algo de ello en el uso de algunos adjetivos relacionados con la palabra, como por ejemplo «virtuoso».

Debido a que la esencia de toda moralidad para el creyente antiguo-testamentario giraba alrededor de la Ley de Jehová, nos es fácil determinar que la naturaleza de virtud consiste en obedecer la Ley de Jehová.

1. *La virtud en el Antiguo Testamento como obediencia*

El hombre bueno es el hombre que obedece la Ley de Jehová. Debido a que la relación entre Jehová y su pueblo es una relación del pacto, y puesto que la Ley es la formulación de las rectas condiciones que impone Jehová al pueblo del pacto, la obediencia a la Ley es evidencia de fidelidad al pacto con Jehová. Por esto, la obediencia a la voluntad de Dios, expresada en la TORAH, era la condición fundamental de la vida moral del creyente en el tiempo del Antiguo Testamento. Esta es la verdad que se enseña a través del Pentateuco y los profetas. Otra afirmación de esta verdad se encuentra en Eclesiastés 12.13.

Otra caracterización muy típica del Antiguo Testamento para expresar la virtud de obediencia es la palabra TSEDEQ, rectitud. El hombre obediente es el hombre recto, es el que anda en el camino recto de los mandamientos de Jehová. El libro de los Salmos está repleto de este pensamiento. La importancia de la virtud de obediencia se acentúa en toda la historia de Israel y se expresa especialmente en los Salmos. Lo notamos en la historia de Adán y Eva, también en la de Abraham en Génesis 12. Asimismo en los discursos de Moisés en Deuteronomio, y de la misma manera en la exhortación de Josué antes de su muerte (Josué 24.21-24). La obediencia conduce hacia la felicidad. «Bienaventurado es aquel varón cuya delicia está en la Ley de Jehová.» «En guardar la Ley hay gran premio.» (Véanse los Salmos 1 y 119.)

2. *La virtud del Antiguo Testamento como santidad*
Otra perspectiva desde la cual el Antiguo Testamento ve a la virtud fundamental del creyente es la de la santidad. El hombre bueno es el hombre santo. Se puede decir que la actitud correcta en cuanto a la Ley de Jehová es la de obediencia. Pero hay que añadir de inmediato que el resumen de las demandas de la Ley, en cuanto a su contenido, se expresa en términos de santidad. La Ley entera conduce hacia la santidad. (Lv 19.2: «Santos seréis porque santo soy, yo Jehová, vuestro Dios». Véase también Lv 2.7; 21.8; 1 P 1.16.)
La etimología del adjetivo *QAADOOSH* (santo) se encuentra en la palabra que quiere decir separado, elevado, por encima. De la idea de separación espacial y física se deriva su significado espiritual y moral. En cuanto a Dios, la santidad tiene un significado sinónimo con trascendencia y majestad divina. El término describe a Jehová en su carácter enaltecido y en su gloria trascendente. Un nombre predilecto de Isaías

para referirse a Jehová es *QEDOOSH YISRAAEEL* «El Santo de Israel». En otro lugar Isaías habla de Dios en esos términos: «El Alto y Sublime, el que habita la eternidad, y cuyo nombre es el Santo» (57.15).

Este concepto de la santidad[3] divina, como la exaltación y trascendencia divina, presenta implicaciones tanto metafísicas como morales. Dios está infinitamente enaltecido por encima del hombre finito, tanto en su Ser divino como en Su perfección moral. En el Antiguo Testamento, sin embargo, no es la trascendencia metafísica la que está más en la escena, sino la moral; pero a la vez debemos notar que la trascendencia moral presupone la metafísica. La santidad moral de Dios se entiende en su pleno significado solamente al notar el contraste entre la santidad de Dios, no meramente con la finitud del hombre, sino más bien con la pecaminosidad de este. Jehová no solamente «habita la eternidad», siendo de «ojos muy limpios para ver el mal» (Hab 1.13), también odia todo pecado. Un pasaje donde vemos la trascendencia divina combinada con la santidad es en la visión de Isaías (6.1-5). Por lo tanto, la santidad encuentra su antítesis en la iniquidad, la impureza, y la injusticia. A la verdad, la santidad de Dios es, en un sentido, el punto focal de todas sus perfecciones morales. Está claro que QAADOOSH no es una palabra que exprese solamente un atributo de la divinidad, sino la divinidad en sí. Siendo ello el significado de la palabra que expresa la santidad de Dios, está claro que al aplicar la misma palabra a los creyentes del Antiguo Testamento se hace hincapié en el hecho de que ellos están separados, traídos, apartados y dedicados al servicio de Jehová (véase Éx 19.5-6a). Tiene para

---

3 El libro *La Santidad de Dios* de R.C. Sproul, publicado por Logoi/Flet, es una buena exposición de la santidad de Dios.

ellos un significado ceremonial y moral. En el sentido ceremonial indica que el pueblo está dedicado para el culto de Jehová. Esto no era solamente en los momentos especiales para realizar las ceremonias, sino el culto tenía que ver con toda su vida. En este sentido no solamente a las personas sino también a las cosas se llamaban santas. Lugares y objetos (como, por ejemplo, los lugares y utensilios apartados para el servicio en el templo) eran santos tanto como los sacerdotes. La aplicación ritualista de la santidad exigía a los israelitas una estricta limpieza y una rígida pureza en los asuntos de sacrificios de comida y bebida (véase Éx 22.31; Lv 11.44,45). La santidad de este tipo era simbólica; simbolizaba una santidad más alta, la santidad moral. En este último sentido, la santidad más alta y más profunda, consiste en conformarse a la enaltecida naturaleza moral de Dios. Esta semejanza con la naturaleza moral de Dios se puede lograr por solo un camino, el de la obediencia a la Ley de Dios, e implica una conformidad perfecta a la voluntad de Jehová expresada en su Ley. La santidad, en este sentido, es asemejarse a Dios en su perfección moral y en su repugnancia al pecado. Es a la vez la esencia y el fruto de la perfecta obediencia a la Ley de Jehová.

3. *La virtud del Antiguo Testamento como sabiduría*

El Antiguo Testamento retrata al hombre bueno como hombre sabio. Un contraste muy usual en el Antiguo Testamento es aquel entre el sabio y el necio. Esto se encuentra especialmente en los libros de los Proverbios, de Eclesiastés, y de los Salmos. La idea de sabiduría en el Antiguo Testamento no es una de mera prudencia o sagacidad; tampoco es de astucia. El sabio es el que conoce y hace la voluntad de Dios, la entiende intelectualmente, ama la Ley de Jehová, escucha al buen consejo de los ancianos, no actúa por impulso de la pasión momentánea, y ordena correctamente su vida. Tal como ganamos «sabiduría» para jugar el fútbol o para manejar un coche cumpliendo con las reglas, el cumplir con la Ley de Jehová nos dará una sabiduría para vivir en el sentido más profundo y completo.

La sabiduría del Antiguo Testamento es una sabiduría religiosamente condicionada. Solamente el que conoce verdaderamente a Dios, a Jehová el Dios verdadero, es sabio. Se puede decir que el verdadero sabio es el que vive en armonía con el gran plan y propósito de Dios para la vida humana. La sabiduría se manifiesta en la activa dirección de la inteligencia y la voluntad hacia la realización de la meta divina para la vida humana. Entonces «el temor de Jehová es el principio de la sabiduría». («Principio» en este sentido tiene el significado de fuente y fundamento, y no solamente de inicio. Véase Job 28.28; Sal 111.10; Prv 9.10.) Esa sabiduría es el *summun bonum* del hombre. Está elogiada por ser el bien más alto para el hombre (véase Proverbios, especialmente los capítulos 3, 8, y 9; también Job 28 y Eclesiastés 9 y 10).

El elemento religioso, básico al ideal antiguo-testamentario de la sabiduría, se ve más claro en su oposición a la necedad. El necio no se da cuenta de lo que sea bueno para él y, además, ni lo haría porque desprecia la voluntad de Dios. La sabiduría no es primariamente intelectual sino es en primer lugar un asunto del corazón, de la conciencia y del propósito moral. Por esto, el ateo es el necio típico (Sal 14.1; 53.1). En ambos textos debemos notar que el ateo necio es corrompido, hace iniquidades abominables, y no procura hacer ningún bien. El necio va corriendo hacia la destrucción, no porque no sepa mejor (según el concepto griego) sino porque no quiere estar atento a la sabiduría y al consejo sano, y también porque desprecia la Ley de Jehová. La sabiduría es saber, estudiar, y meditar sobre la Ley de Jehová, y ponerla por obra.

4. *La piedad como principio radical de los tres anteriores conceptos*

Los tres aspectos que hemos mencionado del ideal moral del Antiguo Testamento encuentran su unidad subjetiva en la piedad. La obediencia, la santidad, y la sabiduría se arraigan en la verdadera piedad, y constantemente toman aliento de ella. El «temor de Jehová» es la raíz de toda moralidad. El ideal de la piedad se presenta en distintas formas en el Antiguo Testamento. En los primeros capítulos de Génesis aparece como comunión con Dios; andar con Él, como vemos en los casos de Enoc y Noé (Gn 5.22-24; 6.9). En los libros de sabiduría, la piedad se manifiesta en «el temor de Jehová». Pero, a través del Antiguo Testamento, la piedad es el substrato y la raíz principal de la verdadera bondad, y se ve como obediencia, santidad, y sabiduría. La piedad es la sinceridad subjetiva en cuanto a la moralidad. En el Antiguo Testamento (de hecho, en toda la Biblia) la piedad es vivir constante y conscientemente en la presencia de Dios. El impío es el que vive como si Dios no existiera. La impiedad es vivir alejado de Dios, olvidándose y no pensando en Él por dedicarse a las cosas del mundo, como si uno nada tuviera que ver con Dios, su voluntad y su Palabra. La piedad es todo lo contrario.

De acuerdo con este principio subjetivo de la unidad de los varios aspectos de la virtud en el Antiguo Testamento, el principio objetivo de la unidad para la totalidad de la vida moral en el Antiguo Testamento es Dios mismo, el último punto de referencia y el objeto final de toda piedad y bondad. Arriba ya hemos considerado la Torah como el ideal objetivo de la vida moral antiguo-testamentaria. Pero, más básico aun, más básico que la Torah, es Dios, cuya voluntad se formula y se codifica en la Torah. Toda la vida del creyente del Antiguo Testamento gira alrededor de Dios, en todas sus expresiones y ramificaciones. La obediencia, arraigada en la piedad, es la conformidad con la voluntad revelada de Dios. La santidad, arraigada en la piedad, es la conformidad con la excelencia moral de Dios. La sabiduría, arraigada en la piedad, es la característica sobresaliente de quien tiene el recto discernimiento en cuanto a la voluntad y el propósito de Dios, y por eso sabe dirigir su vida. El ideal moral del Antiguo Testamento es por tanto un ideal teocéntrico. Dios es el verdadero *summun bonum*. Toda verdadera moralidad es, en el fondo, la piedad.

El Antiguo Testamento expresa el carácter teocéntrico del ideal moral en la *Shema*: «Oye, Israel: Jehová nuestro Dios, Jehová uno es. Y amarás a Jehová tu Dios de todo tu corazón y de toda tu alma y de todas tus fuerzas» (Dt 6.4,5). El amor a Dios y una devoción piadosa para con Dios, que constituyen el sumo bien para el creyente, resultan en paz para el alma, serenidad perfecta, y gozo supremo aun ante las circunstancias más difíciles de la vida. Asimismo, se constituyeron en la cima máxima de la vida moral y religiosa del israelita devoto. Tenemos dos formulaciones inmortales de este ideal en forma piadosa, una en el Salmo 73 y la otra en la oración de Habacuc.

> «¿A quién tengo yo en los cielos sino a ti? Y fuera de ti nada deseo en la tierra. Mi carne y mi corazón desfallecen; mas la roca de mi corazón y porción es Dios para siempre» (Sal 73.25-26).

«Aunque la higuera no florezca, ni en las vides haya frutos, aunque falte el producto del olivo, y los labrados no den mantenimiento, y las ovejas sean quitadas de la majada, y no haya vacas en los corrales; con todo yo me alegraré en Jehová, y me gozaré en el Dios de mi salvación» (Hab 3.17-18).

C. La Ley en la historia

La ley en la historia

Mosaica ▸ Profética ▸ Post-exílica

carácter provisional

Hemos visto que la Ley está profundamente envuelta en la relación del pacto que existe entre Jehová y su pueblo. Hemos intentado exponer las virtudes típicas del «santo» antiguo-testamentario: la obediencia, la santidad, la sabiduría. Aquel triple ideal, cuyo principio fundamental se expresa en la idea de la piedad, también se relaciona con la Ley. Claro, toda la vida moral y religiosa del Antiguo Testamento encuentra su criterio, su norma, y su ideal en la Torah de Jehová. Debido a su importancia y prominencia dirigiremos nuestra atención al papel de la Ley en el pueblo de Dios, y también señalaremos la actitud del pueblo del pacto hacia la Ley en las distintas épocas de su historia.

La Torah es la codificación de la voluntad revelada de Jehová para la vida de Israel como el pueblo del pacto. Es instrucción. Nos enseña cómo amar a Dios sobre todo y al prójimo como a sí mismo. En este sentido, es correcto decir que la Torah, la Ley, es instrucción en el amor. Pero, nunca se debe olvidar que la Torah son las direcciones de cómo andar bien en comunión con Dios.

En el sentido amplio el término la «Ley de Jehová» (o Torah) se refiere a la entera revelación de Jehová para su pueblo. Sin embargo, en un sentido más limitado designa los mandamientos revelados por Jehová para guiar la vida y la conducta de su pueblo. Podemos distinguir tres etapas en la historia de la Torah: 1. La mosaica; 2. la profética; 3. la post-exílica. La primera es la etapa de su promulgación; la segunda, la de su profunda interpretación espiritual; y la tercera, la de la desintegración de la Torah.

1. La época mosaica

   Es esta la etapa de la promulgación de la Torah. La Torah se la reveló Jehová a Moisés. La Torah en la vida de Israel no se consideraba como tres unidades (civil, moral, y ceremonial, como hoy en día solemos dividirla) sino como una unidad. Pero la Torah, la unidad, sin mencionarlos por separado tocaba los tres aspectos de la vida israelita. El aspecto civil siempre tiene que ver con condiciones especiales («si uno tiene un buey que suele cornear...»). La ley ceremonial fue básicamente pedagógica para enseñar el camino de la salvación, que se cumple en la obra de Cristo. La ley moral trata de los principios básicos que forman la base de nuestras decisiones ético-morales.

   a. La vida civil

   Un código extenso fue promulgado para la vida civil. Fue entretejido entre los dos otros aspectos, pero son muy claros los asuntos que tocaban la vida «civil». No cabe duda que el creyente en el Antiguo Testamento tenía que vivir su vida civil religiosamente, como un aspecto importante de su relación con Dios. Este aspecto de la Torah regulaba las relaciones sociales y políticas del pueblo. Son las reglas para vivir en sociedad y amar al prójimo. Siempre tiene que ver con un principio que se aplica a situaciones o condiciones particulares. Un principio notable de la legislación civil de la Torah es el de *jus talionis* o la justa retribución, «ojo por ojo; diente por diente» (Éx 21.23-25; Lv 24.17-21; Dt 19.21; Mt 5.38). Hoy en día solemos entender esta ley a revés, como si el objetivo fuera las duras penas, cuando en realidad su intención fue de un límite al castigo. La severidad del castigo nunca debe ser mayor que el crimen. Fue una disciplina al ser humano que siempre quiere «dar doble» en venganza de la ofensa.

b. Las ceremonias y el rito religioso
También la Ley incluía lo que conocemos como la ley ceremonial, y pertenecía al modo de culto, la manera de alabanza y adoración, el sistema de sacrificios, la actuación de los sacerdotes y levitas, y el servicio religioso.
El principio fundamental de esa legislación era la pureza ceremonial, la santidad, y la pureza interna. El israelita había de ser puro, separado de lo profano y dedicado a Jehová en el culto, o sea en el sentido ceremonial, pero también en toda su vida.
Las ceremonias, como hemos mencionado arriba, fueron actividades pedagógicas. Los sacrificios, los ritos, la actuación de los sacerdotes, el poner la Ley en los postes de las puertas encontró su sentido en lo que enseñaban. Toda la ley ceremonial apuntaba hacia Cristo y a la salvación en Él. Habiendo cumplido Cristo con esta ley, no tenemos que cumplirla también nosotros; más bien tenemos que entender la enseñanza de los ritos. No repetimos la pascua, pero tenemos que entender su significado.

c. La vida moral

Este aspecto no ha de considerarse como meramente co-
ordinado con los aspectos civiles y ceremoniales de la vida
israelita. Es mucho más. Por ser la formulación de la voluntad revelada de Dios en cuanto a toda la vida moral, la
Torah se relaciona con la totalidad de la vida en su más
profundo significado moral. El Decálogo es el resumen
antiguo-testamentario de la voluntad de Dios y su aplicación a la vida moral. A pesar de la forma antiguo-testamentaria del Decálogo, que nos parece negativa, su significado y su orientación tienen una importancia más amplia
que las restricciones nacionales de Israel. Los aspectos
civiles y ceremoniales han sido reemplazados en la iglesia
novo-testamentaria, pero la ley moral queda en pie por
todas las edades.

2. La etapa profética

La etapa profética es la etapa de la interpretación más profunda y espiritual de la Ley. Los profetas alzaron sus voces en
protesta contra la práctica de poner los ritos ceremoniales en
lugar de la rectitud moral. El gran mal que siempre tienta al
pueblo nomístico (de *nomos*=ley, hoy en día diríamos «legalista», pero esta palabra también tiene otras connotaciones)
es el de caer en una observancia externa de la Ley, en lugar
de una recta disposición interior. Los israelitas cayeron en
este pecado en los días del reino. Eran estrictos y puntuales
en la observación de ordenanzas rituales, pero su corazón
estaba lejos de Dios.

Los profetas pregonaban contra el ritualismo y el formalismo.
Esto es verdad sobre todo en cuanto a los profetas del séptimo y octavo siglo, pero no se restringe a ellos. Cierto está
que la condenación de todo ello está explícita desde los días

de Samuel. Samuel reprobaba a Saúl precisamente sobre esto cuando Saúl, bajo el pretexto de hacer sacrificio a Jehová, negó las instrucciones explicitas que había recibido de Dios de que tenía que destruir a los amalecitas y todas sus posesiones (1 S 15). El mismo mensaje, que obedecer es mejor que el sacrificio, es el que repetidas veces habían proclamado los profetas posteriores: Isaías, Amós, Miqueas y Joel (Is 1.10-17; Am 5.21-24; Mi 6.6-8; Jl 2.13).

No se debe malentender a los profetas. A veces se les interpreta como si fueran antagónicos a la Torah, pero hacer esto es errar seriamente en la interpretación de su actitud. Ellos no se oponían a la Torah en su carácter de ley; lo que condenaban y denunciaban era el externalismo. Lejos de contraponerse a la revelación mosaica, cimientan la estructura de su propia enseñanza sobre los fundamentos de esa revelación. Exhiben el profundo significado espiritual y la importancia moral de la Ley. La obediencia, insisten, no es asunto meramente de «dientes para afuera» sino del corazón. La religión verdadera no es meramente traer sacrificios sino consagrarse, en una sincera devoción de todo corazón, a Jehová. En el desarrollo ético (así como en el doctrinal) del Antiguo Testamento, notamos un continuo progreso desde la primera etapa, con su carácter prominente de una doctrina de leyes y deberes, hasta la ética de los profetas que acentuaban una doctrina de lo interior. El Señor requiere rectitud, sinceridad, integridad y pureza del corazón; y esto tanto en las actividades religiosas como en las relaciones civiles y sociales.

3. La etapa post-exílica
Esta etapa se caracteriza por la desintegración de la Ley. Cuando regresaron del exilio, los judíos habían aprendido a estimar en gran valor la Torah. Se daban cuenta de que ha-

bían estado esclavizados precisamente porque habían olvidado la Ley de Jehová. Por esto se aplicaron diligentemente al estudio de la Ley. Esdras es el ejemplo típico de esta espiritualidad. Las sinagogas que se levantaron llegaron a ser centros del estudio popular de la Ley. Los líderes de este movimiento fueron los escribas.

Pero antes de que pasara mucho tiempo el pueblo cayó en una forma extrema de legalismo. La Ley se hizo un fin en sí misma. Más bien adoraban la Ley en lugar de adorar a Jehová, de cuya voluntad la Ley era una proclamación. Apenas había revelación especial en esta época, y el espíritu profético dio lugar al espíritu de «escribas». Los escribas fueron los guardianes de la Ley. Los *chasidim* (o fariseos) se constituyeron en una aristocracia moral y llegaron al extremo de exhibir una observación tan puntual de la Ley que, con todas sus interpretaciones puestas como apéndices, la gente común y corriente no la podía cumplir. Lejos de enseñar la importancia espiritual de la Ley, guardaban escrupulosamente su letra. La ley moral fue despojada de su ideal y de su meta divina. La ética judaizante llegó a ser moralista y legalista. Así perdió su base distintivamente religiosa y, además, el principio de unidad. Todo esto resultó en la desintegración de la Ley. A pesar de que la Torah era una expresión unificada de la voluntad de Dios para la vida humana, la dividieron minuciosamente en un sinnúmero de pedazos, en reglas desconectadas, en preceptos aislados, y en reglamentos sueltos. Esto también caracteriza la ética de los libros apócrifos del Antiguo Testamento (que está en la Biblia católico-romana) y la del talmud, el comentario judío sobre la Ley. Hasta el día de hoy se nota esta característica en la ética del judaísmo.

Todo esto ocurrió junto con una actitud creciente de rígido separatismo. Bajo la dirección del chasidim, la mayoría del pueblo reaccionó contra toda liberalización y helenización de las tendencias del día (cuyo ejemplo mejor eran los saduceos), y pronto cayeron en una actitud estrecha, nacionalista, particularista y autojustificadora de una presuntuosa autosatisfacción. Lo que había de universalismo en la actitud anterior fue completamente borrado por la nueva actitud. El primer libro de los Macabeos muestra los aspectos mejores y peores del tal espíritu.

Fue contra este formalismo, el materialismo, y el estrecho particularismo de los escribas y fariseos que Jesús alzó su voz en protesta. Repetidamente acusó a los judíos de haber cambiado el énfasis y valor espiritual de los mandamientos de Dios en meros preceptos y tradiciones de hombres. La tradición llegó a ser un criterio igual a la revelación.

D. El carácter provisional de la Ley

Mucho más importante que la actitud de los israelitas hacia la Ley es la misma intención de la Ley, vista en su lugar en la historia de la revelación. De esto nos conviene hablar.

El ideal moral del Antiguo Testamento tiene a la vez un carácter provisional y proléptico[4] . La plenitud del Sumo Bien quedaba por revelarse en el porvenir. Es una nota constante en el Antiguo Testamento entero. La ética antiguo-testamentaria es inseparable de la esperanza y la orientación mesiánica. El propósito redentivo de todo el Antiguo Testamento se cumpliría en el Nuevo Testamento, y esto tiene significado fundamental en cuanto al ideal moral del Antiguo Testamento. Desde el principio existía una orientación más definida y universal en cuanto a las promesas de Dios. Aunque Dios hizo su pacto con la nación elegida, su propósito era bendecir a la totalidad de la humanidad a través de esta nación. Esto fue revelado ya en su pacto con Abraham, «en ti serán benditas todas las familias de la tierra» (Gen 12.3; 22.18). El fin

---

4 Lo que es, pero será más. El hombre está prolépticamente presente en el niño. (cf. Juan 4.23)

del pueblo escogido no es el particularismo nacionalista sino el de servir a un propósito más alto. Su meta es la de hacerse universal. El pacto tenía una meta cosmo-histórica que trascendería los límites de la época antiguo-testamentaria.

Después de la caída, el Sumo Bien se proyecta hacia el porvenir, a un venidero más allá, el de una esperanza mesiánica. Es la misma esperanza mesiánica que ilumina la visión humana, y a través de esta esperanza, el bien supremo se hace en la gran meta del mundo y del proceso histórico. El propósito final, hacia el cual todo el Antiguo Testamento se mueve, es el establecimiento del reino de justicia, el Reino del Mesías, en el cual todos participarán en las bendiciones prometidas al fiel patriarca. Todos los que son llamados hijos de Abraham, o sea, todos los que tienen la misma fe de Abraham (Gl 3.7,8, 29; cf. Ro 4.16).

La anticipación de un orden nuevo, posterior y ulterior, de las cosas, de un universalismo que no era realizable bajo la ética antiguo-testamentaria, fue expresada repetidas veces por los profetas. Bellos cantos del universalismo venidero se encuentran en la profecía de Isaías (por ejemplo, 56.1-8). Ni el pacto ni la Ley tenían la intención de quedar para siempre en su forma antiguo-testamentaria como la final. Siempre se presuponía una etapa venidera más gloriosa del pacto y de la promulgación de la Ley (Jer 31.31-33). Jehová solemnemente declaró que vendrían los días en que haría un pacto nuevo con su pueblo, la esencia del cual sería espiritual, y lo expresó con estas palabras: «Daré mi ley en su mente [entrañas: versión de 1909] y la escribiré en su corazón; y yo seré a ellos por Dios y ellos me serán por pueblo». Esta profecía se cumplió en el Nuevo Testamento, como nos enseña la Epístola a los Hebreos (8.7-13; 10.16). Cristo se distingue de Moisés en que es el Mediador de un pacto mejor. En la dispensación del pacto nuevo la profecía fue cumplida, que la Ley de Dios sería escrita en el corazón.

Notamos también que el Nuevo Testamento habla de la etapa antiguo-testamentaria como una figura, o una sombra de la realidad venidera en Cristo. Tal como la sombra de alguien que nos sigue puede llegar antes y anunciar su presencia, así la sombra de Cristo cae sobre todo el Antiguo Testamento, anunciando su presencia y su venida. En Hebreos 10.1 notamos la distinción entre *skia toon mellontoon agathoon* (la sombra de bienes venideros) y *eikoon toon pragmatoon* (la imagen de las cosas). Aquí notamos que la realidad está representada como si ya se estuviera en el cielo. De esta realidad la revelación novo-testamentaria tiene la imagen *eikoon,* mientras que la revelación del Antiguo Testamento tiene la sombra *aki.* «la figura del Verdadero» (Heb 9.24). Encontramos semejante contraste en Colosenses 2.17, donde el apóstol habla de los mandamientos que tratan de la comida, la bebida, los sábados, las lunas, y las fiestas, y dice de estas cosas que son una sombra de lo venidero *(skia toon mellontoon)* pero que el cuerpo, es decir la realidad, se encuentra en Cristo *(to de sooma tou christou).*

Todo esto implica el carácter provisional y proléptico del ideal moral del Antiguo Testamento, que se cumpliría en el Nuevo Testamento. Y se concentra en la persona de Jesucristo. La realización redentiva del reino de Dios, prefigurado en el Antiguo Testamento, no se verificó hasta ser revelado en la persona y obra de Jesucristo. El ideal novotestamentario es tema del siguiente capítulo.

PREGUNTAS PARA REFLEXIONAR

1. Explique los conceptos del «ideal» y el «summum bonum» de manera concisa.

2. Describa los tres conceptos del ideal moral del Antiguo Testamento de acuerdo al capítulo y explique cómo se relaciona

la piedad a ellos. Enumere y explique de manera concisa las distintas etapas de la Ley en el Antiguo Testamento.

3. ¿Cómo enfoca el autor el carácter de la Ley?

4. Como preparación para escribir su perspectiva acerca de la ética escriba puntos de acuerdo y/o desacuerdo con el contenido del capítulo y áreas que requieran más lectura, investigación y reflexión.

CAPÍTULO 5

EL IDEAL MORAL NOVOTESTAMENTARIO

I. SU COHERENCIA INTERNA

Para nosotros los ideales del Nuevo Testamento poseen autoridad y, por eso, tienen significado normativo y una finalidad. Por lo tanto, es de suma importancia que los veamos con precisión y claridad y que los entendamos bien, ya que ellos componen lo que es el ideal moral del Nuevo Testamento.

Antes de entregarnos a una consideración del contenido del ideal novotestamentario es menester que enfrentemos un problema serio. El problema es si el Nuevo Testamento presenta un solo ideal moral, unificado o coherente, o si en él hay varios diferentes ideales que no siempre están de acuerdo. No es que nosotros dudemos, sino que ciertos teólogos han negado que existiera un ideal unificado en el Nuevo Testamento. Por ende, nos es necesario justificar lo que afirmamos al hablar del ideal moral novotestamentario en el singular.

Esta consideración nos llevará al asunto central acerca de la diferencia que hay entre una ética basada en un sobrenaturalismo bíblico y otra fundada sobre el idealismo humanitario.

A. EL SUPUESTO CONFLICTO ENTRE JESÚS Y PABLO

1. ¿Habrá una oposición entre Pablo y Jesús?

Se puede encontrar a menudo en un libro sobre la historia de la iglesia primitiva unas palabras como estas: «Dos nombres contienen en sí toda la historia primitiva del cristianismo: los nombres de Jesús y Pablo.»

Es cierto que, después de nuestro Señor mismo, no hay figura tan grande ni una que influyera más en los inicios del cristianismo como Pablo. Lo han llamado el segundo fundador del cristianismo, y existen varios libros eruditos que así lo afirman. En la edad apostólica se destaca casi como un gigante entre los pigmeos. La profunda influencia de Pablo sobre el cristianismo primitivo se ha perpetuado hasta hoy a través de sus escritos inspirados que se encuentran ahora en el Nuevo Testamento. Su influencia personal en la iglesia primitiva también fue singular. Fue no solamente el predicador más abundante en obras sino también el gran intérprete del cristianismo. Fue Pablo quien interpretó el Evangelio de Jesucristo en su pleno significado teológico. Pero, algunos afirman que el sistema doctrinal intelectual y complicado de Pablo es diferente del sencillo sistema evangélico de Jesús.

Todo esto ha impresionado a algunos a tal grado que se distinguen dos sistemas teológicos en el Nuevo testamento: las enseñanzas de Jesús y la doctrina de Pablo. El primer sistema está preservado en los evangelios, y fue conservado por los evangelistas. Los evangelistas que mejor, y más ingenuamente lo anotaron fueron los sinópticos. Ellos son los que redactaron la vida y las enseñanzas de Jesús con menos interpretación teológica; mucho menos, por ejemplo, que el autor del cuarto evangelio. El segundo sistema nos es preservado en las epístolas paulinas.

[Nota: La cuestión crítica de la paternidad literaria de las epístolas paulinas no nos concierne ahora. Tómese la posición conservadora o la modernista, la decisión no cambiará el asunto. Casi no hay ningún erudito reconocido en el campo del Nuevo Testamento que niegue la paternidad paulina de las cuatro epístolas mayores (Romanos, 1 y 2 Corintios, y Gálatas), y estas cuatro epístolas contienen todos los aspectos esenciales de la enseñanza paulina. De la misma manera el llamado «problema sinóptico» no viene al caso. Sean cuales fueren las relaciones y/o distinciones entre los evangelios sinópticos, la esencia de la enseñanza de Jesús no queda afectada.]

Se afirma que existen otros tipos de enseñanza y otros sistemas doctrinales en el Nuevo Testamento, por ejemplo, la «juanina» y la «petrina». Por supuesto, hay diferencias de estilo y énfasis, y sus temas principales y formas de expresión son fáciles de identificar. Pero, no representan distintas «escuelas» teológicas, ni se encuentran en ellos distintos sistemas teológicos. Los sistemas que se dicen haber encontrado son los dos mencionados, el de los evangelios (que «representan» las enseñanzas de Jesús) y el de Pablo.

Una escuela de pensamiento, de mucho auge desde hace varias décadas, enseña que estos dos sistemas mencionados de la enseñanza novotestamentaria están en pugna irreconciliable. Jesús y Pablo, dicen, representan puntos de vista contradictorios, y son dos puntos de vista que evolucionaron en la iglesia primitiva. Representan dos interpretaciones del cristianismo y dos sistemas de pensamiento teológico; el estudiante, entonces, tiene que escoger entre las dos. Este es el punto de vista más común entre los teólogos modernistas, tanto de la escuela ritschliana (el «viejo» modernismo) como la del neomodernismo (o postmodernismo). Históricamente encontramos los comienzos de este punto de vista ya antes de

Harnack, quien fue uno de los más famosos eruditos que abogaban por esta interpretación. Harnack era uno de los más grandes historiadores del cristianismo primitivo.

2. La supuesta antítesis

El supuesto conflicto, si lo expresamos en término de antítesis, se puede resumir de esta manera: Jesús era esencialmente un maestro de la moralidad; Pablo era un teólogo dogmático. Jesús se interesó principalmente en la vida y en el desarrollo del carácter. Pablo se interesó más en la doctrina y en el pensamiento sistemático. El énfasis central de la enseñanza de Jesús está en su dirección moral; el de Pablo en el campo de la teología, especulativa y demasiado intelectual. El punto de vista de Jesús es de este mundo; el de Pablo del más allá. En los evangelios lo central es la vida de Jesús; en las cartas de Pablo, su muerte y la cruz. En los evangelios encontramos el mensaje de Jesús, es decir, el mensaje de la buena vida que el mismo predicó. En las cartas de Pablo encontramos un evangelio acerca de Jesús, un evangelio en el cual Jesús (o mejor dicho, el Cristo) es el contenido. En los evangelios sinópticos encontramos al «Jesús histórico» que vive y enseña, mostrando con su ejemplo; mas en las epístolas paulinas encontramos al «Cristo teológico» y la soteriología.

Acusan a Pablo de haber corrompido la pura enseñanza ética de Jesús. Pablo, por haberse preparado en la teología rabínica, por nunca haber estado con Jesús en su vida terrenal, y por haber sido convertido después de que la iglesia novotestamentaria se había fundado en Jerusalén, nunca entendió —dicen— el puro carácter ético del Evangelio de Jesús. Luego, después de su conversión, empezó a interpretar el Evangelio de Jesús en términos de un sistema teológico.

Por eso, afirma Harnack, la historia entera del dogma es una perversión, una distorsión, del original Evangelio ético de Jesús, y que Pablo es el gran iniciador del proceso de distorsión. Habiendo creado un conflicto entre Jesús y Pablo, el teólogo modernista no se detiene frente a la alternativa. Grita: «Fuera con Pablo para volver a Cristo; fuera con el Cristo teológico para volver al Jesús histórico; fuera con las epístolas, para volver al evangelio.»

3. La relación ética
   El significado de todo ello, para el ideal moral del Nuevo Testamento y la ética cristiana, es patente. Si existen varios ideales morales en el Nuevo Testamento no debemos buscar allí un solo ideal unificado. Más bien tenemos que escoger entre varios, pero si Pablo distorsionó la pura ética evangélica de Jesús, entonces la postura de él no representa el cristianismo de Jesús. Según la mencionada perspectiva, la verdadera ética del Nuevo Testamento se encontraría en el Jesús de los evangelios sinópticos, y no en la doctrina de Pablo. La ética verdadera del Nuevo Testamento —dicen— es la ética de Jesús, la cual no se puede armonizar con la ética paulina. La verdad es, dicen ellos, que Pablo es el enemigo de la verdadera y genuina ética cristiana (y del cristianismo ético). Pero la profunda ética cristocéntrica de las epístolas paulinas y de la teología paulina se escapa a estos pensamientos ritschlianos. El proceso de abogar por la supuesta ética de Jesús y de repudiar la ética de Pablo es en efecto repudiar toda ética verdaderamente teológica y abogar por una ética que sería fundamentalmente un mero humanitarismo moralista. No queremos afirmar que la ética de Jesús fuera un «mero humanitarismo moralista», sino esto es lo que han hecho con

sus enseñanzas al separarlas de su contexto en el sistema bíblico de la verdad. El asunto central de la discusión es una interpretación bíblica de un sobrenaturalismo basado en Cristo, contra una ética del idealismo humanitarista que usa a Jesús como un mero ejemplo de conducta moral. El Dr. Gerhardus Vos, finado profesor del Seminario de Princeton, con la profunda intuición que caracterizaba todo su pensamiento, decía que esto no es otro sino el punto de vista pelagiano de la religión puesto en lugar de la perspectiva agustiniana que se deriva de la profecía y el Evangelio.

Según enseña este concepto, la ética no tiene nada que ver con un Cristo sobrenatural, con un Mesías divino, o con un Dios encarnado. Asevera que ninguna enseñanza en cuanto a la Trinidad, la encarnación, la redención, la resurrección de Jesús, etc., va al grano del asunto, y para decir la verdad, estas doctrinas deben ignorarse a fin de entender la ética novotestamentaria y su ideal. Para ellos lo que necesita el hombre no es la redención sino la cirugía plástica en la cara espiritual, o sea, el cultivar un carácter semejante a Cristo cuya tarea el hombre natural es perfectamente capaz de realizar.

Esto es el llamado evangelio ético del reino de Dios. Es el evangelio de asemejarse a Cristo, el seguir el ejemplo de Jesús. Es el evangelio no de creer algo ni en alguien, sino de hacer algo. No es la fe la primera palabra del evangelio sino la conducta y la vida. El papel de Jesús es el de maestro de ética y es su mejor ejemplo, y nada más. Lo más importante de Jesús es su ejemplo en la conducta moral. Lo que importa no es el Cristo divino sino el ejemplo moral de Jesús. Por esto, dicen ellos, para alcanzar la verdadera ética del Nuevo Testamento y formular su verdadero ideal es necesario repudiar el pensamiento paulino y el énfasis en la redención sobrenatural en el Cristo Divino y en la reconciliación con Dios, y abogar por las sublimes enseñanzas éticas de Jesús. Según este punto de vista la ética del Nuevo Testamento tiene unidad y coherencia solamente cuando el Jesús de los evangelios, el Maestro ético, se hace el eje alrededor del cual gira toda la doctrina del Nuevo Testamento y se rechaza toda enseñanza paulina.

B. LA UNIDAD DEL IDEAL MORAL DE NUEVO TESTAMENTO

1. *Jesús y Pablo: manifestación de diversidad, pero no de conflicto ni contradicción*
   De lo anterior resulta muy evidente que toda la cuestión respecto a la coherencia y la unidad del ideal moral del Nuevo Testamento depende de la compatibilidad y armonía que ha de haber entre las enseñanzas de Jesús y las de Pablo. ¿Qué diremos sobre el supuesto conflicto entre estas enseñanzas?
   Es importante discriminar entre los datos objetivos que los teólogos antipaulinos han notado y la interpretación que ellos dan a los hechos. Queremos mostrar que las inferencias que han hecho y las conclusiones a que han llegado no son las correctas interpretaciones de los hechos. Es cierto que esos teólogos han notado algunos datos interesantes, por eso necesitamos no solamente afirmar en su contra que el verdadero significado de estos datos indica precisamente la unidad esencial del ideal moral del Nuevo Testamento, sino también mostrarlo. Estos datos son:

   a. El énfasis en la enseñanza de Jesús es notablemente más ético y menos doctrinal que el de la enseñanza paulina.

   b. La vida y la actividad de Jesús tienen más importancia en los evangelios sinópticos que en las epístolas de Pablo, donde la cruz y la muerte de Jesús están en relieve.

c. En las epístolas de Pablo la persona de Cristo, su sacrificio vicario, su resurrección, su gloria celestial, y su señorío trascendente están en el centro de la enseñanza, en un grado notablemente más evidente que en la enseñanza de Jesús.

d. En los evangelios sinópticos Jesús es más que nada el Maestro, para Pablo Cristo es primero, último, y siempre: Mesías, Redentor, Salvador, Señor y eterno Rey.

e. Por lo general es cierto que en los evangelios encontramos las enseñanzas de Jesús (es decir, dadas por Jesús en su carácter de Maestro) y en las epístolas de Pablo encontramos las enseñanzas sobre Cristo (es decir, la enseñanza de la cual Jesús no es el autor sino el contenido).

f. En los evangelios encontramos la enseñanza que Jesús impartió a sus discípulos, mientras que en las epístolas paulinas encontramos la enseñanza apostólica en cuanto a la persona y obra de Jesús, siendo el Cristo ya enaltecido y triunfante.

g. También es cierto que el concepto del reino es mucho más notable en las enseñanzas de Jesús (según los evangelios) que en las epístolas de Pablo.

Todos estos datos son innegables; son ciertos. Pero ¿podemos deducir de los hechos que la enseñanza paulina contradice la de Jesús? De ninguna manera.

Los datos del Nuevo Testamento no comprueban ningún conflicto, antítesis, ni contradicción entre las enseñanzas de Jesús y las de Pablo. Procedamos a establecer esta proposición poniendo a prueba la aserción de nuestros oponentes en tres puntos.

PRIMERO: Dicen que las enseñanzas de Jesús son enseñanzas éticas, mientras que las paulinas son doctrinales. Pero los hechos son:

a. Las enseñanzas de Jesús son tan doctrinales como éticas. Nuestro Salvador exponía una doctrina precisa en cuanto a Dios, los ángeles, el pecado, el juicio, el infierno, la redención, etc. Cualquiera que leyera los evangelios y que estuviera dispuesto a aprender notaría esto. No es cierto que el Evangelio de Jesús sea el evangelio de hacer algo, y que el Evangelio de Pablo sea el evangelio de creer algo. El creer y el hacer son cosas inseparables en las enseñanzas de ambos. Esto se hace evidente en el énfasis de Jesús mismo sobre la fe personal. Y no es una fe meramente en el sentido de una confianza en el amor y en el poder de su personalidad, sino una fe en su Persona, una fe en lo que era en esencia: Dios, el hijo de Dios.

b. Las enseñanzas paulinas son tanto éticas como doctrinales. La antítesis entre doctrina y enseñanza moral no se encuentra en las epístolas paulinas. Existe siempre una relación íntima entre las dos cosas. Toda la enseñanza inspirada que da Pablo sobre Jesús tiene su aspecto doctrinal y forense, además de un aspecto ético.

Ofrecemos las siguientes pruebas:

(1) Filipenses 2.5-11: Aquí la doctrina de la encarnación es un incentivo para la humanidad: «Haya pues en vosotros este sentir...». La doctrina se presenta éticamente.

(2) Encontramos en todas las enseñanzas paulinas que la cruz tiene significado tanto ético como doctrinal (Fil 2.8; Gl 5.24; 2.20).

(3) Cierto está que la resurrección de Jesús tiene significado para la justificación del creyente en las enseñanzas de Pablo (Ro 4.25), pero la misma verdad se presenta también como la dinámica para la santificación del creyente. Muchos no acentúan esta doctrina, pero es cierta (Ro 6.4-13; 2 Co 5.14-15). Encontramos en Filipenses 3.9-14 que el versículo 9 trata de la justificación, pero en el versículo 10 y los siguientes, la santificación está unida a la justificación.

(4) Lo que es en el consenso universal el himno ético más bello (1 Co 13) de Pablo, es una oda al amor (*agapee*). Los mismos moralistas modernistas citan este himno tanto como el Sermón del Monte, y ¡el himno es de Pablo! Otros pasajes paulinos que ensalzan las virtudes cristianas son Romanos 12; Filipenses 4.8; y muchos pasajes de Tito y Timoteo.

Pablo se interesó también en entrenar el carácter cristiano tanto como en enseñar la doctrina cristiana. Se daba cuenta de que son cosas inseparables.

SEGUNDO: Dicen que Jesús no predicaba un evangelio sobre sí mismo, sobre su persona y la obra de redención, sino que predicaba un evangelio de la vida buena que él mismo ejemplificó. Alegan que Pablo, por el contrario, predicaba un evangelio sobre Cristo arraigado en su muerte, en la cruz, y en la resurrección. Por nuestra parte tenemos que admitir que sí existe tal diferencia de énfasis, pero insistimos en que lo que ellos afirman es una equivocación.

Los hechos son:

a. Jesús sí predicó sobre sí mismo (como una Persona sobrenatural) y sobre su misión redentora. En Mateo 16.13-17 se presenta como el Mesías, el Hijo de Dios. En Marcos 10.45 y en Mateo 20.28 Jesús declara claramente su propósito redentor. Se presenta no solamente como ejemplo sino también como el objeto de fe. El elemento de la redención no es elemento ajeno a los evangelios. Cristo dice que vino para presentarse *lutron anti polloon* (rescate por muchos). Este pasaje nos da evidencia de que Jesús mismo declaró específicamente que su obra redentora era el propósito de su venida.

Jesús, según los evangelios, explícitamente y repetidas veces predijo sus sufrimientos y su muerte no como el destino inevitable de un mártir que había pregonado opiniones inusitadas sino como la realización de un gran plan redentor. Nótense los siguientes pasajes en su contexto: Mateo 16.21-23 (Mr 8.31-33; Lc 9.22); Mateo 17.22-23 (Mr 9.30-32; Lc 9.43-45); Mateo 20.17-19 (Mr 10.32-34; Lc 18.31-33); Lucas 22.37; Lucas 24.6-7; Mateo 28.6; Lucas 9.31. Muy significativo es el hecho de que todo lo que se encuentra en los evangelios acerca de la historia del ministerio de Jesús habla de una vida que se desarrolla hacia la muerte como su fin y propósito. No es solamente que un cierto número de los capítulos[1] traten de su pasión y muerte sino también el hecho de que la historia total del ministerio de Jesús encuentra su culminación (no meramente su ter-

---

1 Los evangelios dan entre 30% y 40% de su espacio a la última semana de Jesús, que es una semana de las casi 200 semanas de su ministerio. Entonces al 0.05% de su ministerio le dan 30% o 40% de su espacio. Además de las muchas referencias a su muerte en las enseñanzas de Jesús, la parte de los evangelios que se dedica a su muerte y las circunstancias de su muerte es un fuerte factor en la interpretación del énfasis de los evangelistas.

minación) en sus sufrimientos y muerte. Esto es aun más significativo si recordamos que los evangelistas no son periodistas ni biógrafos. Su meta era dar una cuidadosa narración de la historia de Jesús en la tierra como el cumplimiento de las promesas del Antiguo Testamento y como la realización del plan divino. Si en el parecer de los evangelistas el verdadero significado de Jesús se hallaba en su vida y en sus enseñanzas y no en sus sufrimientos, muerte y resurrección, hubieran escrito los evangelios en otra forma. Las palabras de Jesús tanto como la forma de su presentación por los evangelistas muestran que son su muerte y resurrección lo que es de máxima importancia en la historia de Jesús. Debemos notar también que los avisos que Jesús mismo dio de sus sufrimientos se encuentran precisamente en los tres evangelios sinópticos (véanse los textos mencionados arriba).

b. Pablo no solamente pregona el Evangelio de Cristo el Redentor sino que con igual vigor predica a Jesús, el ideal de la vida cristiana. Arriba ya hemos mencionado casos en los cuales Pablo emplea las grandes doctrinas de la fe (la encarnación, la redención, y la resurrección) para fundamentar su ética. En esto Pablo sigue a Jesús y enseña que Cristo es nuestro modelo y ejemplo. Jesús dijo: «Sígueme a mí», pero Pablo también dijo: «Sed imitadores de mí como yo lo soy de Cristo» (1 Co 11.1). Una formulación más profunda de este principio de guía moral la encontramos en Efesios 4.13. Cristo es la idea y el ideal de la perfecta humanidad para el creyente.

TERCERO: Se dice que el punto de vista de Jesús es de esta vida, y que todas sus enseñanzas giran alrededor de un reino de Dios como una realidad presente en la tierra. De Pablo se dice que presenta doctrinas que giran alrededor de una salvación futura y un reino escatológico que vendrá. Es cierto que hay una diferencia en énfasis, sin embargo no existe ningún conflicto en cuanto al reino entre Pablo y Jesús.

Los hechos son:

a. Las enseñanzas de Jesús giran alrededor de un porvenir como de un presente. Su concepto del reino es tanto futurista como actual. Notemos las enseñanzas de nuestro Salvador referente al cielo y al infierno (Mt 10.28; Mt 18.9; Mr 9.43-48) y a la segunda venida (Mt 25.46). La doctrina de Jesús acerca del reino tiene un aspecto futuro y escatológico tanto como un aspecto presente o actual. Esto se nota especialmente en las parábolas del reino: el trigo y la cizaña (Mt 13.24-30), la gran red (Mt 13.47-50), las vírgenes (Mt 25.1-13. Véase también Mt 8.11-12).

b. La doctrina paulina es tanto de esta vida como de la venidera. El reino en la enseñanza de Pablo es más que una realidad futura; tiene de hecho una magnitud espiritual. Mucho de lo que hemos dicho (en los puntos uno y dos arriba) es cierto también en cuanto a este punto. Además, el concepto del reino como una realidad actual es muy notable en las cartas de Pablo. Se nota con tanta frecuencia como en los evangelios, y tiene un lugar básico en su enseñanza. Hechos 20.25 y 28.31 indican que una gran parte del contenido de la predicación de Pablo era acerca del reino.

Hay mucha evidencia de la prominencia del reino en las epístolas de Pablo. Son muchos los pasajes que implican una doctrina del reino sin usar la palabra, por ejemplo, los pasajes que hablan de Cristo como Rey, los que hablan de que Cristo y/o Dios está reinando, gobernando, etc. En adición a esto, Pablo se refiere al reino establecido por lo menos catorce veces. Algunos textos designan el reino como escatológico y futuro (1 Co 6.9-10; 15.4-50; Gl 5.21; Ef 5.5; 2 Timoteo 4.1,18; Col 4.11; 1 Tes 2.12; 2 Tes 1.5), pero también existen pasajes en los cuales el reino se presenta como una realidad actual y espiritual en el corazón de los creyentes (Ro 14.17; 1 Co 4.20).

Nuestra conclusión es: El Nuevo Testamento no da base ninguna para afirmar que las enseñanzas de Jesús y Pablo estén en conflicto.

La gran equivocación de los teólogos (cuyos supuestos han determinado la forma de la ética modernista) no es que sobreestimen a Jesús y subestimen a Pablo; su gran equivocación está en que presentan una visión torcida de las enseñanzas de ambos. Su interpretación de los textos bíblicos, tanto los de Pablo como los evangelios, no concuerda con una exégesis legítima de ellos.

En el fondo su equivocación se basa en una negación de todo sobrenaturalismo. Luego proponen un concepto del cristianismo que no es más que un intento ético y social para el mejoramiento de la sociedad humana. Llegando al Nuevo Testamento con esos supuestos piensan que algunas de las enseñanzas de Jesús puedan armonizarse con su punto de vista moralista acerca del cristianismo. Mas no pueden interpretar la doctrina paulina de esa manera. Por eso proponen una antítesis entre Pablo y Jesús: rechazan a Pablo y la historia del pensamiento «paulino-agustiniano-calvinista-sobrenatural-redentor» y abogan por las enseñanzas de Jesús, pero solamente por las que pueden ser armonizadas con su punto de vista. Consecuentemente, el «ético» Jesús que es su héroe, el gran ejemplo e ideal de la vida cristiana, está en conflicto irreconciliable con el ideal moral de Pablo. Sin embargo su Jesús no es aquel de los evangelios, sino es una creación de la teología moralista, humanista y modernista. Nunca llegaremos a un verdadero concepto del ideal moral del Nuevo Testamento si seguimos a estos pensadores. Lo que hacen es rechazar y repudiar el Nuevo Testamento aunque aparentemente lo utilicen en parte, la parte que les parece más aceptable.

Y ahora para demoler el argumento por completo, es menester que mostremos contra esos teólogos que sí existe una verdadera unidad, una coherencia interior entre los dos principales aspectos de la doctrina novotestamentaria, el de los evangelios y el paulino. Solamente a base de esto se puede establecer que el ideal moral del Nuevo Testamento es un ideal consistente y unificado. Solamente a la luz del íntimo nexo entre los dos elementos es posible entender el verdadero ideal moral del Nuevo Testamento. Por eso pasamos a una exposición de la aparente diferencia entre la enseñanza de Jesús y la de Pablo. Esta exposición mostrará que existe una unidad profunda debajo de los dos énfasis principales de la enseñanza del Nuevo Testamento, y mostrará también que esta profunda unidad necesita precisamente los dos elementos presentados en los evangelios y en las cartas de Pablo.

2. Una diferencia necesaria para una unidad profunda
   Lo central de la revelación del Nuevo Testamento es Jesucristo, el Divino Redentor. Toda la enseñanza del Nuevo Testamento debe entenderse a esa luz. El Nuevo Testamento es la historia inspirada de la realización del gran plan redentor de Dios, que logra su propósito en, por, y a través de Cristo.

Esto significa que Jesucristo es el centro en cada fase de la revelación del Nuevo Testamento y de toda verdad.

Jesús mismo era maestro de la verdad novotestamentaria. De la misma manera que Pablo vivió en su época y enseñaba la verdad cristiana, así Jesús vivió en un tiempo histórico y enseñaba la verdad cristiana. Y en ambos casos la materia y el contenido de la enseñanza inspirada, era Cristo Jesús, el Divino Redentor, su Persona y obra. Lo que es cierto de Jesús, y no de Pablo, es que el primero era a la vez el predicador y el Evangelio, el sujeto y el contenido de la predicación. Jesús proclamaba una revelación, y además Él era esta revelación. Todo esto implica que la verdadera unidad de toda la enseñanza del Nuevo Testamento se encuentra en el contenido de la revelación, es decir, en Cristo Jesús, el Divino Redentor. El cristianismo no tiene su fundamento ni en la predicación de Jesús ni en la predicación de Pablo, sino que su base es la obra redentora y mediadora, cumplida por Cristo. Jesús fundó el cristianismo no al ser el primer predicador de las ideas cristianas, pues no lo era, sino al efectuar la redención mediadora sobre la cual todo cristianismo descansa, que es la precondición de la existencia del cristianismo y de la predicación apostólica.

A esa luz podemos entender la diferencia entre el «evangélico Jesús» y «el Cristo paulino». Existe una diferencia, pero no es la diferencia propuesta por los modernistas. La diferencia entre la enseñanza de Pablo y la de los evangelistas refleja la diferencia del punto de vista histórico, y el lugar histórico de Jesús y Pablo en el desarrollo de la revelación. Los dos maestros, Jesús y Pablo, enseñaban desde su propio lugar en la historia de la revelación. Los dos anunciaban la misma revelación de la redención divina en y por Cristo, pero la predicación de Jesús tuvo lugar antes de que esta redención se hiciera un hecho histórico. La predicación paulina, al contrario,

tuvo lugar después del hecho histórico. Jesús el Maestro estuvo en aquel punto de la historia de la revelación en que todo el ciclo de hechos y datos redentores, que encontrarían su culminación en la Cruz, la Resurrección, y la Ascensión, estaban todavía por realizarse. Hablaba de su sufrimiento y muerte como una anticipación, algo que iba a pasar dentro de poco tiempo. Cuando hablaba de la redención vicaria lo hacía como una predicción. Pablo y los otros apóstoles llegaron en otro punto de la historia. Ellos hablaron de la redención vicaria en el pretérito. Pudieron pregonar: «El fundamento del reino está echado. Jesús murió y resucitó. Así pues, cree en Él y serás salvo.» Y así predicaron.

Jesús y Pablo tuvieron el mismo énfasis, pero de distintos puntos de vista. Jesús anunció la salvación (la redención objetiva) como algo que estaba a punto de realizarse y la predicó como una predicción segura. Pablo anunció la salvación como algo ya realizado, como una promesa cumplida. Esta es la diferencia necesaria entre la enseñanza de Jesús y la de Pablo. (Por supuesto, esta no es la única diferencia, pero sí es la que nos importa en este estudio.) Los dos, sin embargo, predicaban el mismo Evangelio. El Evangelio (y la ética) de los dos tenía el mismo contenido.

Esto implica una conclusión sorprendente: el punto de vista de la unidad profunda de la enseñanza del Nuevo Testamento no se encuentra en la enseñanza de Jesús ¡sino en la de Pablo! Las enseñanzas inspiradas de sus epístolas son la clave para el entendimiento del Nuevo Testamento. Pablo era intermediario e instrumento de la revelación divina. Ocupó un lugar en la historia de la revelación desde el cual pudo ver la obra redentora de Cristo como una unidad completa. La redención objetiva ya está hecha. La revelación en cuanto a Cristo está en una etapa más avanzada en su desarrollo en las epístolas que en los evangelios sinópticos. ¿Elegimos a Pablo entonces contra Jesús? De ninguna manera. Afirmamos que no existe conflicto ninguno. Afirmamos además que la revelación del Nuevo Testamento es inteligible solamente vista en su unidad, y no desde el punto de vista parcial de los evangelios sinópticos. Lejos de aceptar el lema de los modernistas: «Fuera de Pablo, para volver a Jesús»; afirmamos: «Volvamos a Jesús a través de Pablo, y adelante del Jesús de los evangelios hacia el Cristo de las epístolas». La importancia ética de todo esto es patente. Una ética del Nuevo Testamento que sea meramente la de «seguir a Jesús» no será una ética de todo el Nuevo Testamento. Lo central en cualquier investigación sobre la importancia ética de la vida de Cristo no se encuentra meramente en la historia de Jesús en los evangelios sino también en su historia después de Pentecostés. Fue entonces cuando el prometido derramamiento del Espíritu vino a la iglesia, cuando el significado práctico de la vida de Cristo se pudo ver en la vida de los hombres. Fue entonces, y no antes, cuando el ideal moral que Jesús predicó fue hecho disponible a los hombres. La resurrección de Jesús, su ascensión, su sesión a la diestra del Padre, como también la misión del Espíritu Santo, cambian todo para el hombre. Para el cristiano el Cristo Jesús es su redentor y por ende su ejemplo, y no viceversa. Machen lo dijo correctamente: «El ejemplo de Jesús no es útil al cristiano antes de la redención sino después de ella».

Resumimos aquí el argumento de lo anterior: No hay conflicto entre los distintos aspectos del ideal moral del Nuevo Testamento. Por lo contrario, hay una bella coherencia interior y una unidad. No se encuentra el ideal unificado del Nuevo Testamento al poner la enseñanza de Jesús y la de Pablo en pugna para decidirse a favor del uno o del otro. Se comprende la doctrina de Cristo solamente en la completa revelación de Dios en Cristo, según la interpretación inspirada por Pablo. Entonces entenderemos la enseñanza de Jesús en su verdadera perspectiva. Esto implica que la llamada ética de Jesús, que consiste en seguir su ejemplo y obedecer su enseñanza aparte de la interpretación paulina de su Persona y su obra redentora, no es la ética del Nuevo Testamento. La ética paulina y la ética de Jesús no están en conflicto. Entendemos el unificado ideal moral del Nuevo Testamento a la luz de, y basado en, la redención en Cristo divina y completamente interpretada en las epístolas paulinas.

Esta consideración nos conduce hacia el tema que sigue. El asunto que acabamos de tratar era el de mostrar que el ideal moral del Nuevo Testamento es singular, es un solo ideal. En lo que sigue vamos a mostrar que el ideal unificado del Nuevo Testamento se basa en, y está determinado por, la redención objetiva en Cristo y en la experiencia del creyente, o sea, la redención subjetiva.

II. Su base en la redención

Procedemos ahora a considerar la relación entre la redención y el ideal moral a la luz de la revelación del Nuevo Testamento. El supremo significado de la redención para la moralidad cristiana es uno de los más comprensivos y determinantes principios de la ética cristiana. Ya lo hemos mencionado anteriormente, al hablar del postulado soteriológico. En este mismo capítulo, hemos notado que es precisamente la centralidad de la redención lo que da unidad a la revelación del Nuevo Testamento, que presenta un solo ideal moral. En este apartado queremos estudiar la base redentora en más detalle, y especialmente notar sus implicaciones para la vida moral cristiana y el ideal moral.

A. LA REDENCIÓN ES BÁSICA PARA LA MORALIDAD EN EL NUEVO TESTAMENTO

Afirmamos la unidad esencial de los dos testamentos. La revelación es una. Las grandes verdades de la revelación del Antiguo Testamento se desarrollan en el Nuevo, pues la relación entre los dos testamentos es una relación de continuidad. Jesús aceptó las verdades de la revelación del Antiguo Testamento y las presuponía en toda su enseñanza. La relación que existe entre las verdades del Antiguo Testamento y las del Nuevo Testamento es una relación de cumplimiento. Aunque basadas en la continuidad fundamental, algunas verdades del Antiguo Testamento se desarrollan en una fase nueva en el Nuevo Testamento por razón de su cumplimiento. La relación entre estas verdades del Antiguo y las del Nuevo Testamento es más bien como un proceso de «gradación», es decir, pasan de un grado a otro. Encontramos las verdades antiguo-testamentarias considerablemente enriquecidas en el Nuevo Testamento; y el Nuevo se entiende en el contexto del Antiguo.

Al comparar las grandes verdades del Nuevo Testamento con sus antecedentes en el Antiguo Testamento se puede notar que muchas de ellas han pasado por este proceso de cumplimiento y/o «gradación». El cumplimiento de la verdad del Antiguo Testamento en el Nuevo Testamento es especialmente notable en referencia a la gran verdad (o conjunto de verdades) de la redención. Y como consecuencia de este cumplimiento muchas de las verdades éticas del Antiguo Testamento al pasar al Nuevo, habiendo mudado en una gradación extraordinaria, experimentan un maravilloso enriquecimiento. En este estudio queremos trazar la verdad redentora del Antiguo Testamento hasta su cumplimiento en el Nuevo a fin de entender su significado para la moralidad del Nuevo Testamento, y mostrar cómo la vida moral y su ideal han sido profundamente enriquecidos.

En el Antiguo Testamento (véase capitulo anterior) la experiencia redentora se definía en términos de la relación del pacto y su aspecto moral. El pacto presuponía el pecado y la culpabilidad, por eso es una exposición de la gracia divina; es el pacto de gracia. Producía en el alma del creyente antiguo-testamentario la paz y la experiencia de comunión con Dios. Pero la experiencia redentora del Antiguo Testamento (como ya vimos antes) era proléptica y anticipadora. La mirada fue dirigida hacia un libertador venidero que guardaría perfectamente la Ley de Dios y que por su Espíritu crearía la dinámica que vencería el poder del pecado. Objetivamente, la experiencia redentora del Antiguo Testamento en su expresión en relación con el pacto presuponía una redención venidera efectuada por el Mesías.[2]

El cumplimiento de lo que se esperaba se efectuó (según la enseñanza del Nuevo Testamento) en Cristo Jesús: en su Persona y en su obra. El cumplimiento de la redención del Nuevo Testamento consistía en una realización histórica: es la realización en la historia de lo que no había existido antes sino puramente como

2 La siguiente cita del libro *Christian Ethics* [La ética cristiana], por T. B. Strong, trata de este asunto: «...la ley judaica falló como las otras. Estuvo como si pasara lejos y daba mandamientos; pero la justicia no vino por medio de ella. Ella funcionaba solamente en aquellos cuya naturaleza tenía un entendimiento de ella. En estos (los que tenían aquella naturaleza espiritual) producía la paciencia necesaria y la tranquilidad de confiar en la esperanza de Israel, pero apuntaba constantemente más allá de si misma, hacia un futuro en que todos sus fracasos serían compensados ... su fracaso, al fallar, era grave; y al tener éxito, se declara incompleta!»

promesa. Jesucristo, Dios revelado en la carne, es el Camino, la Verdad, y la Vida. Se hace el Mediador entre Dios y el hombre, el Divino Redentor. En Él estaba la plenitud de la Divinidad corporalmente (Col 2.9). Era la suprema manifestación, en forma humana, de lo que Dios es para el hombre, tanto en su amor redentor como en su perfección moral. Este es el significado fundamental en el Nuevo Testamento de Jesucristo y su redención.

La centralidad de Cristo el Redentor no se encuentra solamente en su persona sino también en su misión. El propósito de su encarnación fue que se realizara la redención, y no viceversa. Son notables los teólogos especulativos de nuestra época que hablan mucho de la encarnación y poco de la redención. Así evitan lo central de la enseñanza novotestamentaria y la única base de la moralidad cristiana. El cumplimiento de las verdades del Antiguo Testamento, en cuanto a la redención, se encuentra en la crucifixión, la muerte y la resurrección de Jesucristo en la carne. Era solamente el Mesías, el Siervo Sufrido, quien podía efectuar una paz duradera. Por esto la crucifixión y la redención son lo central en el Nuevo Testamento. En muchas de las éticas llamadas cristianas se niega esta verdad. Hasta hay quienes dicen que una presentación de la redención en la ética es la negación de la ética. Esto ya lo hemos considerado en un capítulo anterior. Ahora queremos acentuar el gran valor, la importancia y centralidad de la redención, que es la redención por Cristo, en cuanto a la vida ética.

La carrera de Jesús no terminó con la crucifixión y su innoble muerte como la interpretación humanista considera la vida de Jesús. Estos eventos normalmente finales no lo fueron así en la vida de Jesús ya que Jesús volvió a vivir. Tampoco se pueden interpretar estos acontecimientos como la culminación de un gran mártir cuyo sufrimiento y muerte tendrían significado ético después de su muerte, aunque esto no fuese su intención. Pero es en este sentido que muchos teólogos hablan de la importancia ética de la muerte y sufrimientos de Cristo. La carrera de Jesús no terminó con su muerte —y al morir no murió como mártir sino como nuestro sumo sacerdote que se ofreció a sí mismo como el sacrificio por nosotros— sino que continúa funcionando como sumo sacerdote.

La interpretación humanista está en conflicto con las enseñanzas de Jesús mismo, no solamente en el cuarto evangelio sino también en los evangelios sinópticos (Mt 26.28). La interpretación de Jesús mismo se advierte sobre todo en la institución de la Santa Cena, que está en todos los evangelios. Las palabras de la institución de este solemne sacramento son muy significativas en cuanto a la meta y propósitos que proclamaba Jesús. En la noche en que fue entregado, pero momentos antes de ser entregado, Jesús interpretó la celebración de la pascua en términos de su muerte, y las palabras que empleó hacen referencia directa a su muerte.

La muerte de Jesús, lejos de ser una frustración de su propósito, era lo contrario: la cima de su realización. Su muerte es más que algo útil como puntuación que da énfasis a sus enseñanzas y obras; es esencial y vital. Toda la vida de Jesús encuentra su plena explicación y profunda interpretación en su crucifixión y muerte. La encarnación aun se entiende correctamente solo al interpretarla a la luz de la redención. El Dr. Denney dijo correctamente: «Cuanto más se medite en el Nuevo Testamento y se busque un punto de vista para resumirlo y encontrar su unidad, uno se queda más convencido todavía de que la redención es la clave de la totalidad del cristianismo».

Si se reconoce la centralidad de la redención en todo el Evangelio y en el cristianismo, debe entonces ocupar el mismo lugar en la ética del Nuevo Testamento de modo que sea determinativa de su ideal moral. Se pueden aplicar aquí muchos de los puntos que hemos considerado anteriormente en este capítulo en cuanto a la unidad del ideal moral. La redención es el gran supuesto para la ética del Nuevo Testamento y, a la vez, es el empuje dinámico y necesario para una vida cristiana. La posibilidad del éxito moral depende en su totalidad de la persona y obra del Hijo de Dios. La moralidad del redimido depende de la cruz de Jesús.

Es esto lo que distingue el ideal moral del Nuevo Testamento de los puntos de vista filosóficos actuales. Una ética determinada por supuestos filosóficos (diferentes de los basados en la revelación y la redención) tendrá varios ideales. Algunos de estos ideales parecerán loables, hasta recomendables. Estos ideales pueden ser la racionalidad, la autorrealización, el placer, la utilidad, etc. Pero en todos esos casos la vida moral y su ideal están determinados por categorías humanas y basados en la razón o en la adaptación a las necesidades, al ambiente, etc. Recomendarán la abnegación, el altruismo, dedicación y grandes esfuerzos, pero todo basado en el supuesto de la autonomía del ser humano, sin depender de Dios como su Creador y sin reconocer que el hombre es esclavo del pecado.

La vida moral cristiana y su ideal están arraigados en, y determinados por, la histórica revelación redentora de Dios en Cristo. El ideal de la revelación no es producto del raciocinio humano sino que le es revelado por Dios. No son nociones especulativas. Más bien encontramos la base y fundamento de la vida moral y su ideal en la Persona histórica de Jesucristo y en la redención del pecado y de la servidumbre. Ningún ser humano es llevado a aceptar este ideal por la reflexión filosófica y especulativa, sino solamente por una experiencia personal y redentora, por fe en Cristo Jesús como su divino Salvador. Y aun esta fe es producto de la Palabra de Dios.

Es su base en la redención lo que también distingue la vida moral cristiana y su ideal de toda ética étnica[3] (una que se base

---

3 La palabra «étnia» viene del griego y simplemente quiere decir «nación». Sin embargo, actualmente se refiere a las agrupaciones de gentes que viven alejados de la civilización occidental y que siguen las costumbres, aun en la ética, que han heredado

en las costumbres históricas de un pueblo). La vida y el ideal moral de las religiones étnicas son religiosos, y de por sí difieren de los sistemas filosóficos de moralidad en que no tienen base especulativa ni utilitaria. Pero el hecho de que son diferentes de estos sistemas, y que por naturaleza son religiosas, no las pone en la misma clase o categoría de la vida moral cristiana y su ideal. No todas las religiones son verdaderas. El que estudie hoy la religión desde el punto de vista puramente histórico y psicológico quizá no encuentre diferencia esencial entre las distintas formas de religión, ya que las mide por sus propios supuestos. Sin embargo, sabemos que en cuanto a la verdadera religión, ni la historia ni la sicología ni la metafísica son capaces de ofrecer el criterio suficiente; pero el cristianismo, basado en la revelación de Dios, sí lo ofrece. Toda religión es una búsqueda de Dios y un anhelo de alcanzar algún tipo de redención; pero solamente en el cristianismo encontramos la redención basada en una revelación omnisuficiente tanto objetiva como subjetivamente.

B. Algunas deducciones éticas de este punto de vista

1. *La vida moral del cristiano es la flor y el fruto de su experiencia redentora por Cristo.*
   La moralidad verdadera se basa en la religión verdadera. La vida moral es el florecimiento de la experiencia religiosa. La moralidad del Nuevo Testamento no consiste en la observancia de ciertos preceptos morales sino es la afloración de una actitud interior de la mente y del corazón, arraigada en la experiencia redentora. Las buenas obras no son la base, sino son el fruto de la fe.

de sus antepasados. Todos los países latinoamericanos tienen estas agrupaciones, algunos más que otros, y su conversión al cristianismo hace grandes cambios en su manera de pensar que provocan dificultades y pleitos entre ellos.

El punto de vista del Nuevo Testamento no es el de un moralismo. La relación correcta entre Dios y el hombre no está basada en un vivir moralmente de parte del hombre, y no se logra por esfuerzos morales humanos. La moralidad es el resultado y no la base de la correcta relación. La moralidad procede del restablecimiento de la nueva relación entre Dios y el hombre, tiene su base, su fundamento, en esta nueva relación. 1 Juan 4.10 dice: «En esto consiste el amor, no en que nosotros hayamos amado a Dios, sino en que Él nos amó a nosotros, y envió a su Hijo en propiciación por nuestros pecados». La correcta relación es establecida por la iniciativa divina en la redención: objetivamente en la redención y subjetivamente en el corazón del creyente por la regeneración, el arrepentimiento y fe. El apropiarse subjetivamente de la relación armónica restablecida llega a ser la base y el punto de partida de la vida de gratitud, santificación, buenas obras, y virtud de parte del creyente. La vida moral cristiana germina y crece en la tierra de redención. La santificación se basa en la justificación.

2. *Un cambio radical del corazón es la precondición necesaria para entrar en la nueva vida.*

Contra el punto de vista judaico de que el hombre se hace aceptable a Dios por vivir según ciertos requisitos de la ley ceremonial, tanto nuestro Señor como Pablo insistieron en que el requisito primero para la aceptación divina es un cambio radical y fundamental del corazón, una actitud nueva, una verdadera fe, en que se basa la transformación de la vida. El hombre no se salva por buenas obras (este es el error del judaísmo, humanismo y modernismo), sino que hace buenas obras solamente al experimentar el cambio radical obrado en el corazón del creyente.

El cambio del corazón es asunto de la aplicación subjetiva de la obra redentora de Cristo al corazón del creyente. Visto desde un ángulo divino, el cambio es el resultado de la regeneración. Es este aspecto el que Jesús subraya en su conversación con Nicodemo (Jn 3). Visto desde el ángulo de la conciencia humana o de la responsabilidad del hombre, el cambio radical se hace notable en la conversión, que consiste en arrepentimiento y fe en el mensaje evangélico de la redención en Cristo. La absoluta necesidad de este cambio se recalca repetidas veces en las enseñanzas de nuestro Salvador e implica la incapacidad total del hombre de salvarse a sí mismo y librarse del pecado. La remisión del pecado es la condición para la vida nueva; y la vida nueva viene juntamente con la remisión del pecado.

3. *La vida nueva es esencialmente una vida de amor cristiano basado en la fe cristiana e inspirado por la esperanza cristiana.*
   La vida del creyente cristiano se expresa en amor. Es la expresión actual de su fe y de su esperanza; es su orientación en el presente. Ahí vemos la relación íntima entre las tres «virtudes teologales»: la fe, la esperanza y el amor. La fe mira hace el pasado, a lo que Dios ha hecho en Cristo; la esperanza mira hacia el futuro, a lo que Dios todavía tiene para nosotros; y el amor es la expresión presente y actual de la fe y la esperanza. El amor se orienta hacia el presente. Consideraremos las implicaciones de esto en un capitulo más tarde, sobre todo en su relación con el ideal cristiano. Baste ahora notar que el amor cristiano se basa en la fe. La fe es lo fundamental en la vida moral cristiana y se opone completamente a una rectitud meramente externa. También necesitamos distinguir la fe, el conocimiento, y la sabiduría *(pistis, gnosis, y sofia)* para no caer en el punto de vista helenista. La fe es un

acto de la totalidad de la persona por el cual recibe la redención divina en Cristo y todo lo implicado en ella. Dios es su objeto último, pero Dios en Cristo el Redentor. Esta vida de fe se expresa en amor. El amor es un acto de la totalidad de la persona, inspirado en y alentado por la esperanza cristiana.

4. *La vida moral cristiana es más bien esforzarse en realizar un ideal, y no es solamente el acentuar algunos mandamientos y prohibiciones específicas.*
El punto de vista desde el cual consideramos el cumplir con la voluntad de Dios es más amplio en el Nuevo Testamento que en el Antiguo. El hacer la voluntad de Dios, o sea, el cumplir con la Ley, era el *summun bonum* de la moralidad del Antiguo Testamento. En el Nuevo Testamento el cumplir con la Ley se hace en un intento para realizar un ideal supremo. (Es el mismo ideal que tenía la Ley; pero el énfasis está en el ideal y no en la Ley.) La vida moral del Antiguo Testamento encuentra su centro en la ley escrita, en sus mandamientos y en sus prohibiciones, y demanda una obediencia voluntaria. El Nuevo Testamento propone una meta suprema como objeto del esfuerzo. El «no harás» se cambia en «lo anhelo hacer». Una mirada atrás: el Antiguo Testamento pregunta: ¿Qué es lo que Dios ha mandado? La mirada hacia adelante del Nuevo Testamento pregunta: ¿Cuál es la alta meta de la santidad cristiana y el amor cristiano, a la cual soy llamado? (Ef 4.1; Flp 3.12-14). La meta no es otra que la perfección cristiana (Mt 5.48; 2 Co 7.1; 13.10; Col 1.23; Ef 4.13; 2 Tim 3.17; Heb 6.1).

5. Al evaluar la vida moral en acción, la ética del Nuevo Testamento pone más énfasis en el corazón, en el motivo y en la actitud fundamental de donde la acción brota, más que en el acto o el hecho en sí. Este es el énfasis que encontramos repe-

tidas veces en las enseñanzas de nuestro Salvador. Lo verdadero y lo esencial para una evaluación de un hecho o acto moral es la actitud interior y espiritual hacia Dios y hacia el hombre. Vemos este énfasis de nuestro Señor en lo siguiente:

a. En sus enseñanzas, reiteradas muchas veces, que contrastan lo ceremonial con lo moral, Jesús no puso como prueba de la excelencia moral un cumplimiento preciso y detallado de la ley ceremonial. Notamos esto en Mateo 15.11, 17-20: «No lo que entra en la boca contamina al hombre; mas lo que sale de la boca, esto contamina al hombre» (véase Prv 4.23). Mateo 23.25-26 enseña que lo que querían los fariseos era limpiar la copa por fuera (véase Ro 2.17-29). Notamos la misma enseñanza en la doctrina de Jesús en cuanto al día de reposo y el conflicto con los fariseos sobre esto (Mr 2.23-28).

b. Lo vemos también en que Cristo condenó tanto la intención y el acto contemplado tal como el acto mismo. Notamos esto en Mateo 5.21-22, donde se ve que el asesinato está relacionado con la ira, el enojo, y la malicia. El enojo es homicidio incipiente. También lo notamos en los versículos 27 al 28 del mismo capítulo, donde enseña Jesús que el detenerse en el pensamiento lujurioso es cometer adulterio en el corazón.

6. *La relación del creyente del Nuevo Testamento con la ley moral del Antiguo Testamento es de libertad y de un redescubrimiento espiritual.*
El cristiano está «libre de la Ley». Esto no quiere decir que no haya Ley de Dios para él. ¡De ninguna manera! ¿Qué cosa es esencialmente la ley moral? Es la voluntad de Dios formulada

en una expresión para la vida moral del hombre. La formulación o la expresión de la voluntad de Dios está condicionada históricamente. Pero, y es importante dar énfasis sobre esto, solamente la expresión o formulación está así condicionada, no la voluntad de Dios. Por esto lo que pertenezca al ambiente histórico no es de la esencia de la ley moral y no tiene validez permanente, pero lo fundamental de las demandas morales es de validez permanente. La moral no cambia, por la simple razón de que Dios no cambia. La ética cristiana nunca enseña el antinomianismo[4].

El creyente del Nuevo Testamento tiene un enfoque distinto de la ley moral. Se acerca a la Ley espontáneamente, con gozo, expresando gratitud por su redención. Quiere hacer la voluntad de Dios, tal como está expresada en la ley moral, y esto llega a ser algo más que la observación externa y formal de una expresión detallada de mandamientos y prohibiciones tal como lo hacían los fariseos. De manera creciente, el cristiano busca el principio fundamental de cada mandamiento e intenta realizarlo en su vida. Esto llega a ser la práctica consciente y habitual de su vivir diario.

El «redescubrimiento espiritual» de la ley moral implica que el creyente del Nuevo Testamento podrá entender el meollo espiritual de cada mandamiento y desea inteligentemente realizar el espíritu profundo de la Ley. La totalidad de la Ley se entiende por su resumen y cumplimiento en el amor *(agapee)*. A la luz de esta, tendrá una intuición razonable de cada precepto de la ley moral, de la manera que la coerción exterior de la Ley se va cambiando en un constreñimiento interior de la fe motivado por el amor.

---

4 El «antinomianismo» enseña que no hay ley absoluta y permanente, y que todo está condicionado por la situación y circunstancias. *Anti*=contra y *nomos*=ley. Su lema es un dicho de Agustín de Hipona tomado fuera de contexto y en otro sentido, «amas y haz lo que quieras».

7. El ideal moral cristiano consiste en el amor de Dios como el Supremo Bien, y en la realización del reino de Dios. Ambas cosas involucran y presuponen el perfeccionamiento de la vida nueva del creyente en Cristo. (Lo que va implicado en esta formulación del ideal cristiano está sujeto a consideración en otro capítulo, por esto lo dejamos ahora.)

8. El prototipo perfecto y personal, tanto como la norma y meta del ideal cristiano para la vida moral, es Cristo Jesús. Jesucristo es el ideal divino de la vida humana, encarnado. En Él tenemos aun más que el cumplimiento histórico del propósito redentor de Dios para el hombre. En Cristo tenemos también la exhibición total personal e histórica, la incorporación suprema de la perfección humana, el dechado para la santificación de nuestra nueva vida en Él. Él es Salvador y ejemplo. La voluntad de Dios para la vida humana ha sido perfectamente realizada y cumplida en la persona de Jesucristo, el hombre perfecto (Ef 4.3).

9. El ideal cristiano se realiza a través de un conflicto. Es una lucha contra el pecado tanto en el corazón del creyente como en las distintas esferas de la vida humana. La vida moral cristiana también es asunto de éxito diario (es decir, «éxitos» parciales) a través del conflicto. No debemos pensar en el progreso moral en la vida cristiana como si fuese una cosa meramente natural o un desarrollo constante y automático. La dualidad del hombre viejo y el hombre nuevo es demasiado evidente en cada avance moral (Ro 7.7-25; Ef 6.12) y es nuestra experiencia diaria. Vale la pena estudiar también la antítesis entre *sarx* y *pneuma* en el pensamiento de Pablo.

10. El poder motor necesario para la realización de este ideal se encuentra en la realización dinámica de la redención en Cristo

en el corazón del creyente por el Espíritu Santo. La dinámica del ideal moral cristiano se basa en la redención por Cristo. El poder de su resurrección es el poder fundamental para el éxito en la vida moral del cristiano. Subjetivamente se cumple esto también por el Espíritu Santo: «Recibiréis poder» fue la promesa de Jesús. La causa por la cual se levantó una sociedad nueva (que es la Iglesia) es la nueva experiencia de poder que viene al creyente por la resurrección de Jesucristo. Este poder es el resultado de la reconciliación con Dios en la cruz y es el don del Espíritu Santo. Relacionado con esta dinámica vemos que el Sermón del Monte no es la totalidad de la ética cristiana, y es insuficiente en el sentido de que para poner la base a la ética cristiana algo quedaba por cumplirse. Es el anuncio y la proyección del nuevo orden que sería hecho realidad en el sacrificio y resurrección del Mesías.

PREGUNTAS PARA REFLEXIONAR

1. Explique el concepto básico de la redención objetiva y subjetiva presentado por el autor.

2. Enumere y explique de manera clara, sencilla y precisa las tres facetas de la redención objetiva conforme al capítulo.

3. Enumere y explique de manera clara, sencilla y precisa las tres facetas de la redención subjetiva.

4. Como preparación para escribir su perspectiva acerca de la ética escriba puntos de acuerdo y/o desacuerdo con el contenido del capítulo y áreas que requieran más lectura, investigación y reflexión.

CAPÍTULO 6

EL IDEAL MORAL CRISTIANO: LA PRÁCTICA DEL AMOR

I. LOS DOS ASPECTOS DEL IDEAL MORAL CRISTIANO

Ya hemos notado que el Nuevo Testamento presenta un ideal moral unificado. Pablo y los evangelistas no se contradicen, por lo contrario se complementan. El ideal moral del Nuevo Testamento, además, se basa en la redención, en la salvación por Cristo. La cuestión que se nos enfrenta ahora es: ¿Precisamente qué es el ideal moral del Nuevo Testamento y cuál es su contenido?

Son dos las ideas básicas que forman el ideal moral cristiano. La primera es el progreso y perfeccionamiento en la nueva vida en Cristo del creyente. La segunda es la realización del reino de Dios. Para decirlo de otra manera, la doble cara del ideal moral del Nuevo Testamento es el crecimiento en la virtud cristiana y la promoción del reino de Dios.

Los dos conceptos no deben verse como si fueran dos partes completamente distintas del ideal moral cristiano, y nunca debemos considerarlos por separado porque ocupan siempre el mismo terreno. Más bien debemos verlos como los principios organizadores en el arreglo de varios elementos de la enseñanza del

summun bonum

1 Corintios 13 Apocalipsis 21—22 1 Corintios 10.31

ideal moral

Nuevo Testamento acerca del ideal moral. Podemos tratar con estos elementos como si fuesen los dos ejes de una elipse. La ventaja de esta figura es que nos ayuda a organizar la riqueza de la enseñanza del Nuevo Testamento de modo que podamos relacionar los varios elementos en torno a los dos aspectos, y de esta manera entenderlos mejor y ver su bella concordancia.

Surge la pregunta: ¿No hay un principio singular y unificado por debajo de esta doble formulación del ideal del Nuevo Testamento? Sin lugar a dudas lo hay. Es el mismo principio unificador subyacente en toda la ética del Antiguo Testamento; el principio es el hacer la voluntad de Dios. En términos más distintamente novotestamentarios, es el hacer la voluntad de nuestro Padre Celestial. Utilizando este concepto fundamental, podemos resumir la enseñanza del Nuevo Testamento en cuanto al ideal moral de la siguiente manera:

1. Es el hacer la voluntad del Padre Celestial en la práctica del amor cristiano, la virtud más comprensiva de la vida cristiana.
2. Es el hacer la voluntad de Dios al promover la realización del reino de Dios.

Estos dos conceptos son las conclusiones que marcan el fin de este curso, «El enfoque reformado sobre la ética cristiana». Estudiaremos el primero en este capitulo, y el segundo en los siguientes, que serán también los últimos.

II. Hacer la voluntad de Dios a través de la práctica del amor cristiano

El creyente en Cristo es por obra del Espíritu una nueva creación (o criatura), *ktisis* creación, criatura (2 Co 5.17). Como tal es el portador de la nueva vida. Lo que el cristiano debe hacer es esforzarse en el desarrollo y el perfeccionamiento de esa vida nueva. Aunque suena semejante a la «autorrealización» de las posturas no cristianas, no es lo mismo. El cristiano debe afanarse por crecer en gracia. Debe vivir la vida de santificación. Todo esto equivale al progreso en las gracias cristianas y al crecimiento en la verdad cristiana. Implica una apropiación creciente y una realización constante de valores espirituales que son suyos en Cristo y por el Espíritu Santo. El creyente tiene que desarrollarse como cristiano y no solamente en cuanto a las capacidades y habilidades que tiene naturalmente.

Según el Nuevo Testamento, todas las verdades cristianas se resumen y están contenidas en la singular virtud del amor. Al respecto notamos una diferencia entre la ética del Antiguo Testamento y la del Nuevo Testamento. No es que el amor no tuviera lugar en la ética del Antiguo Testamento, al contrario estaba presente. Las palabras que Jesús utilizó al proponer el deber de amar como un resumen de la Ley en Mateo 22.37-39 las toma textualmente del Antiguo Testamento (Dt 6.5; Lv 19.18). La Ley es, como hemos dicho antes, instrucción en el amor: el amar a Dios sobre todo y al prójimo como a sí mismo. La Ley, los Diez Mandamientos, siguen siendo la máxima instrucción de amor para nosotros, y los debemos estudiar hoy en día. Mientras que la ética del Antiguo Testamento, de acuerdo con su carácter jurídico o legislativo, se expresaba en las virtudes de obediencia, san-

Ética cristiana

tidad y justicia; la ética del Nuevo Testamento acentúa como la virtud básica y más comprensiva el amor.

1. *La centralidad del amor en la vida cristiana según el Nuevo Testamento*
   Claramente la centralidad del amor es la enseñanza de Jesús en el pasaje clásico al respecto: Mateo 22.36-40. El amor hacia Dios y hacia el prójimo es el núcleo de la Ley de Dios. Cada mandamiento de la Ley es una oportunidad especial para expresar el amor, tanto hacia Dios como hacia el prójimo. De aquí que el amor sea el mandamiento básico inclusivo[1]. Jesús también presentó el amor como la esencia del mandamiento nuevo para sus discípulos (Jn 13.34,35; 15.12-17). El guardar el nuevo mandamiento de amor, dice Jesús, es prueba o evidencia del discipulado cristiano ante los hombres.

El apóstol Pedro exhorta a los creyentes a amarse el uno al otro fervientemente de todo corazón, y les urge a considerar que han purificado su alma por la obediencia de la verdad «para un amor fraternal no fingido« (1 P 1.22). Santiago, de la misma manera, informa a sus lectores que el que ama a su prójimo como a sí mismo cumple la ley real, *nomon basilikon* (Stg 2.8). «La ley real» es la reina de todas las leyes.

Pablo hace del amor un concepto no menos básico o central en la vida cristiana. Exhorta a los Gálatas a que practiquen el amor, y les hace recordar que toda la Ley se cumple en una palabra: *amar* a su prójimo como a sí mismos (Gl 5.14). En una forma más amplia repite el pensamiento en Romanos 13.8-10. En su primera carta a Timoteo escribe: «Pues el propósito del mandamiento es el amor ("caridad", en algunas versio-

---

1 Ponemos como apéndice a esta obra, un estudio sobre los Diez Mandamientos realizado por el autor de estas líneas. Son páginas tomadas de su obra sobre el Catecismo de Heidelberg.

nes) nacido de corazón limpio» (1.5). A los colosenses les exhorta a que «sobre todas estas cosas vestíos de amor, que es el vínculo perfecto» (Col 3.14). Pablo, en su oda incomparable al amor (1 Co 13) lo elogia como el más grande de todos los dones, como la mayor de todas las virtudes, como la sobresaliente de la tríada de virtudes cristianas (muchas veces llamadas las «virtudes teologales»). En su enumeración de los frutos del espíritu, Pablo pone el amor en primer lugar (Gl 5.22), y en las secciones prácticas de casi todas las epístolas recalca una y otra vez la preeminencia del amor (1 Tes 3.12,13; Ro 12.9,10; 1 Co 16.14). Juan dice que amar a Dios equivale a cumplir con sus mandamientos (1 Jn 5.3), que permanecer en amor es permanecer en Dios y Dios en Él (1 Jn 4.16), que cada uno que ama es nacido de Dios, porque Dios es amor (1 Jn 4.7,8), que el amor hacia el hermano es evidencia de que el creyente ha pasado de muerte a vida (1 Jn 3.14) y de las tinieblas a la luz (1 Jn 2.9,10), que el amarse el uno al otro es la sustancia del mensaje que sus lectores cristianos han oído desde el principio (1 Jn 3.11).

2. *El carácter distintivo del amor cristiano*
   El amor es una de las realidades más profundas de la vida; hay que experimentarlo, más bien que analizarlo, antes de que lo podamos entender. Desde luego, no intentaremos hacer una definición del amor, y mucho menos de analizarlo en términos de los elementos que lo componen. Pero sí existen unas ciertas características del amor cristiano que debemos entender a fin de que comprendamos su verdadera naturaleza.
   Dos cosas deben decirse en cuanto a la naturaleza del amor cristiano:

a. Es de un orden altamente moral: su fin no es tanto adquisitivo como «autodonativo» y «autoentregante». No busca como apetito su satisfacción, sino es más bien una entrega. El concepto del amor del Nuevo Testamento, *agapee, agapaan,* es una expresión del carácter total determinado por la voluntad y no una emoción natural y espontánea. Indica la comunicación voluntaria de lo que somos y lo que tenemos. Y es el polo opuesto de aquella pasión que es el deseo de apropiación personal (*eraan, eroos*), la cual sí es el amor como un apetito. Esto no es necesariamente malo, pues es parte de la naturaleza creada del ser humano, pero no se debe confundir con el *ágape*.

El *agapee* es una de las manifestaciones supremas de la vida personal. Es el compartir de persona a persona. Es lo contrario del egoísmo. Es más bien una sincera abnegación. Se expresa en magnanimidad, paciencia, mansedumbre, humildad, abnegación. Estas características no son solamente del amor cristiano, pues las encontramos también en cierta medida en personas que no son cristianas. Sin embargo, en el cristiano pueden llegar a una expresión y manifestación mucho más alta.

«*Agapee*» es la palabra que la Biblia emplea para hablar del amor de Dios. Los filósofos y literatos griegos usaban la palabra también para hablar del amor de los dioses, ya que pensaban que el ser humano no era capaz de tener este tipo de amor. Tenían razón, el hombre por sí solo no puede producirlo. Este amor en el ser humano es un reflejo, un eco del amor de Dios en la persona humana que lo haya experimentado. En la experiencia de la salvación, la experiencia de ser redimido y de entender las promesas de Dios cumplidas en nosotros es la experiencia de este amor. Sin esta experiencia es imposible producir este amor. Por eso, en el ser humano *agape* siempre es un eco, un reflejo.

b. El *agapee* humano está arraigado en la fe cristiana. El amor cristiano no es lo mismo que el amor natural, ni aun en el amor llamado *ágape*, sino que es el amor arraigado en la fe cristiana, de la cual brota. Es la fe que tiene a Cristo como su objeto y contenido. Es la fe que se apropia del amor que Dios tiene para los pecadores, plenamente manifestado en Cristo y en la redención. La fe cristiana se desarrolla en el amor cristiano. Gracia, fe, amor, libertad, caridad: esta es la cadena indisoluble fuera de la cual ninguna obra es buena. De ello notamos claramente que la fe es anterior al amor y al ejercicio de la vida cristiana, ya que el amor cristiano está completamente condicionado por esa fe. El amor cristiano se edifica sobre la base de la fe cristiana. Subjetivamente, está arraigado en la experiencia redentora. Es la expresión de gratitud del creyente por la redención efectuada en Él (1 Jn 4.10).

Un maestro de ética una vez dijo: «Llego a tener fe cuando por obra de la conciencia, la Ley y el Evangelio pierdo confianza en mí mismo. Llego a tener amor cuando tengo fe y confianza en el amor divino en Cristo». Otra vez el mismo autor dice: «Mi amor no me hace creer; pero mi fe me hace amar».[2]

3. *Dios es el objeto supremo del amor cristiano: el amor a Dios y odio al pecado*

El amor cristiano es primeramente amor hacia Dios. Esta es la enseñanza del «primero y grande mandamiento» (Mt 22.36-

---

2 Cito de memoria algo que oí hace más de cuarenta años.

Source

40). El amor hacia Dios es primero, no meramente en sentido de precedencia y prioridad, sino en que es la fuente de la
cual todo amor tiene que brotar. El amor hacia Dios es el
prerrequisito de toda otra forma del amor verdadero. Todo
amor al prójimo es amor verdadero solamente en cuanto esté
determinado por el amor hacia Dios. Amamos al prójimo
porque amamos a Dios. Un aspecto del amor a Dios es el
amor al prójimo. Lo hacemos porque sabemos que amar al
prójimo agrada a Dios, porque lo amamos queremos agradar
a Dios. Por otro lado, en este mundo de pecado e imperfección, la prioridad de este amor puede exigir que neguemos el
«amor» que nos liga con nuestros compañeros y seres queri-
dos; pero lo hacemos por el verdadero amor hacia Dios (Mt
10.37; Lc 14.26).

El amor hacia Dios se expresa también en confianza, oración,
culto, adoración y en hacer su voluntad. También se expresa
en las relaciones con su pueblo. No podemos amar a Dios y
menospreciar el pueblo que ha creado con su amor. Despre-
ciar el pueblo por el cual Cristo en amor dio su vida, en obediencia a la voluntad de su Padre, no concuerda con amar a
Dios. El unirse con su pueblo en el culto público, para glorificar a Dios en la forma que Él quiere ser glorificado, es expresar nuestro amor a Dios. Aunque por supuesto no es la única
forma de hacerlo, es una de las formas principales e indispensable para crecer en el amor hacia Él.

Al mismo tiempo, el amor hacia Dios es inseparable del odio
al pecado. En el énfasis actual sobre el amor al prójimo, la
idea del odio al pecado apenas se nota y muchas veces ni se
menciona. Pero así enseña la Biblia, y tiene un significado
ético de gran momento. Es menester que mantengamos la
inseparable relación entre las dos cosas. Tenemos que odiar
el pecado en nosotros mismos. Esto es primero. También

tenemos que odiar el pecado en el prójimo, sin odiar al prójimo. Sin duda alguna el amor a Dios exige que odiemos las fallas y el pecado en la sociedad. Una ética social es indispensable para el cristiano. Sin ella no se puede amar bien a Dios. Si amamos a Dios, tenemos que expresar nuestro amor luchando enérgicamente contra todo lo que produce el pecado. No podemos amar a Dios y mantenernos apartados de la lucha contra la pobreza, contra la injusticia, contra el uso de las drogas, contra la corrupción y contra la falta de una buena educación. El amor hacia Dios exige que nos esforcemos para mantener la familia y el matrimonio, ya que la disolución del matrimonio y la consecuente destrucción del matrimonio producen juntos nidos de pecado y multiplican el crimen. El amor hacia de Dios requiere que apreciemos su creación. La ecología es un asunto ético. Sobre todo tenemos que amar la criatura que Él hizo a su propia imagen. Ahí esta el amor al prójimo. El amor hacia Dios requiere que cuidemos al ser humano, aun antes de nacer. El amor hacia Dios exige las buenas técnicas en la agricultura y las limitaciones a los que echen a perder el ambiente, etc. En fin, el amor hacia Dios tiene implicaciones severas y no podemos escapar de ellas. Dios es el Sumo Bien. Es, como hemos notado antes, *ho agathos*. El amarle a Él no es asunto de amor a un mero individuo, uno de tantos. Es lo contrario, es el amor al Supremo y Absoluto Bien. Toda bondad y toda perfección moral tiene su fondo último en Él. Por esto el amor hacia Dios debe ir, necesariamente, acompañado de un odio a toda maldad, a todo lo que sea hostil a Dios y destructivo de la virtud verdadera del creyente.

Para algunos es difícil conciliar las declaraciones de Jesús sobre el odio con sus palabras de amor. Esto se debe al sentido moral debilitado y al concepto resultante de un amor amoral y sentimental. El odio de Jesús, en el fondo, no es odio a una persona sino al pecado. Cuando Jesús denuncia a personas y a grupos, por ejemplo, los fariseos, lo hace en razón de la mala conducta de ellos. Jesús denuncia a los hombres solamente en cuanto que se hayan identificado con el pecado. Él sería el primero en abrazar y recibir en su amable comunión a cualquiera de los que se allegasen a Él por el arrepentimiento y la conversión, al que huye del pecado y, arrepentido, muestra una actitud nueva hacia Dios el Supremo Bien.

Un poeta escribió una vez: «El que odia, te odia». Se dirigió a Dios, pero lo que dijo es solo relativamente cierto. La cuestión no es si uno odia o no, sino a quién o a qué odia. El cristiano no es una persona que no odia. Es una persona que no quiere odiar a su prójimo, pero que sí odia el pecado, en todas sus formas. El amor cristiano no excluye la indignación moral, que puede ser una expresión del amor. Una fuerte condenación cabe a veces en la vida cristiana.

A esa luz, debemos entender la expresión del odio que se encuentra en el Salmo 139.21,22. Es una expresión del Antiguo Testamento y debemos entenderla en su contexto, en el ambiente y espíritu antiguo-testamentarios; pero el Nuevo Testamento nos proporciona una más amplia perspectiva. Es perfectamente cierto que muchos creyentes del Antiguo Testamento no discriminaron —como nosotros podemos y debemos— entre los enemigos personales y nacionales, y los que eran enemigos por causa de Dios. También es cierto que los creyentes del Antiguo Testamento no tenían el alto concepto del amor revelado en el Nuevo Testamento. El amor hacia el enemigo, lo que enseñaba Jesús, está más allá del énfasis del Antiguo Testamento ¡pero no en contra! Aun con todas estas consideraciones debemos reconocer y afirmar que el pensamiento del Salmo 139.21,22 no está en conflicto con la enseñanza del Nuevo Testamento. El pasaje expresa el odio del salmista a los que aborrecen a Jehová. El cristiano siempre odia el pecado. Pero el pecado nunca ocurre en lo abstracto, sino siempre existe concretamente en una persona. No hay pecado sin pecadores. No podemos evitar odiar al pecador cual pecador, es decir, en cuanto sirve al pecado y precisamente porque sirve al pecado. Amar a tales personas, como pecadores en su actitud pecaminosa, sería odiar a Dios. Concordar en el propósito de ellas sería equivalente a traicionar a Dios. Por esto dice Juan que no podemos decir ni aun «bienvenido» a un hereje (2 Jn 10.11). Frecuentemente confundimos el odio recto con el odio pecaminoso hacia el prójimo. Necesitamos aprender a discriminar. Una prueba de la legitimidad del odio se encuentra en nuestra capacidad y deseo de orar por nuestros enemigos. El mismo principio se ve en la paradoja de que el cristiano tiene que odiarse y amarse a sí mismo a la vez. Y las dos cosas están relacionadas. Tiene que odiar todo lo pecaminoso en su propio ser —el «viejo Adán»— en cuanto este esté identificado con el pecado (véase la experiencia de Pablo en Romanos 7). El que no odia a lo malo dentro de sí mismo no ha aprendido el verdadero amor.

4. *El prójimo como el objeto del amor cristiano: la «regla de oro»*
Todos nuestros deberes al prójimo están comprendidos en la práctica del amor. El amor hacia el prójimo, distinto del amor hacia Dios, por su propia naturaleza es muy diverso. La causa de esto se encuentra en la diversidad de relaciones que tenemos con los distintos individuos y grupos en nuestras relaciones sociales.

El amor cristiano tiene que incluir a todos. No hay ningún individuo humano en toda la tierra a quien pudiéramos excluir de nuestro amor. Esto hace al cristiano cosmopolita en sus simpatías. La práctica del amor cristiano hacia un prójimo en particular se determinará por la naturaleza de la relación particular que tengamos con él. Amamos al peón extranjero (sufriendo de hambre y alejado de Cristo) de una manera diferente de la que amamos a nuestra madre, a nuestro hermano en Cristo, y a los que pertenecen a la misma comunión cristiana. No obstante, tenemos que amar a todos.

El amor cristiano hacia el prójimo, en todo caso, es la disposición de benevolencia que se expresa en una actitud de simpatía y una acción sincera de promover el bienestar de esa persona o de un grupo de personas. La expresión misma, en su consumación, tendrá tanta variación y extensión como las relaciones y las oportunidades permitan y según lo que sea la necesidad particular del prójimo. Este principio se nota sobre todo en la parábola del buen samaritano (Lc 10.25-37). La enseñanza central de la parábola es la que muestra a quién debemos considerar prójimo (véanse vv. 29,36,37). Jesús pronunció esta parábola para responder a la pregunta ¿Y quién es mi prójimo?(v. 29). Luego, al final, pregunta a manera de conclusión, ¿Quién fue el prójimo? El buen samaritano se reveló prójimo del hombre necesitado. También la enseñanza nos hace notar que el prójimo no es un simple caso de datos (por ejemplo, proximidad o localidad) sino, más bien, de ejecución moral. Se probó prójimo al hombre que tenía necesidad. Dice Jesús: «Ve, y haz tú lo mismo».

Una norma o pauta para nuestro amor hacia el prójimo es la que Jesús nos da en la «regla de oro»: «Así que, todas las cosas que queráis que los hombres hagan con vosotros, así también haced vosotros con ellos...» (Mt 7.12). El contenido de la regla es muy semejante al segundo gran mandamiento de la Ley, pero en forma más explícita. Por eso, dice Jesús: «Porque esto es la Ley y los profetas». Cuando presenta la regla de oro, Jesús nos demanda:

a. Que tratemos con otras personas cual personas, personas que tienen sus propios fines y propósitos, a las que no podemos tratar como medios para alcanzar nuestros fines. De acuerdo con nuestra capacidad y oportunidades debemos ayudarlas en la realización de sus propios fines. Uno de los pecados más comunes hoy día es el de no tratar a nuestros prójimos como personas. Los utilizamos y no los amamos. En lugar de tratarlos como personas tratamos a los otros como objetos impersonales. Los objetos impersonales son para servir al propósito del hombre; pero las personas no son objetos sino seres con fines propios y legítimos. Debemos procurar ponernos en su lugar y preguntarnos: «¿Qué desearía yo que me hicieran si estuviera en tales circunstancias?» Sí, debemos guiarnos por nuestros deseos como la norma de lo que queremos para el vecino, y debemos ver estos deseos a la luz de la situación en que la otra persona se encuentra. Lo que el axioma implica es que nosotros, utilizando la imaginación santificada, nos pongamos en el lugar de otros para pensar en lo que realmente quisiéramos que nos hicieran al estar nosotros en semejantes circunstancias.

b. Que tengamos una actitud positiva y constructiva al promover el bienestar del prójimo y no una mera actitud pasiva y negativa de no hacerle daño.
La forma positiva de la regla de oro no es idéntica a su forma negativa, aunque muchas veces la toman así. «No

hagas lo que no quieras que te hagan» suena muy semejante a Mateo 7.12, pero existe una gran diferencia.

Nos es interesante notar que se encuentra la forma negativa de la regla de oro en la literatura de varias religiones no
cristianas. A lo largo de mi observación y estudio personal
(que no son muy extensos) no he encontrado la forma
positiva, la que se encuentra en Mateo 7.12, en ningún
otro lugar, a menos que lo esté citando. Se dice que
Isócrates, contemporáneo de Platón, dijo: «¿Las pasiones de otros te enojan? La misma cosa les haces a ellos».
Un dicho común de los estoicos romanos era: «Lo que no
quieras ver que te hagan, no lo hagas a otro». Se dice que
el emperador romano y filósofo Alejandro Severo, que
vivió en el tercer siglo después de Cristo, formuló ese dicho. En la ética rabínica se encuentra lo siguiente: «Lo que
detestas que haga otro contigo, mira no lo hagas nunca con
otro» (Tobit 4.15). Hillel, el maestro rabínico, dijo: «Lo que
sea oneroso a ti, esto no hagas a otro. Esto es la ley entera;
lo demás es mera explicación» (El Talmud babilónico,
Shabbath, 31a). En la ética de Confucio se encuentra también la regla en forma negativa. Los clásicos confucianos
contienen cuatro citas. Son de la manera siguiente:

Analectas de Confucio, Lib. Y, Cap. Xl. «Tsze-kung dijo:
"Lo que no quiero que los hombres me hagan, esto no lo
quiero hacer a los hombres". El maestro dijo: "No lo has
logrado"».
Analectas de Confucio, Lib. XV, Cap. XXIII. «Tsze-
king preguntó: "¿Existe una palabra que sirva de regla de
práctica por toda la vida?" El maestro contestó: "¿No es
'reciprocidad' esa palabra?" ¡Lo que no quieras que te
hagan, no hagas a otros!»

La Doctrina de Medio, Cap. XIII, 3: «Cuando uno cultive hasta lo posible los principios de su naturaleza y los ejercite según la regla de reciprocidad no está lejos del camino. Lo que a ti no te guste que otro te haga, esto no le hagas a él».

La Gran Enseñanza, Com. Cap. X2: «Lo que a uno no le guste en sus superiores, no lo debe exhibir en su tratamiento de inferiores; que no trate con los que están adelante en la manera que fastidia a los que estén atrás; lo que no quiera recibir con la diestra que no lo dé con la izquierda. Esta regla se llama la escuadra de medir la conducta».

La regla de oro cristiana no es negativa sino positiva. No es cierto, aunque algunos afirmen, que no haya diferencia entre la forma negativa y la positiva de la regla. Cualquiera que viva en la soledad puede cumplir con la forma negativa, ¡no haciendo nada! Vivir según la forma positiva de Mateo 7.12 demanda mucho más; exige una dimensión social. No habremos vivido según la regla de oro, en el sentido cristiano, si no hemos hecho más que no ocasionar daño al prójimo. Jesús nos exige la tarea positiva de amar, lo que es más que no odiar. Dice: «¡Amarás!» Tenemos que promover el bienestar del prójimo, y esto con igual empeño que con el que busquemos lo nuestro. La expresión negativa apenas llega a ser justicia; la expresión positiva es una relación de amor, de benevolencia activa. Deseamos mucho más de lo que podemos justamente reclamar: recibir ayuda en tiempo de necesidad, aliento en tiempo de desesperación, defensa en tiempo de malentendidos, amigos en tiempo de persecución, etc. Cristo entonces quiere que esto sea lo que hagamos a los otros en una expresión de magnanimidad de manera benigna; quiere que nos afanemos tanto en ser *agathos* como *dikios*. Estos nos conduce al tercer principio de la regla de oro.

c. Que en nuestro amor al prójimo empleemos la medida de sobreabundancia Podríamos llamar a esto el «principio plus» del amor cristiano.

En las relaciones con el prójimo no debemos preguntar: ¿Qué es lo menos que podemos hacer?. ¿Cuál es el esfuerzo más pequeño que todavía cumple con ciertas demandas de la ley moral? No podemos emplear tal norma. No es lo mínimo lo que debemos hacer, sino lo máximo que nos sea posible. El «principio plus» del amor, inherente en la regla de oro, está también expuesto en el Sermón del Monte (Mt 5.38-47). Jesús condena el principio de la venganza. Este es el principio que se basa en un cálculo cuantitativo: tanto por tanto. Jesús enseña a sus seguidores que deben estar dispuestos de perdonar insultos personales, hasta setenta veces siete. El cristiano es motivado no en el deseo de venganza y represalia sino en el espíritu del perdón. Deben perdonar y amar aun a sus enemigos. El «principio plus» del amor cristiano, en cuanto a su rechazo de la venganza, no debe aplicarse en manera tal que implique la frustración de la justicia. Debemos distinguir entre la aplicación de este principio del amor cristiano en nuestras relaciones personales y sociales, y la aplicación en la administración de justicia por el magistrado. El punto de vista personal es el de estar dispuesto a perdonar, aun a presentar la otra mejilla, según las enseñanzas de Jesús, el cual enseñó a sus discípulos el espíritu que debe motivar el trato con sus semejantes. Debe ser no el de venganza, aunque parezca un caso legítimo de represalia, sino el de paciencia, tolerancia, y perdón. Desde luego, que el magistrado o juez no puede guiarse por este principio en su función oficial como administrador de la ley; sin embargo, ellos mismos también deben regirse por este principio en todas las relaciones personales en la sociedad humana. Mientras más rigurosamente lo aplicáramos, mucho menos sería la necesidad de que el magistrado administrara justicia. Debemos entender que Jesús no quiere enseñarnos que la regla de la mejilla sea aplicable literalmente a todas las situaciones. Jesús mismo nos enseña esto en su respuesta al hombre que le dio una bofetada (Jn 18.22,23). Notamos que Jesús en la corte no presentaba la otra mejilla sino demandaba justicia.

El espíritu de la exhortación es, sin embargo, muy evidente. Es lo mismo que enseña Pablo a los cristianos romanos. No deben pagar mal por mal, ni dar lugar a la venganza. Esto significaría que estarían vencidos por el mal y no vencedores del poder del mal para hacer el bien (Ro 12.17-21; 1 P 3.9-13).

5. _Cristo, el gran modelo en la práctica del amor_
Si quiere afanarse para realizar diariamente el ideal moral de hacer la voluntad de Dios en la práctica del amor, el cristiano tiene un modelo maravilloso y un prototipo admirable en Cristo Jesús. Por ello, el empeño moral del cristiano nos es presentado en el Nuevo Testamento como el proceso de hacerse progresivamente semejante a Cristo.

Jesucristo es el ejemplo tanto en su amor hacia Dios como en lo que él practicaba hacia el prójimo. Cristo ama al Padre a tal grado que puede decir: «Mi comida es que haga la voluntad del que me envió» (Jn 3.34). Nosotros debemos seguir a Cristo y esforzarnos en ser progresivamente como Él. Por su amor al prójimo, Jesús también es nuestro ejemplo: de humildad, de paciencia, de tolerancia, de abnegación, y de prontitud para servir. El ejemplo más notable de todo esto se encuentra en el acto cuando Él lavó los pies de sus discípulos (Jn 13.1-17). Nótese la exposición de Jesús mismo acerca del significado (vv. 12-17). Insiste en que nos da el ejemplo (v.15). En Mateo 20.20-28 Jesús habla de sus sufrimientos venideros y su muerte como ejemplo de su prontitud de ministrar y servir, antes de ser servido. El apóstol Pedro dice la misma cosa en otra forma en 1 Pedro 2.18-23.

En la práctica del amor la meta del cristiano es nada menos que la perfección (Mt 5.48; 1 P 1.15,16).

Preguntas para reflexionar

1. Explique de manera concisa cómo enfoca el autor el ideal del moral cristiano en el Nuevo Testamento.

2. Enumere y explique las facetas del amor presentadas en el texto en un bosquejo sencillo, conciso y preciso.

3. Describa las diversas expresiones extrabíblicas de la «regla de oro» y compárelas con la presentación bíblica.

4. Como preparación para escribir su perspectiva acerca de la ética escriba puntos de acuerdo y/o desacuerdo con el contenido del capítulo y áreas que requieran más lectura, investigación y reflexión.

CAPÍTULO 7

EL IDEAL MORAL CRISTIANO: EL REINO DE DIOS

Hemos notado que nos es posible formular el ideal moral de la vida cristiana también con la expresión: el hacer la voluntad de Dios al promover la realización del reino de Dios. Procedamos ahora a una consideración de este eje o foco del ideal moral cristiano que, junto con el otro eje (el de practicar el amor cristiano), completa el *summun bonum* de la ética cristiana.

1.*El ideal del reino en la teología y la ética moderna*
La categoría básica en la consideración ética en gran parte de lo que se escribe hoy día sobre el ideal moral cristiano es el reino de Dios. Algunos dicen que este concepto es el único adecuado para formar el núcleo de la enseñanza moral del Nuevo Testamento, y que es su punto focal. La prominencia de este concepto en el pensamiento reciente se debe a la influencia de dos pensadores que han tenido demasiada influencia en todo pensamiento cristiano: Kant y Ritschl. Ambos han señalado el concepto del reino como la categoría básica para la interpretación del cristianismo.

El concepto de Kant es esencialmente moralista y antisobrenatural. Según su pensamiento el significado verdadero del cristianismo está en que proporciona una motivación noble al cristiano. Afirma Kant que el cristiano se salva por sus propios esfuerzos morales. La religión se hace en moralidad, y por ello la teología y la soteriología se confunden en la ética. La salvación no es, en ningún sentido, un don divino, sino es un logro humano. Rechaza la redención vicaria en Cristo y dice que la comunidad cristiana, esforzándose hacia la perfección, es el reino de Dios.

Ritschl opera con principios teológicos que se asemejan mucho a los de Kant. Los dos tienen una oposición antimetafísica, y ambos acentúan la ética. Ritschl repudia toda doctrina de una redención objetiva. Es en él que la salvación por carácter, una doctrina ya predicada por Kant, encuentra su mayor exponente. Según su doctrina, a Dios se le puede concebir como Amor, y el concepto del reino de Dios no es más que la realización de la virtud de amor en las relaciones humanas. Este es un rasgo prominente de su teología.

Bajo la influencia ritschliana brotó un nuevo tipo de teología en la cual toda orientación es ética y social, y su concepto del reino es el núcleo. Pero ese reino ideal, por bíblico que suene, es en realidad una distorsión del concepto del Nuevo Testamento. La distorsión se ve por lo menos de cuatro maneras distintas:

a. El énfasis del concepto del reino en esas teologías de servicio social es meramente moralista y exclusivamente ético. No reconoce que, además del aspecto ético, el concepto del reino tiene también significado teológico-redentor, y que este último sentido es básico e indispensable para un verdadero entendimiento del anterior. El concepto del reino de Dios no es una categoría absoluta, en la cual cada enseñanza de Jesús encuentra su lugar, sino es un aspecto del sistema de enseñanza cristiana que está íntimamente relacionado con otros conceptos, como, por ejemplo, la salvación y la soberanía de Dios.

b. El énfasis es exclusiva y exageradamente social, con la resultante indebida desvaloración del significado básico de lo personal y lo individual.

c. El énfasis es extremadamente —y en unos casos, exclusivamente— terrenal, político, social, económico, y material. En esto vemos la falla más grande de tal orientación: la de menospreciar lo sobrenatural, lo espiritual, lo celestial, y lo escatológico del concepto del reino.

d. Son dos los aspectos correlativos de la idea social del reino: (1) La doctrina de Dios, «el Padre de todos»; y (2) la de la fraternidad universal del hombre. Ambos conceptos son contrarios a la enseñanza del Nuevo Testamento. Notaremos pronto que los conceptos de «Dios Padre» y de la fraternidad humana del Nuevo Testamento están arraigados en la redención y no en la naturaleza. La redención en el Nuevo Testamento es particular y no universal.

2. *La preeminencia del concepto del reino en el Nuevo Testamento*
Existe una tendencia en el pensamiento cristiano conservador, basada en una reacción contra el énfasis modernista en su concepto del reino, de tener en poco la importancia del reino. Es lamentable. Una de las equivocaciones que necesitan corrección en el pensamiento modernista es su concepto torcido del reino. Pero nos equivocaríamos seriamente si pensáramos que la idea del reino es un concepto típico de los modernistas, y solo de ellos. El concepto que tiene la teología

reformada moral del Nuevo Testamento pone el reino en un lugar céntrico. Es un concepto básico del Nuevo Testamento, y se presta admirablemente como una categoría interpretativa de los datos del Nuevo Testamento. Aun el estudiante más superficial notará la abundancia de enseñanza sobre el reino en el Nuevo Testamento. El concepto del reino es tan prominente que ningún estudiante de la Biblia puede ignorarlo.

El término *basilea* (reino), en su sentido espiritual, se encuentra no menos de 140 veces en el Nuevo Testamento. Las veces que se emplean términos relacionados, como por ejemplo, *basileus* (rey) y *basileuein* (reinar), no se incluyen en este número. Tampoco están incluidos los pasajes del Nuevo Testamento en que el concepto del reino está claramente implicado pero no se emplea el término, por ejemplo, en los muchos donde Pablo habla del señorío de Cristo. Nos interesaría notar que de las 140 ocasiones en que se hace uso de esta palabra, no menos de 106 se encuentran en los evangelios sinópticos. Las 34 restantes se encuentran de esta manera: 5 en Juan, 7 en Hechos, 18 en las epístolas, y 4 en Apocalipsis. También nos interesaría notar que la combinación más usual es «el reino de Dios», que ocurre 73 veces. «El reino de los cielos» ocurre 23 veces. En las 35 veces restantes se encuentran combinaciones tales como: «el reino del Padre», «el reino del Hijo», «el reino de Cristo», «mi reino», «tu reino», «el reino», «el evangelio del reino», «hijos del reino», etc. También vale la pena notar que el término «reino de Dios» se encuentra a través del Nuevo Testamento, mientras que el término «el reino de los cielos» se encuentra solamente en el Evangelio de Mateo. El término «reino de Dios» no está completamente ausente del Evangelio de Mateo, pero ocurre solamente 5 veces, mientras el término «reino de los cielos» se encuentra 32 veces, y con otras combinaciones el término «reino» se encuentra 14 veces. No hay, a mi parecer, ninguna diferencia entre los términos «reino de Dios» y «reino de los cielos»; el último era preferido de los judíos para evitar una excesiva familiaridad con el nombre de Dios. El hecho de la frecuencia con que el término ocurre indica que esta es una idea sobresaliente en cuanto al ideal moral del Nuevo Testamento. Pero la prominencia se observa más claramente en que el concepto tiene un significado central en todo el pensamiento del Nuevo Testamento, sobre todo en la enseñanza de Jesús.

Juan el Bautista, el precursor de Cristo, resumió todo el significado de la venida de Jesús en las palabras: «Arrepentios, porque el reino de los cielos se ha acercado» (Mt 3.2). Jesús mismo inició su ministerio anunciando su misión en términos semejantes (Mt 4.17; Mr 1.14,15). Cuando más tarde Jesús asignó tareas a sus discípulos, la esencia de su predicación se advertiría en el mismo término (Mt 10.7; Lc 9.2). También, al enviar a los setenta (Lc 10.9). La totalidad de la tarea de Jesús y de sus discípulos se resume a veces con la expresión «predicar el evangelio del reino» (Mt 9.35; 24.14). En el Sermón del Monte toda la enseñanza del Señor gira alrededor del tema del reino. Lo mismo es evidente en las parábolas del reino (Mt 13; Mr 4; y Lc 13). En los últimos días de su vida terrenal, Jesús hizo referencia repetidas veces al reino (Mt 26.29; Mr 14.25; Lc 22.16-29). Aun el criminal que fue crucificado con Jesús reconoció que se hablaba de Él en términos del reino, cuando pidió que Jesús se acordara de él cuando do viniera en su reino. De la misma manera, en la última hora de estar presente con sus discípulos, antes de la ascensión al cielo, el tema de la conversación fue el reino (Hch 1.3-6). La obra evangelística de Felipe entre los samaritanos consistió en que «anunciaba el evangelio del reino de Dios y el nombre de Jesús» (Hch 8.12). Cuando Pablo razonaba con los judíos en la sinagoga de Corinto, procuraba persuadirles de los temas importantes «del reino de Dios» (Hch 19.8). Pablo mismo caracterizaba toda su actividad misionera como ir «predicando el reino de Dios» (Hch 20.25). Lucas, en el último capítulo de Hechos, dice que el tema del que Pablo hablaba en Roma era «el reino de Dios» y «lo concerniente al Señor Jesucristo» (Hch 28.23-31). El solemne significado del reino de Dios se recalca también en la enseñanza del Nuevo Testamento, en que, tanto los evangelios como las epístolas, igualan la salvación con el estar en el reino, o ser del reino (Mt 8.11-12; 25-34; Mr 9.47; 10.24; 12.34; Lc 13.29; Jn 3.3; Heb 14.22; 1 Co 6.9,10; 15.50; Col 1.13; Heb 12.28; Stg. 2.5).

Por todo ello, no cabe duda acerca del lugar prominente del concepto del reino en la revelación del Nuevo Testamento; pero ahora nos toca preguntar: ¿Qué es el reino de Dios y cuáles son sus implicaciones éticas?

3. *El reino de Dios: su trasfondo antiguo testamentario*
El concepto del reino de los cielos del Nuevo Testamento es una amplificación de una enseñanza en el Antiguo Testamento, y por esto es menester, a fin de que entendamos correctamente el concepto del Nuevo Testamento, que encontremos nuestro punto de partida de los anuncios del reino en la revelación del Antiguo Testamento y en las expectaciones judías basadas en ellas. Muy notables dentro de muchos pasajes del Antiguo Testamento son los siguientes: 2 Samuel 7.12-16; Salmos 2; 72; 98.7-9; 110; Isaías 2.2-4; 9.6,7; 11.1-10; 40.9-11; Jeremías 23.5,6; 31:31ss; 32.37s; 33.37s; 33.14-16; Ezequiel 24.23s; Daniel 2.24-35,37; Miqueas 4.1-7; Zacarías 9.9,10.

En las profecías, la salvación venidera del pueblo de Jehová está asociada con la aparición anticipada de un gran rey, singular y único, y con el establecimiento de su reino. El concepto de este reino está arraigado en la teocracia del Antiguo Testamento y del reino davídico, y de este reino se derivan sus figuras y terminología. El término «reino de Dios», tal como se emplea en el Nuevo Testamento, se aplica estrictamente al nuevo orden espiritual introducido por la venida de Jesús, y como tal no designa el orden antiguo-testamentario de cosas (véase Mt 4.17; Mr 1.15; Mt 11.12; Lc 16.16). Aunque el término «reino de Dios», en esta forma, no se aplica a la relación entre Jehová y su pueblo en el Antiguo Testamento, existe el reino de Dios sobre su pueblo: la teocracia, un verdadero reino de Dios. En general, en el Antiguo Testamento, Jehová fue llamado el Rey de su pueblo.

Desde los primeros días de la revelación del Antiguo Testamento, la relación entre Jehová y su pueblo estaba expresada en función de una berith. En los días de Abraham y su posteridad la berith era individual y social. Se cambió en berith «nacional» cuando los israelitas se constituyeron en nación en el monte Sinaí. De allí surge la idea de que la teocracia está ligada con el pacto: «Si ... guardareis mi pacto ... me seréis un reino de sacerdotes ...» (Éx 19.5,6). Después de la conquista y de establecerse en Canaán se inauguraría el reino político, pero el pueblo debe entender que solamente sería permitido en tanto no violara la teocracia. Jehová ya es el Rey de su pueblo, y solamente un rey que reconozca esto y lo aplique en su reinado podrá ser rey conforme a la voluntad de Dios (1 S 8.7-22; 12.12-14).

A partir de entonces, el reino en Israel, y toda la terminología derivada del mismo, se emplean frecuentemente en la revelación del Antiguo Testamento para enseñar a los israelitas el significado espiritual de la teocracia. La dinastía davídica sirve especialmente para ese propósito, siendo David el primer rey conforme al corazón de Jehová, y el primero en recibir la promesa de un reino perdurable (2 S 7.12-16). Desde la época del reino, la profecía del Antiguo Testamento, al prefigurar la edad venidera, emplea el lenguaje y las figuras derivadas del reino davídico basados en la teocracia. En la profecía, el reino de Jehová sobre su pueblo es uno que se realizaría en algún tiempo futuro y se establecería de una manera única y gloriosa. Un gran Rey estaba por venir, del cual la realeza del Antiguo Testamento no era más sino una anticipación, una prefiguración, y una sombra que iba delante.

La representación del anticipado reino escatológico es variada, no siempre igual. De cuando en cuando su venida se expresa como algo que entraría con la venida de Jehová mismo, porque Jehová mismo está presentado como el Rey de ese reino. En esta representación del reino futuro, el reino de Jehová se deriva directamente de la teocracia del Antiguo Testamento. El reino venidero aparece como la teocracia ideal del porvenir, el reinado de Dios en la tierra. Su venida, además, está acompañada por el juicio («el día de Jehová») y resultará en un reino de paz.

De acuerdo con el progreso de la revelación profética, el reino venidero y escatológico se presenta como el reino del Mesías y la realización de la expectación mesiánica. (Las semillas de este concepto se encuentran ya en Génesis 3.15, y en la profecía de «Siloh» de Génesis 49.10, y la «Estrella de Jacob» de Números 24.17.) El reino venidero, según este punto de vista, será establecido por el Rey Mesiánico, un descendiente de la dinastía Davídica, el llamado «Pimpollo»; el «Renuevo de David». El Mesías-Rey se levantaría de Israel, nacido de una virgen (Is 7.14). En esto, la enseñanza de la profecía antiguo-testamentaria sobre el reino venidero dio un gran paso adelante. Jehová vendría a su pueblo en el reino futuro, pero la venida de Jehová se realizaría en el Mesías, el verdadero Rey teocrático. Su reino sería mucho más glorioso que el de David. Juzgaría a los injustos y libraría a su pueblo, y les traería paz.

La revelación del Antiguo Testamento dio otro gran paso adelante en la enseñanza del reino venidero, cuando predica del Siervo Sufrido de Jehová. Es la idea que se encuentra expresada especialmente en Isaías 52 y 53. La figura del Mesías-Rey y la figura del Siervo Sufrido de Jehová escatológicamente son la misma persona. También la misma enseñanza está expresada en la representación del Mesías-Rey como un Sacerdote-Rey (Salmo 110). El Siervo Sufrido, además, es tanto la víctima como el sacerdote, es el sacrificio mismo, «por su llaga fuimos nosotros curados».

Podemos resumir la enseñanza profética del Antiguo Testamento acerca del reino diciendo que el Rey Mesiánico (en cuya persona Jehová mismo, en un tiempo futuro, vendría a su pueblo de una manera singular) sería Juez, Libertador, Salvador, y el Buen Pastor de su grey; y el reino que establecería sería un reino de salvación, rectitud, justicia, y paz, fundado sobre sufrimiento y redención.

4. *La enseñanza de Jesús en cuanto al carácter espiritual del reino*

Sería una equivocación suponer que la idea del reino venidero, como fue presentado por la profecía del Antiguo Testamento, fuese una idea viva en el pensamiento de sus contemporáneos cuando Jesús proclamaba el reino como el tema central de su enseñanza. Los que vivían en aquel entonces no entendieron a Jesús debido a que tenían una idea equivocada del reino.

Los judíos de aquella época seguramente buscaban y esperaban un reino relacionado con el prometido Mesías. En esto tenían razón e interpretaban bien el antiguo Testamento. Tanto la literatura apócrifa como la rabínica hablan de estas esperanzas y presentan tales ideas. En Sabiduría 10.10, el mismo término que usan los evangelios, *basílica tou theou*, se utiliza para hablar del reino anticipado (la fecha probable de este libro es de 120 a 100 A.C.). En la literatura rabínica el término *malkuth shaamayím* solía usarse mucho tiempo antes de Cristo (el término es hebreo y quiere decir reino de los cielos). El uso de esos términos muestra que las profecías del Antiguo Testamento sobre un reino futuro y glorioso habían formado un concepto de viva realidad en la mente de los contemporáneos de Jesús, pero debemos recordar que los conceptos rabínicos y populares no siempre concordaban en todos los puntos, y algunos eran extrabíblicos. Que los contemporáneos de Jesús buscaban y esperaban un reino venidero se ve claramente implicado en los siguientes pasajes: Mateo 20.21; Marcos 11.10; Marcos 15.43; Lucas 17.20; Lucas 19.11, Hechos 1.6. Estos mismos pasajes muestran también que el concepto del reino que tenían los contemporáneos de Jesús era terrenal, político, nacional, y judaizante. Esperaban la independencia nacional, tal como la habían disfrutado anteriormente. Ella sería restaurada a través de la restauración del reinado, del cual David y Salomón eran los ejemplos históricos más ilustres. Habían experimentado, pensaban ellos, la anticipación del reino mesiánico en la gloria de los macabeos, una experiencia todavía viva en su memoria. Aunque el reino hasmoneo haya sido una gran decepción, y había desaparecido, aun buscaban más ardientemente el prometido renuevo de la dinastía davídica para librarse del dominio romano y restablecer la soberanía política y religiosa en Jerusalén.

Contra la perspectiva de las aspiraciones nacionalistas del judaísmo contemporáneo, que erróneamente se creían basadas en la profecía del Antiguo Testamento, lo internacional que enseñaba Jesús acerca del reino de Dios resalta en marcado relieve. Pero debido a que las mismas aspiraciones judías forman el ambiente de las enseñanzas de Jesús, tenemos que entender ese ambiente para comprender sus enseñanzas. Jesús luchaba constantemente contra las ideas torcidas que esclavizaban el pensamiento popular, y enseñaba que las profecías del reino ya iban encontrando su verdadero cumplimiento en Él mismo, en su vida y en su anunciada muerte. Por eso, no es cosa sorprendente que el gran énfasis de la enseñanza de Jesús fuera que el reino sería de carácter espiritual. La doctrina de Jesús tenía el propósito de corregir los ideales políticos y nacionalistas del pueblo (ideas que siguen potentes en el cristianismo «judaico» hasta el día de hoy). Se supondría que, debido al énfasis de la enseñanza de Daniel (2.4; 2.44; 7.13,14; 18.27) sobre el origen y carácter celestial del reino venidero, los judíos de la época de Jesús hubieran tenido un concepto verdaderamente espiritual del reino. Pero no era así. Cierto es que se gloriaban en la profecía de Daniel, mas pensaban que el contraste entre los cuatro reinos terrenales y el reino nuevo y eterno (que establecería el de los cielos y que sería el reino de aquel que era como Hijo del Hombre, y vendría con las nubes del cielo) no era espiritual sino nacional, e interpretaban el pasaje como si se refiriera a un reino terrenal, visible, político, judío, nacional, y cultural. (Los dispensacionalistas de hoy día tienden hacia una interpretación semejante.)

Contra esto, Jesús y el Nuevo Testamento entero enseñaban que el reino es espiritual. Es más bien interno que externo. No es físico, temporal, y visible, sino espiritual, eterno, e invisible. El carácter espiritual del reino, según la enseñanza de Jesús mismo, se nota en las siguientes consideraciones: en las condiciones para entrar, y en las características de los súbditos. Todas las enseñanzas acerca de los ciudadanos del reino de Cristo vienen al caso aquí.

a. Las condiciones para entrar en el reino
No era parentesco físico con Abraham, ni participación externa en el pacto, sino un cambio interior de disposición, una actitud nueva, lo que capacitaría a uno para entrar en el reino. Las condiciones para entrar son: arrepentimiento, fe en Cristo, nuevo nacimiento, y el espíritu de niño. Tanto Juan el Bautista como Jesús proclamaban estas condiciones en notable contraste con las ideas judaicas en cuanto a la entrada en el reino (véase Mt 3.8,9 y nótese que el contexto es la proclamación del reino (v. 2). En Mateo 8.11,12, Jesús, en el contexto de una inusitada exhibición de fe de parte de un centurión que no era judío, advierte a los que eran tradicionalmente hijos del reino que serán echados a la oscuridad afuera, mientras que los que cumplan con los requisitos espirituales vendrán de todas partes de la tierra para sentarse con Abraham, Isaac, y Jacob en el reino de los cielos (véase también Jn 8.33-37). Solamente los que cumplieran con las condiciones espirituales serían aptos para entrar en el reino espiritual.

b. Las características que presentan los sujetos del reino
Una enumeración de las características se encuentra ya en las bienaventuranzas (Mt 5.3-11). Son: humildad, arrepentimiento, mansedumbre, sed de justicia, misericordia, pureza de corazón, paz, y paciencia. En un pasaje, Pablo, que habla de las mismas cosas, aunque en un contexto diferente, nos

enseña que la esencia del reino de Dios no consiste en el permitir o prohibir carne o bebida, sino en justicia, paz, y gozo en el Espíritu Santo (Ro 14.17). El mismo apóstol dice que la verdadera evidencia de la presencia del reino en un hombre no consiste en palabras sino en poder (1 Co 4.20). Jesús también, una y otra vez, explícitamente enseñaba el carácter espiritual del reino. Cuando los fariseos le preguntaron (Lc 17.20-21) cuándo vendría el reino de Dios, el Señor respondió que el reino de Dios no vendría con observación (*parateereeseoos*) de parte de los que no son ciudadanos. La palabra no solamente quiere decir con pomposidad, ostentosamente y con pública demostración sino también escrutinio, investigación, o cuidadosa atención. Una cuidadosa observación (investigación o escrutinio) no descubriría la presencia del reino, porque es invisible. La verdad es que el reino ya estaba entre ellos y ellos no lo sabían. No habían discernido su presencia porque este reino, distinto de todos los otros reinos, es espiritual. Tampoco no podían discernirlo porque no reconocieron su rey, condición indispensable para percibirlo.

Cuando ellos confundían el reino espiritual con un dominio terrenal, Jesús respondía acentuando su carácter espiritual. En un momento en su ministerio, inmediatamente después del milagro de alimentar a los cinco mil, cuando lo quisieron tomar por fuerza para hacerle rey, Jesús se fue a la soledad de las montañas (Jn 6.15). En el huerto de Getsemaní, Pedro impulsivamente saca su espada, símbolo de autoridad de los reinos terrenales, para defender a su maestro, pero Jesús lo reprende y le dice que los que sacan la espada morirán por ella, y le hace recordar que si Jesús quisiera, podría reunir huestes celestiales para defenderse. Las razones de no hacerlo es que las Escrituras tenían que cumplirse, y que la naturaleza del reino es espiritual. Pocas horas después Jesús está en la presencia de Pilatos. Este, alarmado por las acusaciones de los judíos, pregunta si Jesús es rey; Jesús afirma que lo es, pero sabiendo que tal expresión tendría significado meramente político para Pilatos, evita todo malentendido al decir que su reino no es de este mundo. El suyo es un reino espiritual. Es rey en el dominio o reino de la verdad, y los ciudadanos de este reino serán los que tengan afinidad espiritual con la verdad. Si los judíos no lo reconocieron como rey es porque no participaban de la verdad (Jn 18.33-38).

5. *El reino de Dios y la obra redentora de Cristo*
Queremos mostrar ahora que el reino de Dios se funda en la obra redentora de Cristo. Las bases de esta afirmación ya están puestas en un capítulo anterior, donde considerábamos la base redentora del ideal moral del Nuevo Testamento. Presuponemos lo dicho allá y procedemos a mostrar que el reino de Dios está fundado en la obra redentora de Cristo.
La falta de esta base es la debilidad fatal del concepto

modernista del reino: no estar fundado en la obra redentora de Cristo. Su reino entonces es otro que el de Cristo.

Procedemos ahora a considerar la enseñanza del Nuevo Testamento, especialmente la de Jesús (los modernistas prefieren a Pablo), para mostrar que el reino de Dios tiene su base y fundamento indispensable en la redención y la propiciación de Cristo. Ya hemos notado que en la profecía del Antiguo Testamento existe una identificación del Rey Mesiánico con el Siervo Sufrido de Jehová. En la enseñanza de Jesús encontramos que él constantemente enseñaba a sus discípulos que la profecía se estaba cumpliendo en la historia, en su propia persona. Vale la pena notar que aquella verdad no agradaba a los discípulos y que, de acuerdo con las instrucciones de Jesús mismo, no debían publicarla a la muchedumbre. Les confiaba el secreto, cuyo significado aprendieron más tarde. Si los discípulos lo hubieran proclamado el Rey Mesiánico, el pueblo lo habría recibido como tal y lo habría puesto en el trono. Pero Jesús les mostró que, a lo contrario, vino para sufrir. De este manera, Jesús, con magnífica claridad, enseñaba a sus discípulos que existía una conexión íntima entre el reino y la redención; la redención forma la base y el fundamento del reino.

Notamos esto en los siguientes pasajes:

Mateo 16.21. Aquí Jesús liga su enseñanza en cuanto a su sufrimiento y muerte con la gloriosa confesión de su papel de Mesías. Se nota también que el sufrimiento y su papel de Mesías están en la más íntima relación con el reino de Dios (véase también vv. 19-28). Es una clara implicación de que Jesús es el Divino Mesías, el Hijo de Dios, y como tal ha de establecer un reino en el cual tendría toda la autoridad (es él mismo quien da las llaves), y que el reino se realizaría solamente a través de sus sufrimientos.

Lucas 17.25. Los fariseos preguntan acerca del tiempo de la venida del reino. Responde Jesús diciendo que el reino ya está entre ellos. Luego pone su atención en el futuro del reino, su aspecto escatológico. Antes de que venga el Hijo del Hombre, en su día (v. 24), tiene que sufrir muchas cosas y ser rechazado de esta generación (v. 25). Esto implica, sin duda, que el reino no vendría sino a través del sufrimiento del Mesías.

Tenemos, además, dos ejemplos de la enseñanza de Jesús acerca de la íntima relación entre sus sufrimientos y el reino. Estos textos pertenecen al tiempo entre su resurrección y su ascensión. El primero lo encontramos en el discurso a los hombres en el camino a Emaús. Los caminantes, sin reconocerlo, expresaban a Jesús su decepción. Andaban desalentados por el hecho de que Jesús había muerto, y agregan: «Pero esperábamos que Él era el que había de redimir a Israel...». Para ellos su sufrimiento y muerte eran prueba infalible de que no podía haber sido el verdadero Rey Mesiánico. Entonces venía la franca respuesta de Jesús, casi en forma de regaño: «O insensatos... ¿no era necesario que el Cristo padeciera?... les declaraba en todas las Escrituras lo que de Él decían...». (Lc 24.21, 25-27). El otro pasaje se encuentra en Hechos 1.3-11. En este descubrimos la íntima conexión entre: la resurrección, el reino, la gran comisión, la predicación apostólica, y el regreso de Cristo.

Los apóstoles necesitaban bastante tiempo para aprender la relación entre la cruz y el reino. Pero aprendieron; esto es evidente en el primer sermón apostólico grabado en la Biblia, después de Pentecostés (Hch 3.18). La enseñanza del Nuevo Testamento en cuanto a la base redentora del concepto del reino está explícita. Tanto Jesús como Pablo la enseñaron.

6. *La naturaleza esencial del reino de Dios*

El reino de Dios es el gobierno o el régimen de Dios establecido en los corazones de aquellos que, por fe en Cristo y
confianza en su redención, efectuadas por el Espíritu Santo,
están ligados en una comunión espiritual caracterizada por el
hacer la voluntad de Dios.

La esencia de cualquier reino consiste en la autoridad del rey
y en la sumisión y entrega de los ciudadanos. Los ciudadanos
se someten el régimen cuya autoridad es el rey mismo. Donde haya reino, existirá una persona que tiene derecho, poder,
y autoridad de reclamar lealtad, y existirá un pueblo que le
reconoce, le rinde lealtad, y le obedece. El reino queda en pie
mientras que el rey tenga derecho y poder y mientras los súbditos reconozcan su autoridad. El rey que abdica lo hace re-
nunciando a su derecho y entregando su poder. Cuando un
rey es depuesto, lo despojan de su derecho y poder. Ni aun
en un reino terrenal son necesarios los palacios, ni rito, ni
séquito; lo que es esencial es que alguien tenga el derecho y el
poder de reclamar obediencia, y que haya un pueblo que
rinda tal obediencia.

En el fondo, el reino de Dios es asunto de la autoridad divina
sobre nuestra vida, expresada en obediencia y lealtad de nuestra parte. Su esencia es el gobierno de Dios en nuestro corazón y vida; visto desde la perspectiva divina como autoridad,
y desde la humana como obediencia y dedicación a la voluntad de Dios. En el Nuevo Testamento el concepto del reino
ocurre frecuentemente, y el término se usa en una variedad
de significados: a veces se refiere al reino de Cristo en sí;
otras veces se refiere al nuevo orden de cosas; también se
refiere al nuevo conjunto de relaciones establecidas por la
venida de Cristo; y a veces designa la esfera espiritual, inseparable del orden nuevo; asimismo designa a los ciudadanos

del reino de Dios en sentido colectivo; otras veces se ve como la suma total de todas las bendiciones, beneficios, y favores espirituales que Dios en Cristo imparte a los súbditos, y que ellos disfrutan... Pero en todos los casos el supuesto básico es que el reino de Dios es el gobierno activo de Dios en el corazón y la vida de su pueblo.

7. *El reino de Dios es una realidad presente y una esperanza futura*
La teología modernista protestante presenta al reino como una realidad actual que está en la historia y en ningún sentido más allá de la historia. Para estos teólogos no existe un reino escatológico. Al rechazar el sobrenaturalismo cristiano, el carácter escatológico del reino queda también rechazado.

Por otro lado, por lo general, muchos pensadores cristianos que normalmente abogan por posturas conservadores en la teología piensan en el reino como exclusivamente escatológico. Dicen que no podemos hablar de una realidad presente del reino, ya que no existe actualmente en el mundo. La iglesia está en la historia actualmente, pero el reino no vendrá mientras que no regrese Cristo. Aunque el reino estaba «cerca» en tiempos de Jesús, está todavía en suspenso. (Esta enseñanza se nota especialmente en la Biblia anotada de Scofield; particularmente en la nota sobre 1 Corintios 15.24.) Ninguno de estos dos conceptos —ni el modernista ni el de Scofield— nos parece aceptable a la luz de un cuidadoso estudio de la Escritura.

No necesitamos utilizar mucho espacio para probar que el punto de vista de los teólogos modernistas está equivocado en cuanto a creen que el reino no tenga aspecto escatológico. Por mucha que sea la evidencia bíblica no les impresionaría por la sencilla razón de que el modernista no reconoce la autoridad de las Escrituras. Pero para los que aceptan la autoridad bíblica, citamos los siguientes pasajes: Mateo 25.34; Marcos 9.47; 1 Corintios 15.50; Gálatas 5.21; 2 Timoteo 4.18; 2 Pedro 1.11. También podemos mencionar las parábolas del reino escatológico de Mateo 25. La razón por la cual los modernistas no toman en cuenta estos pasajes es porque ellos dicen que todo aspecto escatológico del Nuevo Testamento es un mero residuo de un punto de vista anticuado. Para ellos el reino no es más que una fuerza presente en la sociedad humana.

Nosotros, ya que aceptamos la autoridad de la Biblia, no tenemos problema en aceptar la idea de que el reino es, a la vez, escatológico y presente. Es aquella fuerza sobrenatural en la historia que llegará a su consumación última en la propia historia a través del poder divino sobrenatural que la trasciende. Por eso debe ser tanto presente como futuro. Opera, y ha operado por siglos, en la sociedad humana. Su etapa final, la etapa escatológica, empezará con la segunda venida de Cristo, cuando el reinado de Dios será perfecto, o sea, cuando los hombres harán perfectamente la voluntad de Dios. Debemos detenernos un poco más para considerar la realidad presente del reino hoy en día. Es de suma importancia para lo que estamos estudiando ahora, es decir, el significado del reino como un ideal ético. Además, aunque tenemos supuestos en común con los otros que hacen su teología en base a las Escrituras, algunos de ellos niegan esta enseñanza. Ellos aceptan la autoridad de las Escrituras, por esto debemos convencerlos con las mismas Escrituras que el reino sí tiene un aspecto presente.

El reino es escatológico, pero no está limitado al futuro sino que es actual, y es una realidad presente, como veremos de un gran número de citas bíblicas. No emplearemos los textos que hablan del reino como estando cerca, o acercándose, o que se ha acercado; esto no es porque no sirvan de prueba, sino porque el punto de vista peculiar de cada grupo implicaría un estudio de los distintos enfoques previo a una consideración estos textos. Los siguientes pasajes, sin embargo, ofrecen prueba conclusiva de que el reino es una realidad presente.

Mateo 12.28 (Lc 11.20). Aquí Jesús dice que el reino de Dios ha llegado a sus contemporáneos. Debe ser un reino presente. El verbo *efthasen* es un aoristo que puede interpretarse solamente en tiempo pasado. Thayer traduce: «El reino ha llegado antes de lo que esperaban»; *fthano* significa anticipo (véase al léxico). El reino les había anticipado o prevenido. Obviamente el significado del texto es el de echar demonios por el Espíritu Santo (como ellos mismos presenciaron) es evidencia de la presencia del reino de Dios. Jesús, pues, explícitamente enseña en este pasaje que el reino era una realidad en su día.

Mateo 6.10. La petición para la venida del reino, en el padrenuestro, no puede referirse a algo que está exclusivamente en el futuro muy remoto, menos cuando se reflexiona que tal futuro tendría que ser tan remoto que hasta ahora, después de casi dos mil años, todavía es futuro. Además, se nota que todas las otras peticiones del padrenuestro se refieren a realidades presentes. Sin duda la petición «que se haga tu voluntad como en el cielo así en la tierra» debe tomarse como epexegética[1] (de la petición «que venga tu reino»).

---

1 Explicativa, en aposición, casi como si dijera «Venga tu reino, o sea, hágase tu voluntad ... así también en la tierra».

Mateo 6.36. Aquí Jesús ordena que sus discípulos busquen primero el reino. Pero no les sería posible buscar el reino primero si no fuera una realidad presente.

Mateo 11.11,12. Aquí Jesús dice que a pesar de la grandeza única de Juan el Bautista, el que es más pequeño en el reino de los cielos es mayor que él. La idea es que será mucho más glorioso el estar actualmente en el reino que vino con Jesús, que ser meramente el heraldo de su venida, como lo fue Juan. Claramente esto implica que el reino estaba presente en el tiempo que hablaba Jesús estas palabras. Se implica la misma cosa en lo que decía posteriormente, que unos intentaban tomar el reino por fuerza, es decir, meterse en el por presión. Esto hacían las gentes, «desde los días de Juan el Bautista hasta ahora». El reino entonces era una realidad presente.

Mateo 23.23. Aquí Jesús hace la doble acusación contra los escribas y fariseos de que ellos mismos no entran en el reino ni dejan entrar a los que quieren entrar. Ciertamente, se podía decir esto solo si el reino estaba presente entre ellos.

Lucas 17.20,21. Aquí Jesús contesta la pregunta sobre cuándo vendrá el reino, y dice: «He aquí el reino de Dios está entre vosotros». Si se traduce *entos humoon* «dentro de vosotros» o «entre vosotros» la diferencia no es mucha. «Entre vosotros» es preferible porque ¿acaso diría Jesús a los fariseos que el reino estuviera dentro de ellos? Además, la pregunta que buscaba respuesta no era ¿dónde? sino ¿cuándo? Pero, cualquiera traducción que aceptemos, de todos modos el reino era una realidad presente en el día de Jesús. Las parábolas de Jesús vienen al caso; en ellas el reino se representa como un proceso, un crecimiento gradual, en el cual el principio operativo ha estado funcionando dentro del mundo desde que se comenzó a predicar el evangelio. Algunas de estas parábolas son las siguientes: del sembrador, de la cizaña, del grano de mostaza, y de la levadura (todas en Mateo 13), y también la de la semilla que crece en secreto (Mr 4.26-29). Un comentarista dice: «Tales parábolas hubieran sido completamente incomprensibles a todos los que no vieron, en este humilde y despreciado Nazareno, la venida del reino». Debemos notar, también, la valiosa interpretación que Jesús mismo da a la parábola de la cizaña (Mt 13.37-43). Aquí el término «reino» claramente tiene implicaciones escatológicas en el versículo 43.

Es muy evidente, en todos estos pasajes, que el Nuevo Testamento exhibe el reino como una realidad presente y espiritual, operativa en el mundo desde la venida de Cristo. El reino de Dios está establecido, en principio, en los corazones de los creyentes desde la venida de nuestro Salvador.

Antes de que empecemos a considerar las implicaciones éticas del reino, vamos a resumir lo que hemos dicho en este capítulo hasta este punto:

El reino de Dios es esencialmente el mando de Dios por Cristo, y el régimen espiritual en el cual su dominio prevalece. Es el reino de Dios, pero Jesús, el Rey Mesiánico, tiene un papel único en él. Después de haber anunciado la venida del reino, y habiendo descrito sus características durante su ministerio, Jesús echa los fundamentos del mismo en su obra redentora y mediadora, en sus sufrimientos sacrificiales, en su muerte redentora, y en su resurrección. Luego encomendó a sus discípulos la tarea de establecer el reino en la tierra; esto a la hora de su ascensión. Desde Pentecostés, el reino está progresivamente estableciéndose, por la predicación del evangelio, en los corazones y las vidas de los hombres. Como Rey celestial, Cristo guía y dirige la realización histórica del reino a través de las edades, y lo conduce a su consumación triunfante en su segunda venida. Entonces el reino vendrá en su forma perfecta y completa. La petición del padrenuestro pasará a su cumplimiento final y completo: «Venga tu reino: hágase tu voluntad, como en el cielo así también en la tierra».

PREGUNTAS PARA REFLEXIONAR

1. De acuerdo con el autor, ¿cuál es el otro componente de la ética cristiana? [¿Cómo se relaciona esto al concepto de la gloria de Dios a los componentes mencionados por el autor?]

2. Lea las siguientes porciones de las Escrituras: Juan 3.1-21; 4.1-42; 5.24-25; 6.47; 11.1-46; Romanos 3.9—4.8; Gálatas 3—5; Efesios 2.8-10; Colosenses 1.9-23; 2.1—4.6. Entonces compare la enseñanza de estos textos con los conceptos de Kant y Ritchl. Escriba un párrafo conciso, preciso y sencillo que explique la diferencia entre los pensamientos de estos dos hombres y la enseñanza del Nuevo Testamento.

3. Realice un estudio inductivo de los siguientes pasajes y explique de manera concisa y precisa lo que dicen acerca de cómo comprender la naturaleza del reino de Dios: Génesis 12.1-3; 13.14-18; 15.1-20; Isaías 2.1-4; 4.2-6; 9.6-7; 11.1-10; 35.1-2; Daniel 2.1-45; 4.34-37; 7.9-28; Zacarías 14; Mateo 19.27-30; 25.31; Lucas 19.11-27; 22.14-30; Hechos 1.1-8; Romanos 11.25-27; 14.14-18; 1 Corintios 4.14-21; Efesios 1.3-23; Colosenses 1.9-20; 2 Tesalonicenses 1.3—2.17; Apocalipsis 19—22.

4. Como preparación para escribir su propia perspectiva acerca de la ética escriba puntos de acuerdo y/o desacuerdo con el contenido del capítulo y áreas que requieran más lectura, investigación y reflexión.

CAPÍTULO 8

EL IDEAL MORAL CRISTIANO: PROMOVER EL REINO DE DIOS

Ya hemos visto algo de lo que la Biblia enseña acerca del reino de Dios. Ahora nos preguntamos: ¿qué tiene que ver esto con la ética? ¿Puede el reino de Dios ser el ideal moral cristiano?

A la luz de todo lo que se ha dicho sobre el asunto no debe ser difícil contestar la pregunta de si el reino de Dios es o no es un ideal ético.

Sí, lo es.

Los que dicen que el reino no está presente en ningún sentido, excepto futuro y escatológico, ellos niegan esto. Formulan su argumento de esta manera: Dios traerá el reino y lo hará catastróficamente, en un tiempo futuro, de manera sobrenatural. Ahora bien, si el reino no es más que esto, no puede en ningún sentido constituirse en ideal moral para el cristiano, porque no hay nada que el cristiano pueda hacer al respecto. Solamente Dios, en ese caso, sería el único que actuaría en el establecimiento del reino, y el hombre no tendría ningún papel en promover esta empresa.

Pero hemos mostrado que este concepto del reino (como exclusivamente escatológico) no está en armonía con la enseñanza de las Escrituras. El establecimiento del reino es, ciertamente, obra de Dios, pero se realiza en los creyentes, por medio de ellos

y a través de su actividad. De esta manera la realización del reino de Dios se constituye en ideal moral para el cristiano.

Podemos ver el reino bajo distintos aspectos. El reino, visto desde la perspectiva de su fundamento objetivo y redentor, no es objeto del esfuerzo moral. Fue fundado por Cristo en su redención que tuvo lugar una vez para siempre en la historia, y en ningún sentido es resultado de la actividad del creyente. El reino, visto en el aspecto de su consumación última, es decir, en su aspecto escatológico, tampoco es producto del esfuerzo moral. La consumación última es la obra directa de Dios, en y por Cristo. Tendrá lugar en el futuro, se realizará sobrenaturalmente, y no será resultado de una concertada actividad del ser humano.

Pero entre su fundamento histórico objetivo y la última consumación escatológica, está lo que podemos llamar su existencia subjetiva, la realización concreta y progresiva del reino en la historia humana. Y esta fase del reino tiene que ver con nosotros como creyentes del nuevo Testamento. Esta es la fase del reino en que vivimos. Y, en este sentido, el reino es un objetivo auténtico del esfuerzo moral de cada creyente. El reino (decimos contra el modernista) es celestial, divino, sobrenatural en su origen, en su carácter esencial, y en su destino último; pero (y esto lo decimos contra el dispensacionalista) está establecido en la tierra, ha entrado en la sociedad humana y en la historia, y se realiza por hombres movidos por Dios. Su pueblo coopera con Dios en el establecimiento del reino.

Tenemos que investigar lo que implica para el creyente el promover la realización del reino. La cuestión central de la que nos ocupamos en este capítulo es, ¿qué específicamente está involucrado en la idea de «promover la realización del reino de Dios» como el ideal moral cristiano?

En general podemos decir que la realización del reino de Dios, como ideal moral para los cristianos, equivale a hacer que la perfecta voluntad de Dios sea cada vez más efectiva en nuestra vida, en la vida de otros, y en todas las relaciones y esferas de la sociedad humana. Daremos una exposición más completa de esto.

El reino de Dios se realiza, en y por nosotros, de las siguientes maneras:

1. *Por una sumisión voluntaria y consciente a Dios y por una entrega creciente de nuestra vida personal, como cristianos redimidos, a su perfecta voluntad expresada en las Escrituras.*

No se puede promover el reino de Dios en la sociedad humana sin que lo promovamos en nuestra propia vida y en el corazón de cada uno. El reino tiene ineludibles implicaciones sociales, pero es primeramente personal e individual.

Podemos, pues, promover la realización del reino cuando desarrollamos progresivamente en nuestra vida todas las gracias y virtudes del carácter cristiano en armonía con el Evangelio. Nos hacemos semejantes a Cristo en el hacer la voluntad del padre (Mt 7.21; Jn 4.34). Aquí el concepto de justicia

—y/o rectitud—tiene un lugar significativo. El significado ético de este concepto ya lo hemos considerado en su connotación antiguo-testamentaria. Pero este concepto no es exclusivamente del Antiguo Testamento. Jesús lo usa en Mateo 6.33 en estrecha conexión con el reino: «Mas buscad primeramente el reino de Dios y su justicia.»

Si se cumple perfectamente la voluntad de Dios en su reino, la marca característica de los ciudadanos del reino será justicia. Es decir, la característica normal de los ciudadanos del reino es aquella cualidad de corresponder a la voluntad de Dios. La justicia es el «vestido de bodas» sin el cual nadie puede participar en el reino de Dios. Esta justicia, o rectitud, es la disposición interior que está en el fondo de todos los actos cristianos. Este concepto de justicia es uno de los temas sobresalientes del Sermón del Monte. En las bienaventuranzas Jesús mismo dice de los que practican las virtudes cristianas, que son bienaventurados y que de ellos es el reino de los cielos. Pablo dice que la esencia del reino es justicia, y paz, y gozo en el Espíritu Santo (Ro 14.17).

2. *Proclamando el evangelio de redención en Cristo e impulsando su aceptación entre los perdidos, o sea, por la evangelización. Si el reino de Dios es un ideal moral, entonces la evangelización es un deber ético. Es una obligación ética de todo ciudadano del reino.*

La manera más importante en que podemos ser instrumentos para la realización y la promoción del reino es comunicando el Evangelio. El cristianismo es la religión que tiene un mensaje, el mensaje de redención. El reino no se establece por esfuerzo moral, ni aun por el cultivo de la ética, ni por el mejoramiento del hombre, ni por aliviar las condiciones sociales según el concepto modernista, sobre todo si este concepto procede del supuesto de la bondad innata del hombre y su capacidad de redimirse a sí mismo. Este concepto no concuerda ni con la Biblia ni con la experiencia cristiana. El pecado es una realidad terrenal y rige en el corazón de todos mientras que no sean redimidos por Cristo y regenerados por el Espíritu. El pecado es fundamentalmente rebelión contra Dios, nuestro Rey; es el negarse a hacer su voluntad. El corazón humano necesita un cambio radical, y el único (pero suficiente) instrumento que tenemos para esto es el Evangelio. No promovemos el reino de Dios meramente despertando las posibilidades latentes en el hombre, o alentando lo bueno que pudiera haber en él. Tampoco basta el desarrollo de sus capacidades innatas, ni aun las mejores. «Arrepentíos y creed el Evangelio» era el mensaje de Jesús (Mr 1.15), y debe ser el nuestro. Un cambio de corazón es menester para cada persona (Jn 3.3-5). El Evangelio sí es ético, pero primeramente es redentor. No puede ser ético mientras no sea entendido como redentor. El arrepentimiento es efectuado solamente por la Palabra, por la predicación de ella (Ro 10.8-15,17). Como cristianos nuestra tarea ética es la de llevar esa Palabra a todo el mundo.

3. *Promoviendo el establecimiento de la fraternidad de los redimidos en Cristo.*

Una de las formas más comunes de predicar el reino hoy día es la de presentarlo como un ideal de fraternidad universal basado en la supuesta paternidad general de Dios. Hay teólogos que insisten en presentar esta doctrina de la supuesta paternidad general de Dios y fraternidad universal del hombre como si fuera una enseñanza del Nuevo Testamento. Predican esto como si fuera lo central de todas las enseñanzas éticas de Jesús. Presentan el reino de Dios como un orden de cosas en el cual todos los hombres reconocen la divina paternidad general y practican, en todas las relaciones de la vida, la fraternidad universal. Hacen uso del Nuevo Testamento para presentar su doctrina. Los términos del Nuevo Testamento, como Padre, hermano, hijo, fraternal, etc., reciben una interpretación humanista y universalista. Un maestro de ellos dijo que todos los que son hombres mortales pertenecen al reino de los cielos, y que la tarea evangélica era la de avisarles de ello.

Este concepto del reino es una distorsión de la enseñanza del Nuevo Testamento. El Nuevo Testamento enseña tres tipos distintos de la paternidad divina. En el sentido ontológico, Dios es el Padre del Señor Jesucristo, la primera persona de la Trinidad. También, por virtud de su creación, es el Padre de todas las criaturas racionales. Mantiene con ellas una relación especial, basada en la Ley, aun la escrita en su corazón (Ro 1.14-15), y tendrán que rendir cuentas, serán llevadas a juicio. Pero, de manera completamente distinta de la paternidad de la creación, es la paternidad de la redención, por la cual solamente los creyentes, los redimidos, los adoptados en Cristo, son hijos (Ro 8.14-17; Gl 4.5-6).

El primer concepto no tiene nada que ver con nuestra consideración ahora. El segundo y tercero tienen importancia ética. El Nuevo Testamento reconoce el segundo (que Dios es Padre por haber creado la creación) pero le da muy poca prominencia. Al contrario, la paternidad sobre todos los creyentes, los redimidos, en razón de la redención de Cristo, es una de las enseñanzas más sobresalientes del Nuevo Testamento. La terminología de esta paternidad y de la fraternidad resultante, se aplica en el Nuevo Testamento, solamente a los creyentes en su relación con Dios, y entre ellos mismos. Sin embargo, sin tomar en cuenta el contexto en que se encuentran, los modernistas aplican estos términos a toda la humanidad. Tergiversan los textos que hablan del amor fraternal para interpretarlos en el sentido del amor fraternal universal, como si fuese inspirado por el ejemplo de Jesús.

No es difícil probar que el Nuevo Testamento no enseña una paternidad general de Dios ni una fraternidad universal del hombre. La enseñanza novotestamentaria no es universalista sino particularista. 1 Juan 3.1 claramente enseña que el ser hijo no es una relación de la naturaleza, ni de la creación, sino un privilegio otorgado por gracia: un caso de adopción en Cristo. En este pasaje los hijos de Dios están en contraste con «el mundo», que no conoce al Padre. En Juan 1.12 y Romanos 8.14 encontramos la clara enseñanza de que el creyente es hijo de Dios y hermano de los demás creyentes sobre la base de la redención en Cristo. Es una mala interpretación del Nuevo Testamento aplicar los términos «nuestro Padre» y «vuestro Padre», términos muy usados por Jesús, a la paternidad de la creación. Los capítulos 15 y 17 del Evangelio de Juan, que frecuentemente son objeto de interpretación universalista por los modernistas, no enseñan una paternidad general de Dios, ni una fraternidad universal del hombre. Debemos nacer de nuevo para entrar en la familia de Dios; es necesario que seamos regenerados por Dios, si hemos de ser adoptados hijos de Dios. Estas son meramente algunas de las indicaciones bíblicas que afirman el carácter particularista y redentor de la paternidad de Dios y la fraternidad del creyente. A la vez, el Nuevo Testamento claramente enseña lo que es la verdadera fraternidad, y la verdadera paternidad.

De vez en vez, algunos teólogos quieren presentar el argumento como si la dispensación del Nuevo Testamento enseñara un universalismo en contraste con el particularismo del Antiguo Testamento. Esta también es una interpretación incorrecta del Nuevo Testamento, porque el universalismo del Nuevo Testamento no se identifica como la paternidad general de Dios ni la fraternidad universal de los hombres. Lo que se hace es oponerse al particularismo judaico, que limitaba la salvación a la raza judía. El universalismo, que Pablo tanto recalca, es la repudiación del nacionalismo. La salvación no se limita a una nación, a una raza, a un sexo, o a la condición de libertad o esclavitud. El Evangelio es para todos los hombres, no meramente para los judíos. Los apóstoles necesitaban tiempo para aprender el correcto universalismo, y Pablo fue el primero en aprenderlo. Pero, este universalismo nada tiene que ver con el universalismo modernista de una paternidad general de Dios y una fraternidad universal del hombre. Según el universalismo del Nuevo Testamento la oferta de la salvación debe predicarse a todos, pero la cuestión de que si uno está en el reino o no depende de la presencia de fe en la redención efectuada por Jesucristo. En el sentido del Nuevo Testamento, Dios es Padre solamente de sus hijos, y la única manera de ser hijo de Dios es naciendo de Dios, por la regeneración que viene de arriba.

4. *Haciendo que la voluntad de Dios (es decir, los principios y el Espíritu de Cristo) sea progresivamente eficaz en todas las relaciones humanas en cada esfera de la sociedad.*
Es cierto que la ciudadanía en el reino empieza con la regeneración del individuo, pero no termina aquí. El reino tiene implicaciones y aplicaciones sociales. El Evangelio no es solamente una promesa de la vida venidera sino también tiene que ver con la vida actual. El Evangelio debe penetrar en toda la sociedad humana. Esto se puede hacer solamente por medio de la persona regenerada, como instrumento en el desarrollo del reino.

El cristiano no tiene derecho de relegar la vida social a las fuerzas del mal. El que está verdaderamente regenerado, tiene que expresar su vida nueva en todas las relaciones de la vida. También nuestras relaciones sociales deben ser gobernadas por la voluntad de Dios. La influencia del creyente regenerado se extiende más allá del círculo inmediato, hacia toda la sociedad humana, y esto en gran medida se debe a la operación de la vida nueva en nuestras relaciones. No puede ser una expresión de la bondad (gracia) común, sino de la gracia soberana.

Cada cristiano tiene que promover el reino de Dios, tiene que hacer la voluntad de Dios en cada esfera de la actividad humana: en las relaciones familiares y en la actividad en la iglesia; en la vida civil y en la política; en el comercio y en los negocios; en trabajar y en administrar; en la educación y en la erudición; en el arte y en la cultura.

¿Cómo puede uno alcanzar esto en esta vida? Ello es tema para otro curso, pero algo podemos decir aquí sobre ello. Tiene que ver con la relación del creyente consigo mismo, en su relación con Dios.

5. *Desarrollándose como ciudadano en el reino de Dios.*
El creyente tiene la obligación ética de contemplarse siempre en relación con Dios y definirse en estos términos. El creyente se identifica como ciudadano del reino de Dios, ya que nuestro ciudadanía está en los cielos (Flp 3.20). El concepto que tiene de sí mismo es el de ser ciudadano de este pueblo que debe su existencia a la redención. Siendo ciudadano, el cristiano sabe quien es.

Por su creación a la imagen de Dios, por ser restaurado en la redención, y por ser una nueva creación en Cristo, el ciudadano tiene capacidades y habilidades que debe desarrollar.

Esto no es la «autorrealización» de los filósofos, aunque superficialmente se asemeja a ella. Más bien, es llevar a su fruición las posibilidades y oportunidades que tiene, como ciudadano del reino de los cielos. El concepto que uno tiene de sí mismo afecta mucho nuestro comportamiento. El que va al estadio considerándose espectador, o policía o jugador en el partido de fútbol que está por realizarse tiene una conducta de acuerdo con el conocimiento que tiene de sí mismo. El papel que jugamos en el mundo que habitamos se determina por el conocimiento que tenemos de nosotros mismos como ciudadanos del reino de Dios.

Tenemos que desarrollar las capacidades intelectuales en función de esta ciudadanía. Tenemos que penetrar en todas las esferas y en todos los estratos de nuestra cultura. Tenemos que jugar papeles importantes en la sociedad, en función de promover el reino de Dios. Por eso, tenemos que estudiar de acuerdo con las oportunidades que tengamos, y buscarlas si no se nos presentan fácilmente. Tenemos que estudiar medicina, filosofía, contabilidad, arte, ingeniería, derecho, administración de empresas, historia, literatura, computación, teología, sociología, y también carpintería, plomería, mecánica, albañilería, etc., etc. También las amas de casa hacen su trabajo como ciudadanas del reino. No hay campo legítimo en la actividad humana que no debamos reclamar, como ciudadanos del reino, para nuestro Rey.

Tenemos que tomarnos en serio, y desarrollarnos como ciudadanos del reino de Cristo. Este no es tema simplemente de otro libro u otro curso, mejor dicho, es tema para la vida de los que salen de este curso.

PREGUNTAS PARA REFLEXIONAR

1. ¿Qué perspectiva adopta el autor acerca de la paternidad de Dios Padre en contraste con aquella de los modernistas? ¿Qué implicaciones tiene esta perspectiva para la evangelización, la ética y el concepto que el creyente tiene de sí mismo? ¿De qué manera Juan 1.12 contribuye a la comprensión de este tema?

2. ¿Cómo enfoca el autor el papel del creyente en el contexto de la cultura en la cual se encuentra?

3. Basándose en la respuesta que dio en la pregunta anterior, escriba por lo menos tres maneras específicas y realizables en las cuales usted y/o su iglesia pueden impactar su vecindario, ciudad, país, y cultura contemporánea.

4. Como preparación para escribir su propia perspectiva acerca de la ética escriba puntos de acuerdo y/o desacuerdo con el contenido del capítulo y áreas que requieran más lectura, investigación y reflexión.

Ética cristiana en un mundo postmoderno

James P. Eckman

CAPÍTULO 1

ÉTICA:
UNA INTRODUCCIÓN

En el mundo moderno, los términos ética y moralidad son virtualmente sinónimos. Francamente, es comprensible que la gente se confunda, pensando que estos dos términos son intercambiables. Pero no es correcto. De la historia aprendemos que las dos palabras tienen significados distintos. Ética viene de la palabra griega *ethos*, que significa un «establo» para caballos, un lugar de estabilidad y permanencia. La palabra moralidad viene de la palabra latina *moralis*, que describe la conducta cambiante de la sociedad.

La ética es normativa, absoluta. Se refiere a un conjunto de normas que orientan nuestras vidas y definen nuestros deberes y obligaciones. Produce los imperativos que establecen las pautas aceptables de conducta. Es lo que la gente debe hacer. En contraste, la moralidad trata de lo que la gente hace. Describe lo que ya están haciendo, frecuentemente sin relación con pautas absolutas.[1]

Ahora vemos el problema de la condición humana moderna. Cuando se confunde y se mezcla la ética y la moralidad, el resultado es que la corriente cultural establece las normas. Las «normas» se vuelven relativas y cambiantes. Lo que es habitual se convierte en lo absoluto. Las normas absolutas son consumidas por la naturaleza fluctuante de la cultura. El relativismo triunfa sobre lo absoluto.

Allí está la cultura moderna hoy. Determinamos las pautas de conducta humana por las estadísticas, como el informe de Kinsey sobre la sexualidad humana. Por ejemplo, las estadísticas de este informe demuestran que el adulterio y la homosexualidad, conductas condenadas en la Biblia, son prácticas comunes. Por lo tanto, ya que esta conducta es muy común, se convierte en la norma para la sociedad, y así también la pauta ética. La ética se convierte en algo relativo, un conjunto de conductas cambiantes que determinan nuestro deber y nuestra obligación. Así nada es absoluto y nada es para siempre. Lo que la sociedad creía definido no lo es. Es tan fluctuante como la corriente de un río.

Pero la Biblia no permite nada de esto. La convicción profunda del cristiano es que Dios existe y que él se ha revelado. Esa revelación es verbal y proposicional; está en la Biblia. Esa revelación contiene las reglas de conducta arraigadas en el carácter de Dios y en su voluntad. Él sabe lo que es mejor para nosotros porque nos ha creado y nos ha redimido. Por lo tanto, su revelación verbal contiene la norma absoluta sobre la cual fundamentamos nuestra vida, y construimos nuestros deberes y obligaciones hacia la familia, la iglesia, y el estado.

Para Dios, la ética no es un conjunto de principios fluctuantes. Es un conjunto de absolutos que reflejan su carácter y definen el deber humano. Él quiere que lo amemos y que amemos a nuestro prójimo como a nosotros mismos. Este mandato doble es un ejemplo poderoso de nuestro deber hacia Dios y hacia el hombre. Son imperativos para todo ser humano. Constituyen una ventana sobrenatural para ver lo que es bueno, correcto, justo, y perfecto. Como ha argüido Erwin Lutzer, «Debemos estar dispuestos a poner de lado temporalmente la pregunta acerca de cuáles son las acciones que son buenas o malas, para concentrarnos en una pregunta más básica: ¿qué hace que una acción sea buena o mala?»[2] Por eso Dios tiene el derecho de decir, «Sed santos porque Yo soy santo». Él, el Creador, fija las pautas para medir toda conducta.

¿POR QUÉ ESTUDIAR LA ÉTICA?

Hay varias razones para estudiar la ética. Cada una es válida por sí sola, pero están relacionadas entre sí. Las razones que ofrezco aquí no son todas. Más bien ofrecen evidencia convincente de que hace mucha falta estudiar la ética en la iglesia. Pocos cristianos saben analizar problemas importantes que están dividiendo nuestra sociedad. Al contrario, frecuentemente están sentados en la orilla del partido, permitiendo que los no creyentes dominen las discusiones acerca del aborto, la sexualidad humana, el rol del estado, la guerra, y el medio ambiente. Pocos parecen estar preparados para defender los principios absolutos de la Palabra de Dios. Este libro proporciona un comienzo, para que pensemos y actuemos de acuerdo con la revelación de Dios. Capacita a los creyentes a hablar la verdad ética en la sociedad actual.

La primera razón para estudiar la ética es que la cultura occidental ha abandonado cualquier marco absoluto para su pensamiento acerca de normas éticas. Un ejemplo claro de esto es la bioética. La tecnología médica está avanzando tan rápidamente que las consideraciones éticas han sido descuidadas para favorecer las consideraciones prácticas. ¡Pero eso no es correcto! ¿Cómo debemos pensar acerca del uso de órganos de animales en los seres humanos? ¿Debemos poner el corazón de un mandril en un ser humano? ¿Debemos usar tejido animal en los seres humanos? ¿Debemos usar las células de un bebé sin cerebro en un ser humano? ¿Debemos usar la fertilización *in vitro* para ayudar a parejas estériles a tener un bebé? ¿Debemos clonar a seres humanos? ¿Debemos usar la tecnología para seleccionar el género de un bebé? Todas estas maniobras médicas ya se están practicando, o por lo menos se podrían practicar. ¿La Biblia dice algo acerca de estos asuntos? Como se demuestra en otros capítulos de este libro, la Biblia se dirige a estas preguntas, y provee un conjunto de normas y principios para guiarnos en estas difíciles decisiones. Los cristianos debemos estar involucrados en el debate acerca de la bioética. (Ver el capítulo 6)

2 Una segunda razón se enfoca en el hecho de que tantas preguntas éticas son como una «pendiente resbalosa». Considere el asunto del aborto. En 1973, cuando la corte suprema de los Estados Unidos decidió que una mujer podría tener un aborto, basado en el derecho a privacidad implicado en la constitución, nadie se dio cuenta de que esta doctrina sería tan poderosa. Este derecho implicado puso el asunto del aborto en otra perspectiva. Ahora la cultura ya no se concentra en los derechos del bebé; al contrario, todo el debate se enfoca en los derechos de la mujer, excluyendo totalmente los derechos del bebé. (Vea el capítulo 4.)

La misma lógica ahora influye en el debate acerca de la eutanasia. La discusión está enfocada en el derecho de la persona de morir con dignidad. El suicidio asistido por el médico está permitido en algunos estados, usando el argumento del derecho implicado a la privacidad, tal como lo usaron anteriormente para permitir el aborto. Una persona que está enferma y ya no desea vivir, basado en el derecho a la privacidad, puede recibir ayuda de un médico para suicidarse. (Vea el capítulo 5.)

Los asuntos éticos se alimentan el uno del otro. La lógica de un debate se utiliza para orientar la discusión acerca de otro asunto. Los cristianos debemos entender este proceso, porque si no lo entendemos, no tendremos ningún impacto en los debates acerca de la vida que están hirviendo en nuestra sociedad. La discusión ética es una pendiente resbalosa, sin la revelación divina. Esto explica por qué algo que una vez era inimaginable llega a ser discutible, y pronto es aceptado por la sociedad. Debemos reconocer este hecho de que la ética humanista es una pendiente resbalosa. En tercer lugar, los cristianos debemos entender la naturaleza integrada de los asuntos éticos. Muchos cristianos no saben usar su Biblia para analizar los asuntos éticos contemporáneos. Para muchos, la Biblia no es relevante. Pero esta situación no puede continuar así. Los cristianos debemos aprender a pensar bíblicamente y cristianamente acerca de asuntos éticos.

La Biblia es la Palabra de Dios. En 2 Timoteo, Pablo arguye que la Biblia nos prepara para toda buena obra y que es útil para corregir, redargüir, y para instruir en justicia (3.16,17). Obviamente, es necesario estudiar la Palabra para tomar decisiones éticas. La Palabra de Dios proporciona el enfoque de Dios acerca de la vida, y sus normas absolutas. No se puede simplemente suponer que el bebé que está creciendo en el vientre de la madre no tiene valor para Dios. Si él es el Creador, como la Biblia dice, entonces la vida tiene un valor infinito para él. Los seres humanos, sin discutir sus derechos, no tienen permiso para destruir la vida. Al hacerlo, se viola una de las normas absolutas de Dios, arraigada en su carácter. Este proceso de discernir la mente de Dios sobre un asunto, desarrollar un principio de ello, y llegar a una posición ética, es el proceso defendido en este libro. La Biblia no es irrelevante para la ética. Al contrario, es el meollo de la ética.

En cuarto lugar, muchos cristianos saben cuál es su posición en ciertos asuntos éticos, pero no saben defender su posición. Este libro da una defensa bíblica para cada posición presentada. Por ejemplo, la mayoría de cristianos creen que la homosexualidad es algo malo. Eso es un juicio ético. Pero ¿por qué es malo? No ayuda mucho decir simplemente, «La Biblia dice que es malo». Sería mejor defensa volver a las raíces de la creencia acerca de la sexualidad humana que están en la ordenanza de Dios en la creación.

Dios creó la humanidad en dos clases grandes —masculina y femenina. En Génesis 2, él aclara que su diseño es que el hombre y la mujer se casen y que sean «una sola carne». Esto resuelve el problema de la soledad y del aislamiento que experimentaba Adán. Eva, el regalo de Dios para el hombre, sirve como su pareja espiritual en igualdad de condiciones (los dos son su imagen, Génesis 1.26-27), pero también sirve como su complemento. Esta relación complementaria define la base de la sexualidad humana, porque los hombres y las mujeres gobiernan la creación como mayordomos, y pueblan su planeta. La humanidad sexual se relaciona con la esencia de la responsabilidad humana —la de gobernar la creación juntos como una unidad complementaria; hombre y mujer juntos (Génesis 1.26 ss.). Cuando Pablo y Jesús hablan del matrimonio o de la sexualidad humana, cada uno vuelve a esta ordenanza de la creación (Mateo 19; 1 Corintios 7). Aquí vemos el ideal de Dios para la relación sexual humana, y no hay lugar para la homosexualidad en esta ordenanza. (Vea capítulo 7).

Decisiones éticas son parte de la vida diaria. Los cristianos debemos no solamente saber lo que creemos, sino también saber explicar por qué lo creemos. Este libro da a los cristianos un recurso para definir la ética como normas absolutas que resultan en un deber apropiado y una obligación hacia Dios y al prójimo. El próximo capítulo repasa las opciones éticas para los cristianos, defendiendo la posición de absolutos éticos como la única opción bíblica.

PREGUNTAS PARA REFLEXIONAR

1. Resuma la diferencia entre moralidad y ética.

2. ¿Cuál es el resultado de la confusión entre la ética y la moralidad?

3. ¿Cómo impacta la revelación de Dios nuestro enfoque de la ética como absoluta?

4. Mencione y explique brevemente las cuatro razones para estudiar la ética.

Capítulo 2

OPCIONES ÉTICAS PARA EL CRISTIANO

La tesis de este libro es que la ética debe tener sus raíces en la proposición de que existen los absolutos éticos. Esos absolutos están fundados en la ley moral que Dios ha revelado en su Palabra. Uno puede acercarse a Dios y su revelación puede ser comprensible a través del análisis intelectual. Esta afirmación es únicamente cristiana y es clave para aceptar absolutos éticos. Pero antes de examinar esta ley moral absoluta, debemos analizar la inclinación de nuestra sociedad actual hacia el relativismo. Esto es necesario porque los sistemas éticos relativistas son guías morales inadecuadas. ¿Por qué?

El relativismo cultural

Considere la opción del relativismo cultural. Este punto de vista arguye que cualquier cosa aprobada por un grupo cultural es correcta; lo que no sea aprobado por el grupo es incorrecto. Ya que no hay principios fijos para guiar el desarrollo de códigos morales, la cultura determina lo que es bueno y malo. Cada cultura desarrolla sus propias normas morales, y ninguna otra cultura tiene el derecho de juzgar el sistema de valores de otra cultura.

Considere las consecuencias del relativismo cultural. La existencia de normas culturales variadas no se puede negar. Si estas diferencias culturales deben existir o si todos los enfoques culturales deben ser iguales es algo que tiene que ser decidido por otro método. Tiene que existir algo trascendente para resolver estas diferencias culturales. Además, si la cultura determina la validez de conducta moral, no podemos condenar ninguna acción aceptada dentro de su propia cultura. Por ejemplo, los nazis estaban actuando de acuerdo con su propio enfoque cultural. Ellos creían que los judíos eran una amenaza a su raza aria perfecta. Por lo tanto, era lógicamente consecuente con sus normas culturales tratar de purificar la civilización europea de todos los judíos. Siguiendo el relativismo cultural, ¿se puede condenar el nazismo?

Los resultados recientes en la educación superior indican otra consecuencia del relativismo cultural. Algunos estudiantes no están dispuestos a oponerse a atrocidades morales grandes (incluyendo el sacrificio humano, la purificación étnica, y la esclavitud), porque piensan que nadie tiene el derecho de criticar las convicciones morales de otro grupo u otra cultura. El profesor Robert Simon, quien ha estado enseñando filosofía durante veinte años en Hamilton College en Clinton, New York, indica que sus alumnos reconocen que ocurrió el holocausto, pero no pueden decir que fue incorrecto matar a millones de personas. Entre 10% y 20% deploran lo que han hecho los nazis, pero su desaprobación se expresa como un asunto de preferencia personal, y no de juicio moral. Un estudiante dijo a Simon, «Por supuesto que no me gustan los nazis, pero ¿quién puede decir que están equivocados?»

Otro profesor, Kay Haugaard, de Pasadena College en California, escribió acerca de una estudiante de literatura que dijo acerca del sacrificio humano, «Realmente no sé. Si era una religión que tenía mucho tiempo...» Haugaard estaba asombrado que su estudiante no pudiera emitir un juicio moral. «Esta estudiante era una mujer que había escrito apasionadamente acerca de salvar a las ballenas, acerca de su preocupación por los bosques nativos, y acerca del rescate y cuidado de un perro extraviado».[3]

El relativismo cultural también puede llevar al relativismo individual. La verdad en este mundo postmoderno está relegada al individuo o al grupo. Lo que sea verdad para uno no es necesariamente la verdad para otro. Las verdades de cada grupo son igualmente válidas, porque están basadas en una perspectiva personal. El resultado de esta situación absurda me recuerda del libro de los Jueces —«Cada uno hacía lo que bien le parecía» (17.6). El relativismo cultural lleva a la anarquía social y ética.

Finalmente, el relativismo cultural promueve una inconsecuencia inaceptable. Negando la existencia de todos los absolutos morales, el sistema quiere proclamar su propio absoluto —¡la cultura![4] El argumento del relativista ético se puede resumir en tres proposiciones:

Lo que se puede considerar moralmente bueno o malo varía entre una sociedad y otra, de modo que no hay normas morales universales sostenidas por todas las sociedades.

El hecho de que sea correcto que un individuo actúe de cierta manera depende de, o es relativo a, la sociedad a la cual pertenece.

Por lo tanto, no hay normas morales absolutas que se apliquen a toda la gente en todo lugar y en todo tiempo.[5]

La falacia de hacer que la cultura sea el absoluto se expone en el momento que el pecado entra en la discusión. Ya que el pecado es rebelión en contra de Dios, no se puede esperar consistencia entre las normas morales en las variadas culturas, a pesar de la condenación universal del asesinato y el incesto, por ejemplo. La lucha para aplicar incluso estas normas en contra del asesinato y el incesto es más evidencia de que la humanidad necesita ser redimida. No hace inválidos los absolutos éticos revelados en la Palabra de Dios.

LA ÉTICA SITUACIONAL

Otra opción es la ética situacional, popularizada por Joseph Fletcher.[6] El meollo de su argumento se centra en negar principios morales absolutos, porque se ponen por encima de las personas. El único absoluto que se puede afirmar es el amor. Pero ¿cómo se define este amor universal? Para Fletcher, hay que definirlo en un sentido utilitario. Cualquier acción que produce más placer y menos dolor, el mayor beneficio para la mayor cantidad de personas, es un acto de «amor». En otras palabras, como sugiere Lutzer, el fin justifica los medios.[7] En su concepto utilitario del «amor», el adulterio o la mentira se puede justificar.

En el mundo de Fletcher, si un marido está casado con una mujer discapacitada, sería un acto de amor tener una relación adúltera con otra mujer, porque no puede satisfacer sus necesidades con su esposa. También un aborto es justificable, porque un bebé que no fue deseado ni planificado no debe nacer. Es un acto de amor tener un aborto en tales situaciones. Pero esto no se puede defender bíblicamente, porque ¿quién decide lo que es un acto de «amor»? ¿Quién decide cuál es la definición de «beneficio mayor»? Volvemos a un subjetivismo en que cada persona decide lo que es su propia definición del «bien» y del «amor».

EL CONDUCTISMO

Una tercera opción ética es un producto de la psicología conductista. Esta posición sostiene que sea a través de la genética o del medio ambiente, los seres humanos son producto de fuerzas más allá de su control. Por lo tanto, los valores morales y los asuntos éticos son simplemente el producto de la estructura genética o de factores del medio ambiente. El resultado es que las personas no son responsables por su conducta personal. Uno de los representantes mayores del conductismo fue B. F. Skinner, psicólogo famoso de Harvard.[8] Después de trabajar con palomas, Skinner creía que podría modificar la conducta de cualquier ser humano. Arguyó que la ética está basada enteramente en las respuestas a los factores determinantes del medio ambiente. La libertad humana y la dignidad son conceptos anticuados que debemos descartar si la raza humana aspira a sobrevivir. Utilizando las técnicas manipuladoras y determinantes que son centrales para el conductismo, Skinner sostenía que «el hombre todavía no ha descubierto lo que el hombre puede hacer para el hombre». Debemos estar dispuestos a abandonar la libertad humana y deshacernos de la dignidad humana para que la raza humana pueda sobrevivir.

La Biblia no permite nada de eso, más bien hace resonar claramente la proposición de que los seres humanos somos responsables por nuestras acciones (Romanos 1—3). Aunque es un factor, el medio ambiente no explica totalmente las acciones de una persona. Excusar las acciones de alguien como un producto exclusivamente de su ambiente va en contra de la doctrina bíblica del pecado. Los humanos, porque están en rebelión contra Dios, son culpables del pecado y necesitan la redención. Nadie puede pararse delante de Dios, dando una explicación conductista para justificar su pecado.

UNA DEFENSA DE ABSOLUTOS ÉTICOS

Erwin Lutzer propone este argumento convincente: «Si el naturalismo es falso y el teísmo es verdad, entonces Dios es responsable por todo lo que existe, y la revelación es posible. Y si la

203

revelación es posible, entonces normas absolutas son posibles, si Dios desea darlas a conocer».[9]

Entonces la pregunta es, ¿Dios ha elegido darlas a conocer? La respuesta rotunda es que sí. Él ha decidido revelarse en su Hijo (Hebreos 1.1-4), en su creación (Salmo 19; Romanos 1.18ss.), y en su Palabra (Salmo 119.2; 2 Timoteo 3.16; 2 Pedro 1.21). Sabemos del Hijo por la Palabra. Estas verdades proposicionales forman la base para los absolutos éticos.

¿Cuáles son estas verdades proposicionales que constituyen la base ética para el cristiano?

1. La revelación moral de Dios en su Palabra es una expresión de su propia naturaleza. Él es santo, y por lo tanto, insiste en que sus criaturas humanas también tengan esa característica. Si no, resulta en juicio. He aquí la necesidad de la expiación sustitutiva. Al apropiarse de esa obra expiatoria por fe, el ser humano es considerado santo, y por lo tanto aceptado por Dios. Lo mismo se puede decir acerca de las normas éticas acerca de la verdad, la belleza, el amor, la vida, y la sexualidad.

2. El sistema moral y ético de Dios consiste en más que una conformidad externa con su código moral; se centra en la conformidad con asuntos interiores de motivación y actitudes personales. La enseñanza de Jesús en el Sermón del Monte destaca este punto. La norma ética de prohibir el adulterio involucra más que un simple acto externo; involucra codiciar a otra mujer en el corazón (Mateo 5.27,28). La norma ética de prohibir el asesinato involucra más que el acto externo; involucra evitar la amargura, el odio, y el enojo en el corazón (Mateo 5.21,22).

3. Dios provee los criterios absolutos para determinar el valor de los seres humanos. Otros criterios como lo físico, económico, mental, y sociocultural no son adecuados para determinar el valor del ser humano pues son arbitrarios y relativos. Por ejemplo, Francis Crick, el biólogo ganador del premio Nobel, ha promovido leyes en que los bebés recién nacidos no serían considerados legalmente vivos hasta tener dos días de vida, y hasta ser clasificados con buena salud por examinadores médicos. El ex-senador Charles Persy de Illinois arguyó que el aborto es un buen negocio para el que paga impuestos, porque es mucho más barato que la ayuda social del gobierno. Winston L. Duke, un físico nuclear, afirma que la razón debe definir a un ser humano como alguien que demuestra conciencia de sí mismo, voluntad, y racionalidad. Por lo tanto, algunos hombres que no manifiestan estas cualidades no son seres humanos. Finalmente, Ashley Montagu, antropólogo británico, cree que un bebé no es humano al nacer. Al contrario, nace con la capacidad de llegar a ser humano al ser moldeado por las influencias sociales y culturales.[10]

Dios creó a los seres humanos a su imagen (Génesis 1.26ss.) y estableció sus criterios absolutos para determinar el valor de los seres humanos. Ser la imagen de Dios significa que los seres humanos son semejantes a Dios. Los humanos poseen la conciencia de sí mismos, voluntad propia, y responsabilidad moral, tal como Dios. Lo que perdieron los humanos en la caída (Génesis 3) fue la justicia, la santidad, y el conocimiento, los cuales son renovados en el cristiano al ser conformado a la imagen de Cristo. La teología llama a estos atributos comunicables (por ejemplo, el amor, la santidad, la misericordia, etc.), ya que pueden estar presentes en los humanos. Ser hechos a su imagen también significa que los seres humanos representamos a Dios. El propósito de Dios al crear a los humanos es funcional (Génesis 1.26,27). Los humanos tienen la responsabilidad de dominar sobre la creación, fructificar, y multiplicarse. Los humanos representan a Dios como mayordomos de toda la creación. Este concepto se enfatiza en Génesis 2, y se repite en Salmo 8 y 110. El hombre es vicesoberano sobre la creación, con el poder para controlar, regular, y frenar su potencial. La caída no abolió esta mayordomía. Al contrario, Satanás es el usurpador y enemigo del hombre en este rol de dominio. El hombre vive sin armonía consigo mismo y con la naturaleza. Creado para gobernar, el hombre encuentra que la corona ha caído de su cabeza.[11]

Como proponía Francis Schaeffer, «A diferencia del concepto evolutivo de un comienzo impersonal más tiempo más casualidad, la Biblia nos da un relato del origen del hombre como una persona finita hecha a la imagen de Dios...»[12] Los humanos tenemos personalidad, dignidad, y valor, y somos maravillosamente únicos. A diferencia del enfoque naturalista, en que no hay diferencia cualitativa entre el hombre y otras formas de vida, la Biblia declara el valor infinito de todo ser humano. Esta proposición forma la base para examinar todos los asuntos éticos relacionados con la vida, y provee el fundamento para los cristianos inmersos en una cultura cada vez más pagana, de manera que puedan defender el enfoque divino acerca de los seres humanos.

PREGUNTAS PARA REFLEXIONAR

1. Defina las siguientes opciones éticas y haga un análisis crítico.
    *   Relativismo cultural / ético
    *   La ética situacional
    *   Conductismo

2. ¿Cómo se relaciona con los absolutos éticos la proposición de que Dios se ha revelado?

3. ¿Qué podemos decir acerca de las normas de Dios con respecto a lo siguiente?
   - Las dimensiones externas e internas de la conducta ética/moral
   - El valor que Dios da a la vida humana
   - El concepto de la imagen de Dios
   - El concepto de una persona creada

4. ¿Cuál es la base para decir que los humanos son de valor infinito para Dios? Explique.

CAPÍTULO 3

¿CÓMO DEBE UN CRISTIANO RELACIONARSE CON LA CULTURA?

La Biblia advierte en contra de la «mundanalidad» y de las consecuencias devastadoras de seguir la corriente del mundo y no a Cristo (Santiago 4). Del Antiguo Testamento vemos que los hijos de Dios se metieron en problemas serios cuando imitaban a sus vecinos paganos, trayendo sus altares y sus imágenes al templo. Sin embargo, los cristianos debemos estar en el mundo, sin ser del mundo (Juan 17.14-18). Los cristianos hemos sido removidos del poder del mundo al ser convertidos (Gálatas 6.14), y como la cruz ha establecido una separación judicial entre los creyentes y el mundo, los cristianos somos ciudadanos de un reino nuevo (Filipenses 3.20). La Biblia nos desanima a separarnos físicamente de la gente del mundo de manera absoluta (1 Corintios 5.9,10), y nos instruye a testificar al mundo (Juan 17.18); pero nos dice que debemos mantenernos alejados de la influencia del mundo (Santiago 1.27; 1 Corintios 7.31; Romanos 12.2; 1 Juan 2.15). ¿Cómo resolveremos esta tensión?

Esta pregunta tiene profunda importancia para los que creemos en absolutos éticos. En una cultura que es cada vez más pagana y relativista, es esencial saber comunicar el cristianismo a la cultura. ¿Debemos separarnos de la cultura y vivir aislados? ¿Debemos tratar de acomodarnos a la cultura e influir en sus instituciones y en sus valores desde adentro? ¿O debemos tratar de transformar la cultura, buscando controlar sus instituciones y reclamarlas para Cristo? Hay ejemplos históricos para cada posición, y hay ejemplos actuales en nuestro mundo hoy. La meta de este capítulo es examinar cada modelo y evaluarlos bíblicamente.[13]

EL MODELO DE LA SEPARACIÓN

El modelo separatista de nuestra relación con la cultura arguye que los cristianos debemos retirarnos de cualquier participación en el mundo. Hay una antítesis entre el reino de Dios y el reino de este mundo, y la decisión es clara —retirarse. Ejemplos bíblicos claros son Noé (a quién Dios sacó de la cultura antes de destruirla), Abram (llamado a separarse de Mesopotamia pagana), y Moisés (llamado a separarse de Egipto). El Nuevo Testamento apoya esta convicción con versículos como Mateo 6.24 («Nadie puede servir a dos señores...»), 1 Pedro 2.11, y 1 Juan 2.15. Según este modelo, la iglesia de Jesucristo es una corriente en contra de la cultura que vive según los principios del reino. No tendrá nada que ver con el mundo.

Un ejemplo histórico de este modelo es la iglesia antes del decreto de Constantino en 313 A.D. Durante ese período, la iglesia rehusó servir en el ejército romano, rehusó participar en el entretenimiento pagano, y rehusó postrarse delante del César como Señor. Fue antagonista y separada de la cultura, pero de alguna forma trató de ganarla para Cristo.

Otro ejemplo histórico es el movimiento anabaptista, expresado en varios grupos menonitas y amish del siglo dieciséis, muchos de los cuales continúan hoy. Para ellos hay una antítesis absoluta entre el reino de Dios y este mundo. Esto obliga a rechazar el concepto de iglesia-estado —el centro revolucionario de su enfoque del mundo. La iglesia, según su perspectiva, es una asociación libre de creyentes; no hay una iglesia «establecida» del estado. La libertad religiosa, la no-resistencia, frecuentemente el pacifismo, y el rehusar hacer votos y juramentos son las cosas que separan a estas comunidades del mundo. Aislados y separados, el servicio social establece y desarrolla el reino de Dios en esta tierra.

Un ejemplo histórico final es el movimiento de las comunidades cristianas, nacido en la década de 1960, fecha en la que aparecieron comunidades cristianas en muchos lugares en los Estados Unidos y en Europa. En contra de la cultura, estos grupos creían que la iglesia había sido secularizada sin remedio. Por lo tanto, los cristianos debían volver al libro de Hechos donde compartían los recursos, el estilo de vida era simple, y los creyentes eran obviamente separados de la cultura hostil. Este camino alternativo, arraigado en una separación radical, llevaría a la iglesia a volver a sus raíces y a experimentar un avivamiento.

¿Qué debemos pensar del modelo separatista? En una cultura que es cada vez más pagana y antagonista, hay bastante de este modelo que es atractivo. El modelo pone énfasis en el hecho de que el cristianismo no es de este mundo, y llama a la gente a reconocer que «este mundo no es mi hogar». Después de todo, Jesús rechazó radicalmente el *status quo* de su cultura, y murió como resultado. Aun así, este modelo tiene peligros serios que nos obligan a rechazarlo como una opción viable.

Hay tres peligros en este modelo. Primero, la separación rápidamente lleva a un ascetismo, un estilo de vida de negación propia, que termina en una negación de la bondad de la creación de Dios. De la declaración de Génesis 1 que todo es «bueno», hasta la afirmación fuerte de Pablo de que todo lo creado por

Dios es bueno y no debe ser rechazado (1 Timoteo 4.4), la Biblia condena toda tendencia al ascetismo que niega lo bueno innato de la creación. Segundo, este modelo fácilmente produce una dicotomía sagrado/secular. Para el creyente, la Biblia claramente rechaza una división de la vida entre cosas sagradas y cosas seculares. Para el cristiano, todo es sagrado. Pablo escribe en 1 Corintios 10.31 que el creyente debe «hacerlo todo para la gloria de Dios». Finalmente, este modelo puede llevar a retirarse totalmente de la cultura, algo claramente condenado en la Biblia. En 1 Corintios 5.9-11, Pablo reprende a los corintios por entender mal sus instrucciones acerca de la disciplina de un hermano descarriado. Dice que entendieron incorrectamente su enseñanza, pensando que no debían asociarse con los pecadores. Pero la única forma de hacer eso sería morir, y eso no es lo que Pablo había dicho. Así, el modelo separatista es inadecuado para el creyente.

El modelo de la identificación

Acomodación a la cultura es la palabra clave para este modelo; vivir tanto en el reino de Dios como en el mundo. Dios opera en el mundo, tanto a través del estado como a través de la iglesia. El creyente, por lo tanto, tiene un compromiso doble, con la iglesia y con el estado. Identificarse con, participar en, y trabajar con todas las instituciones culturales (negocios, gobierno, leyes) es parte del mandato para el cristiano. Los cristianos debemos vivir tanto en el reino de Dios como en el reino de este mundo.

Hay abundantes ejemplos bíblicos de este modelo también. José llegó a una posición alta en Egipto, sirviendo como una especie de primer ministro (Génesis 41.41-43). De manera similar, Daniel tenía roles importantes políticos y de asesoría en los imperios de Babilonia y de Persia (Daniel 6.1-4). Jesús se identificó con el mundo, comiendo y bebiendo con los cobradores de impuestos y diversos pecadores. Obviamente Él no se separó del mundo, porque era amigo con Nicodemo y se relacionaba con oficiales clave en el ejército romano (como el centurión). Finalmente el libro de Hechos narra acerca de los apóstoles con el eunuco etíope y con Cornelio, otro oficial romano. Pablo en Romanos 13.1-7 explica que el estado es claramente una esfera de la obra de Dios.

Ejemplos históricos son también numerosos. Después del decreto de Constantino en 313, la dinámica entre el estado y la iglesia cambió. Él restauró la propiedad de la iglesia. Los obispos llegaron a ser iguales con los oficiales romanos. Con el tiempo, la iglesia llegó a ser rica y poderosa. El cristianismo era popular, «de moda» en el imperio. Resultó en indiferencia. Su poder llegó a ser político, y durante la edad media (500-1500 A.D.) ganó un prestigio grande y un dominio inmenso. Incluso, durante el papado de Inocente III (temprano en el siglo 13), la iglesia gobernaba Europa occidental.

Otro ejemplo es la religión moderna civil, que ve la nación-estado como algo ordenado por Dios para cumplir una misión redentora. Para líderes religiosos norteamericanos como Jonathan Edwards, Charles Finney, y Lyman Beecher, Dios había elegido a los Estados Unidos para ser el salvador del mundo, un pueblo elegido para lograr propósitos redentores para toda la humanidad. El reino de Dios, sostenían, vendría primero a los Estados Unidos, y después se extendería al resto del mundo. El concepto del Destino Manifiesto, que definía la política norteamericana durante el período antes de la guerra civil, veía a las instituciones como perfectas y destinadas por Dios a ser extendidas por toda América del Norte. Tal pensamiento tenía su origen en la religión civil y explica en parte la guerra entre Estados Unidos y México (1846-1848) y otras formas de expansionismo. Argumentos similares se pueden hacer acerca del expansionismo en la última parte del siglo diecinueve, especialmente la guerra entre España y Estados Unidos en 1898.

Al evaluar el modelo de identificación, vemos que sus puntos fuertes son claros. Pone énfasis en el hecho de que vivimos la vida cristiana en este mundo. Hay mucho de este mundo que podemos abrazar y que debemos abrazar, porque es bueno. Este modelo llama a la gente a reconocer el hecho de que hay cosas importantes y buenas en este mundo ahora. También afirma que Dios está obrando en y a través de instituciones culturales como el estado, el comercio, y las artes. Un cristiano puede encontrar e identificar los beneficios en cada una de estas instituciones.

Sin embargo, sus puntos débiles son obvios también. El peligro principal es que puede llevarnos a ser indiferentes, ciegos a la influencia de la maldad en las instituciones culturales. Cualquiera que está en la política sabe que es una gran prueba de fe trabajar en ella. La maldad y la presión de comprometer las convicciones están siempre presentes. Este modelo también puede llevarnos a aceptar ingenuamente las prácticas y actitudes de la cultura. Especialmente en las democracias donde el gobierno de la mayoría es tan importante, la presión de aceptar lo que dicen las encuestas públicas es una tentación. Donde hay más cristianos que se identifican con las instituciones, más influencia tienen las instituciones sobre los cristianos. La sociedad contemporánea es más permisiva que la del pasado, y la comunidad evangélica está siendo afectada por esa permisividad.

Finalmente, este modelo puede causar una pérdida del rol profético de la iglesia. La iglesia puede «casarse» con la cultura. Un ejemplo desastroso es la iglesia en la Alemania nazi. Estaba gritando, «¡Mejor Hitler que Stalin!», y abrazó ingenuamente el estado de Hitler como algo que les convenía. Lo mismo sucedió en la cultura norteamericana, especialmente justificando la guerra con México, y también aspectos de la guerra con España. Este modelo tiene el peligro, entonces, de producir una especie de cristianismo blando y complaciente.

EL MODELO DE LA TRANSFORMACIÓN

Este modelo toma el poder transformador de Cristo y lo aplica a la cultura. A pesar de la naturaleza caída de la humanidad y el castigo subsiguiente de la creación, la muerte de Jesús, su entierro, y su resurrección quitaron la maldición sobre el hombre y la cultura. Ahora hay esperanza, tanto para el hombre como para la creación, de ser liberado de la esclavitud al pecado. Esto es el corazón de la esperanza de Israel en la restauración del mundo (Isaías 65), y es la base del enfoque neotestamentario en la obra redentora de Cristo (Romanos 5.12-21). Romanos 8.19-22 pone el énfasis en la restauración de toda la creación de la maldición del pecado. Esta esperanza es fácilmente traducida a un optimismo con respecto a la transformación de la cultura.

Los ejemplos históricos de este modelo están centrados en la obra transformadora del evangelio en áreas geográficas. Durante la Reforma, la Ginebra de Juan Calvino reflejó este poder transformador. Calvino enseñó el señorío total de Cristo, diciendo que se extendía al estado y a la economía. Por lo tanto, el gobierno de Ginebra experimentó una reforma radical y persiguió la justicia al hacer y al cumplir sus leyes. El trabajo para Calvino y Ginebra era una vocación ordenada por Dios, cualquiera sea su naturaleza específica. La ciudad, por lo tanto, experimentó una transformación económica increíble también. Un proceso de cambio semejante caracterizó la colonia de la bahía de Massachussets en los años 1600 en los Estados Unidos. Todos los aspectos de la cultura puritana se conformaban a la revelación de Dios. Fue una transformación cultural completa.

Hay mucho que podemos afirmar en este modelo. Reconoce el poder del evangelio para cambiar tanto a los individuos como su cultura. Es obvio según el sentido común que, cuando una persona confía en Cristo, su estilo de vida y su cultura cambiarán. No hay nada en la cultura que esté ajeno al impacto del evangelio. Además, este modelo llama a los cristianos a reconocer su responsabilidad en trabajar hacia el día en que el reino de Dios venga a esta tierra y reine la justicia (Amós 5.15,24).

Hay, sin embargo, varios problemas con este modelo. El transformista puede pasar por alto la naturaleza radical de la devastación del pecado. Los humanos seguimos esclavizados al pecado, y aún los cristianos luchamos diariamente con su poder. Las Escrituras abundan con advertencias acerca de la sutileza y el poder de los enemigos en el mundo, de la carne, y del diablo. Además, el modelo de transformación puede promover un optimismo no-bíblico, casi utópico. La Biblia rechaza tal optimismo, aparte del retorno de Cristo. Los humanos, aunque sean regenerados por fe, siempre lucharán con el pecado, y solamente cuando vuelva Jesús será completa la victoria sobre el mal. El modelo de transformación también debe ser rechazado.

EL MODELO DE LA ENCARNACIÓN

Robert Webber[14] propone una síntesis de los tres modelos para los creyentes. Su propuesta sigue el modelo de Jesús, porque él se separó de la maldad de su cultura, se identificó con sus instituciones y su gente, pero buscó su transformación desde adentro hacia fuera. Cuando agregó la humanidad a su deidad, Jesús se identificó con el mundo en su orden social, es decir, con la gente y sus costumbres. En forma semejante, la iglesia debe hacer lo mismo. En el fondo, este es el corazón de la admonición de que debemos estar en el mundo pero no pertenecer al mundo. Cristo se separó de las distorsiones malvadas de este mundo caído. No tenía nada que ver con el uso distorsionado de las riquezas, de la posición social, o del poder político. Finalmente, en su muerte, su entierro, y en su resurrección, rompió el poder del pecado y de Satanás, garantizando la transformación del mundo cuando vuelva en su gloria y poder. De manera similar, la iglesia debe mover las instituciones de la cultura hacia una justicia genuina bíblica, mientras espera su obra transformadora final cuando vuelva.

¿Cómo vive el creyente de acuerdo con el modelo de la encarnación? Primero, el cristiano siempre vive con una tensión, la tensión entre lo que se puede transformar y lo que debe evitar. Por ejemplo, hay muchas estructuras buenas en la cultura —el arte, la economía, deportes, vocaciones— pero siempre existen las distorsiones malvadas de esas estructuras buenas —la pornografía, la avaricia, exceso de trabajo, idolatría. El cristiano debe identificarse con las buenas estructuras y buscar su transformación, pero también debe separarse de esas distorsiones pecaminosas. Segundo, no hay ninguna fórmula simple para vivir con esta tensión o para resolverla. Encontrar la respuesta bíblica para cada pregunta práctica no es siempre posible. Al aplicar los principios bíblicos a la situación de cada uno puede producir juicios considerablemente diferentes. La responsabilidad del creyente es conocer la Palabra de Dios, conocer la mente de Cristo, y escoger una acción que mejor represente la voluntad de Dios.

¿Cuáles son algunos ejemplos de esta tensión? Al tratar de identificarse con las estructuras culturales, mientras se separa de sus distorsiones pecaminosas, ¿un cristiano debe tener un televisor? ¿Debe escuchar música secular? ¿Debe reparar sus medias rotas o botarlas en la basura? Obviamente, los creyentes tendrán distintas respuestas, y la manera en que cada uno contesta estas preguntas representa la variedad de expresiones dentro de la iglesia cristiana. La manera en que los cristianos resuelven personalmente esta tensión debe producir una tolerancia bíblica sana, una actitud de agradecimiento por las múltiples expresiones del cristianismo. No es fácil resolver la tensión entre el identificarse con las instituciones y estructuras de la cultura y el separarse de las distorsiones de cada una. Algunos cristianos elegirán no tener un televisor, no escuchar música secular, y botar sus medias viejas en vez de repararlas. La capacidad de aceptar el hecho de que no estén de acuerdo evita un legalismo enfermizo y produce un diálogo sano acerca de cómo vivir en una cultura no cristiana.

Los cristianos debemos siempre reconciliar la tensión entre identificarse con las instituciones culturales, separarse de las distorsiones pecaminosas, y buscar una transformación de la cultura. Cómo vivimos con esa tensión es una marca de madurez espiritual.

PREGUNTAS PARA REFLEXIONAR

1. Resuma la enseñanza bíblica acerca del mundo y la relación del cristiano con él.

2. Defina la esencia de cada uno de los modelos siguientes de la relación del cristiano con el mundo. Presente una justificación bíblica para cada uno también.
   • El modelo de la separación
   • El modelo de la identificación
   • El modelo de la transformación

3. Resuma los puntos fuertes y los puntos débiles de cada modelo.

4. Robert Webber sugiere una síntesis de los tres modelos, llamándolo el modelo de la encarnación. Explique lo que quiere decir.

5. ¿Qué quiere decir el autor cuando analiza las tensiones entre la identificación con las instituciones y estructuras culturales y la separación de las distorsiones pecaminosas? ¿Cuáles son algunos de los principios que nos ofrece para ayudarnos a resolver esta tensión?

Capítulo 4

EL ABORTO

La crisis del aborto en la civilización norteamericana ha sido llamada un holocausto moderno. ¿Será una exageración? No lo es si se mantiene un enfoque bíblico de la vida. El propósito de este capítulo es el de repasar brevemente la historia del aborto en los Estados Unidos, desarrollar un enfoque bíblico de la vida, y contestar varias preguntas con respecto al tema.

LA HISTORIA DEL ABORTO EN LOS ESTADOS UNIDOS

En una decisión de siete votos contra dos en 1973, la Corte Suprema de los Estados Unidos, en el caso de *Roe versus Wade*, dictaminó una de sus decisiones más radicales en la historia moderna. Generalmente, cuando un caso llega a la corte suprema, se le pide a la corte que dicte un juicio sobre la interpretación de la Constitución. La corte decide lo que quiere decir la constitución, y en este caso la corte tenía que decidir si los estados (en este caso fue el estado de Missouri) pueden restringir el derecho de la mujer de tener un aborto. La corte no pudo citar ninguna parte de la constitución que estableciera el derecho de tener un aborto, tampoco pudo encontrar ese derecho en las diez primeras enmiendas a la constitución (llamadas *Bill of Rights*). Por lo tanto, la corte sentó un precedente que no apelaba directamente a la constitución, declarando que hay un derecho implicado de privacidad en la constitución, y así, sobre esta base, estableció el derecho de la mujer de tener un aborto.

En su decisión, la corte estipuló que el aborto podía ocurrir hasta el punto de la «viabilidad» (cuando el bebé podía vivir fuera del vientre), pero no definió cuando sucedía eso. La corte también estipuló que la salud de la madre debe ser un factor en la definición de la viabilidad, pero no definió este concepto de la «salud de la madre». El resultado es que en los Estados Unidos ahora existe una de las leyes más liberales acerca del aborto en todo el mundo. En la práctica, el aborto se realiza cuando uno quiera. El aborto es una forma de control de natalidad. Como sea la situación del embarazo, si una mujer puede encontrar a un médico o una clínica que la apoye, está garantizado el aborto.

La corte arguyó que el peso de la historia estaba a favor del aborto. La idea de que la vida comienza con la concepción es una idea moderna y debe ser rechazada, sostenía. ¿Por qué? Porque como no hay consenso en la comunidad médica o entre teólogos o filósofos acerca de cuándo comienza la vida, la corte tampoco quiso decidir. El peso del argumento de la corte realmente descansaba sobre la proposición de que el feto inviable deriva su significado solamente del deseo de la madre de dar a luz a su bebé. En otras palabras, los derechos de la madre son establecidos, excluyendo totalmente los derechos del bebé.

Hoy en día, la sociedad norteamericana tolera varios tipos de aborto:

- El aborto terapéutico —cuando la terminación del embarazo es necesario por la salud de la madre.

- El aborto psiquiátrico —por el bien de la salud mental de la madre.
- El aborto eugenésico —para prevenir el nacimiento de niños deformados o retardados.
- El aborto social —por razones económicas, especialmente relacionadas con las necesidades financieras de la familia.
- El aborto ético —en el caso de violación o incesto.

Otra vez, el resultado es una sociedad en que el aborto está disponible para cualquiera que lo desee en ese momento. Aunque es desagradable, es importante repasar los métodos de aborto practicados en los Estados Unidos. Cada método resulta en la muerte de un ser humano:

- El método de dilatación y legrado (D y L) —Practicado temprano en el embarazo, el cirujano corta el feto y la placenta en pedazos y son removidos del vientre.
- El método de succión —El cirujano saca el feto del vientre con un tubo de succión fuerte, matando al bebé.
- El método salino —Durante las últimas semanas del embarazo, el cirujano inyecta una solución salina a través del abdomen de la madre, envenenando al bebé en aproximadamente una hora. Después de veinticuatro horas, da a luz al bebé muerto.
- El aborto químico —Esto es un desarrollo más reciente, y normalmente involucra la administración de una droga (por ejemplo RU486) a la madre que causa que ella aborte el óvulo recién fertilizado. Este es el método más problemático porque no involucra ningún procedimiento médico, sino solamente la administración de una pastilla. Hay efectos secundarios serios, pero la investigación en el aborto probablemente se está concentrando en solucionar estos.

- El aborto de parto parcial —Este término significa «un aborto en que la persona que realiza el aborto saca el feto parcialmente por la vagina antes de matar al feto y terminar el parto».[15]

UN ENFOQUE BÍBLICO DE LA VIDA PRENATAL

En el año 1973, la corte suprema tenía razón: No hay consenso acerca de cuándo comienza la vida. La revelación de Dios en la Biblia, no obstante, ha hablado acerca de este tema. Una investigación cuidadosa de su Palabra revela que Dios considera la vida en el vientre de infinito valor y necesitada de protección. El desafío es que en la mayoría de las áreas de la cultura —leyes, política, muchos teólogos y líderes religiosos— rehúsan someterse a la enseñanza clara de Dios acerca de la vida prenatal.

Un conjunto de versículos en la Biblia establece claramente un enfoque de la vida prenatal.

- Éxodo 21.22-24 —Lo que sea el significado de estos versículos difíciles, vemos que Dios considera que la vida en el vientre tiene gran valor. Sea por accidente o por intención, causar que una mujer pierda un bebé demanda un castigo sobre la persona que lo causó. La ley no trató en forma frívola al feto.
- Isaías 49.1,5 —Haciendo referencia al Mesías, Dios lo llamó a cumplir su misión desde el vientre. La vida prenatal es preciosa para Dios.
- Jeremías 1.5 y Lucas 1.15 —Tal como en el caso del Mesías, Dios consideraba a Jeremías y a Juan el Bautista de infinito valor desde el vientre. Incluso, llenó a Juan el

Bautista del Espíritu Santo cuando estaba en el vientre de Elisabet.

Ningún otro pasaje trata el asunto de la vida prenatal tan poderosamente y tan decididamente como el Salmo 139. En este salmo maravilloso, David repasa cuatro atributos extraordinarios de Dios —su omnisciencia, su omnipresencia, su omnipotencia, y su santidad. Al hablar de su omnipotencia, David describe el poder de Dios en la creación de la vida, que expresa con los términos de entretejerlo en el vientre de su madre Dios «formó sus entrañas» y conocía su cuerpo. Entonces en el versículo 16, dice, «Mi embrión vieron tus ojos». Así la perspectiva divina acerca de la vida es que comienza con la concepción. ¡La omnisciencia y la omnipotencia son tan maravillosas que Dios sabía todo acerca de David cuando era un embrión! Esta es la perspectiva de Dios acerca de la vida. Este es el veredicto de Dios sobre el aborto.

PREGUNTAS ÉTICAS SOBRE EL ABORTO

1. ¿El feto es un ser humano?
   En la concepción, todos los aspectos humanos, determinados por el ADN, están presentes. Genéticamente, es difícil negar que sea humano.
2. ¿El feto es una persona?
   Esta es una pregunta que se plantea más y más frecuentemente hoy. El término biológico, vida, ha sido cambiado por el término legal, persona. Esto es un cambio crítico de terminología, porque solamente las personas tienen derechos, incluyendo el derecho a la vida. Paul y John Feinberg arguyen en su libro que en el momento de la concepción los filamentos del ADN en el embrión son únicos en cada especie. Además,

aunque el feto depende de la madre, él o ella es un individuo independiente. También hay una identidad sustancial que va desde el embrión, hasta el feto viable, el infante, el niño, el adulto, y finalmente hasta el anciano.[16] El feto es una persona.

3. ¿Cómo se relacionan los derechos del feto con los derechos de la madre?

La cultura norteamericana se ha enfocado tanto en los derechos de la madre que no le da importancia a los derechos del feto. Como se ha mostrado en este capítulo, esto es incorrecto. Debe haber un equilibrio de derechos. Algunos cristianos debemos luchar por los derechos del niño que no ha nacido. Paul y John Feinberg han sugerido un punto de partida:

> Aunque es difícil, y a veces imposible, convencer a una persona pro-aborto que el feto es una persona, desde un punto de vista netamente ético todavía tiene mucho sentido exigir que la vida humana no debe ser terminada arbitrariamente, y especialmente cuando existen otras soluciones menos drásticas. Tales soluciones se deben buscar, tanto por el feto como por la madre. Una vez concebido, el feto no tiene opción excepto crecer, tal como no tuvo ninguna opción acerca del color de sus ojos o el color de su pelo. Por lo tanto, el feto no tiene remedio ni recurso. No es así con la madre, que tiene por lo menos tres alternativas al aborto. Puede ejercer su fuerza de voluntad en el inicio, absteniéndose, que no está considerado anticuado hoy en día. Tiene otra opción de usar anticonceptivos para prevenir el nacimiento de un niño. Finalmente, puede dejar que nazca el bebé y entregarlo para ser adoptado.[17]

El aborto, entonces, es una práctica inaceptable desde el punto de vista de Dios. Él considera la vida prenatal de infinito valor. Destruirla voluntariamente significa destruir algo que él considera precioso. La sociedad norteamericana puede tener el derecho legal de practicar el aborto (después de *Roe versus Wade*), pero no tiene el derecho ético delante de Dios. ¿Será un holocausto moderno? Con más de 30 millones de abortos desde 1973, es difícil opinar que no.

Preguntas para reflexionar

1. Resuma el argumento de la Corte Suprema de los Estados Unidos en la decisión del año 1973, *Roe versus Wade*. Según usted, ¿qué ignoró la corte suprema? ¿Parece que consultaron la Biblia? ¿Cómo evaluaría usted la decisión?

2. ¿Qué tipos de aborto se permiten hoy en día?

3. ¿Por qué puede ser un problema para los que se oponen al aborto las pastillas como RU486? Vaya a una biblioteca para buscar información acerca de la seguridad de estas pastillas.

4. Usando los versículos citados en este capítulo, escriba un ensayo para expresar la posición bíblica acerca del aborto, mostrando por qué está en contra de la voluntad de Dios. Asegúrese de poner énfasis en el Salmo 139.

5. ¿El feto es un ser humano? ¿Es una persona? ¿Cómo presentaría un argumento que el feto es de gran valor y debe ser protegido por ley? ¿Cómo podría defender la posición de que la vida comienza en la concepción?

CAPÍTULO 5

LA EUTANASIA

Como el aborto, la eutanasia es un asunto crítico hoy. La presión de usar la eutanasia está creciendo. En un mensaje famoso, el ex-gobernador de Colorado, Richard Lamb, dijo que los ancianos deben morir, apoyando la eutanasia, para dejar lugar para los jóvenes, que no pueden costear la ayuda médica que necesitarán. Como la gente vive más y más tiempo, y con el aumento en los costos médicos, la presión para practicar la eutanasia como solución será fuerte durante las próximas décadas. ¿Qué debemos opinar los cristianos acerca de la eutanasia, el suicidio asistido por un médico, y «la muerte con dignidad»? La opinión acerca del aborto frecuentemente da una idea de lo que será la opinión acerca de la eutanasia, porque los dos asuntos tienen que ver con el valor de la vida humana. Ya sea que la vida esté en el vientre de la madre o en el lecho de muerte a la edad de 90 años, las dos tienen infinito valor para Dios; las dos llevan su imagen.

DEFINICIÓN DE LA EUTANASIA

El término *eutanasia* viene de dos palabras griegas que significan «bien» o «buena» y «muerte». Hoy en día se asocia con lenguaje que trata de suavizar la realidad de la muerte. La «muerte con dignidad» se enfoca en establecer constitucionalmente el derecho de los humanos de morir de la manera que deseen. Normalmente el punto de referencia es la vejez, cuando los sistemas corporales están empezando a fallar. «Matar con misericordia» se refiere a tomar la vida de una persona o permitir que tome su propia vida para poner fin al sufrimiento que acompaña una cierta enfermedad o alguna condición física específica.

El concepto de la eutanasia involucra varios tipos o métodos que se usan para realizar la muerte. La *eutanasia es voluntaria o involuntaria* dependiendo de si el paciente pide la muerte o si tiene un papel activo en decidir que va a morir. *La eutanasia es activa o pasiva*, dependiendo del método usado para realizar su muerte. La eutanasia pasiva involucraría, por ejemplo, simplemente permitir que el cuerpo muriera por medios naturales, sin intervenir. La decisión de no conectar al paciente con una máquina respiradora o con un corazón artificial serían ejemplos, porque la muerte es segura. La eutanasia activa significa activamente tomar la vida de un ser querido con alguna arma, o remover el equipo que sostiene la vida del paciente, provocando la muerte. *La eutanasia directa o indirecta* tiene que ver con el rol del paciente que muere de una acción específica. El suicidio asistido por un médico, donde el médico le da al paciente el equipo o el medicamento para terminar su vida, sería un ejemplo de la eutanasia directa. El Dr. Jack Kevorkian de Michigan promueve este tipo de eutanasia. Todos los tipos están siendo practicados con cada vez mayor frecuencia.

Un enfoque cristiano de la muerte y la vida

Un creyente en Cristo tiene un enfoque de la muerte distinto al no creyente. La muerte en las Escrituras es claramente el juicio de Dios sobre el pecado. Dios dijo a Adán que si comía del árbol en el huerto, moriría. Cuando él y Eva comieron, los dos experimentaron la separación de Dios que resultó del pecado, y eventualmente también experimentaron la muerte física (Génesis 2 y 3). Por lo tanto, el pecado gana la autoridad sobre el hombre y da por resultado la separación de Dios —la muerte.

La muerte, el entierro, y la resurrección de Jesucristo dio el golpe fatal al pecado e hizo que la muerte fuera impotente en la vida del creyente. Ya que Jesús conquistó la muerte en su resurrección, el creyente no necesita temer la muerte. Aunque una persona puede morir físicamente (el alma se separa del cuerpo), no es permanente, porque tenemos la promesa de la resurrección. Así Pablo puede escribir en 1 Corintios 15.54-55, «Sorbida es la muerte en la victoria. ¿Dónde está, o muerte, tu aguijón? ¿Dónde, o sepulcro, tu victoria?»

Ante la posibilidad de la muerte, el creyente en Cristo debiera enfrentarse a ella con un dilema. Pablo nos deja ver algo de esta situación cuando escribe, «Para mí vivir es Cristo, y morir es ganancia» (Filipenses 1.21). La muerte significa estar con Jesús y terminar con todas las luchas, tanto físicas como espirituales. Aunque no se puede explicar, la muerte es la puerta a través de la cual pasa el cristiano para estar con Cristo. No hay otro camino, excepto el retorno de Cristo para buscar su iglesia, por el cual el cristiano pueda estar con Cristo. Por lo tanto, hay una constante atracción para ir al cielo, y una constante atracción para quedar y servir el Señor aquí en la tierra. La muerte está en las manos soberanas de Dios.

A la misma vez, la Biblia enseña que cada persona, creyente y no creyente, es digna de respeto. Siempre es apropiado y éticamente correcto luchar por la vida. Eso es porque el hombre y la mujer son creados a la imagen y semejanza de Dios (Génesis 1.26,27). La vida humana es sagrada (Génesis 9.1-6), y no debemos menospreciar o maldecir a nadie (Santiago 3.9,10). Tratar a un ser humano que lleva la imagen de Dios, de una manera indigna, o voluntariamente destruir la vida, o asumir una posición de autoridad por sobre la vida y la muerte de otra persona, está fuera de la voluntad de Dios. La Biblia afirma el valor intrínseco de cada ser humano, sin importar su edad o su condición. En una palabra, este es el enfoque de vida judeocristiano.

¿Cuáles son algunas implicaciones de este enfoque que da un valor muy alto a la vida? Primero, parece lógico que la vida es tan valiosa que debe ser terminada solamente cuando hay consideraciones muy extraordinarias que obligan a hacer una excepción. En Holanda, por ejemplo, el parlamento ha autorizado a los médicos a ayudar a individuos a suicidarse si están sufriendo de enfermedades terminales o de ciertos desórdenes emocionales/mentales. El Dr. Jack Kervorkian ha ayudado a 100 personas a suicidarse, algunas de las cuales estaban sufriendo de depresión clínica. Es difícil justificar tales acciones tomando en cuenta las Escrituras. Tales prácticas menosprecian la vida, tratan al ser humano como si tuviera poco valor o dignidad. En resumen, permitir la eutanasia en forma tan generalizada es crear una cultura de la muerte.

Otra implicación del enfoque judeocristiano de la vida es que define a la persona en términos biológicos. Como se defendió en el último capítulo, un ser humano es una persona cuya vida comienza al ser concebida, y no al nacer. No se define «persona» según el coeficiente intelectual, o sentido de un futuro, o capacidad de relacionarse con otros humanos, o cualquier otro criterio (veremos más acerca de estos criterios más adelante). El punto es que Dios crea la vida, define su comienzo en la concepción, y sostiene la vida. Los humanos que creemos su palabra tendremos el mismo enfoque y lucharemos siempre por la vida. Terminar la vida en una manera premeditada, como lo hace el Dr. Kevorkian, o como se hace en el suicidio asistido, viola el enfoque bíblico que otorga mucho valor a la vida.

La ética de la calidad de vida

Durante las últimas décadas en la cultura general de la civilización occidental, pero especialmente en la medicina, una nueva ética está reemplazando la ética judeocristiana expresada arriba —la ética de la calidad de vida. En el centro vital, esta nueva ética da un valor relativo, y no absoluto, a los seres humanos. Permítame citar algunos ejemplos:

- Joseph Fletcher arguye que el infanticidio (matar a infantes) y la eutanasia son aceptables porque los seres humanos tienen la obligación moral de aumentar el bienestar donde sea posible. «Todos los derechos son imperfectos», dice, «y pueden no ser tomados en cuenta si la necesidad humana lo requiere». Fletcher es un utilitario que cree que las normas morales objetivas son irrelevantes en la determinación del bien y del mal. Solamente lo que produce el mayor beneficio a la mayor cantidad de personas es correcto. Continúa, «La felicidad humana y el bienestar humano constituyen el bien mayor... y...por lo tanto, cualquier fin o cualquier propósito que se conforme a ese ideal o esa norma es justo, correcto, bueno». El suicidio y la muerte misericordiosa son aceptables según Fletcher, porque «un fin moralmente bueno puede justificar un medio relativamente malo».[18]

- Para Fletcher, para ser clasificado como ser humano, alguien tiene que cumplir con ciertos requisitos como una inteligencia mínima, un sentido del pasado y del futuro, una capacidad de relacionarse con otros, y un equilibrio entre razón y sentimientos. Por ejemplo, es cuestionable si un hombre con un coeficiente intelectual de 40 sea una persona; si el coeficiente es 20 o menos, definitivamente no es persona. Siguiendo la lógica de Fletcher, un infante, un adulto, o un anciano con una enfermedad cerebral degenerativa no cumple con estos requisitos, y así pierde el derecho a la vida.

- Michael Tooley, filósofo, previamente en la Universidad Stanford, y ahora en la Universidad de Colorado, piensa que es lamentable que la mayoría de la gente utilice términos como «persona» y «ser humano» en forma intercambiable. Las personas tienen derechos, pero no cada ser humano puede ser considerado una persona. Su regla: un organismo posee un derecho serio a la vida solamente si posee el concepto de sí mismo como un sujeto continuo de experiencias y de otros estados mentales, y cree que él mismo es una entidad continua. Para Tooley, el infanticidio se permite hasta una semana después del nacimiento. Se supone que un anciano con una enfermedad cerebral degenerativa tampoco cumpliría con sus requisitos y perdería el derecho a la vida.[19]

Esta nueva ética de la calidad de vida produce temor. Rechazando cualquier absoluto ético, este sistema huye a criterios subjetivos para definir el valor de la vida, y termina justificando tanto la eutanasia como el infanticidio. Viola cada aspecto del valor de la vida, como se expresan en el concepto de la imagen de Dios, y pone a seres humanos en el trono en lugar de Dios soberano. Usando criterios subjetivos, la ética de la calidad de vida entrega el poder a otros seres humanos para decidir quién vive y quién muere.

OTRA ALTERNATIVA: EL HOSPICIO CRISTIANO

Este capítulo ha rechazado la tendencia de la cultura actual de redefinir a la «persona» y justificar la eutanasia. No obstante, ¿qué debe hacer un cristiano cuando se le diagnostica a un ser querido una enfermedad terminal? ¿Qué se debe hacer cuando alguien tiene Alzheimer o la enfermedad Huntington? ¿Qué hacemos cuando alguien tiene cáncer doloroso, y le dan solamente unos meses o años de sufrimiento y dolor, seguido por la muerte?

No hay respuesta fácil, pero el movimiento del hospicio cristiano ofrece una alternativa sólida para cristianos hoy. A veces se le provee el cuidado para un paciente que está muriendo en un hogar especial o en su propia casa. Involucra el manejo del dolor con drogas, dando consuelo, y la provisión del servicio diario para suplir las necesidades humanas, sea lo que sea la situación. El cuidado se complementa con el ánimo espiritual de la Palabra de Dios, mezclada con oración y oportunidades de edificación, recordándoles de la bondad de Dios y de la vida eterna. La muerte no es fácil, pero como se mencionó antes en este capítulo, el cristiano mira la muerte de una manera distinta al no creyente. Las manos amorosas, comprensivas, cicatrizadas de Jesús se extienden a recibir a su hijo en su hogar celestial. El cuidado del hospicio provee una alternativa digna, honrando la creación de Dios (la vida), mientras prepara a los santos que están muriendo para recibir la promesa que les espera. Preserva la dignidad de la vida que otros que matan por «misericordia» prometen, pero que no pueden dar.

PREGUNTAS PARA REFLEXIONAR

1. ¿Qué significa el término eutanasia? Defina los varios tipos.
   * Voluntaria versus involuntaria
   * Activa versus pasiva
   * Directa versus indirecta
   * La muerte con dignidad
   * Matar con misericordia

2. Resuma el enfoque judeocristiano de la vida, y describa cómo esto se relaciona con el debate sobre la eutanasia. Resuma también cómo el cristiano ve la muerte.

3. ¿Qué es la ética de la calidad de vida? ¿Cómo se distingue del enfoque judeocristiano?

4. ¿Cómo provee el movimiento del hospicio cristiano una alternativa bíblica a la práctica actual de la eutanasia? Investigue las oportunidades en su propia comunidad para el cuidado de hospicios.

CAPÍTULO 6

LA BIOÉTICA

No hay ninguna área de la cultura que avance más rápido que la *biotecnología* y la *técnica genética*. Es tan serio que los gobiernos, cuando escriben las leyes, están rogando por pautas, direcciones y consejo para manejar estos asuntos explosivos. Por ejemplo, en al año 1977, el gobernador Ben Nelson de Nebraska, me pidió que sirviera en el comité de la tecnología de genética humana para el estado de Nebraska. Constituido para trabajar durante un año, se le encargó al comité la tarea de escribir un informe que estableciera pautas y recomendaciones en la compleja área de la tecnología de la genética humana. El gobierno federal, por ejemplo, está financiando el proyecto del genoma humano, que está haciendo un mapa de los filamentos de ADN para identificar cada gen humano y su función. Los resultados, que se esperan temprano en el tercer milenio, será información que la raza humana nunca ha poseído. Esto significa también un grado de control que la raza humana nunca ha tenido. ¿Qué haremos con esta información y este control?

Para ilustrar la importancia de pensar bíblicamente acerca de este asunto de la biotecnología, considere las siguientes situaciones y piense en cómo responder:

- Supongamos que un matrimonio cristiano que usted conoce viene a pedirle consejo. Son infértiles y comparten con usted las opciones que su médico les ha ofrecido para resolver su problema. El médico dijo que la esposa podría ser inseminada artificialmente, usando el esperma de otro hombre. Nadie sabría. El doctor también ha compartido un proceso conocido como fertilización *in vitro*, en que varios de los óvulos de la esposa serían removidos de su cuerpo, y el esperma sería provisto por el marido. En una caja de Petri, los óvulos serían fertilizados por el esperma, y el mejor sería implantado en el vientre de la esposa.

- Supongamos que otro matrimonio, también luchando con la infertilidad, busca su consejo acerca de contratar a una madre sustituta para llevar un bebé, que ha sido producido por medio de la inseminación artificial con el esperma del marido. Según el contrato, este bebé sería entregado al matrimonio cuando naciera.

- Supongamos que un matrimonio cristiano desea tener un hijo, pero sabe que si tienen un niño varón, será hemofílico. Saben también que las técnicas de selección de género aseguran que hay 95% de probabilidad que pudieran tener una niña.

- Supongamos que tiene amigos que son enanos. Les gustaría tener a hijos que fueran de altura normal, para evitar que sus hijos sufran el dolor que ellos han sufrido. Descubren un procedimiento en que un médico puede alterar los genes del feto en el útero, para asegurar que los hijos sean más altos.

Cada uno de estos escenarios o se está practicando o se podría practicar. El poder de la tecnología médica es maravilloso, pero produce miedo, porque la raza humana ahora es capaz de manipular y controlar áreas de la vida desconocidas por todas las generaciones previas. Dirección de la palabra de Dios hace mucha falta.

ENFOQUES MODERNOS DE LA HUMANIDAD

Desde la época de la Ilustración en el siglo dieciocho, el enfoque occidental de la gente ha experimentado un cambio radical. Cada vez más, los pensadores han visto al ser humano más como una máquina que como la imagen de Dios. En cada uno de los siguientes individuos o movimientos, los hombres ya no son la corona de la creación; al contrario, los humanos son productos de fuerzas impersonales más allá del control humano. Los últimos 200 años no han sido buenos para los que ven a los humanos como únicos.[20]

- Charles Darwin propuso la teoría de la evolución en sus libros, Origen de las especies (1859) y La descendencia del hombre (1872). Según la hipótesis de Darwin, los humanos somos meros productos de la misma fuerza de la selección natural que produjo todas las demás formas. No hay nada especial en los humanos según esta teoría.
- Sigmund Freud postuló que toda conducta humana es motivada consciente o inconscientemente. En muchos casos estas fuerzas son increíblemente poderosas y profundas en la subconciencia. Toda la discusión acerca del pecado y la responsabilidad humana estaba cambiando.
- Benjamín Watson y B. F. Skinner arguyeron que la conducta es todo lo que se pueda estudiar en los humanos, y que la conducta humana se puede explicar totalmente por la herencia o por el medio ambiente. El propósito o el control divino está fuera del asunto según los conductistas.

- Hoy en día, los sociólogos e historiadores enfatizan las fuerzas sociales e históricas que informan y explican virtualmente toda la conducta social humana. Dios, la teología, y el pecado humano tienen poco o nada que hacer con la conducta humana según estas explicaciones.
- Genetistas y fisiólogos enfatizan las causas genéticas y químicas de la conducta humana.

El resultado de estas perspectivas es minimizar toda responsabilidad humana y descubrir la explicación que cubre todo aspecto de conducta humana. El objetivo de cada una de estas disciplinas es encontrar una explicación comprensiva de las fuerzas —internas y externas— de la conducta humana. El corolario es que, una vez que se entiendan estas fuerzas, es posible controlar la conducta humana, ya sea para mejorarla o para eliminar los aspectos más dañinos a la raza humana.

LOS DESARROLLOS HISTÓRICOS QUE HAN PRODUCIDO UNA APERTURA A LA MANIPULACIÓN HUMANA

Otra vez, desde la Ilustración del siglo dieciocho, varios desarrollos históricos han producido una apertura en la civilización occidental hacia el control y manipulación de los seres humanos. Primero, hay un enfoque mecánico del hombre. Por ejemplo, con el transplante de órganos en la medicina, bancos de órganos donados, bancos de espermas, discusión acerca de usar órganos de cadáveres, etc., no es un paso lejano ver a los seres humanos como meras máquinas que, cuando un repuesto falla, se reemplaza con otro. Esto no es la intención de la medicina, pero el nivel de expectación es que debe haber un «repuesto» para mí. Lo que sigue naturalmente es ver al cuerpo humano como una máquina que puede seguir funcionando con el mantenimiento correcto y con los arreglos necesarios. Esto produce una apertura a la aceptación de la manipulación genética en la cultura.

Otro desarrollo es el aumento en el control humano sobre casi cada aspecto de la vida. Vivimos en edificios con el clima controlado, viajamos en vehículos con el clima controlado, podemos acceder a voluminosas cantidades de información mundial al hacer «clic» con el *mouse* de la computadora, podemos viajar a cualquier lugar del mundo en menos de un día, y vivir más tiempo que en cualquier época reciente de la historia del mundo. ¿Cuál es la razón? La tecnología. Ya que el ser humano depende de la tecnología, existe la expectación natural de que todos los problemas humanos pueden ser resueltos por la tecnología, incluyendo problemas de fertilidad, problemas de salud, y problemas emocionales.

El concepto del imperativo científico es otra causa de la apertura tecnológica moderna. Este concepto presupone que, ya que la tecnología ha hecho posible algún proceso, invento, o práctica, la civilización debe utilizarlo. El «logro» del científico se convierte en el «deber» de la civilización. Esta es una presuposición poderosa que es penetrante en la civilización occidental. Globalmente, el invento de armas o procedimientos mortales (aun algo tan impensable como armas químicas y biológicas) sigue aumentando desenfrenadamente hasta que alguien decida que estas armas se deben producir. La misma lógica está detrás de los procedimientos genéticos y los métodos de concepción. Una vez que se haya desarrollado el procedimiento, es casi imposible impedir que alguien en alguna parte lo utilice.

Otro desarrollo que produce esta apertura a la manipulación técnica es el énfasis moderno en el placer y en la reducción del dolor casi como imperativos morales. Piense, por ejemplo, en el típico dolor de cabeza de cada día. Casi todas las farmacias tienen docenas de medicamentos para el dolor de cabeza. El dolor y la incomodidad son inaceptables en nuestro estilo de vida, y nuestras expectativas son que «debe haber un medicamento para este malestar». Esta expectativa también se traspasa a la «buena vida» producida por las conveniencias modernas. Esperamos, casi exigimos, la facilidad, la comodidad, y el placer diario, en la forma de comida buena, entretención, y diversión. En las palabras de Francis Schaeffer, «la paz y la abundancia personal» son los motores de esta civilización.[21] El resultado es una disposición abierta y una expectativa positiva acerca de la manipulación tecnológica de los seres humanos.

La doctrina del yo autónomo como meta final es lo que ha llevado a la civilización occidental a fomentar esta apertura tecnológica. *Autónomo* significa «ley para sí mismo». Con el enfoque actual de la ley y la práctica tan común de defender la conducta humana en términos de derechos y libertades (como el aborto, la eutanasia, y la homosexualidad), el individualismo ha aumentado a un nivel extremo. La civilización occidental ha aceptado la proposición de que el individuo es soberano en su pensamiento y conducta. Este enfoque se ejemplificó en el caso *Casey* en el año 1992, en que se dictó que «en el corazón de la libertad está el derecho de cada individuo a decidir por su propia cuenta el significado del universo».[22] Los asuntos de control de manipulación de genes o de concepción están en las manos del individuo.

TIPOS DE MANIPULACIÓN HUMANA

En los escenarios mencionados arriba en la introducción de este capítulo, se nombraron varios ejemplos de concepción y manipulación genética, a decir, la fertilización *in vitro*, la inseminación artificial, usando esperma de un donador, la maternidad sustituta, la selección de género, y cirugía genética *in útero*. Además, hay docenas de otros procedimientos que son posibles o que se están discutiendo:

- La clonación —hay una variedad de métodos que se usan en la investigación con animales, pero la idea principal es remover la materia ADN del núcleo de la célula de un animal (por ejemplo, una oveja), y poner esa materia en el núcleo de la célula de otro animal (otra oveja), produciendo virtualmente una reduplicación del original. Tecnológicamente, este procedimiento se puede hacer con seres humanos, pero el estigma social en contra de tal procedimiento todavía es muy fuerte. Es probable que gradualmente llegue a ser más aceptado.

- El transplante de órganos humanos/animales —durante décadas, la medicina ha usado órganos animales para curar la enfermedad humana. Las venas de vacas han sido entretejidas en los brazos de humanos que necesitan diálisis para enfermedades de los riñones. Las válvulas del corazón de cerdos han sido utilizadas para arreglar los corazones humanos. En los últimos años, los doctores de Loma Linda Medical Center en California han reemplazado el corazón de un niño con el corazón de un mandril. Los hígados de animales se han usado en los cuerpos de niños. La discusión sigue acerca del uso de otros órganos para tratar otras enfermedades en niños.

- Una variación del tema de la fertilización *in vitro* —En la primavera de 1998, el diario *USA Today* (14 de mayo) informó de dos parejas que estaban peleando por un óvulo fertilizado. Cada pareja, ahora separada, había procesado y congelado embriones de cuatro a ocho células anteriormente. En un caso, la esposa deseaba que el embrión fuera implantado en su vientre, y en el otro caso, la esposa deseaba que fueran destruidos los embriones. En los dos casos, los maridos estaban peleando en contra de los deseos de sus esposas en la corte.

• El asunto de los embriones congelados, ha medida que aumenta su práctica, llega a ser más y más complejo, tanto en el aspecto ético como legal. El Reino Unido tiene una ley que prohíbe guardar los embriones congelados más de cinco años. En el año 1997, más de 3.000 embriones congelados estaban cerca de cumplir los cinco años, y enfrentaban la destrucción. El Vaticano condenó la destrucción inminente; parejas y organizaciones de todo el mundo ofrecieron «adoptar» los embriones. Pero fueron destruidos. Nuestras leyes no saben cómo manejar este tipo de situación.

• En Australia, una pareja había previamente congelado varios embriones producidos por la fertilización *in vitro*, pero la pareja murió trágicamente en un accidente automovilístico. Las autoridades legales estaban tratando de determinar si los embriones podrían legalmente heredar las posesiones de sus padres. De nuevo, no hay parámetros legales.

• Supongamos que el proyecto del genoma humano tiene éxito en hacer «mapas» genéticos y en descubrir la función de cada gen humano y su relación con todas las enfermedades humanas. Supongamos también que una experimentación genética completa ocurre, y hay información genética disponible acerca de cada ciudadano. ¿Las compañías de seguros rehusarán asegurar a las personas que, según las pruebas genéticas tienen genes fallados, llamándolo una «condición preexistente»?

Aunque parecen extraños y en algunos casos extremos, estos escenarios representan unos ejemplos de la confusión legal, médica, y ética causada por la tecnología de la concepción y de la genética. No solamente tenemos una crisis de autoridad moral, porque no tenemos absolutos para considerar estos asuntos, sino que tampoco las leyes y las compañías de seguro han podido mantenerse al día con la medicina. Hay una tremenda necesidad para algunas pautas.

PRINCIPIOS QUE ORIENTAN LAS PRÁCTICAS DE CONCEPCIÓN Y GENÉTICA

Lo que sigue es una lista de principios que deben ser considerados acerca de la genética y de la manipulación de la concepción. Probablemente no sea una lista completa. La meta es ofrecer algo de dirección, arraigada en o sugerida en, la Palabra de Dios. Estos principios no proveen todas las respuestas para las preguntas planteadas en este capítulo, tampoco pretenden insinuar que todos los procedimientos acerca de la concepción y la genética deban detenerse o ser prohibidos. Más bien, deben servir para guiar a los cristianos a tomar decisiones sabias en estas áreas de la vida moderna que son tan dolorosamente difíciles.

1. Como planteamos en los capítulos anteriores, los seres humanos son creados a la imagen de Dios. Esto hace que los humanos tengan más valor que cualquier otra criatura de Dios. Podemos estipular que los humanos siempre tienen más valor (intrínsicamente) que todas las demás cosas creadas. Hay una distinción esencial, ordenada en la creación, entre el hombre y las otras cosas creadas (tanto con vida, como sin vida). Estas pautas son establecidas en Génesis 1 y 2.

2. Las preguntas y las prácticas de la concepción y de la genética caen bajo la responsabilidad de mayordomía del ser humano. En Génesis 1.26ss., Dios crea a los humanos —hombre y mujer— a su imagen, y les da una responsabilidad: «Fructificad y multiplicaos; llenad la tierra, y sojuzgadla, y señoread en los peces del mar, en las aves de los cielos, y en todas las bestias que se mueven sobre la tierra.» (1.28). El versículo 29 extiende este dominio a las plantas, los árboles y las semillas. Aunque ha sido teñido por el pecado humano, este rol de dominio se repitió para Noé en Génesis 9.1,2. Ya que Dios es soberano y los seres humanos tienen el dominio, una consecuencia necesaria es que el hombre tiene que rendir cuentas a Dios. Esta rendición de cuentas tiene implicaciones muy importantes en las áreas de la concepción y la manipulación genética. Estas tecnologías dan a los humanos un poder jamás visto en la historia. Ya que los hombres están corruptos por el pecado, es difícil ser muy optimista acerca del uso de las tecnologías genéticas. Lo que tiene que quedar muy claro en nuestras mentes cuando hablamos de esta tecnología es que Dios es soberano, ¡y nosotros somos mayordomos!

3. La pregunta acerca de estas tecnologías probablemente no es si se van a usar, sino cómo, cuándo, y a qué costo se van a usar. Por ejemplo, la fertilización *in vitro* involucra embriones múltiples producidos en una caja de Petri. Uno o dos embriones se implantan en el vientre de la mujer. Los demás embriones son destruidos o congelados. Si la vida comienza en el momento de la concepción (como sugiere la Biblia), entonces la destrucción de los embriones es la destrucción de vida. La selección del género de los niños, que ahora es posible, podría seriamente desajustar el equilibrio de géneros

de cualquier civilización. Dar permiso a los padres para ejercer este tipo de control parece poco sabio, incluso imprudente. Los desafíos de la clonación humana son tan inmensos que no parece sabio solamente usar precaución; parece más sabio prohibirla totalmente. En el caso de muchas de estas tecnologías, simplemente no sabemos cuáles serán los efectos del uso generalizado.

4. Como establecimos en el capítulo anterior, la vida humana misma tiene más valor que la calidad de vida humana. Con la perspectiva bíblica, muchas de estas tecnologías se acercan a la ética de la calidad de vida. Considere el ejemplo de la pareja de enanos en el comienzo del capítulo. Éxodo 4.11 tiene la respuesta de Dios para el reclamo de Moisés que no era elocuente: «¿Quién ha hecho la boca del hombre? ¿O quién hace al hombre mudo o sordo, con vista o ciego? ¿No soy yo, el Señor?»(BDLA) La soberanía de Dios se extiende a los enanos. El hecho de que Dios los haya hecho a su imagen les da valor, no la altura, la vista, ni el oído. Se puede hacer la misma pregunta acerca de controlar el color de los ojos, del pelo, o del género de un bebé que está todavía en el útero. ¿Con qué terminarán tales prácticas que parecen inocentes al principio? ¿Qué podrán hacer los impíos con tanto poder y tanto control?

5. Desde la perspectiva de Dios, la preocupación por la mejoría del «hombre interior» es siempre más importante que la preocupación por la mejoría del «hombre exterior». Por causa de la muerte y su inminente suceso, ningún procedimiento o práctica la puede prevenir. Posiblemente por eso las Escrituras den tanta atención a los asuntos como el fruto del Espíritu (Gálatas 5.22,23) y las ocho cualidades llamadas las

Bienaventuranzas (Mateo 5.1-16). En la perspectiva de la Biblia, estos son más importantes que el uso de ciertas tecnologías que pretenden acercar al hombre a la perfección física. Carl Henry arguyó que hay base bíblica clara para los procedimientos que restauran al hombre; pero no hay base bíblica clara para la manipulación hacia la perfección, una pauta perspicaz para tomar decisiones acerca de algunas de las tecnologías mencionadas en este capítulo.[23]

6. Cuando alguien analiza la creación de Dios, se da cuenta de que un aspecto clave de la obra creativa de Dios era hacer que muchas cosas fueran impredecibles, variadas, diversas, y únicas. Algunas de las técnicas genéticas parecen, por lo menos potencialmente, violar sus valores. El control sobre la selección del género y sobre otras características humanas podría producir una «igualdad» que Dios no quiso. ¿El hombre sabrá usar sabiamente el tipo de poder que traen estos procedimientos? Tomando en cuenta la realidad del pecado, es difícil contestar que sí. La precaución, una precaución metódica, meticulosa, es necesaria para caminar por el campo de minas de la genética. Es por eso que la posición bíblica y prudente es que, si un procedimiento probablemente violará eventualmente las pautas bíblicas, es mejor seguir con el procedimiento en forma selectiva, o quizás no seguir de ninguna manera.

7. Finalmente, esta civilización debe examinar críticamente el imperativo científico. El simple hecho de que la sociedad tiene la capacidad de realizar un procedimiento médico, conceptivo, o genético ¡no significa que sea necesario hacerlo! Especialmente en el área de la genética, «podemos» no significa «debemos». El potencial de ejercer control, y su ob-

vio abuso, exige un cuestionamiento de este imperativo. Posiblemente con algunos de estos procedimientos, sería mejor evitarlos totalmente.[24]

Este capítulo ha presentado asuntos cargados con complejidad e incertidumbre. Simplemente no sabemos en qué terminará todo esto. Por lo tanto, es urgente buscar orientación de la Palabra de Dios para analizarlos.

PREGUNTAS PARA REFLEXIONAR

1. Repase el papel que tuvo cada uno en redefinir al hombre, y su lugar único en la civilización occidental:
   • Darwin
   • Freud
   • Watson y Skinner

2. Resuma cuatro o cinco sucesos en la civilización occidental que han producido una apertura hacia la manipulación de concepción y de la genética.

3. Resumiendo algunos de los procedimientos analizados en este capítulo, ¿cuáles aprobaría y cuáles desaprobaría si siguiéramos la pauta de Carl Henry (restaurar en vez de manipular)?

4. Converse sobre el imperativo científico. ¿Es válido? Explique su respuesta.

5. Haga una lista de los cinco principios de orientación que se explicaron al fin del capítulo, y resuma cada uno.

CAPÍTULO 7

LA SEXUALIDAD HUMANA

La doctrina del yo autónomo, mencionada en el capítulo seis, con su panacea para derechos y libertades, ha resultado en una redefinición de la sexualidad humana en la civilización occidental. Lo que era impensable hace unas pocas décadas, gradualmente llegó a ser conversable, y ahora es aceptable. El deseo de legitimar el estilo de vida homosexual es parte de la estrategia para hacerlo aceptable. Está funcionando. En la política, en el comercio, en la televisión y en otras entretenciones, y en las artes, el estilo de vida homosexual se presenta comúnmente como un estilo de vida alternativo. ¿Qué debemos pensar de esto? Como parte de las «guerras de culturas» que están destruyendo la sociedad, ¿será esto un asunto de autoridad moral? Este libro arguye que sí. Nuestra meta es concentrarnos en lo que Dios ha dicho acerca del asunto, y construir una estrategia para impactar a la cultura en esta área.

LA BIBLIA Y LA SEXUALIDAD HUMANA

Cuando conversamos acerca de la homosexualidad, los evangélicos normalmente apuntan al código de Levítico, a Sodoma y Gomorra, o a lo escritos de Pablo en el Nuevo Testamento. Creo que esto es un error. El lugar para comenzar es Génesis 2. Después de dar instrucciones claras a Adán acerca de la mayordomía en el huerto de Edén, Dios concluye que no es bueno que Adán esté solo (v. 18). Para probar esto a Adán, Dios le trae todos los animales para que les ponga nombres (vv. 19, 20). Aunque esto establece su autoridad sobre los animales, también sirvió como lección objetiva para Adán. Él era la única criatura de Dios que estaba verdaderamente solo. Así que Dios creó a la mujer para ser su complemento, su ayuda idónea (vv. 21-23).

Moisés ofrece un comentario teológico sobre lo que Dios hizo con Adán y Eva (vv. 24, 25). Primero, Dios establece el paradigma para el matrimonio. El hombre dejará a su padre y a su madre con la comprensión consciente de que está formando una nueva unidad familiar. En segundo lugar, esto significa «unirse» a su esposa. En tercer lugar, al separarse de la familia y comprometerse con su esposa, él y su esposa «serán una sola carne». Este concepto simboliza las relaciones sexuales que une a los dos seres humanos físicamente, pero también simboliza la fusión de dos personalidades, hombre y mujer, en una unidad complementaria. Sus personalidades, sus idiosincrasias, y sus identidades únicas permanecen; no terminan. En lugar de eso, estos dos seres humanos totalmente distintos se unen en un complemento perfecto en que los dos —ahora juntos— sirven a Dios en su integridad.[25]

En el versículo 25, Moisés comenta que estas personas están «desnudas» y no tienen «vergüenza». Estaban tan completamente centrados el uno en el otro que no pensaban en sí mismos; cada uno pensaba en el otro. Podemos inferir correctamente que su unidad sexual estaba caracterizada por una ausencia de vergüenza o incomodidad. Su amor físico era bello y satisfactorio; no había ninguna lujuria carnal o egoísta. La maravilla del amor romántico estaba perfectamente presente en este primer matrimonio.

Teológicamente, ¿qué aprendemos de este pasaje? ¿Cómo establece este pasaje el modelo para una comprensión apropiada de la sexualidad y el matrimonio? Permítame sugerir varias lecciones:

- Cuando Jesús y Pablo tratan los temas del matrimonio y la sexualidad humana, siempre hacen referencia a esta ordenanza de la creación de Génesis 2.18-25 (Mateo 19.1-12; Marcos 10.1-12; 1 Corintios 7.10,11). Lo que se postula en estos versículos trasciende la cultura y el tiempo. Constituye el ideal de Dios para la sexualidad y el matrimonio.

- El matrimonio debe ser monógamo y heterosexual. De este pasaje es imposible justificar la poligamia o la homosexualidad. Nos da la norma, el ideal para todos los matrimonios. Esto no es una opción para los seres humanos. Con esta norma establecida para el matrimonio en la ordenanza de la creación, los otros pasajes bíblicos acerca de la sexualidad humana son comparados con Génesis 2. Cada uno explica que la fornicación, el adulterio, y la homosexualidad son aberraciones, un alejamiento radical de la norma clara de Dios.

- Génesis 9.1-11 es la historia de Sodoma, la cual Dios destruye totalmente con fuego. Los comentaristas homosexuales ven el pecado de los hombres como una violación de los códigos de hospitalidad en el cercano oriente de aquella época. Pero el versículo cinco y la respuesta de Lot en el versículo ocho demuestran sin duda que estos hombres estaban pensando en relaciones homosexuales. Es un alejamiento deliberado de la revelación clara en Génesis 2.

- En Levítico 18.22,29 y 20.13, los comentaristas homosexuales frecuentemente arguyen que ponemos de lado otras partes de la ley levítica, y preguntan por qué ponemos tanto énfasis en esta ley. Aunque la obra de Cristo en la cruz del Calvario puso fin a la práctica de muchas de las leyes levíticas (el argumento de Hebreos), los asuntos de la sexualidad humana trascienden la ley, por causa de la ordenanza de la creación en Génesis 2. Lo que dice Dios en Levítico 18 y 20 está estrechamente ligado a sus normas establecidas en la creación. La homosexualidad es éticamente algo malo.

- El argumento de Pablo en Romanos 1.26,27 acerca de las prácticas sexuales degradadas citadas en los versículos se centra en su uso de la palabra «natural». Los comentaristas homosexuales arguyen que Pablo está condenando la infidelidad en una relación homosexual, y no la homosexualidad misma. Sin embargo, «natural» y «contra naturaleza» solamente pueden entenderse como la adherencia o la desviación de alguna norma que determina lo que significa natural o contra la naturaleza. Esa norma solamente puede ser la norma establecida en la ordenanza de la creación en Génesis 2.

- Para motivar a los corintios a salir de su apatía espiritual y su complacencia, Pablo da una lista en 1 Corintios 6.9 de las varias categorías de pecadores que Dios no dejará entrar en su reino. La meta de Pablo es que se examinen. Entre los pecadores en la lista están los «afeminados» y los homosexuales («los que se echan con varones»). Paul Feinberg sostiene que estas dos palabras griegas ponen énfasis tanto en la persona activa como en la persona pasiva de una relación homosexual. El énfasis del pasaje no está en la infidelidad de la pareja homosexual, como proponen los comentaristas homosexuales, sino en el acto mismo de la homosexualidad.[26]

- En 1 Timoteo 1.10, Pablo también condena la homosexualidad como algo contrario a la «sana doctrina». El problema no es la infidelidad a una pareja homosexual. El problema es practicar algo que viola la norma que Dios ha revelado claramente. En este caso, la «sana doctrina» es la revelación de Dios en su ordenanza de la creación; tal como los «mentirosos», los «secuestradores», los «perjuros», y otros violarían sus normas reveladas en otros pasajes (los Diez Mandamientos, por ejemplo).

En resumen, la Biblia condena rotundamente el estilo de vida homosexual como contrario a la norma ética establecida por Dios en su ordenanza del matrimonio en la creación. Sin alguna pauta para resolver el debate ético acerca de la homosexualidad, habrá confrontaciones continuas dentro de la cultura. La Palabra de Dios provee esa pauta; la respuesta humana de la obediencia es la única opción aceptable.

LA CAUSA —¿GENÉTICA O AMBIENTAL?

Hay un gran debate entre psicólogos y eruditos acerca de la causa de la homosexualidad. ¿Es determinada genéticamente o por el ambiente? Los de la comunidad homosexual arguyen apasionadamente que la homosexualidad es determinada genéticamente. Los que pertenecen a la comunidad homosexual religiosa dicen que es un don de Dios; sostienen que cada uno es creado por Dios y no hay nada que se pueda hacer. Simon LaVay, homosexual, ha hecho pruebas con cadáveres de hombres homosexuales, y ha encontrado que tienen la glándula pituitaria más grande que los que no son homosexuales. Jeffrey Satinover presenta evidencia convincente que pone en duda la investigación de LaVay, y cuestiona la investigación y los datos de otros que sostienen que la homosexualidad es algo genético.[27]

Las conclusiones de Satinover parecen mostrar definitivamente que la homosexualidad es un estilo de vida aprendido, producido por las circunstancias en la vida que llevan a elegir la homosexualidad. Esta no es una posición muy popular hoy en día, especialmente en muchas universidades y entre los miembros de la Asociación Americana de Psiquiatría, que antes veía la homosexualidad como una patología que necesitaba tratamiento. Satinover muestra que la razón que esta organización cambió su posición no fue debido a la ciencia sino a la política.[28]

En este momento, no hay consenso sobre esta pregunta. El libro de Satinover es una denuncia de la motivación de ser políticamente aceptable que mueve tantas organizaciones profesionales, incluso que mueve el movimiento homosexual. Buscan la legitimidad, y manipulan la evidencia y la investigación de tal manera que la logren. Otros investigadores serios, algunos que son cristianos evangélicos, todavía sostienen que la genética tiene algún rol en la causa de la homosexualidad.[29] Hay un punto importante que debemos recordar: aunque hubiera un rol de la genética en causar la homosexualidad, la Biblia todavía la condena, y el poder de Dios es suficiente para superarla, sea lo que sea su causa.

LA HOMOSEXUALIDAD Y LA IGLESIA

Durante las últimas décadas, el debate sobre la homosexualidad ha impactado profundamente la iglesia de Cristo. Un repaso de algunos de los temas prominentes demuestra la complejidad del debate para el cristianismo. Permítame mencionar algunos eventos:

• El movimiento de la Metropolitan Community Church (Iglesia comunitaria metropolitana) está creciendo en los Estados Unidos. Reclamando ser evangélica, esta «denominación» lee la Biblia, enseña la Biblia, y defiende el estilo de vida homosexual como totalmente bíblico. Hice un resumen de algunas de sus interpretaciones de pasajes sobre la homosexualidad anteriormente en este capítulo. Un grupo similar es Evangelicals Concerned [Evangélicos interesados], con su centro en New York.

- La mayoría de iglesias grandes tradicionales están luchando sobre la decisión de ordenar homosexuales practicantes para el ministerio. Produce conflicto en muchas denominaciones, incluso divisiones, cuando no se resuelve. Otras están discutiendo el asunto de matrimonios del mismo sexo. ¿Los pastores deben administrar tales ceremonias? Las denominaciones como la United Methodist Church [La Iglesia Metodista Unida] están profundamente divididas sobre esta pregunta.

- Dos «evangélicos», Letha Scanzoni y Virginia Mollenkott, publicaron un libro en 1978 que sacudió el mundo evangélico. Se llama *Is the Homosexual My Neighbor?* [¿Es mi prójimo el homosexual?], y su respuesta es que ¡Sí![30]

Los temas de discusión sobre la homosexualidad son masivos y abarcan mucho. Pero la pregunta fundamental todavía es ¿qué ha dicho Dios? Este capítulo sostiene que la ordenanza de la creación no da lugar al estilo de vida homosexual. Es un pecado y debe ser enfrentado como tal.

CÓMO CONFRONTAR Y DISCIPULAR AL HOMOSEXUAL

En el año 1985, Don Baker publicó un libro, *Beyond Rejection* [Más allá del rechazo], que relata la historia de Jerry, quien luchaba con la homosexualidad desde su niñez, durante el seminario, y en su matrimonio. Provee una perspectiva de las dificultades en esta lucha, y también de la esperanza que se encuentra en Jesucristo. Basado en el equilibrio de este libro, quisiera sugerir varios puntos de acción para enfrentar la realidad homosexual en nuestra cultura:

- ¡Recuerde que para la cultura homosexual, los evangélicos somos el enemigo! Ya que la Biblia habla tan claramente sobre este tema, y los evangélicos reflejan esta verdad, no hay lugar para acomodos o discusión. La paciencia, el amor, y la compasión son necesarios al desarrollar relaciones.

- Recuerde que la homosexualidad es un pecado. Ese es el punto de la parte anterior de este capítulo. Pero no es el «peor» pecado. La gracia de Dios es completamente suficiente para ayudarlos con esta atadura. Aunque es escandaloso, este pecado no es tanto peor que otros.

- El amor incondicional es un requisito absoluto en el ministerio con los que están esclavizados a este pecado. La compasión, la empatía, la paciencia, y el compromiso sobre largo tiempo son requisitos necesarios. La realidad es que muchos volverán a caer en el mismo estilo de vida, aun después de convertirse a Cristo. Por eso las organizaciones como Exodus International [Éxodo Internacional] son tan importantes. Un grupo de apoyo para animar y para pedir que se rinda cuentas es clave para el ministerio de esta organización.

- El arrepentimiento siempre debe ser la meta. Tienen que romper con su pasado y con su estilo de vida. No hay término medio en esto. Aquí también Exodus International es clave para ministrar al homosexual.[31]

No hay ninguna señal que este debate vaya a calmarse en esta guerra cultural en la civilización occidental. De alguna manera la iglesia de Cristo debe poder declarar por un lado que este estilo de vida es moralmente y éticamente malo, mientras por otro lado extiende la mano de amor, aceptación y compasión. Solamente Dios, obrando por su Espíritu Santo que capacita la iglesia, puede lograr esta tarea difícil y aparentemente imposible.

PREGUNTAS PARA REFLEXIONAR

1. ¿Qué quiere decir el autor cuando habla de la ordenanza de la creación sobre la sexualidad? ¿Cómo se relacionan los siguiente pasajes con ella?

   * Génesis 19.1-11
   * Levítico 18.22,29; 20.13
   * Romanos 1.26,27
   * 1 Corintios 6.9-11
   * 1 Timoteo 1.10

2. Resuma el debate entre los que creen que las causas de la homosexualidad son genéticas y los que creen que son del ambiente. ¿Cuál encuentra más convincente?

3. Resuma cómo este debate impacta a la iglesia. Investigue la posición oficial de su iglesia, especialmente si viene de una denominación grande tradicional.

4. ¿Qué actitud deben tener los cristianos hacia las personas homosexuales? Si uno de sus hijos creyera que es homosexual, ¿cómo respondería? ¿Cómo se debe manejar este asunto?

5. ¿Sugiere esto algo de importancia de tener modelos tanto masculinos como femeninos para los niños desde una edad temprana?

Capítulo 8

EL CRISTIANO Y LA POLÍTICA

¿Debe el cristiano votar? ¿Debe postular para ser elegido para un puesto político? ¿Será apropiado que los cristianos participen en la desobediencia civil? ¿Cuál es la obligación ética del creyente para con el estado? ¿La Biblia se dirige a tales preguntas? Este capítulo presentará el argumento que las Escrituras nos dan pautas claras para contestar todas estas preguntas, dando al cristiano un fundamento para hacer un impacto en el campo político, estableciendo justicia y el reino de Dios.

EL DEBER CRISTIANO FRENTE AL ESTADO

El Nuevo Testamento enseña claramente que el cristiano tiene un deber frente al estado. Este es el punto central de la enseñanza de Jesús en Marcos 12.13-17 donde, cuando le preguntaron sobre el pago de los impuestos a Roma, contestó, «Dad a César lo que es de César, y a Dios lo que es de Dios». Obviamente tenemos una obligación con Dios y su reino, pero también tenemos una obligación con el estado, porque él lo creó, y existe para cumplir su propósito.[32] Este pasaje aclara que la obligación hacia el estado surge de ser miembro del estado.

El apóstol Pablo expande el argumento de Jesús en Romanos 13.1-7 cuando explica que el cristiano debe someterse al gobierno porque Dios lo estableció. Ningún gobernador, presidente, primer ministro, o tirano tiene un poder que no haya venido primero de Dios (Daniel 4.17-25). En los versículos 3 y 4 de Romanos 13, Pablo también plantea que el estado existe para administrar justicia y castigar el mal. Esta es la razón principal que Dios creó el gobierno en el principio (Génesis 9.5-7). Pablo implica que esta función del estado conduce a la extensión del evangelio.

La razón final que el cristiano tiene un deber para con el estado se encuentra en 1 Timoteo 2.1-7. Aquí se le instruye al creyente a orar por las autoridades del gobierno, «para que vivamos quieta y reposadamente en toda piedad y honestidad» (v. 2). Como dice C. E. B. Cranfield acerca de los versículos 3-7, «Se implica que Dios desea la presencia del estado para promover la paz y la tranquilidad entre los hombres, y que Dios desea esa paz y tranquilidad porque de alguna manera ayudan a conducir a la salvación».[33]

LA RESPONSABILIDAD CRISTIANA HACIA EL ESTADO

El hecho de que los cristianos tenemos una obligación para con el estado está claro, pero ¿en qué consiste exactamente esa obligación?[34] Primero, el creyente le debe respeto al estado. Romanos 13.7 y 1 Pedro 2.17 exhortan al cristiano a honrar y respetar a los miembros del gobierno como ministros de Dios ordenados por él y responsables a él para cumplir su propósito solemne de promover la justicia y castigar el mal. El respeto involucra tratar con seriedad completa incluso a individuos que no tienen ningún respeto por su oficio o por su llamado noble a ese oficio. Esa dimensión, entonces, requiere reprender y pedir explicaciones a los que abusan de su oficio o que tratan sin respeto el mismo oficio. En los Estados Unidos, el respeto significa utilizar los medios constitucionales para juzgar cualquier juez u oficial federal que ha cometido traición, que ha aceptado sobornos, o que ha cometido cualquier otro crimen grave o menor.[35] En segundo lugar, el creyente le debe obediencia al estado, a sus agentes, y a sus leyes constitucionales (Tito 3.1; 1 Pedro 2.13-17; Romanos 13.1-7). Jesús pagó el impuesto del templo, y Pablo pidió disculpas por hablar sin respeto a un gobernador. Además, el nacimiento de Jesús ocurrió en Belén porque José era obediente a un gobierno opresivo que exigía un edicto para cobrar impuestos. No obstante, el mandato del Nuevo Testamento no es esclavizante ni absoluto; Pedro y Juan rehusaron obedecer la orden del Sanedrín de dejar de predicar. Para ellos era claro: Obedecemos al estado hasta que sea un pecado obedecer al estado. La desobediencia civil no solamente fue permitida por el Espíritu de Dios; fue exigida (Hechos 4.19ss; 5.29). Si el gobierno exige algo que Dios prohíbe, o si el gobierno prohíbe algo que Dios manda, debemos desobedecer. Esa desobediencia no puede involucrar la violencia o el vandalismo, acciones que contradicen la prudencia y el orden civil.

Por lo tanto, la desobediencia nunca debe tomarse livianamente o con premura indebida. Los cristianos tenemos una ley más alta que el gobierno humano. Pero Dios da a los gobiernos humanos normalmente su sello de aprobación, y la desobediencia a sus autoridades debe ser considerada con mucha precaución. Lynn Buzzard ofrece siete preguntas que el creyente debe hacerse cuando considera la posibilidad de desobedecer al estado:

1. ¿Cuán directamente y cuán inmediatamente contradice la política del gobierno una enseñanza bíblica clara?

2. ¿Cuál es el consejo de la comunidad cristiana acerca de esta política? ¿Los líderes cristianos la consideran una amenaza

seria para nuestra fe? ¿Qué dicen con respecto a la reacción apropiada de parte de los fieles? ¿Hasta qué punto han intentado protestas alternativas legales?

3. ¿Qué daño probablemente resultaría a la sociedad como consecuencia de la desobediencia que se está considerando? ¿Cómo se compara este daño con el beneficio deseado?

4. ¿La forma de desobediencia que se está considerando mostrará consistencia moral, y aumentará el respeto apropiado por la ley basada en principios y por una sociedad moral?

5. ¿Hasta qué punto serán importantes estas acciones para mantener mi integridad como persona? ¿Hasta qué punto reflejarán enojo y frustración personal en vez de una respuesta basada en un principio?

6. ¿Hasta qué punto fluye la idea de un acto de desobediencia civil de pensamientos ajenos a un enfoque bíblico de la vida? ¿Estará basada en principios bíblicos acerca del uso del poder y la coerción, acerca del testimonio de la cruz, y acerca de la soberanía de Dios, o estará basada solamente en principios naturalistas y humanistas?

En tercer lugar, el creyente debe pagar impuestos (Marcos 12.13-17; Mateo 22.15-22; Lucas 20.20-26; Romanos 13.6, 7). Jesús enseña que el pago de impuestos es la marca fundamental de la obligación con el estado, sin importar su vacío moral y ético. Esto está claro, porque tanto Jesús como Pablo estaban escribiendo acerca del pago de impuestos en el imperio romano, un estado corrupto, malvado, y éticamente repulsivo.

En cuarto lugar, el creyente debe orar por las autoridades (1 Timoteo 2.1ss.). Orar por tales autoridades civiles es una parte esencial del deber, sea el oficial cristiano o pagano, indiferente a la religión u opuesto a la religión, justo o injusto. Estoy frecuentemente frustrado con cristianos que critican a los oficiales del gobierno constantemente, pero que casi nunca oran por ellos. Dios puede utilizar la oración eficaz en las leyes del estado, o en llevar a un oficial del gobierno a Jesucristo. La crítica constructiva, y el llamado a la responsabilidad deben ser equilibrados con la oración ferviente y perseverante.

Inferencias para un cristiano que vive en una democracia

Estas son los cuatro deberes del cristiano con el estado, pero de estos deberes surgen otras inferencias que son especialmente importantes para el cristiano que vive en una democracia. Primero, el cristiano debe votar. Bajo circunstancias normales, según Cranfield, la omisión a votar significa «abandonar la responsabilidad compartida para el mantenimiento de la justicia del estado, y por lo tanto es un incumplimiento del deber cristiano».[36] En segundo lugar, el cristiano debe mantenerse informado tan completamente y tan exactamente como sea posible acerca de asuntos políticos, sociales y económicos. Esto requiere leer diligentemente periódicos y revistas noticiosas, ver con criterio las noticias de televisión, y conversar acerca de tales asuntos con amigos y colegas. En tercer lugar, debemos evaluar el gobierno, sus políticas, y sus agentes, a la luz de la revelación de Dios. La Biblia llega a ser el filtro a través del cual el cristiano evalúa las acciones y las políticas del estado; el creyente está dispuesto a llamar al estado a operar con justicia de acuerdo con la Palabra de Dios. Finalmente, el cristiano debe trabajar por leyes justas, y oponerse a las políticas y las decisiones que son injustas. En una democracia, esto involucra actividades tales como trabajar por la elección de candidatos que apoyan la justicia, y hacer llamas telefónicas o escribir cartas para apoyar una legislación que refleje genuina justicia bíblica.

La participación del cristiano en el gobierno y la política

El aumento en la participación en el gobierno y en la política tiene peligros graves para el cristiano. Para proveer el impacto máximo hacia la justicia en el gobierno, se necesita una perspectiva apropiada y equilibrada. Esto requiere deshacernos de lo que Chuck Colson llama una «perspectiva ilusionada del poder político». Algunos cristianos piensan que si pueden unir un bloque cristiano para votar, se puede establecer el reino de Dios en la tierra. El bien externo y limitado que puede lograr el poder político no se debe confundir con el bien interno e infinito producido por la gracia de Dios. Además, hay un peligro en lo que Colson llama la «ilusión política», la noción de que todos los problemas humanos se pueden resolver a través de las instituciones políticas. Es idolatría pensar esto, porque la Biblia declara que la raíz de los problemas de la sociedad es espiritual. Lo que busca el cristiano en el gobierno es justicia, no poder. Nuestra meta entonces es mover la cultura hacia la justicia de la revelación de Dios. La obra de la transformación espiritual total es la obra de Cristo; a través de la iglesia, no el estado.

¿Cómo decide entonces un cristiano qué debe apoyar y qué debe rechazar en la política? ¿Cómo decide a quién apoyar en las elecciones? ¿Por qué tipo de leyes debe trabajar y luchar el creyente? Robert Dugan, ex-director de la National Association of Evangelicals [Asociación Nacional de Evangélicos], sugiere cinco principios esenciales que deben guiar al cristiano en evaluar los candidatos y leyes potenciales:

1. La preeminencia de la libertad religiosa —Cualquier candidato o legislación que restrinja la práctica de la fe religiosa debe ser resistido.

2. La protección de la vida como sagrada —Los candidatos o lalegislación que trate la vida frívolamente, o que intente destruirla (por ejemplo, el aborto, la eutanasia, el infanticidio) debe ser resistida y rechazada.

3. La provisión de justicia para todos —Los candidatos y la legislación deben reflejar la preocupación de Dios por la justicia y la equidad. La lectura de Amós da evidencia convincente de que Dios desea que el gobierno promueva leyes que protegen a los pobres y a los desaventajados de la explotación y la opresión.

4. La preservación de la familia tradicional —Una de las enseñanzas claras de la Biblia es que la familia es una institución esencial para Dios. Cualquier legislación que impacte a la familia en forma negativa debe ser rechazada. Por ejemplo, leyes de impuestos que favorecen a las familias sin los dos padres, o que penalicen a un padre que vive con su familia es contraproducente. La promoción de matrimonios del mismo sexo también va en contra de la revelación de Dios, y debe ser rechazada.

5. La promoción de valores judeocristianos en la educación y en la legislación —Por ejemplo, los valores de honestidad, integridad, responsabilidad personal, y la rendición de cuentas pueden ser socavados fácilmente por un líder que miente caprichosamente y muestra falta de respeto por la ley. El fraude, el soborno, y la corrupción que socavan la confianza pública son terriblemente destructivos. La educación debe reforzar los valores de los padres y no socavar su autoridad (Deuteronomio 6.1-10).[37]

Los cristianos, por lo tanto, como sal y luz (Mateo 5.13-16) deben tratar de efectuar el cambio justo en la cultura a través del proceso político, no porque el reino de Dios haya llegado al gobierno, sino porque Dios espera que sirvamos y esperemos fielmente (1 Tesalonicenses 1.9,10).

El rol de la iglesia

¿La iglesia debe funcionar al nivel local como un comité político, una coalición política, o debe practicar la política en algún otro sentido? Algunos cristianos en los Estados Unidos creen que las iglesias locales no deben estar involucradas en actividades políticas. Razonan primero, que las leyes del país prohíben que las iglesias locales participen directamente en la política (apoyando a un candidato particular). Hacer tal cosa sería violar (y posiblemente resulte en la pérdida de) la clasificación de sin fines de lucro. En segundo lugar, la Biblia no tiene ningún mandato ni tampoco se puede sacar una inferencia lógica, para participar en la política como iglesia local. En tercer lugar, no hay evidencia de que la iglesia primitiva haya participado en la política. Además, la iglesia local frecuentemente carece del conocimiento necesario para participar sabiamente en la política, y podría dañar seriamente su testimonio. La iglesia local es un cuerpo espiritual, arraigado en la revelación de Dios. Los cristianos debemos participar individualmente en el campo político, pero la iglesia local estará en peligro si lo hace.

Por otro lado, algunos cristianos creen que la iglesia local no ha sido ordenada como un cuerpo político, pero que los individuos han sido encargados con esa responsabilidad, y por lo tanto la participación colectiva del grupo seguramente puede impactar la política y el gobierno. Piensan que muchas iglesias locales deben estar involucradas en asuntos políticos relacionados con la moralidad y justicia.

Los cristianos caminan sobre una cuerda floja entre entender el deber cristiano hacia el estado, y buscar influir en ese estado para mayor justicia. Las dos esferas de la vida cristiana —la iglesia y el estado— deben estar en equilibrio. Cada una tiene una tarea divina; ninguna debe traspasar la responsabilidad de la otra.

Preguntas para reflexionar

1. Converse sobre Marcos 12.13-17. ¿Por qué es fundamental para entender el deber cristiano hacia el estado?

2. ¿Cuáles son las tres razones por los cuales el autor sugiere que el cristiano tiene un deber para con el estado?

3. Resuma cada una de estas responsabilidades políticas específicas (cuando sea posible, indique una referencia bíblica):
   - el respeto
   - la obediencia
   - el pago de impuestos
   - la oración

4. ¿Un cristiano puede desobedecer activamente al estado? ¿Hay lugar para desobediencia civil? ¿Hay apoyo bíblico para esto? ¿Qué sugiere Lynn Buzzard como pautas para este difícil tema?

5. ¿Cuáles son algunas inferencias que sugiere el autor para vivir cristianamente en una democracia?

6. ¿Cuál es la «ilusión política»? ¿Cuáles son las pautas que sugiere Robert Dugan para la participación cristiana en la política?

7. ¿La iglesia local debe apoyar a un candidato político? ¿Debe formar un comité político? Resuma los puntos del autor.

CAPÍTULO 9

EL DESAFÍO ÉTICO ACERCA DE LA GUERRA Y DE LA PENA DE MUERTE

La guerra y la pena de muerte son posiblemente algunos de los desafíos éticos más difíciles para el cristiano. Como han mostrado los capítulos cuatro y cinco, la vida tiene infinito valor para Dios, y siempre debemos respetarla y valorarla. Sin embargo, muchos cristianos sostienen que es correcto y justo pelear en una guerra y matar a otros seres humanos hechos a la imagen de Dios. Además, hay cristianos involucrados en la fabricación y el empleo de armas de destrucción masiva. ¿Será justificable según la Palabra de Dios? Finalmente, muchos cristianos defienden firmemente el derecho del estado de tomar la vida de otro ser humano que asesina con premeditación o comete otros crímenes graves. ¿Cómo podemos contestar estas preguntas difíciles?

UNA CUESTIÓN DE DEFINICIÓN

La diferencia entre matar y asesinar es muy importante en una discusión del tema de la guerra. Muchos cristianos no ven ninguna diferencia entre estos dos términos, pero la Biblia sí los distingue. Muchas versiones en castellano traducen Éxodo 20.13 como «no matarás», pero el término en hebreo usado en este versículo, *rasah*, siempre está relacionado con el asesinato. Nunca se usa con animales, por ejemplo, tampoco para referirse a matar a un enemigo en una guerra.[38] No todo acto de matar es asesinato. Dos ejemplos existen en el Antiguo Testamento. Primero, Génesis 9.6: «El que derramare sangre de hombre, por el hombre su sangre será derramada; porque a imagen de Dios es hecho el hombre». Dios dio este mandato a Noé antes de la ley de Moisés, y fue repetido en Números 35 como parte del código mosaico. Como dice Charles Ryrie, «Uno puede concluir que, cuando la teocracia [de Israel] tomó la vida de un asesino (es decir, de alguien que había violado el sexto mandamiento), el estado (y en particular los que realizaron la ejecución), no era culpable de asesinato».[39] El segundo ejemplo es la conquista de Canaán. En Deuteronomio 20.10-18, Dios revela sus reglas para la guerra. Queda claro en estas regulaciones que Israel no era culpable del asesinato, porque eran instrumentos del juicio santo de Dios.

En la comunidad evangélica hay tres posiciones principales acerca del problema de la guerra. Cada una es defendida bíblicamente y es sostenida por cristianos comprometidos. El propósito de esta parte del capítulo es analizar cada posición y ofrecer la defensa bíblica de cada una. Una evaluación breve cierra cada sección.

EL PACIFISMO BÍBLICO

Esta posición está basada en el llamado de ser discípulo de Cristo. El cristiano debe aceptar a la persona y las enseñanzas de Jesús, y seguir su ejemplo, sin importar las consecuencias. Esto incluye el mandato de Jesús de amar a nuestros enemigos. La meta del pacifismo bíblico es llevar a la gente a la salvación por fe en Jesucristo, trayendo la reconciliación con Dios y con otros, y siendo ministros de reconciliación para todos. Esta meta, dice el pacifista, no se puede obtener mientras se participa en un programa de hostilidad, retaliación o guerra.

Para el pacifista, el Antiguo Testamento no justifica la guerra, tal como no justifica la poligamia o la esclavitud. Cristo vino a cumplir la ley, y Él es el mensaje final de Dios. John Drescher, defensor del pacifismo bíblico, afirma con humor que el cristiano no puede decir:

> Amad a vuestros enemigos (excepto durante una guerra); Guardad vuestras espadas, porque los que viven por la espada morirán por la espada (excepto cuando el gobierno me pide que pelee); Si alguien dice «amo a Dios», y odia a su hermano, es mentiroso (excepto cuando pelea en una guerra); Bendecid a los que os persiguen, bendecid y no maldigáis (excepto cuando mi país está en guerra).[40]

Matar siempre es malo, declara categóricamente el pacifista. Ese es el punto de Éxodo 21.13, apoyado por las palabras de Jesús en Mateo 5.39, «No resistáis al que es malo». El cristiano siempre toma el camino moral más difícil, protegiendo y asegurando la vida humana. Por eso la guerra para un pacifista es simplemente asesinato en masa, sea dentro de la misma sociedad propia o en otra sociedad. Al contrario, el cristiano debe amar a sus enemigos en vez de matarlos, que es el punto de Mateo 5.44 y Romanos 12.19-21. Myron Augsburger, un pacifista inflexible, declara que Jesús «nunca sancionó la guerra, nunca aprobó la violencia». Al contrario, «cada palabra suya y cada acción repudiaba el camino del odio, del asesinato, y de la defensa propia....»[41]

Por lo tanto, arguye el pacifista, la no-violencia es una forma más alta de resistencia; es decir, la violencia no es la única opción viable. John Stott relata algo de la segunda guerra mundial para ilustrar esto:

> En sus entrevistas con generales alemanes después de la segunda guerra mundial, Liddell-Hart encontró que «las formas violentas de resistencia no habían sido muy efectivas o problemáticas para ellos», porque sabían cómo manejarlas. Pero habían sido confundidos y desconcertados por la resistencia no-violenta que encontraron en Dinamarca, Holanda, y Noruega.[42]

La guerra produce más guerra, y significa que los cristianos matarán a otros cristianos, una opción reprehensible para los discípulos de Cristo.

El apoyo principal en el Nuevo Testamento para el pacifismo es el Sermón del Monte. Jesús se dirigía a la gente que estaba viviendo bajo una ocupación opresiva extranjera. Él no propuso revolución política, sino revolución espiritual. Jesús exigía que buscaran la paz en forma activa —yendo una milla extra— que podría convertir la opresión y el odio vengativo en una nueva relación de servicio y reconciliación. Además, su vida fue caracterizada por el amor y la no-violencia en sus relaciones con la gente y en su muerte. Por lo tanto, él demostró el camino de la paz. Esto se ilustra en forma poderosa en su dicho, «Mi reino no es de este mundo; si mi reino fuera de este mundo, mis servidores pelearían para que yo no fuera entregado a los judíos; pero mi reino no es de aquí» (Juan 18.36).

En Romanos 13, Pablo declara que las autoridades son establecidas por Dios, y que el creyente debe someterse a los mandatos del gobierno, siempre que no signifique desobedecer las leyes de Dios. Si la obediencia a Dios está en conflicto con la autoridad humana, los cristianos debemos estar dispuestos a sufrir las consecuencias, tal como lo hicieron Cristo y sus discípulos. La lealtad total tiene que ser con Dios en primer lugar. Según el Nuevo Testamento, la relación entre los cristianos y las autoridades del estado significa «orar por ellas y honrarlas siempre, derribarlas nunca, y obedecerlas cuando no estén en conflicto con la voluntad de Dios».[43]

Las Escrituras explican el estilo de vida pacifista. Matar a un no-cristiano en la guerra sería quitarle la oportunidad de ser salvo de su pecado. Los cristianos deben sacrificar sus vidas por su prójimo, no matarlo. Cuando los cristianos pelean contra cristianos, están exaltando a César como Señor, y no a Jesús.[44] Los creyentes debemos amar a nuestros enemigos. Si la fuerza es necesaria, debe ser impuesta de tal manera que resulte en una reconciliación. El evangelio prohíbe que resulte en la muerte. Los hijos de Dios deben poner en práctica su fe, ayudando a los necesitados y llevando las cargas el uno al otro. Esto es lo opuesto del militarismo. El cristiano promueve la paz. Menno Simmons arguyó:

> Los regenerados no van a la guerra, ni se involucran en el conflicto.
>
> Son los hijos de la paz que han convertido sus espadas en rejas de arado, y sus lanzas en hoces, y ni se adiestrarán más para la guerra. (Isaías 2.4). Ya que debemos ser transformados a la imagen de Cristo, ¿cómo podemos pelear con nuestros enemigos con la espada? Dejamos las espadas y las lanzas de hierro para los que lamentablemente consideran la sangre humana y la sangre de cerdos de casi el mismo valor.[45]

EL ACTIVISMO CRISTIANO

Esta posición representa la convicción de que siempre es correcto participar en la guerra; es la convicción, «apoyar a mi país, esté en lo correcto o no». Los gobiernos tienen la autoridad para castigar el mal en el Antiguo Testamento y en el Nuevo Testamento. Génesis 9.5,6 es el comienzo del gobierno con la autoridad para derramar sangre, supuestamente para tratar con otras naciones que cometen agresión y violencia. Otro pasaje clave para esta posición es Romanos 13.1-7, que según esta posición, indica que el gobierno ha sido establecido por Dios, y que por lo tanto los cristianos debemos someternos. El versículo 4 ve al gobernador como un «ministro» de Dios que «lleva la espada» para hacer la justicia. Ya que el deber del cristiano es sumisión al estado, y el estado tiene la responsabilidad de usar fuerza, los cristianos debemos siempre pelear.[46] Los sentimientos personales no tienen parte en esto.

Para el activista, el gobierno es la única garantía de orden y seguridad. Si no hay gobierno, habrá anarquía. Así, los individuos que reciben los beneficios del gobierno deben también participar en su defensa, cuando sea necesario. Es justo, según esta posición, que el ciudadano cumpla este deber. Rehusar totalmente, o en parte, participar en la defensa de la nación y obedecer al gobierno causará más anarquía y caos. Los ciudadanos no pueden, entonces, tener la libertad de elegir si participarán o no en la guerra.

El mayor desafío para esta posición es cuando el estado manda algo en contra de los mandatos de Dios. Cuando les prohibieron a los apóstoles predicar el evangelio, respondieron, «Es necesario obedecer a Dios antes que a los hombres» (Hechos 5.29). En forma semejante, en el Antiguo Testamento, Sadrac, Mesac y Abed-nego desobedecieron la orden de postrarse delante de un ídolo (Daniel 3), tal como lo hizo Daniel cuando le ordenaron no orar (Daniel 6). Estos ejemplos bíblicos demuestran la falacia de la posición activista. El cristiano obedece al gobierno hasta que constituya un pecado obedecerlo.

LA TRADICIÓN DE LA GUERRA JUSTA

El pacifismo y el activismo son los dos extremos en la discusión sobre la guerra. El pacifismo dice que nunca es correcto participar en una guerra; el activismo dice que siempre es correcto. A través de la historia de la iglesia, un enfoque entre estos dos extremos se ha desarrollado, llamado la tradición de la guerra justa. Esta tradición ve algunas guerras como justas, y otras como injustas. El desafío está en discernir cuáles guerras son justas.

Desde la época del teólogo Agustín en el siglo cinco, la mayoría de los cristianos han aceptado la proposición de que existe un conjunto de criterios para evaluar si una guerra es «justa». Lo siguiente es un resumen de los criterios normalmente aceptados según la tradición de la guerra justa.

1. Una causa justa —Existe una causa justa para usar la fuerza cuando es necesario repeler un ataque injusto, para retomar algo que fue quitado injustamente, o para castigar el mal. Un ejemplo de esto es la invasión de Saddam Hussein a Kuwait en el año 1990. Éticamente hablando, los defensores de la guerra justa arguyen, la acción de Hussein fue un caso claro de agresión, y por lo tanto fue justificable cuando la comunidad mundial rechazó su agresión injusta.

2. Una autoridad legítima —Este criterio se centra en una autoridad legítimamente establecida y correctamente constituida,

usando fuerza para una «causa justa». En los Estados Unidos, esta «autoridad legítima» consiste en los poderes encomendados al presidente, o en el poder del congreso para declarar la guerra. En asuntos internacionales, la «autoridad legítima» puede ser el concilio de seguridad de las Naciones Unidas, que puede autorizar el uso de la fuerza. Este criterio se refiere a autoridad legítima, en contraste con individuos privados que pudieran hacer una guerra.

3. La intención correcta —Este criterio enfatiza la meta final del uso de fuerza. La meta debe ser, por ejemplo, detener o deshacer la agresión, y evitar la agresión en el futuro. El fin del uso de la fuerza debe ser la paz, y no la agresión o la guerra continuada. De nuevo, la guerra del golfo de 1991 ofrece un ejemplo de este criterio de la guerra justa. El mundo no tenía metas agresivas en contra del pueblo de Irak. La «intención correcta» en este conflicto significaba detener la agresión de Saddam Hussein, estableciendo la paz en el Medio Oriente, y asegurando que las protecciones garantizaran la paz en el futuro.

4. Los medios proporcionados —Como criterio, este punto se centra en usar medios justos para utilizar la fuerza; deben ser apropiados de acuerdo con la meta. Por ejemplo, permitir que se siga la agresión, según esta posición, significa aceptar la maldad y abrir la puerta para todavía más maldad. Por lo tanto, la fuerza militar, sea por tierra, aire, o mar, debe ser apropiada con la meta. El uso de armas nucleares, por ejemplo, sería desproporcionado para detener la agresión de una nación en desarrollo, sin fuerza aérea o marina. El uso de armas químicas o biológicas es otro ejemplo de medios desproporcionados.

5. El último recurso —Este criterio indica que el gobierno legítimo debe usar todos los recursos de diplomacia y de política internacional, incluyendo sanciones económicas, para forzar a la nación agresora a retroceder. Si el agresor responde con intransigencia y continúa la hostilidad, el gobierno legítimo no tiene ninguna opción excepto el uso de fuerza militar. De nuevo, la crisis de Irak en los años 1990-1991 es un ejemplo clásico de este criterio: los aliados usaron sanciones económicas, actividad diplomática, y diplomacia personal para cambiar las actividades agresivas de Saddam Hussein en contra de Kuwait. Él rehusó cambiar. Por lo tanto, sostienen los defensores de la guerra justa, el mundo actuaba con justicia cuando detuvieron sus acciones belicosas.

6. La inmunidad de los que no están en el combate —Este es el criterio más difícil para la posición de la guerra justa. La fuerza militar debe ser selectiva. Este principio busca proteger a los que no pelean en la guerra, prohibiendo que sean utilizados directamente por los militares, o que sean el blanco de las fuerzas militares. Por supuesto, esto significa usar todos los métodos posibles para evitar atacar intencionalmente a los civiles, dejar caer bombas en barrios civiles, o matar intencionalmente, sin discernimiento, a la población civil del enemigo.

Con el invento de armas de destrucción masiva, sean nucleares o químicas o biológicas, se ve que este criterio es difícil para la guerra moderna. La inmunidad para los no militares no existe. Como poblaciones enteras son destruidas, tampoco existe un medio proporcionado. Por eso muchos cristianos sostienen que la guerra nuclear no reúne los requisitos de este criterio, y que por lo tanto es inmoral y pecaminoso.[47]

En resumen, la posición de la guerra justa postula que la guerra debe ser peleada solamente por una causa justa, y no para buscar engrandecimiento, gloria, o venganza. La guerra debe ser declarada por una autoridad legítima y debe tener una posibilidad razonable de ganar. El bien producido debe valer la pena de la guerra y el resultado debe ser mejor que la opción de permitir que el problema que provocó la guerra continúe. La guerra debe ser el último recurso después de que hayan fracasado otras soluciones menos violentas. Las poblaciones civiles no deben ser atacadas deliberadamente, cada esfuerzo se debe hacer para minimizar los daños entre ellos, y ninguna fuerza innecesaria se debe usar en contra de las tropas o los civiles.

Los que sostienen esta posición ofrecen los siguientes pasajes bíblicos para apoyarla:

1. Génesis 9.6 —Aquí encontramos parte del pacto con Noé, donde Dios explica la responsabilidad de los humanos para ser instrumentos de su justicia. Con la muerte de los seres humanos viene la responsabilidad de castigar al asesino. Esto, por inferencia, es lo que deben hacer las naciones también — castigar a los agresores y perpetradores de la violencia internacional, aunque signifique usar la fuerza militar.

2. Mateo 22.21; 1 Timoteo 2.1,2; Tito 3.1; 1 Pedro 2.13 —En estos pasajes, se les instruye a los cristianos que deben practicar la obediencia civil hacia las autoridades correctamente constituidas. Como se dijo anteriormente en este capítulo, esto no es una obediencia ciega, porque cuando hay un conflicto entre la ley humana y la ley de Dios, el cristiano obedece a Dios.

3. Romanos 13.4 —En este pasaje clásico, Dios delega al estado la responsabilidad de usar la espada como instrumento de justicia y para castigar la maldad. Al extender este principio esta tradición sostiene que las naciones deben usar fuerza militar para promover la justicia y castigar la maldad.

4. Juan 18.11; Lucas 22.36 —En estos pasajes, Jesús habla del uso de la espada como instrumento de defensa propia. En el primero, reprende a Pedro por el mal uso de la espada; no condena el uso de la espada para defensa propia. En el pasaje de Lucas, Jesús parece permitir el uso legítimo de la espada para defensa propia, cuando, a la luz del rechazo hacia él de parte de la gente, instruye a sus discípulos, «el que no tiene espada, venda su capa y compre una». De nuevo, por inferencia, se justifica que las naciones que actúen en defensa propia utilicen la fuerza militar.

Se produce una gran tensión al analizar la tradición de la guerra justa. Pero, como vivimos en un mundo corrupto y pecaminoso, es probablemente la opción más sabia entre las tres opciones principales. Sin embargo, ¡nunca debemos estar totalmente tranquilos con esto! Debemos siempre sentirnos incómodos y preocupados cuando pensamos en esta opción y su implementación. Si una nación lucha en una guerra que considera justa, nunca debe hacerlo con arrogancia y con orgullo guerrero; al contrario, debe luchar con lágrimas y con una tensión dolorosa. Las guerras nunca deben ser fáciles. Esto sigue siendo uno de los asuntos éticos más perplejos para el cristiano.

LA PENA DE MUERTE

Tal como los asuntos de la guerra, el tema de la pena de muerte está lleno de tensión intelectual y teológica. Esta sección no habla de la práctica de la pena de muerte en los Estados Unidos o en ningún otro país. Más bien el enfoque está en la pregunta si hay apoyo bíblico para la pena de muerte como una responsabilidad del estado. Si los seres humanos llevan la imagen de Dios (Génesis 1.26,27), entonces tomar la vida de alguien que lleva su imagen en un acto premeditado de asesinato exige éticamente un castigo justo. Matar a un ser humano significa atacar al Dios Creador. Es un rechazo de su soberanía sobre la vida (Deuteronomio 32.39). Pero ¿es justo que el castigo sea la pena de muerte? Esta sección presenta el argumento a favor del sí como respuesta.

Hay varios pasajes bíblicos clave que presentan el caso por la pena de muerte como una obligación justa del estado:

1. Génesis 9.6—Cuando Noé salió del arca, Dios estableció una nueva relación con la raza humana y un nuevo código para las relaciones entre los humanos. Ya que el diluvio destruyó toda vida, las generaciones futuras podrían concluir que la vida no tiene mucho valor para Dios, y suponer que los humanos pueden hacer lo mismo. Sin embargo, el pacto afirma lo sagrado de la vida humana, y que el asesinato será castigado por la pérdida de la vida. El texto entonces, instituye el principio de la justicia del talión, o la justicia del castigo parejo. No es un principio severo, porque establece que el castigo debe ser apropiado de acuerdo con el crimen. Se resume en otro pasaje de la Palabra, «Ojo por ojo, diente por diente» (Éxodo 21.23-25). El punto de este pacto con Noé es que Dios removió la justicia de las manos de la familia del muerto, y la puso en las

manos del gobierno humano, eliminando el factor de la venganza personal y del enojo emocional.

2. **La ley de Moisés** —Cuando Dios reveló la ley moral a Moisés, no fue la primera vez que había autorizado el uso de la pena capital. Es central en Génesis 9.6, y está claramente implicado en Génesis 4 en su diálogo con Caín (vv. 10, 14). Lo que hizo Dios en la ley mosaica fue ampliar la responsabilidad para incluir el castigar por muchas otras ofensas: el asesinato (Éxodo 21.12; Números 35.16-31); el trabajo en el día de reposo (Éxodo 35.2); maldecir a los padres (Levítico 20.9); el adulterio (Levítico 20.10); el incesto (Levítico 20.11,12); la sodomía (Levítico 20.13,15,16); la profecía falsa (Deuteronomio 13.1-10, 18.20); la idolatría (Éxodo 20.4); la violación (Deuteronomio 22.25); mantener a un buey que ha matado a un ser humano (Éxodo 21.29); el rapto (Éxodo 21.16); y la intrusión de un extranjero en un lugar sagrado (Números 1.51; 3.10,38). La forma de ejecución era normalmente apedrear o quemar.[48]

3. **Romanos 13.1-7** —El versículo 4 es la clave en esta sección importante sobre la autoridad del estado en nuestras vidas. Le da al estado la autoridad para llevar la «espada» en su rol punitivo de la maldad: «porque no en vano lleva la espada, pues es servidor de Dios, vengador para castigar al que hace lo malo». La palabra usada para espada aquí es *machaira*, que se refiere no solamente a una espada usada en una batalla, sino también en las ejecuciones, como cuando Herodes mató a Jacobo, hermano de Juan en Hechos 12.1,2.[49] El uso de esta palabra de parte de Pablo da bastante apoyo al hecho de que Dios ha dado la autoridad al estado para ejecutar a malhechores.

En resumen, el principio de la justicia del talión implicado en Génesis 4.10,14 fue claramente instituido en Génesis 9.6 y reafirmado ampliamente en la ley de Moisés. También es un poder delegado al estado según Romanos 13.4. El Nuevo Testamento no negó el principio de la pena de muerte del Antiguo Testamento. Se afirma la continuidad de los dos testamentos.

¿ES LA PENA DE MUERTE UN FACTOR DISUASIVO?

Tanto los miembros del sistema de justicia criminal como los teólogos están divididos acerca de la pregunta si la pena capital impide conducta criminal. Cuando comparan las tasas de crimen de los estados que emplean la pena capital con los estados que no lo hacen, es imposible sostener que la pena capital sea un factor disuasivo. No obstante, desde la perspectiva de las Escrituras, eso no es el punto.

La perspectiva acerca de la pena de muerte presentada en este capítulo se enfoca en la razón bíblica fundamental para usar la pena capital. Específicamente, el hecho de matar a otro hombre (como imagen de Dios) exige la muerte del asesino, según la justicia del talión. Si esta forma de justicia impide más asesinatos es casi irrelevante. La justicia exige un castigo. El principio universal que Dios instituyó en Génesis 9.6 es tan válido y aplicable hoy como lo era en el día de Noé.

En conclusión, si estamos pensando en la guerra o en la pena capital, existe un enorme dilema. Ningún asunto es fácil; cada uno es intensamente difícil. Este capítulo ha sugerido que la tradición de la guerra justa es una posible manera de reducir algo del dilema sobre la cuestión de la guerra. También hemos defendido la pena capital como una cuestión de justicia. Tanto la guerra como la pena capital son practicadas con lamento y lágrimas, pidiendo a Dios discernimiento y sabiduría.

PREGUNTAS PARA REFLEXIONAR

1. Explique el uso del término matar en Éxodo 20.13.

2. Resuma en una sola oración las tres posiciones sobre la guerra:
   - El pacifismo
   - El activismo
   - La guerra justa

3. Resuma en detalle los pasajes bíblicos usados para defender el pacifismo y el activismo.

4. Mencione y explique los criterios usados para defender la tradición de la guerra justa.

5. Resuma en detalle la defensa bíblica de la tradición de la guerra justa.

6. Explique cómo cada uno de los siguientes pasajes ha sido usado para defender el principio bíblico de la pena capital:
   - Génesis 4.10,14
   - Génesis 9.6
   - La justicia del talión
   - Romanos 13.4

7. En la opinión del autor, ¿cuán importante es el tema de la disuasión como argumento para defender la pena capital?

Work Ethics

Arrive on time

Pd for 8 hrs

Don't use time - phone calls
Internet

Excellence

Keep work area clean

Don't be loud - talking
a lot

Excuses for not coming
to work

Chismes

Respect authority

Phil. 2 - humble

Be a learner

Don't always have to win

Value one another

Don't cause clicks

Be careful of attitudes

Just a note...

Capítulo 10

LA ÉTICA DEL TRABAJO Y DE LA RAZA

Algunos lo odian. Otros lo aman. Algunos harían cualquier cosa para evitarlo. Otros lo hacen demasiado. Aunque hay muchas actitudes diferentes hacia el trabajo, hay algo que permanece constante: hay que trabajar. Desde el huerto de Edén, todos hemos trabajado o hemos dependido del trabajo de otro para sobrevivir. Además, el trabajo determina el estilo de vida —dónde vivir, la hora en que se come y duerme, el tiempo con la familia, incluso la vestimenta. Si una persona no está contenta con su trabajo, el resto de su vida está en desarreglo. ¿Cuál debe ser la actitud del cristiano hacia el trabajo? ¿Es una bendición o una maldición? ¿Es un medio para justificar una vida de recreación y entretención? Este capítulo se enfoca en desarrollar una ética cristiana del trabajo y en determinar la perspectiva correcta de las relaciones en el trabajo.

Una perspectiva bíblica del trabajo

El trabajo fue ordenado por Dios. Fue su invento creativo desde el comienzo. Aunque normalmente no pensamos en Dios como alguien que trabaje, y aunque no sabemos todos los detalles, la Biblia declara que Dios trabajó (Génesis 1—2). Al trabajar, somos semejantes a Dios. Como Dios, el ser humano tiene la habilidad de trabajar, hacer planes, implementarlos, y ser creativo. Además, Génesis 1.29 y 2.15 proclaman que Dios dio a los hombres la tarea de gobernar y cuidar la creación. Carl Henry escribe:

> En su trabajo, el hombre comparte el propósito de Dios establecido en la creación de sojuzgar la naturaleza, sea un minero con las manos sucias, un mecánico con la cara llena de grasa, o un estenógrafo con los dedos manchados. El trabajo está lleno de propósito; es para servir a Dios, proveer un beneficio para la humanidad, y sojuzgar la naturaleza al programa moral para la creación. El hombre por lo tanto debe aplicar su ser completo —corazón y mente— al trabajo diario. Como colaborador de Dios, debe reflejar la habilidad creativa de Dios el día lunes en la fábrica tanto como el día domingo cuando conmemora el día de descanso y culto.[50]

Aparentemente, el trabajo de Adán y Eva antes de la caída tenía tanto una dimensión física como una dimensión espiritual. Con respecto a su trabajo en el huerto de Edén, Dios les dijo que «labraran» y que «guardaran» el huerto (Génesis 2.15). La palabra hebrea traducida «guardar» se usa en 3.24 para referirse al ángel que iba a «guardar el camino del árbol de la vida». Adán y Eva tenían la misma responsabilidad, una mayordomía espiritual inmensa, antes de su rebelión contra Dios. Por lo tanto, el trabajo tenía una dimensión física y una dimensión espiritual.

El trabajo no es solamente tedioso ahora, debido al pecado, sino dura toda la vida. Génesis 3.19 dice, «con el sudor de tu rostro comerás el pan *hasta que vuelvas a la tierra*» [énfasis añadido]. Aparentemente Dios quiere que los seres humanos trabajemos mientras tenemos vida. La actividad significativa juega un papel importante en el rol como ser humano: la jubilación no termina el trabajo; sino que debe incluir el trabajo para el bienestar de la persona. Esta verdad dice algo muy importante acerca de la manera en que la civilización occidental ve los años de jubilación. La edad mágica de 65 no deber poner fin al trabajo significativo y que tiene un propósito.

Cuando interpretan Génesis 3.17-19, algunos arguyen que el trabajo es resultado de la caída. Pero mientras el castigo de Dios en estos versículos tiene un efecto grande sobre el trabajo, el trabajo mismo no es un castigo. Lo que Dios quiere decir es que habrá dolor y esfuerzo cuando los humanos buscan resultados productivos. También hay fuerzas contrarias que restringen esos resultados. Hasta la muerte, los humanos siempre se enfrentarán con el trabajo doloroso y difícil. Dios no creó el trabajo como algo tedioso; eso es resultado del pecado. Por lo tanto, hoy en día se usan muchas expresiones que comunican el cansancio o el desagrado de tener que trabajar. El trabajo hoy es tedioso, difícil y muchas veces produce frustración.

A pesar del «sudor», el trabajo tiene tres propósitos básicos: satisfacer las necesidades humanas, proveer una cierta calidad de vida, y servir a Dios. Primero, el trabajo provee el dinero (o recursos) para comprar las necesidades de la vida. Jesús dijo que era apropiado orar por el «pan de cada día» (Mateo 6.11), y una manera en que esa oración es contestada es a través del trabajo. En segundo lugar, el trabajo mejora la calidad de vida. El trabajo da satisfacción en la vida, y esto es el factor más importante en pronosticar la duración de la vida, aun más importante que la felicidad general y otros factores físicos.[51]

Además, la salud psicológica y mental está relacionada con el trabajo. Una persona recibe un sentido de dignidad personal y valor de su trabajo. La mayoría de los estadounidenses, cuando se presentan, comparten su nombre y su ocupación. La gente sin trabajo frecuentemente sufre de depresión, baja autoestima, y de enfermedades mentales.[52] Dios ha dado el trabajo como un don para sentirse realizado en la vida. El hombre y la mujer deben disfrutar del trabajo, por más razones que simplemente recibir beneficios económicos. Eclesiastés 2.24,25 sostiene que «no hay cosa mejor para el hombre sino que ... se alegre en su trabajo. También he visto que esto viene de la mano de Dios. Porque ¿quién comerá, y quién se cuidará, mejor que yo?»

El propósito final del trabajo es servir a Dios. Colosenses 3.22—4.1 es el pasaje bíblico clave acerca de la actitud apropiada hacia el trabajo. Aquí Pablo escribe a siervos y amos. No obstante, recuerde que la gran mayoría de obreros en el imperio romano eran siervos, que normalmente trabajaban toda la vida con ciertos derechos limitados. En muchos sentidos, la relación del siervo con su amo es similar a la relación entre empleador y empleado hoy en día.

En este pasaje, el apóstol Pablo explica tres principios éticos del trabajo. El primero es el principio de la obediencia, la constancia, y la sinceridad (Colosenses 3.22). El cristiano debe considerar el trabajo un asunto de obediencia a Dios; es una mayordomía que exige un compromiso de obediencia y constancia, aun cuando no está mirando el jefe. También deben hacer su trabajo con sinceridad y diligencia. El segundo principio es el señorío de Jesucristo; los obreros cristianos sirven a «Cristo el Señor» (Colosenses 3.23,24). Alguien podría defender fácilmente el hecho de que Jesús es nuestro verdadero jefe. Trabajamos para él, y debemos ver nuestro trabajo como servicio para él, y no simplemente para el empleador. Finalmente, el versículo 24 dice que la razón por la cual los cristianos mantenemos una ética del trabajo tan alto es porque sabemos que Dios nos dará un premio. En otras palabras, hay significado eterno en el trabajo. Una parte del sistema de premios involucra premio por nuestro trabajo. ¿Qué sucedería con la calidad de los productos y toda la producción, si todos los obreros vieran su trabajo según la pauta de Colosenses 3? De este capítulo hasta ahora, parecería que la gente debería estar más entusiasmada acerca de su trabajo. Pero la realidad está al revés. Las huelgas, la baja productividad, las exigencias de los sindicatos, las ausencias, y los frecuentes cambios en trabajo son síntomas de trabajadores insatisfechos. Debido al pecado, el significado del trabajo ha sido distorsionado y tergiversado. El trabajo hoy es solamente un medio para llegar a un fin. La meta es disfrutar el producto final y trabajar solamente porque es un medio para llegar a ese fin —la vida cómoda. Aun los cristianos caemos en esta mentalidad. Pero la comodidad no es el fin. El trabajo, como hemos visto en este capítulo, es un fin en sí mismo. Es una mayordomía conferida por Dios, y cómo lo hacemos tiene implicaciones eternas.

LAS IMPLICACIONES DE LA ÉTICA CRISTIANA DEL TRABAJO

Según el argumento presentado en este capítulo, es posible deducir varias implicaciones para la ética cristiana del trabajo:

1. Todos deben trabajar. Ya que Dios ordenó el trabajo, los humanos encontrarán su realización solamente en el trabajo. Es la clave para encontrar el propósito en la vida.

2. La excelencia es la norma para el obrero. Efesios 6.6,7 exhorta al cristiano a servir «de buena voluntad, como al Señor y no a los hombres», no para complacer a los hombres sino

para complacer a Dios. La norma divina de la excelencia debe ser la norma humana.

3. El respeto y la obediencia deben ser observados en el trabajo. Tanto Colosenses como Efesios desafían al siervo (empleado) a mostrar respeto a su amo (empleador). El amo (empleador) también debe mostrar respeto y tratar con bondad a su siervo (empleado). El amor, el respeto mutuo, y la justicia deben caracterizar la relación entre empleador y empleado.

4. Todos las profesiones de todo tipo, suponiendo que son legales y bíblicamente éticas, son honorables delante del Señor. Simplemente no hay dicotomía entre el trabajo secular y sagrado. Todo trabajo da gloria a Dios y satisfacción al ser humano, si se hace con el fin de glorificar a Dios (1 Corintios 10.31).

5. El trabajo provee una oportunidad para testificar. Cuando el discípulo de Cristo sigue la ética del trabajo, manifiesta un mensaje fuerte, tanto verbal como no verbal, de un enfoque sobrenatural del trabajo. El mundo hoy necesita este testimonio poderoso.

6. El trabajo realmente es una forma de adoración. Tal actitud cultiva honestidad, integridad, y excelencia.

En conclusión, el evangelio de Cristo trae la transformación completa al ser humano. Trae responsabilidad personal, dignidad, y propósito —valores clave para una ética productiva, centrada en Dios. El trabajo diario del cristiano es una ofrenda diaria a Dios. Es una perspectiva transformadora, sobrenatural, con una perspectiva eternamente significativa acerca de los quehaceres habituales llamados «trabajo».

LA ÉTICA DE LA RAZA

Los Estados Unidos tiene una historia manchada con manifestaciones feas del pecado del racismo. El país institucionalizó la esclavitud obrera que era fundamentalmente racista en su orientación. Se centró en la esclavitud de los africanos. Requirió una guerra amarga y costosa (1861-1865) para destruir esta maldad monstruosa. Hoy, han pasado varias décadas desde que pasaron las actas de los derechos civiles (1964 y 1965) que liberaron a los afroamericanos de la segregación legal, la falta de derecho a voto, y la discriminación en el empleo. La identificación racial, de cualquier tipo, ya no presenta un impedimento para votar. La representación afroamericana en la Casa de Representantes ahora está llegando a la misma proporción de la población general. Aunque hay minorías (particularmente afroamericanos) que están lejos de igualdad económica con los caucásicos, las posiciones altas en el gobierno, en las fuerzas armadas, en el comercio, y en la educación, son alcanzables.

Sin embargo, casi todos están de acuerdo que todavía hay problemas, y que el sueño de Martin Luther King, Jr., de una sociedad integrada en que la gente fuera juzgada por su carácter y no por el color de su piel, todavía no se ha hecho completamente realidad. El racismo, con toda su fealdad, sigue siendo una parte de la civilización estadounidense. ¿Qué dice la Palabra de Dios acerca de las razas? ¿Cómo debemos considerar a la gente de distintos colores? ¿Cuál es la solución bíblica para los residuos del racismo hacia todas las minorías?

Hay varios pasajes que con clave para tener la mente de Cristo sobre el tema de la raza:

1 Corintios 1.18 —El apóstol Pablo establece que desde la perspectiva de Dios, hay solamente dos grupos de personas: los que están con Cristo, y los que están sin él. En otras palabras, los que han confiado en Cristo Jesús como Salvador, y los que no lo han hecho. La Biblia no permite que la diferencia en raza sea un factor para discriminar o evaluar a los seres humanos. La muerte de Jesús en la cruz del Calvario era para toda humanidad, sean rojos, negros, café, amarillos o blancos.

Génesis 9.20-27 —Históricamente, este pasaje ha sido utilizado para justificar la esclavitud de la raza negra que ocurrió en los Estados Unidos después del año 1619. Ya que algunos hijos de Cam poblaron África, la maldición de Noé (concluyen algunos) debe aplicarse a los que son de África. Muchas personas en el sur de los Estados Unidos antes de la guerra civil, usaron este argumento para justificar la esclavitud racial. Desdichadamente, esta percepción de la maldición de Noé permanece hoy.

La conducta de Noé después del diluvio dio ocasión al pecado de Cam. Hay un contraste increíble entre la conducta de Noé antes y después del diluvio. Noé, que caminó con Dios en justicia, plantó una viña, se embriagó, y quedó acostado en su tienda, desnudo. La Biblia nunca aprueba la embriaguez o la desnudez. Ninguna de las dos traerá gozo verdadero; al contrario, ¡son el origen de la esclavitud personal y de la decadencia!

Las acciones de Noé incitaron el pecado de Cam. El versículo 22 dice que Cam «vio la desnudez de su padre, y lo dijo a sus dos hermanos». A pesar de muchas interpretaciones, no hay evidencia clara de que Cam haya hecho algo más que ver la desnudez de su padre. Allen Ross lo aclara, «La desnudez era causa de vergüenza para la humanidad caída desde el comienzo del Antiguo Testamento. Para Adán y Eva, ya como pecadores, estar desnudo significaba vulnerabilidad y falta de dignidad.... Ser expuesto significaba ser desprotegido; ver a alguien desnudo lo deshonraba y significaba ganar una ventaja para posible explotación».[53] Al enfatizar el hecho de que Cam entró y vio la desnudez de Noé, Génesis apunta al acto de mirar como una falta moral, el primer paso en el abandono del código moral. En las palabras de Ross, «Cam profanó una barrera natural y sagrada. Ir a decir a sus hermanos sin cubrir al anciano agravó el acto».[54]

Pero la maldición de Noé en los versículos 25-27 fue sobre el hijo menor de Cam, Canaán, diciendo que Canaán sería «siervo de siervos» (esclavitud). La maldición de Noé anticipó en Canaán las características malas que marcaron a su padre Cam, y así lo condenó. El texto prepara al lector, mencionando dos veces que Cam era el padre de Canaán, indicando más que linaje. Para la mente hebrea, los cananeos eran la personificación más natural de Cam. «Todo lo que hicieron los cananeos en su existencia pagana fue simbolizado por la actitud de Cam. Desde el momento en que los patriarcas entraron en la tierra, estas tribus constituyeron la influencia corrupta para ellos».[55] Las constantes referencias a la «desnudez» y a «descubrir» en Levítico 18 indican un pueblo sexualmente esclavizado, recordando a Israel del pecado de Cam. Los descendientes de Cam no fueron malditos por lo que hizo Cam; fueron malditos porque actuaron como había actuado su antepasado.[56]

En conclusión, es simplemente imposible encontrar la justificación de la esclavitud o cualquier aspecto de inferioridad por la maldición sobre Canaán. Es una distorsión grave de la Palabra de Dios tratar de hacerlo. Además, como afirma Charles Ryrie, «también es irrelevante hoy, ya que sería difícil, si no imposible, identificar a un cananeo».[57]

Hechos 10.34,35 —El punto de este pasaje extraordinario es que la salvación que Dios ofrece es para todos los seres humanos en todo lugar, sin importar el trasfondo racial o las características raciales. Pedro aprende que «...Dios no hace acepción de personas, sino que en toda nación se agrada del que le teme y hace justicia». El odio o la discriminación racial es imposible cuando se ve a las personas como Dios las ve.

Santiago 2.1-9 —Se cuenta la historia de Mahatma Gandhi de su búsqueda de la verdad y la armonía para su gente de la India. Criado como hindú, Gandhi no creía que el hinduismo ofreciera la solución para la discriminación horrenda y el sistema rígido de castas en la India. Cuando estudiaba leyes en Sudáfrica, creía que el cristianismo podría ofrecer la solución para los problemas de la India. Esperando encontrar en el cristianismo lo que faltaba en el hinduismo, asistió a una iglesia en Sudáfrica. Como la iglesia de Sudáfrica abrazaba el sistema de segregación racial llamada apartheid, el portero le ofreció un asiento en el suelo. Gandhi objetó que sería mejor seguir siendo hindú, porque el cristianismo tenía su propio sistema de castas. ¡Qué tragedia!

Santiago 2 no permite esto. Santiago lamenta la situación típica de la iglesia primitiva en que los ricos tenían un lugar de privilegio y honor en el servicio de adoración, mientras que los pobres solamente podían sentarse en el suelo. Tales prácticas discriminatorias violan la regla de oro de Dios, «Ama a tu prójimo como a ti mismo». Mostrar favoritismo es un pecado; profana la norma divina de amor. La iglesia de Cristo debe ser un modelo de la imparcialidad sobrenatural que rehúsa discriminar. La iglesia debe mostrar el camino para toda la sociedad, porque solamente la iglesia ve a las personas como Dios las ve; lo que sea el trasfondo racial o étnico, todos necesitan a Jesús y llevan su imagen. La iglesia tiene la solución radical para la lucha social con las diferencias étnicas y raciales. Es una solución sobrenatural: los discípulos de Jesucristo que han experimentado su salvación y que se aman mutuamente con el amor sobrenatural de su Salvador. Todo el mundo necesita ver esta solución radical demostrada en la iglesia.

PREGUNTAS PARA REFLEXIONAR

1. Muestre en las Escrituras que el trabajo precedía a la caída de Adán y Eva en pecado.

2. ¿En qué sentido el trabajo tiene una dimensión espiritual?

3. ¿Qué propone el autor como los tres propósitos del trabajo?

4. Basado en Colosenses 3.21-4.1, resuma los tres principios del apóstol Pablo para el trabajo.

5. Mencione y describa las seis implicaciones de la ética cristiana del trabajo, según el autor.

6. Usando los siguientes pasajes de la Biblia, muestre que el racismo es un pecado.
   - 1 Corintios 1.18
   - Hechos 10.34,35
   - Santiago 2.1-9

7. ¿Cómo contestaría a alguien que dice que la «maldición de Cam» mencionada en Génesis 9 prueba que la esclavitud de los negros era parte del plan de Dios? Asegúrese de que tenga la interpretación correcta de Génesis 9.27-27.

CAPÍTULO 11

EL CRISTIANO, LAS ARTES, Y EL ENTRETENIMIENTO

Hoy, las artes —tanto el arte del espectáculo como el arte visual— son ignoradas por la iglesia de Cristo. Rara vez los evangélicos asisten a los museos de arte, los conciertos musicales, o el ballet. Tales actividades son consideradas seculares e indignas del cristiano. El resultado es que las artes son dominadas casi exclusivamente por los no creyentes. Pocos cristianos están en una posición de liderazgo en las artes, y pocos participan en el arte visual o el arte del espectáculo. Esto es una tragedia, porque Dios es un Dios de belleza, y él desea que sus criaturas reflejen su compromiso con la belleza también. Eso es ciertamente una parte de ser la imagen de Dios.

Franky Schaeffer, en un libro provocativo, *Addicted to Mediocrity* [Adictos a la mediocridad], arguye que los cristianos hemos sacrificado el lugar de preeminencia que habíamos disfrutado durante siglos, y hemos aceptado la mediocridad. Hoy en día, los artículos de regalo, la ropa, y las leyendas autoadhesivas para el auto son el mayor aporte de los cristianos a la expresión creativa. Esto es una situación triste, y no debe ser así. Los cristianos debemos participar en las artes. Olvidarse de esta área es abandonar una oportunidad clave para ejercer influencia (por ejemplo, las catedrales medioevales).

299

LA CREATIVIDAD —UN CONCEPTO CRISTIANO

Cuando el cristiano piensa en la creatividad, normalmente está relacionada con las artes. Se dice de los que tienen habilidad artística que son «creativos», mientras los demás que no tienen talento los miran con envidia. Pero esto está lejos de ser bíblico. Dios es un Dios de la belleza, de la creatividad, y de la variedad; solamente tenemos que ver la creación física para comprobarlo. Ya que llevamos su imagen (Génesis 1.26), la creatividad es parte de ser la imagen de Dios.

LA DEFINICIÓN DE LA CREATIVIDAD

Peter Angeles define *creación* como «hacer algo nuevo de algo que ya existe».[58] *La creación*, el sustantivo, se refiere al acto de crear o al producto del acto. *Creativo*, el adjetivo, se refiere a la cualidad que alguien tiene para crear. La forma verbal, *crear*, es transitiva, y significa «producir, dar origen a algo». Varias conclusiones surgen de esta definición:

1. La creatividad no es cuantitativa, sino cualitativa.

2. La creatividad es un proceso que involucra movimiento, progreso, y cambio —No hay un solo acto creativo, sino acción creativa. Pintar un cuadro involucra muchos actos; todos en conjunto, pintar es un proceso.

3. Ya que la creatividad es una cualidad y un proceso, no se puede medir —La única manera de «observar» la creatividad es por sus efectos (por ejemplo, los cuadros, las composiciones, las esculturas, etc.)

4. Puesto que crear es un verbo transitivo, siempre tiene un complemento directo —Así, el proceso creativo siempre tiene un producto. El compositor produce una composición; el pintor una pintura; y el escultor una escultura. El producto en Génesis 1.1 es el universo.

5. Finalmente, la creatividad es la realización de un potencial — Las cosas que existen tienen el potencial para ser reordenadas, unidas, o simplemente cambiadas.

PRINCIPIOS BÍBLICOS DE LA CREATIVIDAD

Arraigados en la proposición de que Dios es el creador y nosotros somos sus criaturas, los siguientes principios proveen la base para pensar y actuar bíblicamente cuando se trata de la creatividad. Tal fundamento, entonces, permite al cristiano ganar una nueva apreciación por las artes e involucrarse en ellas.

1. La creatividad humana deriva su valor de la creatividad de Dios —En Génesis 1.26-30, después de que Dios había terminado su obra creativa, dio el mandato de creatividad para la humanidad. Los seres humanos debemos sojuzgar y dominar su creación.

2. La creatividad humana manifiesta la imagen de Dios —Llevar la imagen de Dios significa que reflejamos su creatividad en nuestra capacidad humana para el deleite sensorial, intelectual, y emocional.

3. La creatividad está para ser desarrollada por todas las personas y no se limita a una elite creativa —Porque como seres humanos llevamos la imagen de Dios, todos tenemos cierta habilidad creativa.

4. La creatividad se extiende a todas las actividades culturales, incluyendo el arte, la ciencia, el trabajo, el juego, el pensamiento, y la acción —Una de las enseñanzas claras de la Palabra de Dios es el señorío de Jesucristo. Si él es Señor de todo, entonces ese señorío se extiende a todas las dimensiones de la vida.

5. La creatividad humana existe para la gloria de Dios —1 Corintios 10.31 aclara que debemos hacer todo para la gloria de Dios. Cada vez que ejercemos nuestro potencial de creatividad, estamos dando gloria al que nos creó y nos dio dones. ¡Toda la gloria sea para él![59]

CARACTERÍSTICAS DE LA CREATIVIDAD CRISTIANA

Lo que sigue es una lista sugerida de características que estimulan la creatividad. No es completa, sino solamente son sugerencias. Está arraigada en la proposición que Dios es creativo, y también lo son sus criaturas.

1. La persona creativa es completa —Esto significa que se ejerce la creatividad en todas las áreas de la vida; incluyendo la dimensión social, intelectual, espiritual, y psicológica. El cristiano que está madurando es una persona equilibrada, desarrollando cada aspecto de la vida.

2. La persona creativa es curiosa —La curiosidad es inquisitiva y deseosa de aprender y crecer. Cuando nos damos cuenta de que todos los aspectos de la creación son de Dios, nuestra meta es entender toda la creación de Dios. Nuestra curiosidad para aprender e investigar produce creatividad.

3. La persona creativa tiene coraje —Requiere coraje estudiar un tema nuevo, explorar un área nueva de conocimiento, o hacer alguna actividad nueva (por ejemplo, la pintura, la música, o el ballet). La valentía y el coraje van de la mano con la creatividad.

4. La persona creativa es humilde —El reconocimiento de la dependencia absoluta de Dios es el comienzo de la creatividad. Todos los dones y los talentos vienen de Dios, y los ejercemos para su gloria. La humildad y la comprensión apropiada de sí mismo son clave para el ejercicio correcto de los dones de Dios.

EL CRISTIANISMO Y LAS ARTES

Muchos evangélicos tienen un vago sentimiento de incomodidad acerca de las artes. No están seguros de que el arte tenga un valor significativo. Están confundidos acerca de dónde ubicarlas entre las prioridades de Dios.

Esta confusión y el malentendido producen una de dos actitudes sobre el arte: o antagonismo o abandono. Gordon Jackson observa, «Sea el activismo de hostilidad y antagonismo...o sea la pasividad de la inacción y el abandono, el resultado es el mismo: existe dentro de los círculos evangélicos poco apoyo para las artes, y existe aun menos interés en integrar ese segmento de la cultura con la fe cristiana». El analfabetismo cultural, arguye Jackson, es un resultado; poca producción de arte de buena calidad de parte de los cristianos es otro resultado. Por ejemplo, puntualizó que, de aproximadamente treinta y tres millones de evangélicos que asisten a la iglesia en los Estados Unidos, «no ha surgido ni un solo novelista destacado».[60]

EL VALOR DEL ARTE

Dorothy Sayers nota que la primera cosa que aprendemos acerca de Dios es que él crea.[61] Como el Creador del universo, Dios es el ejemplo máximo de la expresión creativa:

> Si podemos aprender algo del carácter de Dios de este mundo alrededor, seguramente es que Dios es creativo, es un Dios de diversidad, un Dios que tiene interés en la belleza y en los detalles. Esto es incuestionable cuando miramos el mundo que ha hecho, y a la gente misma, que son producto de su mano artística.[62]

Dios crea para utilidad, para disfrutar, y para revelar su carácter. Algunos aspectos de su creación son exhibiciones bellas de su creatividad, pero nunca han sido vistos por los seres humanos. Philip Yancey hace la pregunta, «¿Por qué los animales más lindos del mundo están escondidos de todos los seres humanos, excepto los que tienen equipaje de buceo? ¿Para quién son bellos?»[63] Evidentemente, su belleza es solamente para Dios. Schaeffer comenta, «vivimos en un mundo lleno de belleza «inútil»».[64] Por lo tanto, el arte tiene un valor intrínseco.

Como se ha notado en este capítulo, ya que nosotros llevamos la imagen de Dios, así también nosotros somos llevados «profundamente en la naturaleza de nuestra habilidad creativa humana. Porque una de las marcas de la imagen de Dios que llevamos es que nosotros también somos, a nuestra manera limitada de criaturas, creadores. Este aspecto de la imagen de Dios es más evidente en el arte que en cualquier otra actividad humana».[65] Tal como el arte de Dios no necesita justificación, tampoco el nuestro; tiene un valor inherente, porque Dios lo ha dado como parte de su imagen. Es inherentemente bueno delante de él.

Una función básica del arte es que expresa y establece los valores y su enfoque de vida.[66] Esto es obvio porque el arte normalmente se trata de los temas principales de la vida: la vida y la muerte, el amor y el odio, etc. El enfoque de vida expresado en el arte de una cultura refleja el enfoque de vida de la gente de esa cultura. Observe el impacto de la música moderna y el entretenimiento. Por eso el abandono de las artes de parte de los cristianos es potencialmente muy devastador para el cristianismo.

Schaeffer sostiene, «Cualquier grupo que voluntariamente o inconscientemente abandona la creatividad y la expresión humana entrega su rol eficaz en la sociedad en que vive. En términos cristianos, su capacidad para ser la sal de esa sociedad está severamente disminuida.[67]

Otro valor relacionado, pero diferente, para la expresión artística es que ofrece discernimiento acerca de la realidad. La expresión artística comunica lo familiar en una manera fresca, iluminadora. El arte permite que alguien experimente nuevas perspicacias acerca de sí mismo, acerca de otros, y acerca del mundo alrededor. Por ejemplo, leer un cuento acerca de alguien que lamenta la muerte de su padre ayuda a comprender lo que significa perder al padre. Un buen cuadro de la pobreza aumenta nuestra comprensión de cómo es ser pobre.

El arte también tiene poder emocional. Puede comunicar una perspectiva de la verdad mejor que cualquier otra cosa. Por ejemplo, *El Mesías* de Handel es una de las mejores expresiones de la gloria de Dios. *El Mesías* de Handel comunica ese elemento subjetivo de la verdad como pocas obras musicales.

EL VALOR DE ARTES ESPECÍFICAS

Los artistas crean obras de arte, y el resultado es una diversidad de literatura, música, danza, cinematografía, y artes gráficas. Dentro de estos diferentes campos, cada pieza de arte es única y requiere una evaluación propia. Si el arte en general tiene valor inherente, ¿cada obra de arte también tiene un valor inherente? ¿Son todas las obras de arte del mismo valor, o se debe fijar su valor según ciertas normas?

Aunque la habilidad creativa humana es parte de ser la imagen de Dios, esta imagen fue manchada por la caída. Gaebelein nos recuerda, «Ningún pensador bíblico, sea en el campo de la estética o en cualquier otro campo, puede permitirse minimizar el hecho de que, debido a la caída, el hombre tiene una inclinación innata hacia el pecado, y que esa inclinación se ve en todo lo que hace».[68]

¿Puede tal arte tener valor inherente? ¿Será inherentemente bueno según Dios? Si el arte tiene potencial para el bien, también tiene potencial para el mal. Como productos de la humanidad caída, el arte está teñido por la naturaleza pecaminosa del hombre. Como producto de seres finitos, el arte es una expresión imperfecta de la naturaleza creativa de Dios. ¿Qué debemos entonces hacer? ¿Qué criterio deben usar los cristianos para evaluar el arte?[69]

Permítame sugerir tres criterios básicos para evaluar el arte y la belleza. Primero, ¿tiene habilidad el artista? (¿Domina el medio artístico?) En segundo lugar, ¿cuál es el contenido de la obra de arte? (¿Comunica la verdad, moralidad, un enfoque de vida?) Finalmente, ¿cuán creativa es la obra de arte? (¿Da una perspectiva nueva?)

En cada uno de estos criterios, Dios tiene un ideal para la belleza artística. En cuanto a habilidad, está complacido con la excelencia. En cuanto al contenido, le agrada la verdad. En cuanto a creatividad, le gusta la calidad y la profundidad. Cada uno de estos criterios es un reflejo de su carácter —la excelencia, la verdad, y la creatividad. Sin simplificar demasiado este tema complejo, parece que cuánto más se acerca una obra de arte a estos ideales, más agrada a Dios. Sin embargo, la belleza permanece nebulosa, arguye Gaebelein:

> Hablar de la belleza exclusivamente en términos de armonía y orden no hace justicia a su capacidad de expresar poder y verdad.... La disonancia en la música, el realismo en la literatura, y lo «feo» en el arte visual, todos tienen una relación indispensable con la belleza. El concepto de la belleza en el arte debe ser suficientemente amplio para incluir las astringencias estéticas. Porque la belleza lleva distintas caras.[70]

Ser cristiano no significa ser apartado del mundo para vivir como un ser espiritual solamente. Al contrario, significa ser transformado a la imagen que Dios tenía para los seres humanos en el momento de la creación. La santificación significa hacer verdaderos seres humanos. (Ver 1 Tesalonicenses 5.23, donde se refiere al «espíritu, alma, y cuerpo» como la santificación completa.) Rookmaker sostiene que «...Dios es el Dios de la vida, y ...la Biblia enseña a la gente cómo vivir, cómo relacionarse con nuestro mundo, la creación de Dios».[71] Esto seguramente muestra la necesidad de un enfoque bíblico del arte. Tal enfoque se refleja en el llamado de Calvin Seerveld a la Iglesia a reconocer el valor y la necesidad del arte:

> Este es mi argumento para ustedes, los cristianos: Dada la situación contemporánea de desesperación sostenida y locura práctica...¿cómo pueden vivir abiertamente en este mundo, el teatro cósmico y divino de maravillas, mientras los no creyentes, preservados por

la gracia (común) de Dios, se deleitan en la música y el drama, la pintura, la poesía, y la danza, con colores revueltos, y levantando un sonido de alabanza para sí mismos y para sus dioses falsos, ¿cómo pueden vivir abiertamente y quedar en silencio? ... El hecho de que los hombres con una comprensión oscura pueden festejarse debajo de la nariz de Dios y maldecirlo con expresiones de arte terribles, desesperadas, y repudiablemente poderosas, debería dolerles.... Solamente el arte diferente, no la censura, podrá tomar en serio esta antítesis y enfrentarla.[72]

EL CRISTIANISMO Y EL ENTRETENIMIENTO

Uno de los inhibidores más grandes del potencial creativo es la televisión. Según Richard Zoglin, «excepto por la escuela y la familia, ninguna institución juega un papel más grande en la formación del niño norteamericano» que la televisión.[73] El niño típico norteamericano mirará 5.000 horas de televisión antes del primer año de escuela, y habrá mirado un total de 19.000 horas cuando se gradúe de la escuela secundaria. El total de horas que mirará durante su vida sumará nueve años cuando tenga 65 años de edad.[74] ¡El hogar típico hoy tiene el televisor encendido 6 horas y 17 minutos cada día!

El efecto en el cerebro de ver televisión es asombroso. Clement Walchshauser observa que «ver televisión produce estados muy alterados de las ondas cerebrales cuando alguien ve solamente veinte minutos». Pone al cerebro en una condición totalmente pasiva, inconsciente de su ambiente, y minimiza la capacidad de atención.[75] Además, ver televisión en forma obsesiva produce otros efectos negativos:

- Exige nuestro tiempo —Casi produce adicción, involucrando al observador, resultando en más tiempo mirando televisión, y menos tiempo sirviendo a Dios, en familia, o en otras actividades.

- Determina conducta —Un informe nacional titulado Television and Behavior [Televisión y conducta] fue publicado por El Instituto Nacional de Salud en el año 1982. El informe, un resumen de más de 2.500 estudios realizados desde 1972, demostró «evidencia convincente entre niños de una relación de causa y efecto entre ver violencia en la televisión y hacer actos de violencia».[76]

- Distorsiona la percepción de la realidad —Los niños especialmente confunden la vida real con la vida y los valores de la televisión. Un estudio reciente descubrió que 90% de los niños varones entrevistados prefiere ver su programa favorito de la televisión que pasar tiempo con sus padres. Quintin Schultze informa que «...la atracción de la televisión es fuerte para los jóvenes, a quienes les gustan especialmente los personajes agresivos y la violencia automovilística de los programas de acción».[77]

- Adormece la sensitividad moral —Una dieta constante de telenovelas, comedias, y películas hace perder la sensitividad, haciendo que se acepte lo que antes se habría rechazado (por ejemplo, el adulterio, el sexo prematrimonial, la homosexualidad, el asesinato, y la ira violenta). Mirar en forma obsesiva tales actividades produce una aceptación y una tolerancia de actos que son repugnantes delante de Dios.

- Destruye la vida familiar significativa —El tiempo frente al televisor disminuye el tiempo para juegos familiares, la lectura, la música, etc. Puede ser letal para el cultivo de la creatividad.

Mirar televisión en forma obsesiva, entonces, no solamente afecta el potencial de creatividad, sino también puede producir un comportamiento marcadamente negativo. Estas pautas, arraigadas en las Escrituras, nos ayudan a desarrollar principios sabios:

1. El principio de la mayordomía del tiempo (Efesios 5.15,16) —El tiempo es como cualquier otra posesión. Esto incluye la selección del entretenimiento, y la cantidad de tiempo que requieren estas actividades.

2. El principio del control (1 Corintios 6.12; Gálatas 5.23) —El dominio propio es un fruto del Espíritu. No hay mejor prueba de esta virtud que la disciplina personal en lo que se ve en la televisión.

3. El principio de la pureza moral (Filipenses 4.8) —Tenemos que decidir seguir esta pauta: «todo lo verdadero, todo lo honesto, todo lo justo, todo lo puro, todo lo amable, todo lo que es de buen nombre; si hay virtud alguna, si algo digno de alabanza, en esto pensad». Estas virtudes forman un filtro para tomar decisiones sabias acerca del entretenimiento.

4. El principio de la edificación (1 Corintios 10.23) —El creyente en Cristo Jesús tiene mucha libertad, pero con esa libertad viene una inmensa responsabilidad. Aunque tenemos libertad para participar en muchas formas de entretenimiento, muchas de esas formas no nos edifican en la fe cristiana. Incluso, una dieta regular de pobre entretenimiento puede destruir nuestra fe.

5. El principio de la gloria de Dios (1 Corintios 10.31) —No hay excepciones al tema general de este libro, que es que

debemos hacer todo para la gloria de Dios, incluyendo la selección de entretenimiento.

¿Qué debemos hacer entonces, los cristianos? La selección de entretenimiento no es fácil, pero si seguimos estos principios, podemos hacer varias sugerencias prácticas para tomar decisiones sabias:

- Participe activamente en la selección de entretenimiento —Sea un pensador crítico. Siempre pregunte, «¿Cómo me está afectando?» Cuando se trata de entretenimiento, la pasividad no es aceptable.
- Sea cuidadoso en elegir el entretenimiento para la familia —La televisión o el cine no son las únicas opciones. Considere visitar un museo de arte, asistir a un concierto, o conocer un lugar histórico. Además, considere tiempos de lectura familiar, cuando se lee un libro en voz alta.
- Lea las descripciones de los programas y de las películas con cuidado y con criterio —Prepare a sus hijos para lo que verán, y converse con ellos acerca del contenido, los temas, y el enfoque de vida presentados en los programas o en las películas.
- Mantenga un registro de lo que gasta la familia en entretenimiento —Evalúe periódicamente con los hijos si están gastando demasiado.
- No se quede mirando pasivamente los comerciales —Conversen entre todos acerca del producto o del contenido persuasivo del comercial.
- Practique el hábito de apagar la televisión —Explique a sus hijos que, cuando hay algo ofensivo o algo que produce adicción, es sabio ejercer dominio propio de esta manera.

El Salmo 101.2,3 es apropiado:

Entenderé el camino de la perfección...
En la integridad de mi corazón andaré en medio de
mi casa.
No pondré delante de mis ojos cosa injusta.
Aborrezco la obra de los que se desvían;
Ninguno de ellos se acercará a mí.

PREGUNTAS PARA REFLEXIONAR

1. ¿Cómo define el autor la creatividad? ¿Está de acuerdo?
Ofrezca su propia definición.

2. Mencione y explique los principios bíblicos de la creatividad.
Cite ejemplos de cada uno.

3. Comente sobre el argumento del autor de que la televisión es
enemiga de la creatividad. ¿Está pidiendo que se saquen los
televisores de los hogares cristianos? ¿Está de acuerdo con
su análisis?

4. Mencione y resuma los principios bíblicos para tomar decisiones sabias en la selección de entretenimiento citados por el
autor. ¿Está de acuerdo con todos?

5. Haga una lista de las pautas prácticas para tomar decisiones
sabias con respecto al entretenimiento. ¿Está de acuerdo?
¿Puede agregar algunas propias?

6. El autor arguye que los cristianos frecuentemente estamos confundidos acerca del rol del arte en nuestras vidas, haciendo que tratemos el arte con antagonismo o con indiferencia. Explique lo que quiere decir.

7. ¿Qué quiere decir el autor cuando propone que el arte tiene valor intrínseco, y no solamente valor utilitario?

8. Resuma el significado de estos propósitos del arte:
   - El arte refleja el enfoque de vida de la gente.
   - El arte refleja la realidad.
   - El arte tiene poder emocional.

9. Haga una lista de los tres criterios para considerar si una obra de arte es agradable para Dios.

10. Explique cómo el autor usa la cita de Seerveld acerca del reconocimiento del arte de parte de los cristianos.

CAPÍTULO 12

EL CRISTIANO Y EL MEDIO AMBIENTE

En el mundo de hoy, hay una confusión enorme acerca de lo que debe ser nuestra actitud con respecto al medio ambiente. Shirley MacLaine dice que debemos declarar que todos somos dioses. Disciplinado, pero sin ser castigado, el teólogo católico Matthew Fox dice que debemos dejar de lado la teología centrada en el pecado y la redención, y debemos desarrollar una espiritualidad de creación, siendo la naturaleza nuestra revelación principal, y el pecado un recuerdo lejano. En 1967, historiador Lynn White, Jr. sostenía que era precisamente el enfoque cristiano de las personas que creó el problema ecológico. Mientras tanto, muchos evangélicos casi celebran la destrucción del planeta tierra, citando con entusiasmo la decadencia como prueba del retorno de Cristo.[78]

Complicando las cosas más todavía está la aparición, dentro del cristianismo, de la doctrina de la Gaia, representada en forma más famosa en el libro de Rosemary Ruether.[79] Ruether sostiene que el dominio masculino sobre las mujeres, y el dominio de los hombres sobre la naturaleza están interconectados. Ella define el *pecado* como relaciones malas entre los seres humanos, y entre ellos y el resto de la naturaleza, que producen no solamente la injusticia económica y política, el racismo y el sexismo, sino que causa también la destrucción de la creación entera. La hipótesis Gaia se fundamenta en la tesis que nuestro planeta es una criatura viva. La teoría, incluso, atribuye un poder divino a la Tierra. Ella está viva, y el respeto por ella es la clave para restaurar las relaciones destruidas por el dominio masculino.

¿Qué debemos pensar acerca de todo esto? ¿Será culpable el cristianismo por la crisis del ambiente? Como cristianos, ¿de qué manera debemos tratar el mundo físico? ¿Cuál es el valor de la vida no-humana? ¿Cuánto cuidado debemos tener con la naturaleza? ¿Cómo ve Dios la creación no-humana? Cuando mi hija tenía como seis años, la encontré matando hormigas sistemáticamente en la vereda. Le pregunté qué estaba haciendo. Ella contestó, «Papá, a mamá no le gustan las hormigas, así que yo estoy matándolas». Captando que era un buen momento para enseñarle algo, le pregunté, «Joanna, ¿piensas que Dios está contento cuando matas a las hormigas así? ¿Están en los muebles de la cocina de la mamá? ¿Están haciéndonos algún daño aquí en la vereda?» Ella no sabía cómo responder al principio. Después hablamos de tratar con respeto la creación de Dios, porque Dios nos pide que la cuidemos. Dudo que haya entendido todo lo que conversamos, pero fue el comienzo de un proceso de enseñanza sobre la mayordomía de la creación de Dios.

En 1970, Francis Schaeffer publicó *Pollution and the Death of Man: The Christian View of Ecology* [La contaminación y la muerte del hombre; el enfoque cristiano de la ecología]. Mucho de la materia en este capítulo es un eco de su argumento. El trabajo pionero de Schaeffer continúa influyendo en mi pensamiento acerca del medio ambiente y mi responsabilidad en esta área.

ENFOQUES INADECUADOS DE LA RESPONSABILIDAD HUMANA HACIA LA CREACIÓN

La teología es el mayor tema del debate actual acerca del medio ambiente físico. Hay por lo menos tres perspectivas en la cultura hoy. Primero, hay una perspectiva de igualdad, frecuentemente asociada con San Francisco de Asís, declarando que todos los aspectos de la creación son iguales; no hay diferencia entre los pájaros y los humanos. Las leyendas acerca de Francisco lo muestran predicando a los pájaros, dando consejo a un lobo que amenaza un pueblo en Italia. Bíblicamente, los particulares de la creación no son iguales. Génesis 1 y 2 dejan claro que los humanos son la corona de la creación. Los humanos son los únicos que llevan su imagen. Jesús No murió por los pájaros; murió por los seres humanos.

La segunda perspectiva es el panteísmo, el concepto de que toda realidad es una; todo es Dios y Dios es todo. Los panteístas razonan que no se deben cortar las secuoyas de California porque los árboles son dioses. También opinan que se deben salvar las ballenas porque los animales son dioses. Así es la posición panteísta expresada por muchas celebridades, por la hipótesis Gaia, y por el enfoque de vida de la Nueva Era. La Biblia enseña que Dios está presente en todas partes (Salmo 139), pero rechaza la idea de que Dios es todo. Él creó todas las cosas, y está por encima y más allá de su creación. Por lo tanto, el panteísmo es simplemente inaceptable.

La tercera posición es una dicotomía platónica, sosteniendo que lo único importante es el mundo espiritual, y que el mundo material no tiene valor para Dios, o para nosotros. Esta filosofía ve el mundo como algo pasajero, así que no importa si lo trata-

gnosticismo

mos bien o si abusamos de él. De nuevo, las Escrituras no apoyan esta idea. La Biblia habla de la creación como algo bueno (por ejemplo, Génesis 1,2; 1 Timoteo 4.4). Es incorrecto considerar la creación como algo de poco valor. Además, el cuerpo físico es tan importante para Dios que un día Él lo resucitará (Apocalipsis 20.5; 1 Tesalonicenses 4.16).

Principios bíblicos para una perspectiva correcta del medio ambiente

Un enfoque bíblico correcto de la creación física comienza con un enfoque correcto de Dios. El desafío es mantener un equilibrio entre la trascendencia de Dios y su inmanencia. Su trascendencia destaca el hecho de que es radicalmente separado de su creación; está por encima de, y aparte de su mundo físico. Su inmanencia destaca su presencia en su mundo físico. Poner énfasis en su inmanencia, a expensas de su trascendencia lleva al panteísmo, en que todo es Dios. Poner énfasis en su trascendencia al costo de su inmanencia podría llevar a menospreciar el mundo físico como insignificante, un instrumento de explotación. Ninguno de los dos es adecuado, y ninguno honra a Dios. Debe haber un equilibrio entre su trascendencia y su inmanencia, entre su participación íntima en cada aspecto de su creación (Salmo 139), y su distinción radical de la creación. Mientras la creación es finita, limitada y dependiente, él es infinito, ilimitado y totalmente independiente.[80]

En segundo lugar, necesitamos un enfoque correcto del hombre. La Biblia declara que el ser humano es único. Este libro ha puesto mucho énfasis en el hombre y la mujer como la imagen de Dios, en comunión con él. No se puede decir eso de ningún otro aspecto de la creación (Génesis 1.26-30). Como se presentó en el capítulo 10, Génesis 2.15 no permite un dominio que explote la creación. Los humanos debemos servir y cuidar con amor la creación de Dios. Somos mayordomos de Dios sobre su creación. Él es soberano; nosotros tenemos dominio.

Los seres humanos son tanto interdependientes con la creación, como únicos dentro de ella, porque solamente nosotros llevamos su imagen y somos mayordomos sobre la tierra. Los cristianos frecuentemente olvidamos nuestra interdependencia con el resto del mundo. Nuestra existencia diaria depende del agua, del sol, y del aire. Existe un ecosistema global.[81] Es muy importante cuidar el agua, los árboles, y los animales. Si son dañados, también seremos dañados.

Francis Schaeffer postuló que los humanos tenemos dos relaciones —una vertical, y otra horizontal. La relación vertical acentúa la relación personal con Dios, una relación que el resto de la creación no disfruta. La relación horizontal acentúa la dimensión de «criatura» con el resto de la creación (Génesis 2.7; Job 34.14,15). Como es frecuente con muchos temas de debate, lo difícil es mantener un equilibrio. Por un lado, tendemos a destacar la relación vertical, excluyendo la relación horizontal, y por lo tanto pasamos por alto, o explotamos el mundo físico. Por otro lado, tendemos a destacar la relación horizontal, excluyendo la relación vertical. El gran error de la hipótesis evolutiva es que ve a los humanos como producto de la fuerza impersonal de la selección natural, y no como producto del diseño inteligente de Dios.[82]

En tercer lugar, la creación no-humana tiene mucho significado para Dios. Él hizo el mundo a propósito, y se goza de él. En 1 Timoteo 4.4 dice, «Porque todo lo que Dios creó es bueno, y nada es de desecharse, si se toma con acción de gracias». Salmo 104.31 también relata cómo Dios se alegró en sus obras. El punto es, el mundo físico es importante para Dios, entonces debe serlo para nosotros también —sus criaturas (Job 39.1,2; Colosenses 1.16; Salmo 19.1-4).

Como explica Ron Sider, es imperativo que notemos que Dios tiene un pacto, no solamente con los humanos, sino también con la creación no-humana. Después del diluvio, Dios hizo un pacto con la creación física: «He aquí que yo establezco mi pacto con vosotros, y con vuestros descendientes después de vosotros; y con todo ser viviente que está con vosotros; aves, animales y toda bestia de la tierra que está con vosotros, desde todos los que salieron del arca hasta todo animal de la tierra».[83] El mundo físico tiene dignidad y valor, aparte de su servicio para la humanidad.

Increíblemente, el plan de Dios para la redención tiene una cualidad cósmica. Como dice Sider, «Este hecho provee un fundamento clave para el desarrollo de una teología cristiana para una edad ecológica».[84] La esperanza bíblica de que toda la creación, incluyendo el mundo material de cuerpos y ríos y árboles, será parte del reino, confirma que la creación es buena e importante. Romanos 8.19-23 demuestra que en el retorno de Cristo, cesará el gemido de la creación, porque la creación será transformada: «porque también la creación misma será libertada de la esclavitud de corrupción, a la libertad gloriosa de los hijos de Dios» (v. 21).

EL MOTIVO PARA UNA BUENA MAYORDOMÍA

Ya que somos mayordomos sobre la creación de Dios, ¿cuál debe ser nuestra motivación? ¿Somos buenos mayordomos por razones pragmáticas o por razones morales? El enfoque pragmático postula que debemos ser buenos mayordomos del mundo porque tenemos que hacerlo para sobrevivir. Por ejemplo, si cultivamos irresponsablemente la tierra, perdemos la capa de buena tierra en la superficie, perjudicando la posibilidad de producir alimentos. Si matamos serpientes sin cuidado, tendremos una plaga de roedores. Si sacamos cobre irresponsablemente de las minas, causaremos una erosión horrenda que daña el agua. Si quemamos los bosques, contaminamos el aire y destruimos árboles que producen oxígeno, y perjudicamos nuestro suministro de oxígeno. Pero la Biblia rechaza esto como el motivo principal para ser buenos mayordomos.

Al contrario, las Escrituras imploran al hombre ejercer buena mayordomía sobre el mundo físico porque esto demuestra honor y respeto por algo que Dios ha creado. La creación física no debe ser explotada, porque es moralmente malo usar incorrectamente la creación de Dios. Cuando tenemos la perspectiva de Dios, cultivamos responsablemente, evitamos la destrucción innecesaria de vida animal, sacamos el cobre de las minas en forma responsable, y dejamos de quemar los bosques, porque respetamos y honramos lo que Dios ha honrado y respetado. Mostramos honor al mundo físico con el cual Dios tiene un pacto. Los cristianos, entonces, debemos ser líderes en una ecología responsable. Como mayordomos de Dios, lo representamos cuando honramos su mundo físico.

La solución del medio ambiente

Schaeffer sostiene que la iglesia debe ser una «planta piloto», donde se ve un modelo de relaciones apropiadas entre los seres humanos y el mundo físico.[85] La iglesia, dice, debe ser un lugar «donde la gente puede ver en nuestras congregaciones y nuestras misiones una sanidad sustancial en todas las dimensiones, en todas las alienaciones, producidas por la rebelión del hombre».[86] Este macro-plan para reconciliación debe comenzar con la iglesia, involucrando cinco dimensiones.

Los humanos en una relación apropiada con Dios

Para que ocurra cualquier tipo de reconciliación, los humanos deben confiar en Jesucristo para su salvación. Esto es lo que quiso decir el apóstol Pablo cuando se refirió a su ministerio como uno de «reconciliación» (2 Corintios 5.18) —reconciliando a Dios con la humanidad a través de la obra cumplida de Jesucristo. Los humanos nunca podrán ejercer una mayordomía que honre a Dios, sin ser primero reconciliados con él por medio de Cristo.

Los humanos en una relación apropiada consigo mismos — *Sanity Psycological health*

Los humanos deben verse como Dios los ve —de infinito valor, como criaturas y, en Cristo, como redimidos. Ya que compartimos el enfoque que Dios tiene de nosotros mismos, hay un respeto apropiado por el cuerpo como algo eternamente importante. Una marca de un cristiano redimido es un compromiso con el cuidado y el respeto por el cuerpo. Pertenece a Dios, y permitir que sea un instrumento de pecado, o tratarlo sin respeto dice algo acerca de Dios, porque él lo creó y lo redimió. El cristiano ya no es independiente, sino depende para siempre del Señor, quien lo redimió (Romanos 12.1,2; 1 Corintios 6.19,20).

Los humanos en una relación apropiada con otros humanos

Ya que tenemos la mente de Cristo, los cristianos miramos a otros humanos a través de los ojos de Dios. Los cristianos tratamos a todo ser humano con respeto, dándonos cuenta de que somos criaturas también, y que compartimos el valor como imagen de Dios. Esto está en el corazón del mandamiento de Jesús

Social grad relations

de amar a Dios con el corazón, el alma, la mente y la fuerza, y de amar al prójimo como a sí mismo. La historia del buen samaritano ilustra con fuerza cómo debemos amar a nuestro prójimo (Lucas 10.30-37). Todos los humanos, redimidos y no redimidos, son de valor para Dios.

LOS HUMANOS EN UNA RELACIÓN APROPIADA CON LA NATURALEZA

Los humanos deben tratar cada aspecto de la creación física con respeto y honor. Si toda la creación es «buena», entonces sus discípulos debemos estimarla tal como él la estima. Es éticamente malo destruir innecesariamente lo que Dios ha creado. La creación no-humana sirve a los humanos; eso es el significado del dominio humano. Pero los humanos servimos a la creación de Dios con respeto y honor; somos mayordomos, representándolo. La mayordomía también implica rendir cuentas —a Él.

LA NATURALEZA EN UNA RELACIÓN APROPIADA CON LA NATURALEZA

Romanos 8.20-23 explica que «toda la creación gime», esperando el retorno de Cristo cuando será restaurada. Entonces la naturaleza tendrá la relación apropiada con la naturaleza, y las consecuencias horribles del pecado humano que hacen tanto daño a la creación física (Génesis 3) terminarán.

Los cristianos debemos estar a la vanguardia del movimiento ecológico, para que la gloria de Dios no sea reemplazada con un programa humanista muy limitado, o por un sistema de valores «antihumanos» que pertenecen al panteísmo moderno. No debemos concluir que la tierra es buena y la humanidad es mala. Tampoco debemos concluir que si alguien está preocupado por el medio ambiente, debe ser un defensor de alguna forma de panteísmo o la hipótesis Gaia. La belleza y la simpleza de la tierra son regalos de Dios. Debemos cultivar el respeto y el honor por la creación. Somos sus mayordomos y ¡Él está mirando!

PREGUNTAS PARA REFLEXIONAR

1. En la introducción del capítulo, el autor cita varias perspectivas equivocadas de la relación entre humanos y el medio ambiente. ¿Qué es la hipótesis Gaia?

2. Explique cada una de las perspectivas inadecuadas del medio ambiente:
   * San Francisco de Asís
   * El panteísmo
   * La dicotomía platónica

3. Explique los tres principios bíblicos para entender la perspectiva de Dios sobre el medio ambiente:
   * Una enfoque correcto de Dios
   * Un enfoque correcto de los seres humanos
   * Un enfoque correcto de la naturaleza

4. El motivo para ser buenos mayordomos del medio ambiente es clave. Explique la diferencia entre una motivación pragmática y una motivación moral.

5. Basándose en las ideas de Francis Schaeffer, el autor propone una «solución para el medio ambiente» que consiste en cinco niveles. Explique cada nivel:
   * Los humanos en una relación apropiada con Dios

- Los humanos en una relación apropiada consigo mismos
- Los humanos en una relación apropiada con otros humanos
- Los humanos en una relación apropiada con la naturaleza
- La naturaleza en una relación apropiada con la naturaleza

Notas

1 R. C. Sproul, *Ethics and the Christian* [La ética y el cristiano] (Wheaton: Tyndale House, 1986), 9-22.

2 Erwin Lutzer, *The Necessity of Ethical Absolutes* [La necesidad de absolutos éticos] (Dallas: Probe, 1981), p. 14.

3 James P. Eckman, «Preparing for the Postmodern Challenge» [Preparándose para el desafío posmoderno] *Grace Tidings* (noviembre 1977), 1.

4 Lutzer, *The Necessity of Ethical Absolutes*, p. 24.

5 Louis P. Pojman, *Ethics: Discovering Right and Wrong* [La ética: descubriendo el bien y el mal] (Belmont, CA: Wadsworth, 1995), p. 35.

6 Joseph Fletcher, *Situation Ethics* (Philadelphia: Westminster, 1966), revisado en 1997. Fue controvertido desde su primera publicación, y sigue siendo discutido por su tesis de que algunos actos (como la mentira y el asesinato) pueden ser moralmente correctos, dependiendo de las circunstancias.

7 Lutzer, *The Necessity of Ethical Absolutes*, pp. 24-39.

8 B. F. Skinner, *Beyond Freedom and Dignity* [Más allá de la libertad y la dignidad] (New York: Knopf, 1971), p. 231.

9 Lutzer, *The Necessity of Ethical Absolutes*, p. 70.

10 Bill Crouse, *Abortion and Human Value* [El aborto y el valor del ser humano] (Dallas: Probe, 1979), pp. 1-4.

11 Anthony Hoekema, *Created in God's Image* [Creado a la imagen de Dios] (Grand Rapids: Eerdmans, 1986).

12 Francis Schaeffer y C. Everett Koop, *Whatever Happened to the Human Race?* [¿Qué pasó a la raza humana?] (Old Tappan, Nueva Jersey: Revell, 1979), p. 153.

13 Robert E. Webber, *The Secular Saint; A Case for Evangelical Social Responsability* [El santo secular: el argumento para la responsabilidad social evangélica] (Grand Rapids: Zondervan, 1979).

14 Robert E. Webber, *The Secular Saint*.

15 Sección 1531 (b) *The Partial-Birth Abortion Ban Act* [El proyecto de ley para prohibir el aborto parcial] (HR 1833), vetado por el Presidente Bill Clinton el 10 de abril, 1996.

16 Paul y John Feinberg, *Ethics for a Brave New World* [Ética para un mundo nuevo feliz] (Wheaton: Crossway Books, 1993), p. 58.

17 Paul y John Feinberg, *Ethics for a Brave New World*, pp. 71, 72.

18 Fletcher, *Situation Ethics*, pp. 156-157.

19 James Manney y John C. Blattner, «Infanticide: Murder or Mercy,» [Infanticidio: Asesinato o Misericordia] *Journal of Christian Nursing* (verano, 1985), pp. 10-14.

20 Ver la discusión de los hermanos Feinberg acerca del desarrollo humano en *Ethics for a Brave New World*.

21 Francis Schaeffer, *How Should We Then Live?* [¿Cómo debemos entonces vivir?] (Old Tappan: Revell, 1976), capítulo 12.

22 Russel Hittinger, «A Crisis of Legitimacy» [Una crisis de legitimidad] *First Things*, (noviembre, 1996), p. 26.

23 Carl Henry, *Christian Personal Ethics* [La ética cristiana personal] (Grand Rapids: Eerdmans, 1957), p. 210.

24 Wray Herbert, «The Politics of Biology» [La política de la biología], US News and World Report (21 de abril, 1997), pp. 72-80.

25 Ver Allen P. Ross, *Creation and Blessing; A Guide to the Study and Exposition of Genesis* [Creación y bendición; una guía para el estudio y la exposición de Génesis](Grand Rapids: Baker, 1988), pp. 117-129, y John Piper y Wayne Grudem, *Recovering Biblical Manhood and Womanhood* [Recuperando la identidad de hombre y mujer] (Wheaton: Crossway Books, 1991), pp. 95-112.

26 Feinberg, *Ethics for a Brave New World*, pp. 199-201.

27 Jeffrey Satinover, *Homosexuality and the Politics of Truth* [La homosexualidad y la política de la verdad] (Grand Rapids: Baker, 1996), pp. 78-81.

28 Satinover, *Homosexuality*, pp. 16-17.

29 Ver el artículo por Wray Herbert, que ayuda bastante, «The Politics of Biology» [La política de la biología] US News and World Report (21 de abril, 1997).

30 Letha Scanzoni y Nancy Mollenkott, *Is the Homosexual My Neighbor?* [¿Es mi prójimo el homosexual?] (New York: Harper, 1978). El libro es en realidad un texto que presenta una teología a favor de la homosexualidad.

31 Don Baker, *Beyond Rejection* [Más allá del rechazo] (Portland: Multnomah, 1985). Este libro es lectura indispensable para la iglesia, dando un equilibrio entre la verdad y la compasión que son tan necesarias en este asunto.

32 Charles Colson, *Kingdoms in Conflict* [Reinos en conflicto] (Grand Rapids: Zondervan, 1987), pp. 109-121.

33 C.E.B. Cranfield, «The Christian's Political Responsibility According to the New Testament» [La responsabilidad política cristiana según el Nuevo Testamento], *Scottish Journal of Theology* 15 (1962), p. 179.

34 Cranfield, pp. 176-192.

35 Ver la Constitución de los Estados Unidos, artículo 2, sección 4.

36 Cranfield, «The Christian's Political Responsibility», p. 185.

37 Citado en Bob Reynold, «Onward Christian Voters» [¡Adelante, votantes cristianos!], Moody Monthly (septiembre/octubre, 1996), PP. 23-25.

38 Peter Craigie, *The Problem of War in the Old Testament* [El problema de la guerra en el Antiguo Testamento] (Grand Rapids: Zondervan, 1978), p. 58.

39 Charles Ryrie, *You Mean the Bible Teaches That...* [Usted quiere decir que la Biblia enseña que...] (Chicago: Moody, 1974), p. 30.

40 John Dreschler, «Why Christians Shouldn't Carry Swords» [La razón por la que los cristianos no debemos llevar una espada] *Christianity Today* (7 de noviembre, 1984), p. 17.

41 Norman Geisler, *Christian Ethics* [La ética cristiana] (Grand Rapids: Baker, 1989), p. 223.

42 John Stott, *Involvements* [Participaciones] (Grand Rapids: Zondervan, 1985), p. 44.

43 Drescher, «Why Christians Shouldn't Carry the Sword», p. 23.

44 Drescher, pp. 21-22.

45 Jurgen Luas, «Charismatic or Military Power?» [Poder carismático o poder militar?] *Christianity Today* (el 30 de noviembre, 1983), pp. 1112.

46 Geisler, *Christian Ethics*, p. 225.

47 Geisler, *Christian Ethics*, pp. 220-228.

48 Ryrie, *You Mean that the Bible Teaches That...*, pp. 26-27.

49 John Eidsmoe, *God and Ceasar* [Dios y el César] (Wheaton: Crossway Books, 1989), p. 200.

50 John A. Bernabaum y Simon A. Steer, *Why Work?* [¿Por qué trabajar?] (Grand Rapids: Baker, 1986), pp. 6-7.

51 Ver Arthur Holmes, *Contours of a World View* [Contornos de un enfoque de vida] (Grand Rapids: Eerdmans, 1983), p. 219, y Stanley Cramer y Edwin L. Herr, *Career Guidance and Counseling Through the Life Span* [Dirección y consejería para toda la vida en la selección de una carrera] (Boston: Little Brown, 1979), p. 387.

52 Arthur Holmes, *Contours of a World View*, p. 216.

53 Ross, *Creation and Blessing*, p. 215.

54 Ross, p. 215.

55 Ross, p. 217.

56 Ross, p. 218.

57 Ryrie, *You Mean the Bible Teaches That....*, p. 60.

58 Peter Angeles, *Dictionary of Philosophy* (New York: Harper and Row, 1981), p. 51.

59 Estos principios se deducen de un seminario presentado en Grace University por el Dr. Howard Hendricks de Dallas Theological Seminary, titulado «Creativity in Ministry» [La creatividad en el ministerio] durante el verano de 1992. Vea también Arthur Holmes, *Contours of a World View*, 206-210.

60 Gordon Jackson, «Evangelicals and the Arts: Divorce or Reconciliation?» [Los evangélicos y las artes: ¿divorcio o reconciliación?] *Spectrum* (Verano, 1976), pp. 17-19.

61 Citado en Frank E. Gaebelein, «Toward a Biblical View of Aesthetics» [Hacia un enfoque bíblico de la estética] *Christianity Today*, p. 5.

62 Francis Schaeffer, *Art and the Bible* [El arte y la Biblia] (Downers Grove: InterVarsity, 1974), p. 17.

63 Philip Yancey, *I Was Just Wondering* [Solo me estaba preguntando] (Grand Rapids: Eerdmans, 1989), p. 3.

64 Schaeffer, *Art and the Bible*, p. 17.

65 Frank E. Gaebelein, «Toward a Biblical View of Aesthetics», p. 5.

66 H. R. Rookmaaker, *Art Needs No Justification* [El arte no necesita justificación] (Downers Grove: InterVarsity, 1978), p. 31.

67 Schaeffer, *Art and the Bible*, p. 24.

68 Schaeffer, *Art and the Bible*, p. 24.

69 Gaebelein, «Toward a Biblical View of Aesthetics», p. 5.

70 Gaebelein, «Toward a Biblical View of Aesthetics», p. 13.

71 Rookmaaker, *Art Needs No Justification*, p. 18.

72 Calvin Seerveld, *A Christian Critique of Art and Literature* [Una crítica cristiana del arte y la literatura] (Toronto: Association for the Advancement of Christian Scholarship, 1968), pp. 28-29.

73 Richard Zoglin, «Is TV Ruining Our Children?» [¿Está la televisión arruinando a nuestros niños?] Time (19 de junio, 1989), p. 75.

74 Richard Zoglin, «Is TV Ruining Our Children?», p. 75.

75 Clement Walchshauser, Fundamentalist Journal (Octubre, 1984), p. 12.

Ética cristiana

76 Linda Winder, «TV: What It's Doing to Your Children», [La televisión: lo que está haciendo a sus niños] Living Today (Marzo-Mayo, 1987), p. 5.

77 Quentin Schultze, *Television, Manna from Hollywood?* [La televisión, ¿maná de Hollywood?] (Grand Rapids: Zondervan, 1986), p. 150.

78 Ronald J. Sider, «Redeeming Environmentalists» [Redimiendo a los ecologistas], *Christianity Today* (21 de junio, 1993), p. 26.

79 Rosemary Ruether, *Gaia and God; An Ecofeminist Theology of Earth Healing* [Gaia y Dios; una teología ecofeminista de la sanidad de la tierra](New York: Harper, 1993).

80 Sider, «Redeeming the Environmentalists»,*Christianity Today*, p. 28.

81 Sider, «Redeeming the Environmentalists», Christianity Today, p. 28.

82 Francis Schaeffer, *Pollution and the Death of Man: The Christian View of Ecology* [La contaminación y la muerte del hombre: el enfoque cristiano de la ecología]. (Wheaton: Tyndale, 1970), pp. 47-61.

83 Sider, «Redeeming the Environmentalists», p. 29.

84 Sider, «Redeeming the Environmentalists», p. 29.

85 Schaeffer, Pollution and the Death of Man, pp. 81-93.

86 Schaeffer, Pollution and the Death of Man, p. 82.

BIBLIOGRAFÍA

Capítulo 1

Lutzer, Erwin, *The Necessity of Ethical Absolutes* [La necesidad de absolutos éticos]. Dallas: Probe, 1981.

Sproul, R. C. *Ethics and the Christian* [La ética y el cristiano]. Wheaton: Tyndale House, 1986.

Capítulo 2

Berkhouwer, G. C. *Man: Image of God.* [El hombre: imagen de Dios]. Grand Rapids: Eerdmans, 1962.

Crouse, Bill. *Abortion and Human Value.* [El aborto y el valor humano] Dallas: Probe, 1979.

Hoekema, Anthony. *Created in God's Image* [Creado a la imagen de Dios]. Grand Rapids: Eerdmans, 1986.

Pojman, Louis P. *Ethics: Discovering Right and Wrong* [La ética: descubriendo el bien y el mal]. Belmont, California: Wadsworth, 1995.

Schaeffer, Francis, y Koop, C. Everett. *Whatever Happened to the Human Race?* [¿Qué le pasó a la raza humana?]. Old Tappan, Nueva Jersey: Revell, 1979.

Skinner, B. F. *Beyond Freedom and Dignity* [Más allá de la libertad y la dignidad]. New York: Knopf, 1971.

Capítulo 3

Niebuhr, Richard. *Christ and Culture* [Cristo y cultura]. New York: Harper, 1951.

Webber, Robert E. *The Secular Saint; A Case for Evangelical Social Responsability* [El santo secular: el argumento para la responsabilidad social evangélica]. Grand Rapids: Zondervan, 1979.

CAPÍTULO 4

Feinberg, Paul y John. *Ethics for a Brave New World* [Ética para un mundo nuevo feliz]. Wheaton: Crossway Books, 1993.

Wilkie, John. *Handbook on Abortion* [Manual sobre el aborto]. Cincinnati: Hiltz, 1971.

CAPÍTULO 5

Fletcher, Joseph. *Situation Ethics* [La ética situacional]. Philadelphia: Westminster, 1966.

CAPÍTULO 6

Henry, Carl. *Christian Personal Ethics* [La ética cristiana personal]. Grand Rapids: Eerdmans, 1957.

Schaeffer, Francis. *How Should We Then Live?* [¿Cómo debemos entonces vivir?]. Old Tappan: Revell, 1976.

CAPÍTULO 7

Baker, Don. *Beyond Rejection* [Más allá del rechazo]. Portland: Multnomah, 1985.

Piper, John, y Grudem, Wayne. *Recovering Biblical Manhood and Womanhood* [Recuperando la identidad de hombre y mujer]. Wheaton: Crossway Books, 1991.

Ross, Allen P. *Creation and Blessing; A Guide to the Study and Exposition of Genesis* [Creación y bendición: Una guía para el estudio y la exposición de Génesis]. Grand Rapids: Baker, 1988.

Satinover, Jeffrey. *Homosexuality and the Politics of Truth* [La homosexualidad y la política de la verdad]. Grand Rapids: Baker, 1996.

Scanzoni, Letha y Mollenkott, Nancy. *Is the Homosexual My Neighbor?* [¿Es mi prójimo el homosexual?] New York: Harper, 1978.

CAPÍTULO 8

Colson, Charles. *Kingdoms in Conflict* [Reinos en conflicto]. Grand Rapids: Zondervan, 1987.

CAPÍTULO 9

Clouse, Robert G., ed. *War: Four Christian Views* [La guerra: cuatro enfoques cristianos]. Downers Grove: InterVarsity, 1981.

Craigie, Peter. *The Problem of War in the Old Testament* [El problema de la guerra en el Antiguo Testamento]. Grand Rapids: Zondervan, 1978.

Eidsmoe, John. *God and Ceasar* [Dios y el César]. Wheaton: Crossway Books, 1989.

Geisler, Norman. *Christian Ethics* [La ética cristiana]. Grand Rapids: Baker, 1989.

Ryrie, Charles. *You Mean the Bible Teaches That...* [Usted quiere decir que la Biblia enseña que...]. Chicago: Moody, 1974.

Stott, John. *Involvements* [Involucramientos] Grand Rapids: Zondervan, 1985.

Wells, Ronald, ed. *The Wars of America: Christian Views* [La guerras de América: enfoques cristianos] Grand Rapids: Eerdmans, 1981.

Capítulo 10

Bernbaum, John A. and Steer, Simon. *Why Work?* [¿Por qué trabajar?]. Grand Rapids: Baker, 1986.

Cramer, Stanley H., and Herr, Edwin L. *Career Guidance and Counseling Through the Life Span*. [Dirección y consejería para toda la vida en la selección de una carrera]. Boston: Little Brown, 1979.

Engstrom, Ted. W. *The Work Trap* [La trampa del trabajo]. Old Tappan, NJ: Revell, 1979.

Holmes, Arthur. *Contours of a World View* [Contornos de un enfoque de vida]. Grand Rapids: Eerdmans, 1983.

Capítulo 11

Rookmaaker, H. R. *Art Needs No Justification* [El arte no necesita justificación]. Downers Grove: InterVarsity, 1978.

Schaeffer, Francis. *Art and the Bible* [El arte y la Biblia]. Downers Grove: InterVarsity, 1974.

Schaeffer, Franky. *Addicted to Mediocrity: 20th Century Christians and the Arts* [Adictos a la mediocridad: cristianos del siglo 20 y las artes]. Westchester, IL: Cornerstone, 1981.

Schultze, Quentin. *Television, Manna from Hollywood?* [La televisión, ¿maná de Hollywood?]. Grand Rapids: Zondervan, 1986.

Seerveld, Calvin. *A Christian Critique of Art and Literature* [Una crítica cristiana del arte y la literatura]. Toronto: Association for the Advancement of Christian Scholarship, 1968.

Yancey, Philip. *I Was Just Wondering* [Solo me estaba preguntando]. Grand Rapids: Eerdmans, 1989.

Capítulo 12

Ruether, Rosemary. *Gaia and God; An Ecofeminist Theology of Earth Healing* [Gaia y Dios; una teología ecofeminista de la sanidad de la tierra]. New York: Harper, 1993.

Schaeffer, Francis. *Pollution and the Death of Man: The Christian View of Ecology* [La contaminación y la muerte del hombre: el enfoque cristiano de la ecología]. Wheaton: Tyndale, 1970.

Apéndice

¿CUÁL ES LA VERDAD ACERCA DEL SEXO?

Josh McDowell y Bob Hostetler

Marisa subió la escalera hasta el primer piso. Esperaba encontrar a su madre en la sala o la cocina; era el sábado por la tarde y acababa de llegar a casa del partido de fútbol de la escuela secundaria.

Quería pedirle dinero prestado a su madre para poder ir de compras con sus amigas.

Le pareció oír la voz de su madre desde el dormitorio. «Debe estar hablando por teléfono», pensó, ya que sabía que hoy su padre estaba trabajando horas extras.

La puerta del dormitorio estaba entreabierta; Marisa empujó la puerta, se asomó y llamó a su madre en voz baja para no interrumpir la conversación.

Su madre no estaba hablando por teléfono. Se encontraba sentada en el borde de la cama con un montón de pañuelos desechables en la falda y una bolsa de basura a los pies. Tenía la cara manchada y roja, y reprimió un sollozo cuando vio que Marisa entraba en el cuarto.

—¿Qué pasa, mamá? —preguntó Marisa.

Clara, la mamá de Marisa se secó la cara rápidamente y empezó a juntar los pañuelos que casi cubrían la cama y el piso.

Marisa se sentó al lado de su madre.

—¿Qué pasa? —insistió.

Entonces su madre volvió la cabeza y la miró como un animal herido. Sus ojos expresaban una mezcla de dolor y pánico que asustó a Marisa.

Clara buscó algo en la bolsa de plástico que estaba a sus pies.

—Encontré esto —dijo cargada de dolor—, cuando estaba vaciando la basura esta mañana.

Sacó la prueba de embarazo que Marisa había usado el sábado anterior. Marisa pensó para sus adentros que había sido un error no haber llevado la evidencia fuera de la casa. Abrió la boca para tratar de hablar, pero solo pudo guardar silencio ante la expresión dolorida de su madre.

—Ay, Marisa —lloró la madre y comenzó a sollozar de nuevo. Madre e hija siguieron sentadas sin decir palabra durante un largo rato, hasta que la mamá pudo controlar su sentimiento, se humedeció los labios y se sentó erguida.

—Pensé... —comenzó. Apretó los dientes mientras luchaba por controlarse. —Pensé que dijiste que siempre usabas protección.

Las palabras fueron dichas sencillamente, con dolor, pero sin amargura.

—Lo hago —contestó Marisa rápidamente, agregando de mala gana—. Bueno, no siempre.

La madre asintió seriamente con la cabeza.

—¿Por qué no me lo dijiste?

Su voz ya era distinta, controlada, preocupada, como una madre que examina un chichón en la frente del hijo.

Marisa bajó la vista y miró el piso. Se encogió de hombros.

—No sé —contestó. Su voz temblaba:

—Estaba muy asustada.

Clara puso un brazo alrededor de su hija, atrayéndola hacia sí. Después de unos momentos preguntó:

—¿Fue positivo o negativo?

Marisa pasó el brazo por encima de la madre para levantar un pañuelo de papel.

—Negativo —dijo, limpiándose los ojos.

La mamá respiró hondo. Apretó los hombros de su hija.

—¿Estás segura?

—Sí. *Ahora sí.*

Clara inclinó la cabeza a un lado y la miró de frente, sonrió.

—Nunca pensaste que te alegraría tanto volver a tener tu menstruación, ¿no?

Marisa también sonrió y apoyó la cabeza en el hombro de su mamá.

Después de unos momentos, la madre volvió a hablar.

—¿Recuerdas cómo te sentías cuando tenías miedo de estar embarazada?

Marisa asintió con la cabeza:

—Fue horrible; las manos no me dejaban de temblar.

—¿Te parece que eso es lo que se siente con el amor verdadero?

Marisa no se movió.

—¿Qué quieres decir?

—Bueno, te sentiste asustada, te sentiste sola; tuviste que entrar al baño a escondidas y pasar por esa experiencia sola. ¿Son esos los sentimientos que esperas que produzca el verdadero amor?

Marisa no contestó.

—Marisa, esas son exactamente las cosas que Dios quiere que evites. Es una de las razones por las cuales nos dice «huid de la fornicación», porque preferiría que tú y tu esposo hagan la prueba de embarazo juntos, que aguarden el resultado con esperanza, en vez de temblar de miedo sola.

Después de una larga pausa continuó.

—¿Marcos sabe?

Marisa movió la cabeza en señal de afirmación, sin quitarla del hombro de la madre.

—¿Cómo reaccionó él a todo esto?

—No sé, está contento de que no esté embarazada, pero está un poco raro últimamente.

—A lo mejor él también se asustó.

—Supongo que sí —comentó Marisa con melancolía.

La prueba de la verdad

¿Alguna vez ha visto a un retratista en acción? Hace sentar al modelo a unos dos o tres metros, acomoda a la persona en una pose y luego se sienta frente a un lienzo en blanco. Comienza a trazar un esbozo, mirando al modelo cuidadosamente; después mira el lienzo rápidamente y enseguida vuelve la mirada al modelo. Mezcla los colores en su paleta y luego aplica el pincel al lienzo, refiriéndose constantemente al modelo vivo. De vez en cuando habla con el modelo: «Levante el mentón» o «gire la cabeza hacia acá», dirá.

Rara vez quita la vista del modelo, el original.

El retratista que no consulta frecuentemente a su modelo no obtendrá un retrato fidedigno y fracasará en la producción del retrato. Aunque tenga una técnica impresionante y gran habilidad, si no capta la imagen del modelo, es probable que su retrato desilusione, porque no refleja el original.

Pasa lo mismo cuando es cuestión de ayudar a sus hijos a tomar decisiones morales sobre el sexo. Para ayudarles a determinar lo que hace que las relaciones sexuales estén bien, hay que emplear la *Prueba de la verdad*, que pregunta: ¿Qué comparación tiene con el original? Hacemos eso refiriéndonos constantemente, al precepto, al principio, hasta la persona de Dios mismo, el autor del sexo.

PRECEPTO

En términos bíblicos, la inmoralidad sexual es toda relación sexual extramatrimonial (incluyendo la prematrimonial). Dios ha hablado por medio de la ley y su norma es clara: las relaciones sexuales fuera del matrimonio están mal.

El precepto es claro:

«Que os abstengáis de... fornicación» (Hch 15.29).

«Huid de la inmoralidad sexual» (1 Co 6.18).

«Ni practiquemos la inmoralidad sexual» (1 Co 10.8).

«Pero la inmoralidad sexual y toda impureza o avaricia no se nombren más entre vosotros, como corresponde a santos» (Ef 5.3)

«Por lo tanto, haced morir lo terrenal en vuestros miembros: fornicación, impureza, bajas pasiones, malos deseos y la avaricia» (Col 3.5)

«Porque esta es la voluntad de Dios, vuestra santificación: que os apartéis de inmoralidad sexual» (1 Tes 4.3).

Dios ha remarcado repetidamente esta norma. Los habitantes de Sodoma y Gomorra fueron destruidos por su pecado «grave», que incluía la inmoralidad sexual desenfrenada. El pecado sexual del rey David con Betsabé resultó en el juicio de Dios; David sufrió dolor y pena indecibles como resultado de su inmoralidad. El apóstol Pablo atribuye la muerte de veintitrés mil israelitas a su «inmoralidad sexual» (1 Co 10.8).

La Biblia dice que «estas cosas sucedieron como ejemplos para nosotros (1 Co 10.6), para comunicar que «los preceptos de Jehová son rectos» (Sal 19.8). Una y otra vez Dios ha enfatizado el precepto de que os apartéis de la inmoralidad sexual» (1 Tes 4.3).

PRINCIPIO

La ley de Dios que prohíbe la inmoralidad sexual no se basa en un deseo de quitarnos nuestra libertad o arruinar nuestra diversión, se basa en un principio universal y eterno; el mandamiento negativo expresa un principio positivo. El mandamiento bíblico, «huid de la inmoralidad sexual», se basa en por lo menos tres principios fundamentales: amor, pureza y fidelidad.

La norma bíblica del sexo es una norma de amor:

> Porque los mandamientos —*no cometerás adulterio, no cometerás homicidio, no robarás, no codiciarás,* y cualquier otro mandamiento— se resumen en este mandato: *Amarás a tu prójimo como a ti mismo.* El amor no hace mal al prójimo; así que el amor es el cumplimiento de la ley (Ro 13.9, 10).

La palabra *amor* es como el contorno de un dibujo en un libro para colorear; no tiene contenido. La ley le da contenido al amor; los mandamientos completan la imagen.

Según la Biblia, el amor se evidencia cuando la felicidad, la salud y el crecimiento espiritual de otra persona importan tanto como los propios. La Palabra de Dios registra el mandamiento «ama a tu prójimo *como* a ti mismo»; no manda que amemos al prójimo *más* que a nosotros mismos. Hemos de amar a Dios más de lo que nos amamos a nosotros mismos, pero hemos de amar a nuestro prójimo o a nuestro cónyuge como nos amamos a nosotros mismos.

Pero el problema es que nuestros jóvenes están partiendo de un concepto equivocado del amor. Por ejemplo, el 46% de nuestros jóvenes dice que es más probable que tengan relaciones sexuales fuera del matrimonio si están enamorados de la otra persona. De hecho, el 77% de nuestros jóvenes que ya han tenido relaciones sexuales —y el 78% de aquellos que consideran que las relaciones sexuales prematrimoniales son moralmente aceptables—dice que el «amor» haría que fuera más probable que tuvieran relaciones sexuales. En la mente de nuestros jóvenes, el amor hace que las relaciones sexuales estén «bien». Creen que el amor verdadero convierte las relaciones sexuales en algo perfectamente moral, hasta hermoso. Creo que, en ese sentido, tienen razón; el amor es la norma bíblica para el sexo. El problema, como ya hemos dicho, es la norma falsa del amor de nuestros jóvenes, la que dice que el amor permite las relaciones sexuales sin límites, fuera de la definición de Dios sobre el amor.

Marisa Maciel, por ejemplo, cree que su amor por Marcos justifica la relación sexual; porque ella lo ama, razona, está bien expresar ese amor sexualmente. Su error es aceptar una falsificación contemporánea del «amor verdadero». El amor verdadero, según la definición de Dios, tiene límites claros para las relaciones sexuales. El principio del amor verdadero requiere que la felicidad, la salud y el crecimiento espiritual de la otra persona nos importen tanto como los nuestros antes de que el amor justifique las relaciones sexuales.

Frecuentemente les digo a los jóvenes que creo que «el amor lo justifica». Esa declaración invariablemente evoca miradas extrañadas, especialmente entre los adultos del público. Así que paso rápidamente a aclarar el principio del «amor verdadero». Digo:

«¿Esperan que el amor verdadero produzca intimidad? ¿Esperan que resulte en un acercamiento y una conexión, una fusión de dos personas?» El público inevitablemente responde con gestos de afirmación.

Continúo:

«¿Esperan que el amor verdadero sea generoso y confiado, un amor que los envuelve en sus brazos y dice: "No importa lo que pase yo te amaré"?»

Nuevamente las cabezas asienten y la gente sonríe demostrando su conformidad con entusiasmo.

Sigo:

«¿Opinan que el amor verdadero es seguro, leal y eterno?» Sin excepción, el público está de acuerdo con ese principio del «amor verdadero».

Efesios 5.28 nos ayuda a entender aun más el principio bíblico del amor: «De igual manera, los esposos deben amar a sus esposas como a sus propios cuerpos. El que ama a su esposa, a sí mismo se ama». ¿Qué significa amar a nuestro propio cuerpo como manda la Escritura? El próximo versículo explica: «Porque nadie aborreció jamás a su propio cuerpo, más bien, lo *sustenta* y lo *cuida*, tal como Cristo a la iglesia» (énfasis añadido).

El principio del amor de Dios significa valorar la felicidad, la salud y el crecimiento espiritual de otra persona tanto como la felicidad, la salud y el crecimiento espiritual propios.

La norma bíblica del sexo es una norma de pureza: «Honroso es para todos el matrimonio, y pura la relación conyugal; pero Dios juzgará a los fornicarios y a los adúlteros» (Heb 13.4). La norma de Dios para el sexo demanda que la relación sexual sea pura y hermosa. Dios diseñó el sexo para ser disfrutado en la relación marido-mujer, para la procreación (Gn 1.28), para la unidad espiritual (Gn 2.24) y para la recreación (Prv 5.18, 19). El propósito es de formar un círculo perfecto, una unión pura: dos vírgenes que entran en una relación exclusiva. Ese círculo, esa unión, puede romperse incluso *antes* del matrimonio, si uno o ambos compañeros no mantienen el lecho matrimonial puro no esperando a tener relaciones sexuales hasta poder hacerlo en la pureza de la relación marido-mujer.

La norma bíblica del sexo también es una norma de fidelidad: «Amor y Lealtad se han dado cita» dice la Biblia (Sal 85.10 BJ). En términos prácticos, esto significa que la norma bíblica sobre el sexo requiere el compromiso de dos personas de permanecer fieles la una a la otra. Por eso el matrimonio es central en la sexualidad según las normas bíblicas, porque une a dos personas en un compromiso de por vida. Si el acto del amor ha de producir la intimidad emocional, física y espiritual para la cual fue diseñado, debe estar comprometido, debe ser fiel. Los preceptos de Dios en cuanto a la sexualidad humana se basan en los principios bíblicos del amor, la pureza y la fidelidad. A su vez, esos principios reflejan la persona de Dios mismo.

Persona

Estos principios son correctos porque vienen de Dios, reflejan su naturaleza y carácter. Pasan con éxito por la prueba de la verdad; reflejan el «original».

Dios es amor. «El que no ama no ha conocido a Dios, porque Dios es amor. En esto se mostró el amor de Dios para con nosotros: en que Dios envió a su Hijo unigénito al mundo para que vivamos por él» (1 Jn 4.8, 9). El amor no es sencillamente lo que Dios hace; es lo que él es. Y por su naturaleza, considera la felicidad, la salud y el crecimiento espiritual de los demás de mayor importancia que los suyos. Eso fue lo que lo motivó a enviar a su propio Hijo a sufrir y a morir por nosotros. El amor de Dios «todo lo sufre, todo lo cree, todo lo espera, todo lo soporta» (1 Co 13.7).

Dios es puro. «Y todo aquel que tiene esta esperanza en él, se purifica a sí mismo, como él también es puro» (1 Jn 3.3). Dios ha procurado continuamente comunicar su pureza a su pueblo: exigió el uso de oro puro en la construcción del tabernáculo; prescribió incienso puro para el uso en la adoración; exigió animales puros para el sacrificio; mandó tener corazones puros (Mt 5.8), religión pura (Stg 1.27) y relaciones puras (1 Tim 5.2). Como dijera el profeta Habacuc, la pureza de Dios es tal que es «demasiado limpio como para mirar el mal» (Hab 1.13).

Dios es fiel. «Reconoce, pues, que Jehová tu Dios es Dios», les dijo Moisés a los israelitas. «Dios fiel que guarda el pacto y la misericordia con los que le aman y guardan sus mandamientos» (Dt 7.9). ¡Eso es fidelidad! Dios guarda su pacto hasta por mil generaciones. Como Pablo dijera a Timoteo: «Si somos infieles, él permanece fiel, porque no puede negarse a sí mismo» (2 Tim 2.13). En otras palabras, Dios no puede ser infiel, porque la fidelidad no es algo que él hace; es algo que él es. No puede «negarse a sí mismo»; no puede contradecir su propia naturaleza; no puede ser otra cosa que él mismo.

Porque Dios es puro, la impureza sexual es una ofensa en contra de él. Porque él es fiel, las relaciones sexuales fuera del compromiso matrimonial son una afrenta en contra de él. El rey David, que pecó con Betsabé, después se arrepintió; le confesó a Dios: «Contra ti, contra ti solo he pecado y he hecho lo malo ante tus ojos» (Sal 51.4). ¿Estaba pasando por alto David el hecho de que su pecado había afectado a otras personas, resultando en la muerte del esposo de Betsabé, Urías, y del bebé que Betsabé tuvo F con David? No, estaba reconociendo el hecho fundamental que cuando pecó con Betsabé, pecó en contra del Legislador. Su acción estaba mal porque ofendía la pureza de Dios y violaba la norma de Dios sobre el amor, pureza y fidelidad.

La Prueba de la Verdad, entonces, basa la virtud de la castidad —el amor, la pureza sexual y la fidelidad de la Biblia— en la naturaleza y el carácter de Dios. La relación de Marisa con Marcos contradice la naturaleza de Dios. Su relación sexual no es auténticamente amorosa, porque no están considerando que la felicidad, la salud y el crecimiento espiritual del otro sean tan importantes como los propios. Su involucramiento sexual no es puro, porque no lo están disfrutando en el contexto para el cual Dios lo diseñó. Tampoco cuadra con la norma de Dios sobre la fidelidad porque existe fuera del compromiso matrimonial exclusivo y permanente. Su actividad sexual, entonces, está mal no solo porque sus padres no la aprueban, sino porque ella violó la declaración de Dios que la sexualidad había de disfrutarse dentro de los límites de una relación de matrimonio amante, fiel y pura. Entonces podemos decir que la castidad el amor, la pureza sexual y la fidelidad matrimonial que enseña la Biblia —es buena para todas las personas, en todas las épocas, en todos los lugares.

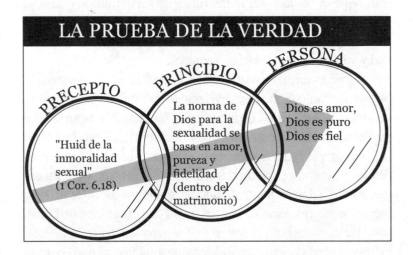

LA PRUEBA DE LA VERDAD

PRECEPTO
"Huid de la inmoralidad sexual" (1 Cor. 6.18).

PRINCIPIO
La norma de Dios para la sexualidad se basa en amor, pureza y fidelidad (dentro del matrimonio)

PERSONA
Dios es amor, Dios es puro Dios es fiel

LA EVIDENCIA DE LA VERDAD

A pesar de lo que diga la Prueba de la Verdad, algunas personas —incluyendo muchos de nuestros hijos— dirían que «moralizar» no afectaría para nada el comportamiento sexual de los jóvenes. De hecho, una encuesta de *USA Weekend* revela que menos de uno de cada once adolescentes (8%) cree que la predicación de «la inmoralidad de la relación sexual prematrimonial» sería un medio eficaz para persuadir a los adolescentes a decir que no a las relaciones sexuales. El 38% tiende a creer que «lo más eficaz que se puede decir a los adolescentes para persuadirles que no tengan relaciones sexuales» sería comunicarles los riesgos para la salud (como contagiarse de SIDA), y el 33% piensa que el mensaje de abstinencia más eficaz sería una advertencia acerca de las desventajas de un embarazo no planeado.[1]

Un llamado a la moralidad poco hará para persuadir a una generación que carece de convicciones morales acerca de las relaciones sexuales antes del matrimonio. Pero si podemos mostrarle que la verdad realmente funciona en el mundo real —si podemos exponerla a la Evidencia de la Verdad— entonces aumenta la probabilidad de que nuestros jóvenes reconozcan la verdad y vuelvan a examinar sus acciones.

Marisa es un ejemplo típico al respecto. Le importó menos lo bueno o lo malo de sus acciones que lo que satisfaría su hambre de amor, su necesidad de atención. Con la ayuda de su madre está comenzando a entender que el comportamiento moral no solo es correcto sino que también satisface sus deseos más profundos y la protege contra sus temores más profundos. Está comenzando a darse cuenta de que las opciones morales no solo son correctas (es decir, en conformidad con el carácter de Dios), sino que también son el camino más seguro al placer y la realización (se corresponden favorablemente con la realidad) porque dan protección y provisión.

1. Protección contra el sentido de culpa y provisión de recompensa espiritual
   Las normas de Dios en cuanto al comportamiento sexual protegen contra el sentido de culpa. Ya que Dios define lo que es bueno y lo que es malo, cuando violamos sus normas, invariablemente sentimos culpa. ¿Recuerda la muchacha que me escribió y confesó que «siempre se sentía culpable» después de un encuentro sexual? Estaba describiendo los efectos del sentido de culpa. Y aunque Marisa Maciel negó haberse

sentido culpable, cuando admitió que a veces se sentía «triste» como resultado de sus encuentros sexuales, estaba describiendo los efectos del sentido de culpa.

Uno de los participantes de nuestro concurso de ensayo «Escriba desde el corazón» (parte de la campaña nacional «¿Por qué esperar?») describió el sentido de culpa que resulta de la inmoralidad sexual, diciendo que «comienza a privar a la persona de una autoimagen sana... lo cual disminuye su capacidad de sentirse lo suficientemente transparente como para cultivar una relación íntima... Puede hacer que se sienta "sucia"».[2] Las normas de Dios en cuanto al comportamiento sexual proporcionan recompensas espirituales. La bendición de una conciencia tranquila y un caminar con Dios sin estorbos es inestimable. Es una bendición inconmensurable poder pararse frente a un altar y proclamar la devoción inequívoca del cuerpo al cónyuge y a Dios. La relación sexual entre el esposo y la esposa no solo es placentera, es sagrada; la Biblia dice que «el cuerpo no es para la inmoralidad sexual, sino para el Señor, y el Señor para el cuerpo» (1 Co 6.13). La pureza y la fidelidad sexual agradan a Dios y recompensan a la pareja matrimonial.

2. Protección contra embarazos no planeados y provisión de un ambiente sano para educar a los hijos
   Las normas de Dios en cuanto al comportamiento sexual protegen contra embarazos no planeados y abortos. En Estados Unidos de América, todos los días quedan embarazadas 2.795 adolescentes y 1.106 tienen abortos. Las adolescentes que optan por seguir adelante y tener los bebés, con frecuencia enfrentan dificultades abrumadoras. Muchas son las que abandonan los estudios, experimentan problemas físicos y se sienten excluidas de las actividades «normales» como adolescentes debido a la responsabilidad por su hijo.

Las adolescentes que optan por el aborto no escapan a tales consecuencias; el aborto también tiene resultados traumáticos. La doctora Anne Catherine Speckhard, de la Universidad de Minnesota, en los Estados Unidos de América, informa de las siguientes consecuencias a largo plazo del aborto (cinco a diez años) un:

- 81% manifestó sentir preocupación por el hijo abortado.
- 73% manifestó tener recuerdos traumáticos de la experiencia del aborto.
- 54% tuvo pesadillas en relación con el aborto.
- 23% manifestó alucinaciones relacionadas con el aborto.

El estudio de la doctora Speckhard revela que el 72% de las mujeres encuestadas dijo no tener creencias religiosas en el momento del aborto y el 96% dijo que, mirando retrospectivamente, consideraba que abortar era quitar una vida o cometer un homicidio.[3]

Las normas de Dios para el comportamiento sexual proporcionan un ambiente sano para educar al niño. El plan de Dios para todo recién nacido es que reciba el cuidado cariñoso y el amor de un hombre y una mujer que se aman exclusivamente y están comprometidos el uno con el otro de por vida. Esto no significa que los padres solteros no realicen esfuerzos valientes y admirables por criar a sus hijos. Tampoco ignora el hecho de que algunos hijos de padres no casados se hayan sobrepuesto a su situación llegando a lograr grandes cosas. Pero la evidencia muestra abrumadoramente que, como escribe Barbara Dafoe Whitehead, «El núcleo social que ha demostrado ser el más exitoso en asegurar la supervivencia física y en promover el desarrollo social del niño es la familia unida donde se cuenta con la madre y el padre biológicos».[4]

Las normas de Dios en cuanto a la pureza, el amor y la fidelidad en las relaciones sexuales tienen en cuenta la protección de cada niño recién nacido. La obediencia al precepto de Dios basado en su amor, pureza y fidelidad permite crear un ambiente de amor y seguridad para el niño que deja una huella positiva y permanente en él, espiritual, emocional, psicológica y hasta físicamente.

3. Protección contra las enfermedades venéreas y provisión de tranquilidad

   Las normas de Dios en cuanto al comportamiento sexual protegen contra las enfermedades venéreas. En Estados Unidos de América, todos los días 4.219 adolescentes contraen una enfermedad venérea. La Organización Mundial de la Salud calcula que para el año 2000 más de veinte millones de hombres y mujeres estarán infectados con el mortífero virus del SIDA. Cada año hay cuatro millones de casos nuevos de clamidia, un millón de casos nuevos de enfermedad inflamatoria pélvica, más de un millón de casos de gonorrea, medio millón de casos de herpes y más de 100.000 casos de sífilis. Según el Instituto de Salud Pública de Minnesota, «hay veinte enfermedades venéreas que no se pueden evitar con agentes anticonceptivos».[5] Sin embargo, *ni uno* de estos incidentes ha ocurrido entre parejas mutuamente fieles que comenzaron la relación sexualmente puros... porque las normas de Dios para el comportamiento sexual los protegen contra esas enfermedades.

   Las normas de Dios en cuanto al comportamiento sexual proporcionan tranquilidad. Personalmente, jamás he entrado al «lecho conyugal» con la menor preocupación o temor. Nunca he tenido que interrumpir un momento íntimo con mi esposa para pensar acerca de la «protección». Jamás he tenido que esperar los resultados de un análisis de sangre para determinar si he contraído una enfermedad venérea. Mi vida sexual se ha caracterizado por la tranquilidad. ¿Por qué? Porque he seguido la norma de Dios sobre el amor, la pureza y la fidelidad antes del matrimonio y durante el matrimonio. Tengo la tranquilidad total de que mi relación con mi esposa está libre de enfermedad, libre de los «fantasmas» de relaciones anteriores y libre de la «carga emocional» que resulta de una relación inmoral del pasado.

4. Protección contra la inseguridad sexual y provisión de un sentido de confianza
Las normas de Dios en cuanto al comportamiento sexual protegen contra la inseguridad sexual. El poder de la interacción sexual es una fuerza con la cual la persona tal vez tenga que enfrentarse años después del contacto sexual. Dios creó la experiencia sexual para la reproducción de la especie. La relación sexual dentro del matrimonio es el marco correcto para tener seguridad emocional. Como resultado, la inmoralidad sexual puede producir efectos angustiosos. En su libro *Choices* [Opciones], Stacy y Paula Rinehart describen cómo un hombre llegó a descubrir esta realidad:

Un joven esposo admitió que su relación con su nueva esposa no era lo que había esperado.
—En realidad es culpa mía —admitió—. Antes de casarnos tuve varias relaciones físicas con mis novias. Ahora, cuando beso a mi esposa o tengo relaciones con ella, recuerdo que esta chica besaba mejor que mi esposa, que aquella muchacha hacía mejor otra cosa, etc. No puedo concentrarme en amar a mi esposa con todo lo que soy; ha habido demasiadas mujeres en mi vida como para comprometerme exclusivamente con una.[6]

Ya que la inmoralidad sexual no lo afecta solamente a uno, crea inseguridad y celos, y estorba la libertad y la expresión sexual. *Las normas de Dios en cuanto al comportamiento sexual proporcionan confianza.* La pureza y la fidelidad sexual antes del matrimonio contribuyen a un ambiente de confianza dentro del matrimonio. Esa confianza da tranquilidad a ambos compañeros cuando están separados; cada uno sabe que el otro es digno de confianza. ¿Por qué? Porque, en el período antes del matrimonio probaron su carácter, su madurez y su dominio propio.

Por eso la actividad sexual prematrimonial puede ser una fuente tan grande de desconfianza en el matrimonio. «Si mi esposo no se pudo controlar antes del matrimonio», razona la esposa, «¿por qué voy a pensar que se va a controlar estando casado?» «Ella tuvo relaciones antes de conocerme a mí», piensa el esposo, «¿qué va a impedir que tenga relaciones ahora?»

De hecho, sus temores parecen estar justificados; un estudio de 100.000 mujeres lo expresa así: «Las relaciones sexuales prematrimoniales... no necesariamente conducen a las relaciones sexuales extramatrimoniales; sencillamente aumentan la probabilidad».[7]

5. Protección contra la angustia emocional y provisión de verdadera intimidad
   Las normas de Dios en cuanto al comportamiento sexual protegen contra la angustia emocional. El costo emocional de la inmoralidad sexual no se puede medir. Una adolescente explicó los efectos de su participación sexual con estas palabras:

   ...El tener relaciones sexuales prematrimoniales fue la experiencia más horrible de mi vida. No fue para nada la

experiencia emocionalmente satisfactoria que el mundo me
había prometido. Sentía que mis entrañas habían quedado
expuestas y que mi corazón había quedado desatendido...
Sé que Dios me ha perdonado por este pecado inolvida-
ble, pero también sé que nunca podré recuperar mi virgi-
nidad. Temo el día en que tenga que decirle al hombre que
verdaderamente amo y con el cual me quiero casar que no
es el único, aunque quisiera que lo fuera... He manchado
mi vida; una mancha que nunca se irá.

Otra adolescente describió su experiencia diciendo:

Después de «hacerlo», una se siente realmente unida a esa
persona. Es como que fuera la vida de una; una se siente
realmente vulnerable. Cuando la relación terminó, me sentí
horrible. No puedo describirlo. Una semana después de tener relaciones sexuales nos peleamos porque me enteré de
que estaba saliendo con otras muchachas. Me dolió mucho.

Los que obedecen las normas de Dios están protegidos contra las consecuencias creadas por la inmoralidad sexual (ya
sea prematrimonial o extramatrimonial): sospecha, desilusión,
dolor, estrés, vacío y muchas otras emociones destructivas.
*Las normas de Dios en cuanto al comportamiento sexual
proporcionan verdadera intimidad.* Una mujer escribió la siguiente descripción de la bendición de la verdadera intimidad:

En julio del año pasado Dios me dio por esposo el
hombre más maravilloso del mundo. Le había pedido
el Príncipe Azul y el Señor me dio mucho más. Me dio
alguien con quien puedo compartir mis sentimientos
más profundos, alguien con quien puedo hablarle a

Dios, alguien que sé que siempre me querrá y me será fiel, alguien a quien me alegra haber esperado. La noche que nos casamos tuve relaciones sexuales por primera vez, y fue con mi esposo. No hubiera querido compartir la primera vez con ningún otro. Yo no tenía riquezas ni joyas para ofrecerle, pero él no me las pidió. Solo me quería a mí y eso es justamente lo que tenía para darle, toda mi persona, pura, solo para él. Eso significó mucho y los dos lo sabíamos.

Las normas de Dios en cuanto al comportamiento sexual proporcionan un grado de intimidad que solo existe dentro del matrimonio. «Por tanto, el hombre dejará a su padre y a su madre, y se unirá a su mujer, y serán una sola carne» (Gn 2.24).

El plan de Dios en cuanto a la intimidad sexual protege contra muchos peligros y proporciona el mejor ambiente para disfrutar las recompensas espirituales, la tranquilidad, la confianza, la intimidad y muchos otros beneficios para ser disfrutados en una relación permanente de amor, pureza y fidelidad.

De hecho, la norma de Dios para las relaciones sexuales tiene el propósito de producir intimidad; después de todo, Dios mismo reconoció que «No es bueno que el hombre esté solo» (Gn 2.18). El verdadero amor, la verdadera pureza y la verdadera fidelidad tienen el propósito de lograr un acercamiento, una conexión, una unión de dos personas; fue Dios mismo quien decretó que «Por tanto, el hombre dejará a su padre y a su madre, y se unirá a su mujer, y serán una sola carne» (Gn 2.24). Cuando nuestro comportamiento concuerda con la verdad absoluta de Dios, podemos experimentar todos los beneficios de su protección y provisión:

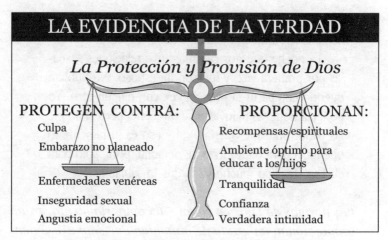

LA EVIDENCIA DE LA VERDAD

La Protección y Provisión de Dios

PROTEGEN CONTRA:

Culpa

Embarazo no planeado

Enfermedades venéreas

Inseguridad sexual

Angustia emocional

PROPORCIONAN:

Recompensas espirituales

Ambiente óptimo para educar a los hijos

Tranquilidad

Confianza

Verdadera intimidad

La aplicación de la verdad

Se está librando una batalla dentro de nuestra sociedad y lo que está en juego es la pureza moral de nuestros jóvenes. Ellos necesitan oír la verdad. Necesitan ver las evidencias de la verdad. Y necesitan ayuda para aplicar la verdad «sentado en casa o andando por el camino, cuando te acuestes y cuando te levantes» (Dt 6.7).

Los padres, pastores, maestros y obreros juveniles pueden aplicar la verdad en varias maneras (el equivalente moderno, tal vez, de atarse la filacteria a la frente). Aquí hay algunas sugerencias acerca de cómo aplicar en nuestro trato con los niños y adolescentes lo que hemos tratado en este capítulo.

- *Celebre los aniversarios.* Los aniversarios de bodas son momentos ideales para hacerles saber a sus hijos la manera en la cual la fidelidad y la pureza han sido de protección y provisión para ustedes en los temas tratados. Haga de su aniversario una celebración familiar. Deje que sus hijos sepan lo que para usted significa la fidelidad matrimonial.

Cuénteles lo que el compromiso matrimonial ha hecho en favor de su relación. Cuanto más vean la manera en que su amor, fidelidad y pureza han beneficiado su vida y las de ellos, tanto mayor será el impacto que tenga para ellos. No subestime la habilidad de los niños menores (seis, cinco o cuatro anos, por ejemplo) para entender los principios del amor, la pureza sexual y la fidelidad matrimonial de la Biblia. Usted tiene una oportunidad excelente para establecer los fundamentos de su castidad sexual ayudándoles a entender estos principios. Puede explicarles su amor por su cónyuge describiendo como su cónyuge es tan importante para usted como su propio cuerpo. Puede explicar su fidelidad diciendo que por eso solo vive con su (mamá o papá) y nadie más. Enséñeles temprano acerca de su compromiso mutuo y de cómo están dedicados exclusivamente el uno al otro. Su ejemplo y su enseñanza darán fruto cuando empiece la presión hormonal.

Pastores y obreros juveniles, aprovechen su aniversario (o el de una pareja madura de la iglesia). Que su cónyuge vaya al grupo juvenil para una celebración de fidelidad y pureza. Explique la forma en la cual esos principios han sido de provisión y protección para el matrimonio.

* *Aproveche las bodas.* Asistan a las bodas en familia, y aprovechen esas ocasiones para celebrar el principio de Dios de fidelidad y pureza. Tome tiempo antes y después de la ceremonia para enfatizar el compromiso que está asumiendo la pareja y su promesa de ser fieles para toda vida. Obtenga una copia de los votos matrimoniales y léalos junto con sus hijos más pequeños. Los adolescentes tal vez no respondan favorablemente a la lectura en conjunto, pero puede resultar emocionante para un niño o un

preadolescente. Las bodas son momentos ideales para recalcar los principios del amor y de las relaciones sexuales dentro del compromiso matrimonial; y la manera en la cual refleja el carácter de Dios.

Los obreros juveniles y pastores tienen una oportunidad excelente durante las ceremonias matrimoniales para enfatizar la relación entre los preceptos, los principios y la persona de Dios.

- *«Utilice» las palabras obscenas.* Vivimos en una cultura que se está volviendo cada vez más audaz y más descarada en su uso de expresiones groseras y vulgares. Hay palabras obscenas para referirse a las relaciones sexuales que se utilizan regularmente en nuestra sociedad, en una forma degradante o denigrante. Hace unos años decidí utilizar la oportunidad que se me presentaba, al oír o ver esas palabras ofensivas, para enseñar a mis hijos sobre sexualidad y su contexto correcto. En mi libro *How to Help Your Child Say No to Sexual Pressure* [Cómo ayudar a su hijo a decir no a la presión sexual]: describo una de estas ocasiones, cuando cierto día viajábamos con mi hija y mi hijo: En poco tiempo, como suele pasar con los niños, empezaron a discutir. En medio de su pelea, Sean, mi hijo angelical de ocho años le dijo a su hermana:

—¡P_____!

¿Cómo reaccionaría la mayoría de los padres en esa situación? ¿Dirían algo así como:

—¡Cállate! Eso es feo. Sucio. Asqueroso. Te voy a lavar la boca con jabón si vuelves a repetirlo.

Con frecuencia es lo que se esperaría, ¿no?

Sin embargo, yo en lo personal vi la palabra de Sean como una oportunidad dorada para la enseñanza. Así que le dije:

—Hijo, ¿dónde aprendiste esa palabra?

—En el transporte escolar —me contestó. —¿Sabes lo que significa? —dije yo.

—No —dijo él.

—¿Te lo puedo explicar entonces? —dije.

—¡Sí! —contestó—, ¿qué es?

Se estaba muriendo de ganas por saber.

Y durante los cuarenta minutos siguientes tuve una oportunidad fabulosa para enseñar a mis hijos acerca de la santidad, la belleza y el propósito del sexo. Fue una oportunidad por la cual estoy muy agradecido, una experiencia que nunca olvidaré, y sospecho que ellos tampoco.

Nuestra sociedad se ha envilecido tanto que esas palabras insultantes aparecen en las paredes, en las ondas aéreas, en las aulas y en el trabajo. No podemos evitarlas, pero sí podemos usar estas oportunidades para explicarles a nuestros jóvenes por qué esas palabras —que rebajan algo que Dios quiso que fuera hermoso— son tan insultantes y al hacerlo enseñarles algo acerca de la santidad del sexo en el contexto de una relación matrimonial fiel y pura.

• *Use las oportunidades presentadas por la televisión, las noticias y los acontecimientos de la actualidad.* Aproveche cada oportunidad para corregir las representaciones distorsionadas del amor y del sexo en los medios de «entretenimiento» y las noticias. Cuando usted y sus hijos vean algo por televisión o en el cine que contradice la norma de Dios para el amor y las relaciones sexuales, hablen de los beneficios y de las consecuencias de la obediencia al mandato de Dios. Tal vez le sorprenda la agudeza de sus jóvenes para detectar los beneficios y las consecuencias de las acciones de la gente una vez que comienzan a ver la vida por el «lente» de la Prueba de la Verdad y la Evidencia de la Verdad. Creo que se sorprenderá por la rapidez con la cual los jóvenes ven la protección y la previsión específica que Dios nos da como resultado de vivir bajo los principios de sus mandamientos.

Al ser ejemplo y enseñar cómo procesar las opciones de la vida a través de la Prueba y la Evidencia de la Verdad a sus niños y adolescentes, les estará preparando para discernir entre lo que es bueno o lo que es malo, correcto o incorrecto.

Al aplicar la verdad del amor y las relaciones sexuales a la vida cotidiana, reforzará en sus niños y adolescentes la verdad de que la castidad —el amor, la pureza sexual y la fidelidad matrimonial de la Biblia— es lo correcto para todas las personas, en todas las épocas, en todos los lugares.

- *Aproveche los recursos.* Las familias, las iglesias, los grupos juveniles y las escuelas cristianas necesitan toda la ayuda que pueden conseguir para reforzar los fundamentos deteriorados de nuestros jóvenes. Y hay muchos recursos que usted y su iglesia pueden obtener para ayudar en esta batalla por la pureza sexual de nuestros hijos.

La Campaña «¿Por qué esperar?» ha producido numerosos libros, películas en vídeo, casetes, series en vídeo, etc. para ayudarles. En el libro *Why Wait?* (¿Por qué esperar?) hemos documentado unas veintiocho razones físicas, espirituales, emocionales y relacionales por las cuales guardar las relaciones sexuales hasta el matrimonio, todas ellas presentadas en el contexto de la previsión y la protección amante de Dios, para ayudarles a guiar a sus jóvenes a la conclusión de que Dios tiene su bienestar en mente cuando dice: «Huid de la inmoralidad sexual». Otros ministerios como *Enfoque a la familia* proporcionan excelentes recursos para la iglesia, las escuelas cristianas y la familia. Aproveche los recursos. Vaya a su librería cristiana local, pida catálogos de ministerios, averigüe lo que ofrece su denominación; tal vez se sorprenda por la cantidad de herramientas excelentes que están a su disposición para ayudarle a enseñar a sus hijos la perspectiva bíblica del amor y las relaciones sexuales.

Tomado de la obra *Es bueno o es malo*, El paso, Texas: Editorial Mundo Hispano, 1999, pp. 161-181. Usado con permiso.

Notas

1 *USA Weekend*, marzo 25-27, 1994, basado en una encuesta de opinión nacional de 252 adolescentes conducida en febrero 18-22 por ICR Research.

2 Josh McDowell, *Teens Speak Out: What I Wish My Parents Knew About My Sexuality* (San Bernardino, CA: Here's Life Publishers, 1987), 177, 178.

3 Anne Catherine Speakhard, «Psycho-Social Aspects of Stress Following Abortion» (dissertation doctoral, Universidad de Minnesota, 1985), n.p.

4 Barbara Dafoe Whitehead, «Dan Quayle Was Right», *The Atlantic Monthly*, Abril 1993, 48.

5 «Young Love: How to Talk to your Kids About You-Know-What», Minnesota Institute of Public Health, Anoka, MN, 5.

6 Stacy Rinehart y Paula Rinehart, *Choices* (Colorado Springs, CO: Navpress, 1982), 94.

7 Robert J. Levin, «The *Redbook* Report on Premarital and Extramarital Sex: The End of Double Standard?», *Redbook*, octubre 1975, 6, 40.

¿CUÁL ES LA VERDAD ACERCA DE LA HONESTIDAD?

Josh McDowell y Bob Hostetler

Felipe Méndez se puso de rodillas con la mejilla contra el suelo. Cerró un ojo, luego lo abrió y cerró el otro. Levantó la cabeza y miró hacia el pequeño hoyo en el pasto a unos dos metros de distancia.

—¿Cuánto tiempo hace falta —preguntó el padre— para ajustar un golpe de golf?

Felipe le lanzó una mirada molesta y se acomodó junto a la pelota. Levantó el palo lentamente, lo bajó describiendo un arco y con un golpecito preciso impulsó la pelota de golf hacia el decimoctavo hoyo. La pelota desapareció con un sonido hueco.

—¡Sí!

Felipe levantó el puño en el aire con una sonrisa triunfal.

—Son dos, papá.

El pastor Méndez anotó los tantos de Felipe y comenzó a sumar el total del partido.

—¿Cómo vamos? —preguntó Felipe cuando el padre terminó de sumar.

El pastor Méndez fingió disgusto y le entregó la tarjeta de puntaje.

—¡Te gané! —gritó el muchacho—, ¡cuarenta y nueve a cuarenta y uno! ¡Te aplasté!

En el rostro de Juan Méndez se dibujó una sonrisa y puso un brazo alrededor del cuello de su hijo.

—Parece que sí —dijo—, pero tuviste suerte.

—Nada de suerte —contestó Felipe riendo—, te aplasté.

Juan Méndez se rió también y trató de recordar la última vez que él y Felipe habían reído juntos.

Unos días después, el pastor llevó a Felipe y a su hermanita Sara a comprar helados. Puso la mano en el bolsillo para buscar cambio y sacó un manojo de monedas y pedazos de papel.

Felipe sacó una tarjeta verde clara de la mano de su padre y la desdobló.

—¡Son los tantos de nuestro partido de golf!

Le mostró la tarjeta a su hermanita.

—¿Ves? Le gané con todo.

Juan Méndez le pagó al cajero y le hizo una mueca a su hijo. De repente se le ocurrió una idea.

—¿Y si te dijera que realmente no ganaste ese partido de golf?

—¡Imposible! —Felipe masticando ruidosamente los pedacitos de chocolate que cubrían su helado, sacudió la tarjeta—, te pasé por mucho.

—¿Y si te dijera que cambié los tantos para que ganaras?

La expresión de Felipe cambió.

—¡Imposible! —protestó.

—¿Qué importa? Querías ganar, ¿no?

—Si, pero... el muchacho se puso colorado.

El pastor Méndez cambiando su tono de voz, agregó, para consolarlo.

—No te enojes, Felipe. No cambié la tarjeta. Ganaste por las buenas.

El muchacho todavía mostraba una expresión confundida, pero el enojo había desaparecido. Sara, de nueve años, los miraba fascinada.

—Si te hubiera dejado ganar te habría molestado —siguió el padre.

Era una afirmación, no una pregunta.

—Sí —admitió Felipe—, quería ganarte, pero por las buenas.

—Pero igual habrías ganado.

—No habría sido lo mismo.

—¿Por qué no?

Felipe pensó por un momento.

—Porque no habría sido en serio —dijo al fin—, no habría significado nada.

El padre asintió.

—Exacto. Dejarte ganar te habría quitado la satisfacción y el sentido de realización que tuviste al ganarme por las buenas. Y habría arruinado tu confianza en mi la próxima vez que jugáramos.

Los tres terminaron sus helados, tiraron las servilletas a la basura y salieron juntos del pequeño negocio.

Juan Méndez se detuvo frente a la heladería y miró a sus hijos.

—Como ya les he dicho, la honestidad es lo correcto porque Dios es verdadero; la honestidad es parte de su naturaleza. Pero también quiero que se den cuenta de que parte de la razón por la cual Dios quiere que seamos honestos es porque sabe que la deshonestidad no nos conviene; nos priva de muchas cosas buenas.

Felipe hizo una mueca.

—Ya sé, papá. No soy tonto.

Sara tomó la mano de su padre mientras caminaban hacia el auto.

—Lo sé. Eso es lo que quería decir —dijo sonriendo.

El pastor Juan Méndez ha comenzado a aplicar la Prueba de la Verdad y la Evidencia de la Verdad a las normas de la honestidad. Está tratando de mostrarles a sus hijos por qué la honestidad es buena y la deshonestidad es mala.

La investigación indica que uno de los temas más conflictivos para nuestros jóvenes es el de la honestidad. Dos de cada tres

(66%) dicen que le han mentido a un «padre, maestro u otra persona mayor» en los últimos tres meses. Un poco menos —seis de cada diez (59%)— dice que le ha mentido a un amigo o a un igual en los últimos tres meses. Más de un tercio (36%) admite que ha copiado en un examen u otra evaluación dentro de ese mismo período de tres meses y casi un sexto (15%) dice que hace poco que ha robado dinero u otros bienes.

¿Cuál es el motivo por el cual nuestros hijos adoptan un estilo de vida de engaño y deshonestidad? ¿Por qué parece que pensaran que la deshonestidad es la mejor alternativa? Porque han aceptado una perspectiva de la verdad «centrada en el hombre», que depende de conceptos humanos —no divinos— de la verdad y la moralidad. Nuestra investigación muestra que más de la mitad de nuestros jóvenes (52%) están luchando con este asunto y tienden a creer que «a veces es necesario mentir».

Nuestros jóvenes han aceptado un concepto falso. Ven el engaño como una forma «fácil» de salir adelante. Consideran que la deshonestidad es una manera de impresionar a sus iguales y obtener la aprobación de sus padres. Ni siquiera están convencidos de que esté mal y pocas veces ven las consecuencias negativas del engaño ni los resultados positivos de la honestidad. Por eso necesitan oír y entender la Prueba de la Verdad y la Evidencia de la Verdad.

La prueba de la verdad

Juvenal, el poeta satírico romano del primer siglo, escribió: «Se elogia la honestidad, y esta muere de hambre». La honestidad es elogiada por todos como una virtud (aunque con frecuencia parece que es practicada por pocos).

¿Por qué se elogia la honestidad? ¿Por qué es una virtud? ¿Qué hace que sea lo correcto?

Para determinarlo —según la Prueba de la Verdad— debemos preguntar: ¿Cómo se compara con el original? Debemos medirla usando como unidad de medida la naturaleza y el carácter de Dios, la Fuente de la verdad. Si deseamos determinar si algo (en este caso la honestidad) es bueno o es malo, debemos trazarlo a través del precepto, pasando por el principio y por último, hasta Dios mismo.

PRECEPTO

Hace miles de años, Dios descendió a una remota montaña en la península del Sinaí y decretó estos mandamientos:

No robarás.
No darás falso testimonio contra tu prójimo (Éx 20.15, 16).

En el transcurso de su revelación a Moisés, Dios repitió, amplió y aplicó esos preceptos:

No robaréis, ni mentiréis ni os engañaréis el uno al otro.
No juraréis falsamente...
No oprimirás a tu prójimo, ni le robarás (Lv 19.11-13).

Dios dijo claramente a su pueblo —por medio de sus preceptos— que es malo mentir, engañar y robar.

Dios repitió esta lección a lo largo de la historia. El libro de Josué en el Antiguo Testamento registra la ira del Señor contra Israel porque Acán había robado parte del botín de Jericó; Dios le dijo a Josué: «Han robado, han mentido y lo han escondido entre sus enseres» (Jos 7.11). Josué, siguiendo las indicaciones de Dios, descubrió el crimen y Acán fue apedreado, y su hogar y su familia fueron destruidos.

Más de mil años después, un hombre y su esposa se pusieron de acuerdo para mentir a la iglesia, tratando de engañar a los líderes para que su generosidad aparentara ser mayor de lo que realmente era. El apóstol Pedro enfrentó a Ananías (y luego a su esposa Safira), diciendo: «Por qué [mentiste] al Espíritu Santo... No has mentido a los hombres, sino a Dios» (Hch 5.3, 4). Tanto el marido como su esposa cayeron muertos a los pies de Pedro.

La deshonestidad de Acán era una afrenta a Dios porque violaba sus preceptos. Ananías y Safira pecaron contra Dios porque quebrantaron su ley. Pero la cuestión no termina ahí.

Principio

Los mandamientos negativos de Dios en contra de mentir, robar y engañar reflejan un principio positivo. Este principio sirve como un paraguas, para proteger a todos los que permanecen dentro de sus límites.

Por supuesto que ese principio es la honestidad, la calidad de ser veraz, transparente y digno de confianza. En muchas maneras, la honestidad se define por lo que no hace.

La honestidad no miente. La Biblia dice: «Por lo tanto, habiendo dejado la mentira, hablad la verdad cada uno con su prójimo» (Ef 4.25).

La honestidad no engaña. Pablo advirtió: «No os engañéis: que ni... los estafadores heredarán el reino de Dios» (1 Co 6.9, 10).

La honestidad no roba. La meta de las personas honestas es «que no defrauden, sino que demuestren toda buena fe» (Tit 2.10).

Salomón escribió: «Los labios mentirosos son abominación a Jehová, pero le agradan los que actúan con verdad» (Prv 12.22).

Pero el principio de la honestidad no tiene valor intrínseco; es una virtud porque surge de la naturaleza y el carácter de Dios.

Persona

Cuando mi hija Kelly estaba en cuarto grado, varios alumnos en su clase quitaron un objeto del escritorio de la maestra mientras esta estaba fuera del aula. Los niños solo querían jugar con el objeto, pero se rompió y lo volvieron a poner en el lugar donde había estado, en el escritorio de la maestra. Cuando la maestra descubrió que el objeto estaba roto, le preguntó a una de las compañeras de Kelly qué había pasado. Cediendo ante la presión del grupo, la niña mintió. Entonces la maestra le preguntó a Kelly y ella le explicó exactamente lo que había sucedido.

Al día siguiente llevé a Kelly a desayunar a un restaurante y le dije que había hecho lo correcto, a pesar de la presión o las burlas que podrían surgir de sus compañeros.

Entonces le pregunté:

—Querida, ¿por qué está mal mentir?

—Porque la Biblia dice que está mal —contestó ella.

—¿Por qué dice la Biblia que está mal?

—Porque Dios lo mandó.

—¿Por qué lo mandó Dios?

—No sé —admitió ella.

Tomé sus manos y la miré a los ojos.

—Porque Dios es verdad, Kelly. La verdad viene de su naturaleza y cualquier cosa que sea contraria a la naturaleza de Dios es pecado.

Hace un momento mencioné a Acán, el guerrero israelita que tomó parte del botín de Jericó. La acción de Acán era ofensiva para Dios, no solo porque violó la ley de Dios, sino porque fue contraria a la naturaleza de Dios. El engaño de Ananías y Safira fue una violación del carácter de Dios.

La honestidad es buena (y la deshonestidad es mala) porque Dios es verdad. La verdad no es algo que Dios hace, ni es algo que él posee; es parte de él mismo. Moisés cantó en el desierto de Horeb: «Él es la Roca, cuya obra es perfecta... Él es un Dios fiel, en quien no hay iniquidad; es justo y recto» (Dt 32.4).

Él es «el Dios que no miente» (Tit 1.2). Pablo afirma que cuando Dios hace una promesa, podemos estar seguros de que se cumplirá, porque «es imposible que Dios mienta» (Heb 6.18).

Aunque el mundo haya dejado de lado la honestidad, como dijera Juvenal, hay una norma eterna y universal de la verdad que no fluctúa ni cambia; la Biblia dice que «Dios es veraz, aunque todo hombre sea mentiroso» (Ro 3.4).

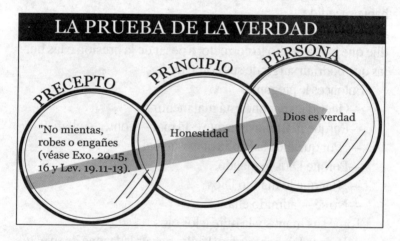

Porque Dios es verdad, la mentira es una ofensa contra su naturaleza. Porque Dios es verdad, el engaño es una afrenta a él. Porque Dios es verdad, robar es un insulto para él. Dios es verdad, y no hay nada falso en él. Es su naturaleza, por lo tanto, lo que define la honestidad como moral, y la deshonestidad, el fraude y el robo como maldad.

La Prueba de la Verdad basa la virtud de la honestidad en la naturaleza y el carácter de Dios. La honestidad es buena y correcta —objetiva y absoluta— porque Dios es verdad. La deshonestidad es mala y es incorrecta —objetiva y universalmente— porque es contraria al carácter de Dios. Eso es lo que hace que la deshonestidad sea mala —y buena la honestidad— para todas las personas, en todas las épocas y en todos los lugares.

La evidencia de la verdad

La Prueba de la Verdad puede ayudar a Felipe Méndez a reconocer que existe una norma objetiva de lo bueno y lo malo, y que esa norma —Dios mismo— dice claramente que está mal que Felipe engañe y mienta. Pero Felipe también necesita pasar por la aplicación de la Evidencia de la Verdad (lo cual empezó a hacer su padre en la conversación en la heladería).

Felipe copió en la escuela porque había aceptado ciertos conceptos (que se demostrará que son falsos con la prueba de la Evidencia de la Verdad). Vio el engaño como una forma fácil de salir adelante en la escuela; le pareció que le ahorraría la molestia de estudiar, le daría ventaja sobre sus compañeros y tendría el premio adicional de hacer que su padre se sintiera orgulloso de él. Por supuesto, cuando lo descubrieron empeoró el problema tratando de mentirle a su padre, porque nuevamente vio la deshonestidad como una posible salida para sus problemas. Pensó que sería más fácil mentir que encarar la ira del padre. Felipe estaba equivocado en cada una de sus suposiciones, pero no solo porque fue descubierto.

Felipe no es el único que presupone esto. Una investigación indica que dos de cada tres (66%) de nuestros hijos emplean medios deshonestos para lograr sus deseos. Esa proporción se aplica aun entre los jóvenes que profesan tener una relación personal con Jesucristo. Estos jóvenes están aceptando la idea de que la mentira y el engaño son formas legítimas de salir adelante;

están aceptando el concepto falso que considera a la deshonestidad como la mejor alternativa.

Juan Méndez ha comenzado a ayudar a sus hijos a aplicar la
prueba de la Evidencia de la Verdad (siempre junto con la Prueba
de la Verdad) a los temas de la honestidad y la integridad, anali-
zando las respuestas a la pregunta: *¿Qué relación guarda con la
realidad?* En otras palabras, está investigando junto con su hijo
adolescente si la deshonestidad logra las cosas que cree que logrará y está tratando de inculcar, tanto en Felipe como en Sara, la
clara convicción de que la honestidad refleja la naturaleza y el
carácter de Dios. También está tratando de mejorar su relación
con ellos y está procurando ser un buen ejemplo para ellos cuando les ayuda a ver que las normas de Dios sobre la honestidad,
lejos de impedirles triunfar en la vida, les ofrece la oportunidad de
experimentar su protección y provisión.

Las normas de Dios ofrecen:

1. Protección contra la culpa y provisión de una conciencia
   tranquila
   *Las normas de Dios sobre la honestidad protegen contra
   el sentido de culpa.* En el clásico cuento de Edgar Allan Poe,
   The Telltale Heart [El corazón delatador], el narrador relata
   cómo mató a un hombre, despedazó el cuerpo y enterró los
   restos debajo del piso de su habitación. Pero su ingeniosa
   ocultación del crimen se arruinó cuando tres policías vinieron
   a su cuarto para hacer indagaciones. Su sentimiento de culpa
   le hizo imaginar que oía el corazón de su víctima latiendo debajo del piso. Confesó enfurecido y señaló el lugar donde
   estaba escondido el cuerpo.
   Hablando de sus compatriotas, Oseas dijo: «Su corazón es
   engañoso. ¡Ahora ellos serán hallados culpables!» (Os 10.2).
   El sentimiento de culpa es una de las emociones más podero-

sas y se prende del corazón deshonesto como una boa destructora, asfixiándolo hasta que muere. El salmista David confesó: «mis iniquidades han sobrepasado mi cabeza; como carga pesada me agobian» (Sal 38.4). El peso de la culpa priva al alma deshonesta del gozo, la satisfacción y de la posibilidad de desarrollar su máxima potencialidad.

El joven que sigue la norma de Dios sobre la honestidad estará protegido del peso de la culpa. Cuando se es honesto, no hay que estar mirando por encima del hombro. Por supuesto que la conciencia puede endurecerse cuando el mal se convierte en un hábito (1 Tim 4.2). Pero aun así, las consecuencias siempre son destructivas (Prv 14.2).

Las normas de Dios en cuanto a la honestidad proveen tranquilidad de conciencia, una relación ininterrumpida con Dios. El salmista David preguntó: «Oh Jehová, ¿quién habitará en tu tabernáculo? ¿Quién residirá en tu santo monte? El que anda en integridad y hace justicia, el que habla verdad en su corazón»(Sal 15.1, 2). La deshonestidad no puede sino dañar la relación de la persona con Dios, pero el que «habla verdad» recibirá la recompensa de ser «limpio de manos y puro de corazón» (Sal 24.4) ante Dios.

2. Protección contra la vergüenza y provisión de un sentido de realización

Las normas de Dios en cuanto a la honestidad protegen contra la vergüenza. Cuando Florence Griffith Joyner cruzó la línea final de la carrera de los 100 metros planos en los Juegos Olímpicos de Verano de 1988 en Seúl, Corea, la llamaron «la mujer más veloz del mundo». Durante esos mismos Juegos Olímpicos, en otra pista, otro corredor terminó primero y rompió un récord mundial. Pero poco duró el gozo de la aparente vistoria de Ben Johnson. Él no pudo disfrutar del sentimiento de alborozo y de satisfacción de un digno campeón porque una prueba de drogas después de la competencia reveló que había ganado gracias a las drogas ilícitas que había tomado antes de la carrera. Se le quitó la medalla, y humillado salió de Corea a la mañana siguiente.

La costumbre de ser honesto protege a la persona de la vergüenza que resulta del descubrimiento de su engaño. Después de que su profesora lo enfrentó en el pasillo por haber copiado, Felipe Méndez protestó diciendo que no iba a volver al aula donde todos estarían mirándole. Lleno de vergüenza, no podía enfrentarse a sus compañeros.

Las normas de Dios sobre la honestidad proveen un sentimiento de realización que el corazón deshonesto nunca puede disfrutar. El pastor Méndez se dio cuenta de que podía usar el juego de golf para ilustrar este concepto. Le dijo a Felipe que haberle dejado ganar le habría robado la satisfacción y el sentido de realización que obtuvo al ganarle por las buenas. Salomón dijo: «Acumular tesoros mediante la lengua de engaño es vanidad fugaz de los que buscan la muerte» (Prv 21.6), no solo porque atrapa a la persona en un círculo vicioso de deshonestidad, sino también porque su recompensa dura poco; se evapora como la niebla.

Si el engaño de Felipe no se hubiera descubierto, le podría haber mostrado el resultado del examen a su padre, contando con su aprobación, pero no podría haber sentido un legítimo orgullo por su desempeño, porque no lo merecía. Su hambre de alabanza y aprobación habría quedado insatisfecha.

3. Protección contra el círculo vicioso del engaño y provisión de una reputación de integridad

Las normas de Dios en cuanto a la honestidad protegen contra la posibilidad de ser atrapado por un círculo vi-

cioso de engaño. Según las palabras del sabio Salomón: «Acumular tesoros mediante la lengua de engaño es vanidad fugaz de los que buscan la muerte» (Prv 21.6). Es vanidad porque cada mentira engendra más mentiras, cada engaño conduce a más engaños. Como la persona que va encerando el piso hasta quedar arrinconada, el corazón deshonesto pronto queda atrapado por su propia dualidad.

La presidencia de Nixon, en los Estados Unidos de América, llegó a un mal fin no por el escándalo de Watergate; sino por las mentiras que dijo para disimularlo. Él mandó que otros mintieran y, junto con sus oficiales inventó más mentiras. Finalmente fue el encubrimiento, no el hecho en sí, lo que le costó la presidencia.

Adoptar la norma de Dios sobre la honestidad salva a la persona de quedar atrapada en las redes de su propio engaño. *Las normas de Dios sobre la honestidad proporcionan una reputación de integridad.* Poco después de conocer a la que llegaría a ser mi esposa, le dije:

—Tengo algo que decirte y no hace falta que contestes, pero tengo que expresarlo. Creo que estoy enamorado de ti.

Ella empezó a reír.

—No creo que me hayas oído bien —dije muy serio—, dije que creo que estoy enamorado de ti.

Sacó una carta que había recibido de un miembro del personal de «Cruzada Estudiantil». La autora de la carta explicaba que se había enterado de que Dottie estaba saliendo conmigo. «Josh es famoso por salir con muchas chicas», decía la carta. «Así que ten mucho cuidado. No quiero que te dañe».

Pero el siguiente párrafo probablemente salvó mi relación con mi futura esposa. Decía: «Pero hay una cosa segura con respecto a Josh. Siempre será honesto contigo. No te engañará y siempre sabrás lo que opina de ti».

Siempre he estado agradecido de que la persona que escribió esa carta me haya considerado un hombre íntegro. Esa es una de las bendiciones que resultan por adoptar la norma de Dios sobre la honestidad. La Biblia dice: «Más vale el buen nombre que las muchas riquezas; y el ser apreciado, más que la plata y el oro» (Prv 22.1).

4. Protección contra la ruptura de relaciones y provisión de un sentido de confianza

   Las normas de Dios en cuanto a la honestidad protegen contra la ruptura de relaciones. Hace varios años patrociné una serie de actividades que llamamos «peceras». Diez a quince voluntarios adolescentes se sentaban en un círculo en medio de la sala, rodeados de adultos que solo podían escuchar y observar. Uno de los propósitos era dejar que los padres vieran con sus propios ojos la magnitud de la crisis enfrentada por nuestros jóvenes.

   En una de esas sesiones, una muchacha de quince años comenzó a llorar.

   —Nunca volveré a confiar en mi mamá —dijo.

   Le pregunté por qué y me explicó:

   —Hace dos años le pregunté a mi mamá si ella y papá habían esperado hasta casarse para tener relaciones sexuales y me dijo que sí. El otro día encontré su diario, lo leí y me enteré de que no esperó. Me había mentido.

   En medio de lágrimas de amarga desilusión afirmó:

   —Nunca volveré a confiar en ella.

   En otra ocasión estaba en Inglaterra hablando a un grupo de directores de jóvenes. Durante el período de preguntas y respuestas después de la charla, tocamos el tema de las enfermedades venéreas. Un director de jóvenes se me acercó después de la sesión y me contó que le había dicho a su esposa que él era virgen. Habían estado casados cinco años cuando por un examen médico se enteró de que tenía el virus de papiloma humana (VPH). Ya que ella había sido virgen cuando se casaron, la enfermedad era prueba contundente de que durante cinco años él le había estado mintiendo. Tuvo que volver a casa y decirle a su esposa la verdad cuando ya era demasiado tarde: ella se había contagiado con el VPH. Eso había sucedido tres años atrás y hasta hoy su relación no ha sido la misma.

No hay nada que pueda causar más rápidamente la ruptura de una relación que el engaño y la deshonestidad. Dios lo sabía; él inventó las relaciones. La base misma de las relaciones está edificada en la confianza y la confianza sencillamente no puede sobrevivir en un ambiente donde hay engaño. *Las normas de Dios en cuanto a la honestidad proporcionan confianza en las relaciones.* La primera vez que salí con Dottie decidí comprar un periódico de una máquina a la salida del restaurante. Puse la moneda para sacarlo; salió el periódico y también mi moneda. Le pedí a Dottie que esperara un momento. Llevé la moneda al restaurante y se la di a la cajera.

Más adelante me enteré de que ese incidente había tenido un efecto profundo en Dottie. Pensó que si yo había demostrado ser honesto al comprar el periódico, ella podría confiar en mí en otras afeas. Mi honestidad en esa ocasión aparentemente insignificante ganó el respeto de la mujer que se convertiría en mi esposa, y puso una base sólida de confianza a nuestra relación.

Les digo a mis hijos:

—Si dicen la verdad siempre, puedo creerles siempre. Pero si solo dicen la verdad a veces, no puedo creerles nunca.

Salomón escribió: «Muchos hombres proclaman su propia

bondad; pero un hombre fiel, ¿quién lo hallará? El justo camina en su integridad» (Prv 20.6, 7). También proclamó la importancia del sentido de confianza en su canción para la esposa piadosa: «Mujer virtuosa, ¿quién la hallará?... Confía en ella el corazón de su marido» (Prv 31.10, 11). Como hemos dicho, el elemento de la confianza es indispensable en el establecimiento de cualquier relación exitosa de por vida. Mantiene los votos matrimoniales y los acuerdos comerciales como un elemento tranquilizador, fortalecedor. Un sólido fundamento de confianza mejora y enriquece la calidad de las relaciones, proporcionando algo que el dinero no puede comprar y que la deshonestidad no puede lograr.

Cuando nuestro comportamiento es conforme a las normas de Dios, podemos gozar de todos los beneficios de su protección y provisión (vea el gráfico que aparece a continuación).

LA EVIDENCIA DE LA VERDAD

La Protección y Provisión de Dios

PROTEGEN CONTRA:	PROPORCIONAN:
El sentido de culpa	Una conciencia tranquila
La vergüenza	Un sentido de realización
Un círculo vicioso de engaño	Una reputación como persona íntegra
Ruptura de relaciones	Sentido de confianza

Felipe no entendía que cuando se acepta un concepto falso hay consecuencias. Aceptó el concepto de que la mentira y el engaño a veces se justifican. Pero una investigación cuidadosa de la prueba de la Evidencia de la Verdad en relación con la honestidad le reveló que su comportamiento no había logrado lo que se suponía que lograría. En vez de facilitarle las cosas, sus acciones le complicaron la vida. Sintiéndose culpable y avergonzado, Felipe se privó de un legítimo sentido de realización. En lugar de darle un motivo de orgullo a su padre, empeoró la relación entre ellos. En vez de quedar bien ante los demás, dañó su propia reputación. Como era de esperar, basarse en un concepto no le dio a Felipe los resultados que él deseaba.

LA APLICACIÓN DE LA VERDAD

Muchos de nuestros padres y abuelos se criaron oyendo anécdotas tomadas de la vida de nuestros próceres que reforzaban el valor de la honestidad. Muchos de los jóvenes de hoy no han tenido oportunidad de oír tales relatos morales. Pero todavía podemos inculcar el valor de la honestidad a la juventud de hoy.

- *Juegue al «y qué pasaría si...» en las reuniones o paseos con su familia o grupo juvenil.* Pida que los jóvenes imaginen de qué manera sería distinto el mundo si todos fueran absolutamente honestos (no habría que guardar nada bajo llave, ni usar cadenas, ni instalar sistemas de alarma, por ejemplo). A partir de ahí, y como una forma de recalcar la evidencia de la verdad con respecto a la honestidad, guíelos a una discusión sobre la manera cómo la honestidad nos protege y nos provee lo mejor.

  Tal vez le sorprenda lo divertido que puede ser el resultado de tal discusión. La próxima vez que su hijo cierre una puerta con llave, ponga candado a su bicicleta u oiga sonar una alarma, recordará el valor de la honestidad. Use ocasiones como esas para recordarle que Dios es un Dios verdadero, lleno de verdad y que cuando somos honestos lo honramos como Dios de la verdad.

* *Use el hecho de ir de compras para reforzar la norma de Dios sobre la honestidad.* Permita que los niños menores paguen al cajero o pongan el dinero en la máquina vendedora, y tómese un momento para dialogar brevemente con ellos, acerca de la Prueba de la Verdad y la Evidencia de la Verdad. Guíe a los jóvenes mayores en una discusión acerca de cómo frecuentemente las tiendas deben alzar los precios para compensar la pérdida sufrida por robo y cómo eso frustra el ideal de Dios.

* *Dé un «premio a la honestidad».* Trate de «pescar» a sus hijos siendo honestos para luego recompensarlos. No hace falta que sea una demostración heroica de honestidad; podría ser sencillamente pagarle la cantidad correcta al cajero, o admitir que ha dejado de hacer una tarea. Acostúmbrese a expresar su aprobación y a veces a dar una pequeña recompensa, como permitirle ir a dormir más tarde esa noche, o un «premio adicional» en el dinero que suele darle semanalmente, expresándole así: «Me di cuenta de tu honestidad».

* *Aproveche la televisión, las noticias y los acontecimientos de la actualidad para enseñar sobre honestidad.* Los noticieros están llenos de ilustraciones prácticas de las consecuencias de la deshonestidad y los beneficios de la honestidad. Discuta un tema de las noticias y un acontecimiento actual en la escuela, el trabajo o la comunidad

que muestra el efecto negativo de la deshonestidad o las consecuencias positivas de la honestidad. Hay veces, por ejemplo, cuando usted y yo prohibimos que nuestros hijos salgan a algún lado solos o de noche y con frecuencia esto les causa una gran desilusión. Aproveche esa oportunidad para recalcar el alto costo de la deshonestidad; si todo el mundo viviera según el principio de la honestidad, los padres no tendrían que ser tan protectores.

Por supuesto, no es práctico esperar que se le pueda hablar todos los días a nuestra juventud acerca de la honestidad, la pureza sexual o cualquier otro tema. Sin embargo, si aprovechamos cada oportunidad —al estar sentados en casa, al andar por el camino, al acostarnos y al levantarnos— podemos inculcar continuamente en ellos la verdad de que vivir de acuerdo con las normas objetivas y absolutas de Dios es lo correcto y conlleva recompensas.

Tomado de la obra *Es bueno o es malo*, El paso, Texas: Editorial Mundo Hispano, 1999, pp. 183-198. Usado con permiso.

EL DIVORCIO Y LAS SEGUNDAS NUPCIAS[1]

David Clyde Jones

En una situación de tragedia personal y de daño estructural en la sociedad [como resultado de tantos divorcios y de los cambios en las leyes],[2] la iglesia ha sido llamada a un ministerio que refleja los tres oficios mediadores de Cristo: declarar la voluntad revelada de Dios acerca del matrimonio; restaurar a los pecadores por medio del evangelio del arrepentimiento y el perdón de pecados; y nutrir a las personas, para que por la gracia de Dios sean fieles en sus matrimonios. En este artículo, es necesario que nos ocupemos principalmente en el ejercicio del primero de estos oficios.[3] El primer paso será el de examinar las tres tradiciones eclesiásticas principales acerca del divorcio y las segundas nupcias.

La enseñanza de las iglesias

La Iglesia Católica Romana

La iglesia católica romana enseña que la unión matrimonial es indisoluble. Dicen específicamente que el matrimonio sacramental consumado no podrá ser disuelto, excepto por la muerte. Esto significa que una pareja casada, si han tenido relaciones sexuales después de que los dos hayan sido bautizados, no se puede divorciar; ni el adulterio provee causa suficiente para disolver los lazos matrimoniales. Aun así, la indisolubilidad marital no es tan absoluta en el enfoque católico; la iglesia romana no descarta todo divorcio. Tampoco el divorcio es la única manera de ser liberado de las obligaciones de un matrimonio destrozado. Hay dos enfoques distintos.

El divorcio como privilegio de la fe. Según la doctrina católica romana, ningún matrimonio puede ser disuelto por autoridad meramente humana. La iglesia, sin embargo, tiene autoridad en ciertas condiciones para disolver el matrimonio entre un creyente y un no creyente, porque esto sirve los intereses superiores de la fe. El privilegio del divorcio reservado para los fieles toma dos formas.

El divorcio según el privilegio paulino (llamado así porque se basa en 1 Corintios 7.15), fue establecido primero por el Papa Clemente III en el siglo doce. El código de ley canónico del año 1983 define las siguientes condiciones en las cuales se puede otorgar este divorcio: ninguno de los dos cónyuges había sido bautizado cuando se contrajo el matrimonio; uno de los dos cónyuges se ha convertido ahora, y ha sido bautizado; una «interpelación» se ha hecho por el cónyuge, pero ni se convertirá ni vivirá en paz con el cónyuge convertido. La pareja puede divorciarse, y el creyente está libre para casarse de nuevo en la fe.

El privilegio petrino se distingue del paulino en que se aplica a casos en que uno de los dos cónyuges había sido bautizado antes de contraer matrimonio. El divorcio por causa de la fe en tales circunstancias será otorgado solamente por dispensación papal. Se propusieron nuevos cánones sobre el privilegio petrino para la nueva versión del código en el año 1983, pero no fueron adoptados. Aunque teóricamente esto todavía es un medio para obtener un divorcio, en la práctica ha sido desplazado por el mayor uso del procedimiento de la anulación.

La anulación como una alternativa del divorcio. Hay unos ocho millones de católicos divorciados en los Estados Unidos. La iglesia no excomulga a las personas divorciadas, pero si se casan de nuevo, no se les permite recibir los sacramentos, al menos que su matrimonio original se disuelva o se anule. «Una anulación es una declaración por un tribunal, diciendo a la iglesia que el matrimonio nunca existió legalmente como una unión sacramental según la ley canónica».[4] En el año 1968, hubo 338 anulaciones en los Estados Unidos; para el año 1978, el número había aumentado a 27.670, y se recibieron dos veces esta cantidad de peticiones en el año 1981.

Los motivos por los cuales un matrimonio puede ser anulado incluyen impedimentos como la impotencia, la consanguinidad, y la afinidad;[5] motivos documentales como la forma defectiva o una unión previa; el consentimiento simulado; el consentimiento logrado por la fuerza o por el miedo; y motivos psicológicos, especialmente la «falta de discreción» al contraer el matrimonio y la «falta de competencia debida», o la incapacidad de cumplir las obligaciones matrimoniales.[6]

Como observa un escritor católico, «Si, según normas civiles, el matrimonio ha sido irrevocablemente quebrantado, es muy probable que, según las normas eclesiásticas actuales, nunca hubo una unión sacramental verdadera».[7]

Se puede apreciar la preocupación pastoral de la iglesia católica romana, pero su manera de resolver el debate es más verbal que real. Podrían dejar de resolver los problemas por medio de sus definiciones, si fueran abiertos a reconsiderar exegéticamente su noción de indisolubilidad.

La Iglesia Ortodoxa Oriental

A diferencia de la iglesia católica romana, la iglesia ortodoxa oriental no tiene un solo código de ley canónica que es vigente para todas las iglesias locales. Tal código unificado, se sostiene, sería ajeno al espíritu de la ortodoxia, que pone el énfasis en la autonomía en el gobierno eclesiástico y en la disciplina. Como resultado, es difícil expresar la posición de la iglesia en detalle con precisión. No obstante, los principios y las líneas generales de su enfoque son claros.

La iglesia ortodoxa oriental enseña la indisolubilidad ideal del matrimonio, tanto en esta vida como en la vida venidera: «La unión entre marido y mujer es un fin en sí mismo; es una unión eterna entre dos personalidades únicas y eternas que no se puede quebrar.»[8] Por lo tanto, «el matrimonio cristiano no es solamente una unión terrenal sexual, sino un vínculo que continuará cuando nuestros cuerpos sean «espirituales» y cuando Cristo sea «todo en todo»».[9]

A la luz de esto, la iglesia disuade a las viudas y a los viudos a casarse de nuevo, aunque se permiten un segundo y un tercer matrimonio como una concesión a las necesidades y los deseos humanos terrenales. Por lo tanto, la indisolubilidad del matrimonio no es absoluta; el vínculo marital se puede disolver como consecuencia de la muerte física o la muerte moral. Como lo expresa un escritor ortodoxo, «El don del matrimonio cristiano debe ser aceptado, y debe ser vivido libremente, pero eventualmente puede ser rechazado por el ser humano».[10]

El divorcio por causa de adulterio. La iglesia oriental reconoce el divorcio por causa de adulterio como una dispensación divina. «Según el evangelio, el adulterio destruye la realidad misma, la esencia mística, del matrimonio». El divorcio por causa de adulterio denuncia «la ausencia, la desaparición, la destrucción del amor, y por lo tanto simplemente declara que un cierto matrimonio no existe».[11] Frecuentemente se apela a la analogía de la muerte en la enseñanza ortodoxa acerca del divorcio.

En las palabras de nuestro Señor, en el caso de infidelidad conyugal, el ideal del matrimonio cristiano es totalmente destruido. Por esta razón, el vínculo de confianza mutua, el amor, la fe, y el ejercicio mutuo de la autoridad de cada uno sobre el cuerpo del otro, es quebrado; consecuentemente, el propósito del matrimonio es destruido. Tal caso es considerado por los teólogos y moralistas ortodoxos como equivalente a la muerte espiritual. Tal como la muerte física es la única causa natural que pueda disolver el vínculo nupcial, así la muerte moral produce el mismo resultado, la disolución de la unión matrimonial. El abismo creado entre los cónyuges por la muerte moral y espiritual es mucho más grande que el abismo causado por la muerte natural.[12]

Se debe notar que hay dos caminos posibles después de que se haya cometido adulterio: 1) el arrepentimiento, el perdón, la reconciliación, y la restauración, o 2) la impenitencia, la muerte moral, la disolución, y el divorcio.

El divorcio como ejercicio del cuidado pastoral. Para ser exacto, según la iglesia ortodoxa oriental, el adulterio es la única causa del divorcio mencionada en la enseñanza de Cristo. La iglesia, sin embargo, puede otorgar el divorcio por otras causas, basándose en el principio de la *oikonomía* —el cuidado amoroso de sus miembros. La *oikonomía* (dirección, administración) está en contraste con la *akribeia* (exactitud, precisión). Los límites no son prescritos; «la iglesia reserva el derecho de manejar cada problema de una manera pastoral».[13]

En el caso de familias divididas, el mal menor es el divorcio, lo cual es otorgado por la iglesia, siguiendo el ejemplo de Moisés. Esto no se otorga fácilmente ni felizmente, sino con cuidado y con tristeza, para los que, por causa de la «dureza de su corazón», se sienten incapaces de continuar viviendo su vida conyugal como «dos cuerpos unidos en uno». [14]

La Iglesia Ortodoxa Oriental considera seriamente las siguientes condiciones al conceder un divorcio y al permitir casarse de nuevo: el adulterio, la fornicación, y todas las demás acciones inmorales cometidas por cualquier de los cónyuges; acciones peligrosas y amenazas contra la vida de parte de cualquier de los dos; el aborto sin el consentimiento del marido; la impotencia que existía antes de casarse y ha continuado dos años después de casarse; el abandono de parte de cualquiera de los dos por más de dos años; la apostasía o la herejía; la enfermedad mental que dure cuatro años después de casarse, o la lepra.[15]

El enfoque clásico protestante

Los protestantes evangélicos se distinguen por su adherencia al principio de *sola scriptura*. Las Sagradas Escrituras son la única regla infalible de fe y práctica, y la iglesia no tiene ninguna autoridad para obligar la conciencia con leyes propias. La iglesia puede determinar casos de conciencia como parte de su ministerio, pero el «Juez Supremo» en cada controversia «es ningún otro más que el Espíritu Santo que habla en las Escrituras».[16] El principio protestante de la autoridad involucra la doctrina de la suficiencia de las Escrituras, que sostiene que «el consejo completo de Dios tocante a todas las cosas necesarias para su propia gloria y para la salvación, fe y vida del hombre, está expresamente expuesto en las Escrituras, o se puede deducir de ellas por buena

Apéndice

y necesaria consecuencia».[17] La posición protestante clásica sobre el divorcio, a la luz de estos principios, está expresada en forma concisa en la *Confesión de Fe de Westminster*:

Aunque la corrupción del hombre sea tal que le haga estudiar argumentos para separar indebidamente a los que Dios ha unido en matrimonio; sin embargo, nada sino el adulterio o la deserción obstinada que no puede ser remediada, ni por la Iglesia ni por el magistrado civil, es causa suficiente para disolver los lazos del matrimonio.[18]

Otra sección de la *Confesión* autoriza casarse de nuevo en el caso de adulterio.

En el caso de adulterio después del matrimonio, es lícito para la parte inocente promover su divorcio, y después de este, puede casarse con otra persona como si la parte ofensora hubiera muerto.[19]

Hace tiempo, los puritanos ingleses[20] habían llegado a un consenso acerca de las segundas nupcias después de un divorcio por causa de adulterio, basándose exegéticamente en la cláusula de la excepción en Mateo. William Perkins (1558-1602) había incluido deserción como motivo legítimo de divorcio en algunas circunstancias, basado en las instrucciones de Pablo sobre matrimonios mixtos en el capítulo siete de 1 Corintios.[21] Entre los miembros de la asamblea de Westminster que habían publicado obras acerca del matrimonio antes de la asamblea, el más importante es William Gouge, quien presidió el comité de la asamblea sobre el divorcio. La posición de Gouge sobre los motivos legítimos del divorcio se expresa en forma sucinta en oposición al «error de los papistas»: «Con respecto al *adulterio*, no negamos que es motivo justo de divorcio: incluso decimos (con el apoyo de las palabras de Cristo) que es la única causa legítima de divorcio».[22] Se permite casarse de nuevo si el motivo del divorcio ha sido el adulterio, pero en el caso de la deserción, la parte inocente solamente queda libre de las obligaciones de relaciones conyugales; no se permite casarse de nuevo, porque el matrimonio no ha sido disuelto totalmente. Gouge está consciente de otras interpretaciones reformadas de la excepción paulina (1 Corintios 7.15), pero no las discute, porque el problema es remoto.

> En muchas iglesias reformadas más allá de los mares, la deserción es considerada una disolución de los lazos matrimoniales, y se otorga libertad a la parte abandonada a casarse con otro.[23]

Recientemente, la posición clásica protestante ha sido criticada por algunos evangélicos por ser demasiado relajada, no solamente porque permite el divorcio por «deserción maliciosa», sino también porque permite casarse de nuevo después de un divorcio por causa del adulterio. William Heth y Gordon Wenhan son especialmente críticos de la posición de Westminster, que ellos llaman el «enfoque de Erasmo», porque «la tradición exegética empezó con Erasmo y fue ampliada por Lutero y otros reformadores y confirmada...por esta *Confesión de Fe*.».[24] La tesis es que Erasmo se apartó de la enseñanza uniforme de la iglesia primitiva que sostenía que, al casarse de nuevo después de un divorcio por cualquier motivo, se cometía adulterio. Examinaremos su exégesis más adelante, pero por ahora es importante notar que, lo que Heth y Wenham llaman «la posición de la iglesia primitiva» es más precisamente la posición «agustiniana final». Todavía en el año 413, Agustín escribiría: «No está claro en las

Escrituras si un hombre que ha abandonado a su esposa por causa de adulterio, lo cual ciertamente se le permite, será él mismo
también considerado un adúltero si se casa de nuevo. Y aunque
fuera así, no creo que cometa un pecado grave».[25] La posición
definitiva de Agustín, según la cual tal hombre sería considerado
un adúltero, aparece seis años después.[26]

Así que de ninguna manera es cierto que Heth y Wenham
hayan presentado adecuadamente la enseñanza de la iglesia primitiva. Según el erudito jesuita, Theodore Mackin, en su libro
masivo, *Divorce and Remarriage* [El divorcio y las segundas
nupcias], «Los escritores cristianos sobre el tema del adulterio, el
divorcio, y las segundas nupcias, comenzando con la mitad del
segundo siglo y continuando por lo menos hasta Agustín...nunca
llaman adúlteras a las siguientes personas: [1] Un marido que se
casa de nuevo después de dejar a una esposa adúltera. [2] Un
marido que se casa de nuevo después de ser abandonado por su
esposa. [3] Una mujer que se casa con un hombre en cualquier
de estos dos casos».[27] Además, la posición final de Agustín nunca fue adoptada por las iglesias orientales, las cuales permitían el
divorcio y el volverse a casar. Mackin resume la disciplina de la
iglesia bizantina en el siglo trece:

> Esta indisolubilidad cede a la dispensación divina ex-
> presada por Cristo en...Mateo 5.32 y 19.9. ... Pero se
> entendía que el adulterio que hace legítimas la separa-
> ción y la disolución no era la única causa, sino que era un
> ejemplo y un punto de partida para considerar otras cau-
> sas semejantes. Era evidente que otros crímenes se co-
> metían que dañaban el matrimonio con igual o mayor
> severidad. El aborto y el intento de homicidio de parte
> del cónyuge son solamente dos ejemplos.[28]

Como hemos visto, la diferencia histórica entre la iglesia católica romana y las iglesias ortodoxas orientales sobre la doctrina del divorcio persiste hasta hoy. Por lo tanto, mientras debemos darle crédito a Erasmo por su aporte exegético a la discusión, el hecho de ponerle la etiqueta de «el enfoque de Erasmo» a la posición que permite casarse de nuevo después de un divorcio legítimo tiende a confundir, y es peyorativo.

EL PACTO DEL MATRIMONIO Y EL DIVORCIO

Los textos bíblicos clave que se deben comparar son los que tratan directamente el tema del divorcio y el casarse nuevamente; la regulación mosaica (Deuteronomio 24.1-4), la protesta profética (Malaquías 2.13-16), la enseñanza de Jesús (Mateo 5.32; 19.9; Marcos 10.11-12; Lucas 16.18), y la enseñanza de Pablo (1 Corintios 7.10-16). Estos tienen sentido, sin embargo, en el contexto más amplio de la enseñanza bíblica acerca del matrimonio como un pacto.[29] Como hemos visto, la perspectiva del matrimonio como un pacto es una parte tan íntegra de la religión y la cultura del Antiguo Testamento, que el pacto de Dios con Israel frecuentemente se describe en esos términos. Tristemente, sin embargo, la figura del matrimonio se utiliza principalmente para hablar de la apostasía de Israel. Los profetas, especialmente Oseas, Jeremías, y Ezequiel, describen la infidelidad al pacto de Sinaí de parte de Israel en términos de adulterio (*na'ap*) y fornicación (*zana*).[30] Oseas 2.2 (2.4 en el Texto Masorético y en la Septuaginta) es típico:

> Contended con vuestra madre, contended;
> porque ella no es mi mujer, ni yo su marido;
> apartad, pues, sus fornicaciones (*zana*) de su rostro,
> y sus adulterios (*na'ap*) de entre sus pechos;[31]

Según la Palabra del Señor por medio de Oseas, el problema con Israel era que, «cual Adán, traspasaron el pacto; allí prevaricaron contra mí» (6.7); «porque traspasaron mi pacto, y se rebelaron contra mi ley» (8.1). Las estipulaciones del decálogo forman la base de la acusación: «no hay verdad, ni misericordia, ni conocimiento de Dios en la tierra. Perjurar, mentir, matar, hurtar y adulterar prevalecen...» (4.1-2). Como resultado de una trasgresión seria del pacto, y sin arrepentirse, la relación entre Dios y Su pueblo se alteró radicalmente. Así, Oseas, siguiendo las instrucciones del Señor, nombra a un hijo *Lo-ammi*, «porque vosotros no sois mi pueblo, ni yo seré vuestro Dios» (1.9). En la figura de Oseas 2.2, el «matrimonio» entre Dios y su pueblo ha sido disuelto; la restauración requeriría nada menos que un nuevo pacto (Jeremías 31.31-32).[32]

El lenguaje del divorcio para una relación alterada entre Dios y su «esposa» es explícito en Jeremías: «Ella vio que por haber fornicado (*na'ap*, LXX *moicao*) la rebelde Israel, yo la había despedido y dado carta de repudio; pero no tuvo temor la rebelde Judá su hermana, sino que también fue ella y fornicó (*zana*, LXX *porneuo*)» (Jeremías 3.8). Como veremos, este precedente divinamente establecido es muy relevante para la enseñanza de Jesús y Pablo. Pero, primero, ¿qué de Moisés?

LA REGULACIÓN MOSAICA

La existencia de la práctica del divorcio es reconocida en algunos textos del Pentateuco, sin comentario sobre su moralidad (Números 30.9; Levítico 22.13; 21.14). Es similar a la poligamia en este sentido. Sin embargo, Moisés regula su práctica, en un pasaje conocido en Deuteronomio.

Si un hombre toma una mujer y se casa con ella, pero después resulta que no le gusta por haber encon-

trado en ella algo indecente, le dará por escrito un certificado de divorcio y la despedirá de su casa. Ella, después que haya abandonado la casa, podrá casarse con otro; pero si su segundo marido también llega a despreciarla y le entrega un certificado de divorcio, despidiéndola de su casa, o si este segundo marido se muere, entonces el que fue su primer marido no podrá volver a casarse con ella debido al estado de impureza en que ella se encuentra; esto sería un acto repugnante para el Señor, y ustedes no deben deshonrar el país que el Señor su Dios les da en propiedad (Deuteronomio 24.1-4, *Dios Habla Hoy*).

Esta versión capta la idea del pasaje, que no es especificar los motivos legítimos para divorcio, sino definir la condición de una mujer divorciada (por eso debe tener una declaración escrita) y evitar que ella sea tratada como un producto que se puede comprar y vender (por lo tanto, la prohibición de que se case de nuevo con el marido que se divorció de ella, después de un matrimonio intermedio). La expresión hebrea *'erwat dabar*, traducida aquí «algo indecente», podría ser traducida «alguna conducta indecente». El único otro lugar en el Antiguo Testamento donde ocurre esta frase *'erwat dabar* (literalmente «la desnudez de la cosa») es Deuteronomio 23.14, donde se refiere al excremento como algo indecente o repulsivo. El contexto determina su uso en Deuteronomio 24. Mientras la mujer no encuentra favor en los ojos del primer marido porque ha encontrado alguna cosa vaga «desagradable» en ella, el segundo marido se divorcia de ella simplemente porque la desprecia. Lo que es feo depende de los ojos del que ve. El hecho inevitable es que, el divorcio por aversión fue tolerado bajo la ley civil de Moisés, aunque se entiende por la ordenanza de la creación que esto sería moralmente incorrecto.

Apéndice

LA PROTESTA PROFÉTICA

Aunque técnicamente era legal, esta manera de practicar el divorcio no escapó de la protesta en el Antiguo Testamento, siendo desafiado vigorosamente en Malaquías 2.13-16. El tema general del capítulo 2 es el quebrantamiento de la fe entre la comunidad del pacto, tanto de parte de los sacerdotes (2.1-9) como de parte del pueblo (2.10-16). El verbo *bagad* (actuar o tratar con peligro, infidelidad, o engaño) ocurre cinco veces en los últimos siete versículos, empezando con la pregunta, «¿Por qué, pues, nos portamos deslealmente el uno contra el otro, profanando el pacto de nuestros padres?» (v. 10), y terminando con la exhortación, «Guardaos, pues, en vuestro espíritu, y no seáis desleales» (v. 16). Malaquías protesta contra dos instancias concretas de infidelidad al pacto: el casarse con esposas paganas inconversas («hija de dios extraño»), el divorcio (de la «mujer de vuestra juventud»). Estos, por supuesto, podrían ser partes de un solo evento, pero son tratados en el texto como si fueran distintas instancias de «traición».

La frase clave en la primera parte del versículo 16 ha sido traducida así:[33] «Porque Jehová Dios de Israel ha dicho que él aborrece el repudio, y al que cubre de iniquidad su vestido, dijo Jehová de los ejércitos».

Pero en el siglo diecinueve, el erudito alemán del Antiguo Testamento, Ewald, sugirió un cambio en la puntuación en el hebreo[34] que daría la siguiente traducción:

El que por odio rompe el vínculo del matrimonio,
dice Yahvé, el Dios de Israel,
—él cubre con crueldad su vestido,
dice Yahvé de los ejércitos.

La versión de la Septuaginta tiene la misma idea en la primera frase, y podría ser traducida así:[35]

> Si os divorciáis por odio,
> dice el Señor Dios de Israel,
> Entonces la iniquidad cubre vuestros pensamientos,
> dice el Señor de los ejércitos.

La expresión que usa Malaquías para describir las consecuencias de una traición de la confianza matrimonial de parte del marido, solamente porque no le gusta su esposa, es: «la violencia (*hamas*) cubre su vestido (*lebus*)». La frase es difícil de entender, y la Septuaginta («la iniquidad cubre vuestros pensamientos») no nos ayuda aquí. *Hamas* se usa en el Antiguo Testamento específicamente para referirse a la violencia física, pero también para hablar de cualquier daño causado con malas intenciones.[36] *Lebus* ha sido interpretado de varias maneras. El léxico de Genesius menciona la palabra árabe por vestido (*libasun*) y su uso en el *Qur'an* como metáfora por la esposa (Sura 2.183, «Las esposas son vuestro vestido y vosotros sois el suyo»), pero no hay ningún uso paralelo en el Antiguo Testamento. Una explicación más probable es que el profeta hace referencia a la ceremonia matrimonial, en que el hombre cubría la mujer con su «ala» (la extremidad) de su vestimenta, simbolizando su protección y su compromiso (Ver Rut 3.9, Ezequiel 16.8). *Lebus* sería entonces una metonimia, una palabra usada en representación de la relación matrimonial, la cual sería radicalmente abusada por causa de un divorcio arbitrario.

Esta última interpretación tiene sentido en el contexto, especialmente a la luz de la expresión «la mujer de vuestra juventud», que se refiere a la primera etapa de la relación matrimonial. La maldad del divorcio es algo obvio y serio, y la adoración de Dios no es un sustituto por la justicia en relaciones humanas. Para parafrasear lo que el Señor dijo a través del profeta Oseas, «Quiero *fidelidad*, y no sacrificios». Tal divorcio constituye traición (*bagad*) del pacto matrimonial.[37] Lejos de debilitar la protesta del Señor contra la infidelidad matrimonial, la palabra profética contra el divorcio se hace más fuerte por ser más definida. El divorcio por el «odio» es un quebrantamiento radical de la fidelidad; es una «violencia» contra la compañera con quien se ha unido en matrimonio. Por lo tanto, es condenado por el Dios de justicia, misericordia, y lealtad.

LA ENSEÑANZA DE JESÚS

La presentación más completa de la enseñanza de Jesús sobre el divorcio (Mateo 19.3-12; Marcos 10.2.12) se da en respuesta a una pregunta tramposa de los fariseos. Sabemos de la Misná (promulgada alrededor de 200 A.D.) que había distintas respuestas para esta pregunta entre las dos escuelas rabínicas contemporáneas, Shamai y Hilel. El relato más largo en Mateo merece varias observaciones.

La preocupación dominante. El propósito de la enseñanza de Jesús es el de proteger a sus discípulos del divorcio, de preservar el matrimonio, y no de prevenir el matrimonio. La preocupación dominante es por la fidelidad al ideal original del matrimonio, expresado en la ordenanza de la creación. La exhortación culminante, «lo que Dios juntó, no lo separe el hombre» es dirigida a la pareja, especialmente al marido, quien supone falsamente que tiene el derecho de terminar el matrimonio. El divorcio bajo la ley judía y romana no requería la declaración de una tercera parte (civil o religiosa), confirmando que la pareja ya no estaba unida. El divorcio era cuestión de que el marido repudiara a su esposa (ley judía), o que cualquier de los dos repudiara al otro (ley romana). Solamente se requería evidencia de intención, normalmente por escrito, lo que era siempre un requisito de la ley judía. En el imperio romano, los cónyuges disolvían sus propios matrimonios por retirar su consentimiento. En el judaísmo, el marido solo podía dejar a la mujer; era el único agente de la disolución (aunque podía ser obligado bajo ciertas circunstancias a dejar a su esposa por insistencia de ella).

El punto práctico de la exhortación es que las actitudes y las acciones que contribuyen a la ruptura de la relación deben someterse al principio de mantener intacto lo que Dios ha unido. Una separación emocional ya es un paso en el sentido equivocado.

La regulación mosaica. La sección relevante del tratado sobre el divorcio de la Misná (Gittin 9.10) es breve y se puede citar enteramente.

> La escuela de Shamai dice: Un hombre no puede divorciarse de su esposa, al menos que haya encontrado en ella alguna cosa indebida (*debar 'erwa*), como se dice, *porque ha encontrado alguna cosa indecente ('erwat dabar) en ella.* Pero la escuela de Hilel dice: Aunque sea porque ella haya arruinado un plato de comida para él, *porque ha encontrado alguna cosa indecente ('erwat dabar) en ella.* R. Akiba dice: Aunque sea porque ha encontrado a otra mujer más hermosa que ella, como dice, *entonces sucede, si ella no encontró favor delante de sus ojos.*[38]

Las dos escuelas citan el mismo texto del Antiguo Testamento (Deuteronomio 24.1), pero con énfasis distinto. Shamai pone el énfasis en *'erwat* y lee, «*indecente* en alguna cosa». Hilel pone el énfasis en *dabar* y se lee, «indecente *en alguna cosa*». El «motivo» según Hilel es subjetivo y abierto; el marido decide lo que es indecente. El «motivo» según Shamai es más objetivo, pero la expresión en que fundamenta su argumento es muy vaga para apoyarlo. Es comprensible, dado el pecado de los hombres, que la «exégesis» de Hilel llegó a ser la interpretación más aceptada, la cual Rabbi Akiba (90-135 A.D.) simplemente amplía, para llegar a su conclusión lógica con el mismo apoyo exegético.

Jesús, por otro lado, desafía la suposición común entre todos en esta discusión, es decir, que el propósito del pasaje en Deuteronomio sea el de explicar los motivos legítimos para el divorcio. Su prueba bíblica es la voluntad original de Dios expresada en la ordenanza de la creación. Visto desde esa perspectiva, es evidente que el permiso mosaico fue aceptado como una acomodación a la dureza del corazón del hombre —quienes posiblemente harían algo peor para deshacerse de sus esposas. Como observa Lane, «Cuando Jesús afirma que Moisés estableció la pauta de la carta de repudio por causa de la dureza de sus corazones, estaba usando una categoría legal establecida de acciones permitidas por maldad o debilidad».[39] La intención del «mandato» mosaico no era la de aprobar el divorcio arbitrario, sino de limitar las consecuencias del pecado debido al dominio de los hombres. La conclusión de Stonehouse es correcta: «Aunque el uso que se ha dado a este pasaje para justificar un relajamiento ha sido ilegítimo, todavía es verdad que esta provisión mosaica para la protección de la mujer supone que el divorcio era permisible. Cristo condena lo que Moisés aceptó como el *estatus quo*».[40] La provisión civil debe ser leída dentro del contexto de la enseñanza más amplia de la Torá entera, con sus preocupaciones preeminentes por la justicia, por la misericordia, y especialmente en este caso, por la *fidelidad*.

La cláusula de la excepción. La controversia principal sobre la enseñanza de Jesús acerca del divorcio se centra en la interpretación de la cláusula de la excepción, que aparece dos veces en Mateo, aquí en el texto del divorcio, y también en el sermón del monte.

Y yo os digo que cualquiera que repudia a su mujer, salvo por causa de fornicación [*me epi porneia*], y
se casa con otra, adultera; y el que se casa con la repudiada, adultera. (Mateo 19:9)

Pero yo os digo que el que repudia a su mujer, a
no ser por causa de fornicación [*parektos logos
porneias*], hace que ella adultere; y el que se casa con
la repudiada, comete adulterio. (Mateo 5:32)

La cláusula de la excepción produce dos preguntas: ¿Cuál es
el significado de *porneia* [traducida *fornicación*] en este contexto? y ¿Cómo afecta esta cláusula el debate sobre contraer nupcias nuevamente?

La pregunta léxica. Porneia es el término general para toda
relación sexual ilícita o inmoral. La forma específica se indica a
veces en el contexto. Si hay pago de dinero, es prostitución. Si
involucra parientes cercanos, es incesto. Si involucra personas
del mismo sexo, es homosexualidad. Si involucra una pareja que
no se ha casado, es falta de castidad. Si involucra una persona
casada con alguien que no sea su cónyuge, es adulterio.[41] La
Septuaginta utiliza *porneia* con referencia a la prostitución y el
adulterio, pero no la falta de castidad prematrimonial, la homosexualidad o el incesto. Lo que es esencial para la correcta interpretación de la cláusula en Mateo es la observación hecha anteriormente: que en el Antiguo Testamento, se describe la infidelidad de Israel al pacto, terminando en su «divorcio» del Señor, en
términos de fornicación y adulterio (*porneia* y *moicheia* en la LXX;
ver, por ejemplo, Oseas 2.2; 4.13-14; 6.7; 8.1; Jeremías 3.6-9;
13.27; Ezequiel 16.15, 32, 59; 23.43-45). Este uso continúa en el
período intertestamentario, como en Eclesiásticus 23.22-23:

Así también la mujer que ha sido infiel a su marido
y le ha dado de otro un heredero.
Primero, ha desobedecido a la ley del Altísimo,
segundo, ha faltado a su marido,
tercero, ha cometido adulterio (*en porneia emoicheuthç*)
y de otro hombre le ha dado hijos. [42]
(Biblia de Jerusalén)

La pregunta sintáctica. Heth y Wenham, junto con Gundry, aplican el criterio de la rigurosidad, no al divorcio, porque ellos están de acuerdo en que el divorcio se permite en el caso de adulterio, sino al contraer matrimonio nuevamente. Ellos sostienen que no se permite en ningún caso casarse de nuevo mientras viva el cónyuge, ni cuando el divorcio haya sido por adulterio. Como dice Gundry, «La cláusula de la excepción en Mateo permite la formalización —según normas judías— de la ruptura que ya sucedió entre marido y mujer por causa de la inmoralidad de la mujer. Pero Mateo no permite que el marido se case de nuevo».[43]

Se supone que esta prohibición absoluta de contraer matrimonio de nuevo después del divorcio distingue a Jesús de las escuelas rabínicas más estrictas, y explica la reacción de asombro entre los discípulos. «Si esta es la situación entre marido y mujer, sería mejor no casarse» (Mateo 19.10). Gundry entiende que los versículos 11 y 12 apoyan la prohibición de casarse después de un divorcio por adulterio: «Después de que hayan tenido que divorciarse de sus esposas por inmoralidad..., por obediencia a la ley de Cristo que establece que no deben casarse después de un divorcio, [los verdaderos discípulos de Jesús] no se casan de nuevo, sino que viven como eunucos, para que su justicia no sea menos que la de los escribas y los fariseos, perdiendo la entrada al reino (compare el versículo 12 con 5.20).[44]

Gundry, sin embargo, se concentra en la reacción de los discípulos, sin discutir la pregunta previa acerca de la sintaxis de la cláusula de la excepción. La pregunta sintáctica es: ¿la cláusula de la excepción se refiere al divorcio y al casarse de nuevo, o solamente al divorcio? En otras palabras, ¿Jesús hace una afirmación simple, diciendo que al divorciarse y casarse de nuevo se comete adulterio, excepto cuando el divorcio haya sido por *porneia*? ¿O Jesús hace una afirmación doble, diciendo a) que el divorcio es adulterio, excepto cuando es por causa de *porneia*, y b) que al divorciarse y casarse de nuevo, se comete adulterio, sin excepciones?[45]

Phillip H. Wiebe ha examinado la médula del asunto desde el punto de vista de la lógica de oraciones con cláusulas de excepción. Tales oraciones, dice Wiebe, afirman dos cosas. Ilustra el punto con este ejemplo: «Cualquiera que exceda la velocidad máxima, excepto cuando es autorizado por ley, y choca con otro vehículo, será sujeto a prosecución criminal».[46]

Esta oración significa no solamente que los conductores normales que exceden la velocidad y chocan serán juzgados, sino también que los conductores de vehículos de emergencia *no* pueden ser juzgados si tienen un accidente al exceder la velocidad en el cumplimiento de su deber. Las proposiciones contenidas en la cláusula de la excepción son dos:

(1) Cualquiera que exceda la velocidad, sin ser autorizada por la ley, y choca con otro vehículo, está sujeta a la prosecución criminal, y

(2) Cualquiera que exceda la velocidad, siendo autorizada por la ley, y choca con otro vehículo, no está sujeta a la prosecución criminal.[47]

Cuando la afirmación acerca del divorcio, con la cláusula de la excepción, es sometida al análisis lógico, es evidente que también contiene dos proposiciones:

(1) Si un hombre se divorcia de su esposa, sin que la causa del divorcio sea la infidelidad de su esposa, y se casa de nuevo con otra mujer, él comete adulterio,

y

(2) Si un hombre se divorcia de su esposa, siendo la causa del divorcio la infidelidad de su esposa, y se casa de nuevo, entonces él no comete adulterio.[48]

Así que la cláusula de la excepción permite tanto el nuevo matrimonio como el divorcio, cuando hay causa suficiente para disolver los lazos del matrimonio. Esto armoniza con el significado del divorcio en Palestina del primer siglo, que no era una separación permanente de dos personas que nunca podrían casarse de nuevo. Según la Misná (Gittin 9.3), «La fórmula clave en la carta de divorcio era «Eh aquí, eres libre para casarte con cualquier hombre»». Donde se justifique el divorcio, hay libertad para casarse de nuevo.[49]

La reacción de asombro de parte de los discípulos («Si esta es la situación entre marido y mujer, sería mejor no casarse») no es tan sorprendente —todavía eran alumnos muy novatos (ver Mateo 16.22-23; 20.20-21, 24), y además es una pregunta totalmente entendible, aun aparte de la pregunta acerca de contraer matrimonio nuevamente. Como lo expresa Martin Franzmann, «Los discípulos estaban sorprendidos de oír que Jesús uniera al hombre y a la mujer tan categóricamente, es decir sin concesiones a los sentimientos, a los deseos, o a la utilidad. La mujer reclama el amor y la lealtad del hombre, no porque ella le agrade, o porque le de consuelo, o porque le de un hijo, sino simplemente porque Dios la ha puesto a su lado».[50] El comentario de los discípulos de que «es mejor ser soltero» es exactamente la actitud machista que se esperaría de ellos, al escuchar el desafío radical de Jesús en contra de sus suposiciones egoístas sobre el divorcio.

LA ENSEÑANZA DE PABLO

El apóstol Pablo habla del asunto del divorcio en 1 Corintios 7.10-16, dirigiéndose primero a la pareja cristiana, recordando la enseñanza de Jesús en los evangelios, y después aplica los principios de la enseñanza de Jesús a la situación en que solamente uno de los dos cónyuges ha entrado en el nuevo pacto por fe en Cristo.

> Pero a los que están unidos en matrimonio, mando, no yo, sino el Señor: Que la mujer no se separe del marido; y si se separa, quédese sin casar, o reconcíliese con su marido; y que el marido no abandone a su mujer. (vv. 10-11)

> Y a los demás yo digo, no el Señor: Si algún hermano tiene mujer que no sea creyente, y ella consiente en vivir con él, no la abandone. Y si una mujer tiene marido que no sea creyente, y él consiente en vivir con ella, no lo abandone. ... Pero si el incrédulo se separa, sepárese; pues no está el hermano o la hermana sujeto a servidumbre en semejante caso, sino que a paz nos llamó Dios. (v. 12, 13, 15)

En los versículos 10-11, el apóstol, apelando a la enseñanza directa del Señor («no yo, sino el Señor»), instruye a la esposa a no separarse (*corizo*) de su marido, y al marido a no dejar (*afiemi*) a su esposa. Los dos verbos se refieren al divorcio en el sentido de una separación física.[51] El español contemporáneo debería traducirlos «divorcio» en los dos casos, para evitar confusión con la idea moderna de una separación legal. Esto está confirmado por el hecho de que se usaba la palabra *agamos* (literalmente, «no casado») para hablar de la persona separada.[52]

A la luz de lo que Pablo acaba de decir acerca del deber conyugal (vv. 2-5), es poco probable que él sugiriera el divorcio sin casarse de nuevo como una solución permanente para dificultades matrimoniales. Pablo no contesta la pregunta si el marido abandonado también está obligado a permanecer sin casarse en forma indefinida, para mantener abierta la posibilidad de reconciliación. Esto lo deja para resolver después, según los principios que se pueden aplicar. Aunque las Escrituras son ciertamente suficientes, no es realista esperar respuestas específicas para cada posibilidad concebible.

Según el versículo 15, cuando un no creyente «abandona» a un creyente, el consejo de Pablo es: «deje que se vaya», es decir, que deje que el divorcio siga su curso. En vez de exhortarle que permanezca sin casarse de nuevo, dice que el creyente no está «sujeto a servidumbre», que no está atado (*ou dedoulotai*) al matrimonio. ¿Esto implicará libertad para casarse de nuevo? ¿O solamente indica que no tiene obligaciones maritales? El contexto lo determina. Sabemos que el verbo *corizo* se usaba comúnmente para referirse a un divorcio en que se terminaban todos los deberes maritales. La diferencia en tono entre los versículos 12 y 15 puede explicarse, si se toma en cuenta dos cosas: a) la esperanza que tenía Pablo por una reconciliación en el caso de un matrimonio en que los dos cónyuges eran cristianos, y b) su reconocimiento realista de una situación cuando un no creyente se divorcia de un creyente. El vínculo matrimonial, como en el caso de adulterio, ha sido disuelto, no por la incompatibilidad religiosa de la pareja, sino por la infidelidad irremediable de parte del cónyuge no creyente.[53]

En el caso de los divorcios que han ocurrido por «dureza de corazón» antes de la conversión, se puede aceptar que el estado legal de la persona sea considerado como no casado. Tales divorcios constituyen deserción irremediable de parte de uno o dos de los cónyuges, y por lo tanto el matrimonio está disuelto. Pero, ¿se puede aplicar este principio al caso en que un creyente se divorcia de un cónyuge creyente? Si la deserción es obstinada y no tiene remedio, incluso a través del ministerio y la disciplina de la iglesia, la respuesta será afirmativa, pero con cautela. Esto se aplica especialmente a la persona que deseaba mantener el matrimonio, pero cuyo cónyuge tomó las medidas para disolverlo. Al mismo tiempo, la acción de la parte culpable puede ser una ofensa censurable.

Las Escrituras no prohíben el nuevo matrimonio en casos de deserción irremediable. Donde hay una conversión genuina, demostrada con el arrepentimiento sincero y fe en Jesucristo, la iglesia, después de proveer consejería pastoral e instrucción en la enseñanza bíblica acerca del matrimonio, puede aprobar un nuevo matrimonio en el Señor.

La analogía de la fe

Esto nos lleva a la cuestión del propósito de la cláusula de la excepción. ¿Afirma una sola excepción? Y si es así, ¿*porneia* tiene solamente significado sexual?

John Stott contesta que sí en los dos casos. «*Porneía* significa inmoralidad física sexual. La razón que Jesús hizo que fuera la única causa permisible de divorcio debe ser porque viola el principio de «una sola carne», que es fundamental para el matrimonio, tal como ha sido ordenado por Dios y definido bíblicamente».[54] De manera similar, John Murray: «Sin duda, está escrito que la fornicación es la única causa legítima por la cual un hombre puede dejar a su esposa».[55] Sin embargo, tanto Stott como Murray reconocen que Pablo permite que un creyente divorciado de un no creyente se case de nuevo.[56] Los dos tienen cuidado en limitar el privilegio paulino a condiciones precisas en el texto apostólico.[57] Pero, a pesar de su definición limitada de «deserción» (1 Corintios 7.15), esta todavía constituye «causa suficiente para disolver los lazos de matrimonio». Es decir, ya sea que *porneia* no es la única causa justificada para un divorcio, o que no significa exclusivamente algo sexual en la cláusula de la excepción.

El único enfoque satisfactorio de este asunto está en la analogía de la fe, que provee el racionamiento teológico que une los dos pasajes de excepciones. ¿Por qué el adulterio (que por lo menos está incluido en el término *porneia*) es causa suficiente para disolver los lazos del matrimonio? Porque es un quebrantamiento radical de la fidelidad marital, violando el compromiso de amor conyugal exclusivo. ¿Por qué el abandono de parte del no creyente en un matrimonio mixto deja al creyente libre para casarse de nuevo? Porque es un rompimiento radical de la fidelidad marital, violando el compromiso de un compañerismo de por vida. La circunstancia excepcional que tienen en común los dos casos es la *violación intencional y radical del pacto matrimonial*.

La afirmación crucial de Jesús en la discusión del divorcio en los evangelios es su conclusión sacada de la ordenanza de la creación: «por tanto, lo que Dios juntó, no lo separe el hombre» (Mateo 19.6; Marcos 10.9). Es importante recordar que esto se dirige en primera instancia a los cónyuges mismos, y no a una tercera parte. Ni la ley judía ni la ley romana exigía un decreto de divorcio de parte de una autoridad eclesiástica o civil. El divorcio se efectuaba por un simple acto de renuncia de parte del marido (ley judía) o del marido, la esposa, o los dos (ley romana).[58] Como hemos visto, el peso de la enseñanza de Jesús se dirige hacia la prevención del divorcio, y hacia el desarrollo de un compromiso con la relación de una sola carne, que ha sido establecida en el pacto matrimonial. Las palabras clave se dirigen, no a los divorciados, sino a los casados, porque Jesús está llamando a los maridos y las esposas a preservar sus matrimonios y a vigilar contra su destrucción intencional. En breve, hace un llamado a la fidelidad del pacto.

La cláusula de la excepción ilustra la posibilidad trágica de que los matrimonios pueden ser destruidos por la infidelidad marital. Sería perverso tomar esto como una invitación a «estudiar argumentos para separar indebidamente a los que Dios ha unido en matrimonio».[59] Como bien dice Ridderbos, «El punto de la limitación de Jesús...es que el divorcio solamente se permite en casos donde uno de los dos cónyuges, por traición radical de los lazos maritales, ya ha quebrantado irremediablemente el matrimonio *de hecho*».[60] No obstante, tales traiciones y tales rupturas ocurren en un mundo caído, y la cláusula de la excepción es realista acerca de las devastaciones que trae el pecado sobre la relación matrimonial.

Así que, aunque es verdad que el divorcio siempre es anormal, y surge de la pecaminosidad humana, también es verdad que es divinamente autorizado en circunstancias de infidelidad grave. Aunque *porneia* en la cláusula de la excepción en Mateo puede referirse en primera instancia al pecado específicamente sexual de adulterio, su uso constante en el Antiguo Testamento para referirse al quebrantamiento del pacto de parte de Israel, crea la posibilidad de que está siendo usada aquí como una sinécdoque, es decir, como una parte (adulterio) en representación de un todo (violación grave del pacto de matrimonio). Como lo expresa Bullinger: «Con [prostitución o adulterio], sin duda [Cristo] no ha hecho excepciones para ocasiones similares o peores, sino que él las incluía en ello. Porque el santo apóstol también incluyó la infidelidad como ocasión para el divorcio».[61] Aunque no es sabio tratar de hacer una lista completa de tales pecados, es claro que algunas violaciones del pacto matrimonial son moralmente iguales al adulterio: un marido que obliga a su esposa a tener un aborto; una esposa que tiene un aborto sin el conocimiento de su marido; un marido que golpea habitualmente a su esposa o a sus hijos. Todas estas acciones acuchillan el corazón de la relación matrimonial. El abusador obstinado en particular cae dentro de la definición legal típica de deserción, que puede significar «que uno abandone o deje físicamente al cónyuge, o que uno trate a su cónyuge de tal manera que sea forzado a abandonarlo, o que sea justificado en abandonarlo».[62] Como tal, seguramente provee causa suficiente para disolver los lazos del matrimonio, porque como dice el apóstol, «a vivir en paz nos llamó Dios».

RESUMEN DE LOS PRINCIPIOS BÍBLICOS

1. El matrimonio es más que un contrato bilateral en que solamente se involucra la voluntad de dos partes, y ciertamente es más que un encuentro romántico basado en una atracción erótica. El matrimonio es un pacto, del cual Dios es testigo. Dios une la pareja en una relación, con el propósito de que sea una unión permanente y sexualmente exclusiva.

2. El divorcio no es una solución para la decepción marital, o para un matrimonio con dificultades simplemente. Debemos animar a los cristianos: a creer que los recursos están disponibles para hacer que sus matrimonios «funcionen»; a asumir las responsabilidades y los fracasos; a buscar la gracia y el perdón de Dios; y a creer que es preferible soportar las dificultades y el sufrimiento, antes de desobedecer un mandato claro de Cristo.

3. El compromiso del pacto entre un hombre y una mujer, uniéndose en un compañerismo de por vida, compartiendo sus vidas y su amor conyugal, provee el contexto para confiar y tener paciencia cuando surjan las decepciones y las dificultades.

4. No obstante, hay que reconocer que algunos matrimonios son destruidos por un quebrantamiento de la lealtad al pacto. Así son las devastaciones del pecado sobre la relación marital, cuyo vínculo es moral, y no metafísico. La maldad en tales casos significa la destrucción de la relación, de tal manera que el pacto no se pueda cumplir, y el divorcio es la comprobación pública y legal de ello.

5. Dios detesta la infidelidad al pacto, en todas sus formas maritales repugnantes: el adulterio, el incesto, el divorcio arbitrario, la deserción malévola, y la violencia marital. Todas estas son conductas destructivas que acuchillan el mismo corazón de la unión única, haciendo una sola carne, entre marido y esposa. El adúltero, el desertor, y el abusador crónico son todos culpables de una traición grave a su cónyuge. Por sus acciones, repudian intencionalmente la relación del pacto marital, y proveen causa justa para la disolución de los lazos matrimoniales.

6. La determinación de que si un caso de violación del pacto marital es radical e irremediable depende de las circunstancias particulares. El hecho de que la Biblia da mucho valor a un compromiso de por vida en la unión marital, y el hecho de que se debe buscar la reconciliación, aun en circunstancias de provocación extrema, significa que la ventaja de la duda siempre está en contra del divorcio. La *Confesión de fe de Westminster* da un consejo sabio, diciendo que las personas

involucradas «no deben ser dejadas en su caso a su propia voluntad y discreción» (24.6). Con esto, el enfoque ahora cambia a la pregunta práctica acerca de cómo la iglesia puede estar disponible para ayudar y sanar a las personas con matrimonios difíciles o rotos.

Tomado de la obra *Biblical Christian Ethics*, Grand Rapids, Michigan: Baker Books, 1994, pp.177-204. Usado con permiso. [Traducido por Richard B. Ramsay.]

NOTAS

1 Este artículo es una traducción del capítulo nueve de *Biblical Christian Ethics* [Ética cristiana bíblica] (Grand Rapids: Baker, 1994), pp. 177-204.

2 Nota del traductor (Richard B. Ramsay): En esta traducción, omitiremos algunas secciones por motivo de espacio y tiempo. Donde omitimos algo, pondremos una nota, explicando brevemente el contenido de la porción que no se tradujo. En este caso, omitimos dos páginas y media acerca de la situación actual en los Estados Unidos, Suecia y Canadá, en que se nota la cantidad alta de divorcios y la «revolución» en la actitud hacia el divorcio reflejado en las leyes más liberales.

3 Andrew Corner, *Divorce and Remarriage: Biblical Principles and Pastoral Practice* [El divorcio y las segundas nupcias: principios bíblicos y la práctica pastoral] (Grand Rapids: Eerdmans, 1993).

4 Joseph P. Zwack, *Annulment: Your Chance to Remarry within the Catholic Church* [La anulación: su oportunidad para casarse de nuevo en la iglesia católica] (New York: Harper, 1983), 1.

5 Nota del traductor: Aquí «afinidad» significa cercanía familiar, no a través de relaciones sanguíneas, sino a través del matrimonio.

6 «Canons on Marriage» [Cánones de matrimonio], *The Code of Canon Law in English Translation* [El código de la ley canónica traducido al inglés] (Grand Rapids: Eerdmans, 1983).

7 Zwack, *Annulment*, p. 7.

8 John Meyendorff, *Marriage: An Orthodox Perspective* [El matrimonio: una perspectiva ortodoxa] tercera edición revisada (Crestwood, N.Y.: St. Vladimir's, 1984), p. 14.

9 Meyendorff, *Marriage*, p. 15.

10 Meyendorff, *Marriage*, p. 14.

11 Paul Evdokimov, *The Sacrament of Love: The Nuptial Mystery in the Light of the Orthodox Tradition* [El sacramento del amor: el misterio nupcial a la luz de la tradición ortodoxa] trad. Anthony P Gythiel y Victoria Steadman (Crestwood, N.Y.: St. Vladimir's, 1985), p. 189.

12 Antenagoras Kokkinakis, *Parents and Priests as Servants of Redemption: An Interpretation of the Doctrines of the Eastern Orthodox Church on the Sacraments of Matrimony and Priesthood* [Padres y sacerdotes como siervos de la redención: una interpretación de las doctrinas

Apéndice

de la iglesia ortodoxa oriental sobre los sacramentos del matrimonio y del sacerdocio] (New York: Morehouse, 1958), p. 47.

13 Gregor Larentzakis, «Marriage, Divorce, and Remarriage in the Orthodox Church» [El matrimonio, el divorcio, y el nuevo matrimonio en la iglesia ortodoxa], *Theology Digest* 26 (1978): pp. 232-34.

14 Kokkinakis, *Parents and Priests*, pp. 49-50. [Nota del traductor: aquí se saltan dos párrafos anteriores a este en la cita de Kokkinakis.]

15 Kokkinakis, *Parents and Priests*, p. 54.

16 *La confesión de fe de Westminster*, capítulo 32, sección 2, y capítulo 1, sección 10.

17 *La confesión de fe de Westminster*, cap. 1, secc. 6.

18 *Confesión de fe de Westminster*, cap. 24, secc. 6.

19 *Confesión de fe de Westminster*, cap. 24, secc. 6. Nota del traductor: Este párrafo está en una nota al pie de página en el artículo original.

20 Nota del traductor: aquí saltamos dos páginas acerca de otras confesiones reformadas y acerca del contexto histórico en que la asamblea de Westminster pronunció su posición acerca del divorcio.

21 William Perkins, *Christian Oeconomie: Or, A Short Survey of the Right Manner of Erecting and Ordering a Family According to the Scriptures* [La oikonomía cristiana: o un repaso breve de la manera correcta de establecer y ordenar una familia, según las Escrituras], trad. Thomas Pickering, vol. 3 de *The Works of That Famous and Worthy Minister of Christ, in the Universities of Cambridge* [Las obras de ese ministro de Cristo famoso y digno, en las universidades de Cambridge] (Cambridge: John Legatt, 1612-13).

22 William Gouge, *Of Domesticall Duties Eight Treatises* [Ocho tratados sobre los deberes domésticos] 3era edición (Londres: W. Bladen, 1634) 2.2.16.

23 William Gouge, *Of Domesticall Duties*, 2.2.3; énfasis agregado. [Nota del traductor: aquí se saltan cinco líneas adicionales de la cita de Gouge, un párrafo acerca de la posición de Gouge, y otro párrafo acerca de la opinión de John Murray sobre la posición de la asamblea de Westminster (en su libro *Divorce*).]

24 William A. Heth, y Gordon J. Wenham, *Jesus and Divorce: The Problem with the Evangelical Consensus* [Jesús y el divorcio: el problema con el consenso evangélico] (Nashville: Nelson, 1984), p. 83.

25 Agustín, *On Faith and Works* [Sobre la fe y las obras] trad. Gregory Lombardo (New York: Newman, 1988), cap. 19.

26 Agustín, *De incompetentibus nuptiis* [Matrimonios adúlteros] citado en Agustín, *On Faith and Works*, 98 n. 198.

27 Theodore Mackin, *Divorce and Remarriage* (New York: Paulist, 1984), p. 172. Ver también Roderick Phillips, *Putting Asunder: A History of Divorce in Western Society* [La separación: una historia del divorcio en la sociedad occidental] (Cambridge: Cambridge University Press, 1988), pp. 20-24.

28 Mackin, *Divorce and Remarriage*, p. 373. Nota del traductor: aquí se omiten varias frases citadas por Jones.

29 Cf. David Atkinson, *To Have and to Hold: The Marriage Covenant and the Discipline of Divorce* [Para tener y cuidar: el pacto matrimonial y la disciplina del divorcio] (Grand Rapids: Eerdmans, 1979); Ray Sutton, *Second Chance: Biblical Principles of Divorce and Remarriage* [Segunda oportunidad: principios bíblicos del divorcio y el nuevo matrimonio] (Fort Worth: Dominion, 1988).

30 *Zenut* (el sustantivo del verbo *fornicar*) se usa con referencia a la infidelidad al pacto en Números 14.33. Ver también Éxodo 34.15-16.

31 *Na'ap* y *zana* se usan también en paralelo en Jeremías 3.8,9; 13.27; Oseas 4.13,14.

32 Nota del traductor: Aquí el Dr. Jones incluye una nota al pie de la página acerca de Walter Brueggemann, quien hace una distinción entre tres aspectos del ministerio profético en el Antiguo Testamento.

33 Nota del traductor: aquí se omite un párrafo en que el Dr. Jones analiza el texto en inglés y en hebreo.

34 Nota del traductor: La «puntuación» en el hebreo proporciona las vocales, ya que el alfabeto consiste solamente de consonantes. La puntuación del hebreo no estaba en los manuscritos originales, sino que fue agregada seis a ocho siglos después de Cristo, así que no forma parte del texto inspirado.

35 Nota del traductor: aquí se omiten porciones de dos páginas en que el Dr. Jones analiza el texto de la Septuaginta, y menciona variadas interpretaciones del texto.

36 Ver Génesis 16.5, « Entonces Sarai dijo a Abram: Mi afrenta (*hamas*) sea sobre ti....»

37 El sentido léxico de *bagad* es «actuar o tratar con peligro, infidelidad, o engaño, en la relación matrimonial, en asuntos de propiedades o derechos, en pactos, en palabra y en conducta en general» (Francis Brown, S.R. Driver, and C.A. Briggs, *Hebrew and English Lexicon of the Old Testament*) [Oxford: Clarendon, 1977], p. 93.

38 *Tractate Gittin*, ed. y trad. Philip Blackman (New York: Judaica, 1963), p. 444.

39 William Lane, *The Gospel According to Mark* [El evangelio según Marcos] (Grand Rapids: Eerdmans, 1974), p. 355. Nota del traductor: aquí se incluyen datos de otros artículos relacionados con el tema en el artículo original.

40 Ned B. Stonehouse, *The Witness of Matthew and Mark to Christ* [El testimonio de Mateo y Marcos acerca de Cristo] (Grand Rapids: Eerdmans, 1944), p. 204.

41 *Porneia* originalmente significaba prostitución. «Pero la palabra había sido adoptada por el judaísmo helénico, casi siempre en forma peyorativa, para cubrir todos los pecados y aberraciones sexuales fuera del matrimonio, incluyendo la homosexualidad». Gordon D. Fee, *The First Epistle to the Corinthians* [La Primera Epístola a los Corintios], New International Commentary on the New Testament (Grand Rapids:: Eerdmans, 1987), p. 200.

42 Para ver más ejemplos, consulte F. Lövestam, «Divorce and Remarriage in the New Testament» [El divorcio y las segundas nupcias en el Nuevo Testamento], *Jewish Law Annual* 4 (1981): pp. 9-27. Nota del traductor: Aquí se omiten varios párrafos acerca de opiniones de otros autores acerca del significado de *porneia*.

43 Gundry, *Matthew*, p. 377.

44 Gundry, *Matthew*, p. 382.

45 Nota del traductor: Se omite aquí una cita de John Murray, en su libro *Divorce*, apoyando el argumento de que la excepción se aplica también a la frase acerca de casarse de nuevo.

46 Phillip H. Wiebe, «Jesus' Divorce Exception» [La excepción de Jesús acerca del divorcio], *Journal of the Evangelical Theological Society* 32 (1989): 328.

47 Phillip H. Wiebe, «Jesus' Divorce Exception», p. 329.

48 Phillip H. Wiebe, «Jesus' Divorce Exception», pp. 327-328.

49 Nota del traductor: aquí se omite otro comentario de Murray.

50 Martin H. Franzmann, *Follow Me: Discipleship According to Saint Matthew* [Venid en pos de mí: el discipulado según San Mateo] (St. Louis: Concordia, 1961), p. 174.

51 Raphael Taubenshlag, *The Law of Greco-Roman Egypt in the Light of the Papyri, 332 B.C. – 640 A.D.* [La ley del Egipto grecorromano a la luz de los papiros, 332 A.C.- 640 A.D.] (New York: Herald Square Press, 1944), p. 91. Ver también Moulton-Milligan: El verbo *corizo* (separarse de, irse de) «casi ha llegado a ser un término técnico en relación con el divorcio».

The Vocabulary of the Greek Testament Illustrated from the Papyri and Other Non-literary Sources [El vocabulario del testamento griego ilustrado de los papiros y otras fuentes no literarias] (1930; reimpreso, Grand Rapids: Eerdmans, 1974), p. 696a.

52 Nota del traductor: Aquí se omite un comentario de Juan Calvino.

53 La libertad de casarse de nuevo es posiblemente confirmada en 1 Corintios 7.27-28. ¿Estás ligado (*deo*)? ¿Estás libre? = ¿Estás sin casar? o ¿Estás divorciado? *Lysis*, mientras ocurre solamente aquí en el Nuevo Testamento (en la LXX se usa solamente para hablar de resolver dichos difíciles), se usa comúnmente en los papiros para hablar de «absolver» obligaciones o deudas.

54 John R. W. Stott, «Marriage and Divorce» [El matrimonio y el divorcio], en *Involvement: Social and Sexual Relationships in the Modern World* [Involucramiento: relaciones sociales y sexuales en el mundo moderno] (Old Tappan, N. J.: Revell, 1984), p. 170.

55 John Murray, *Divorce* (Philadelphia: OPC Committee on Christian Education, 1953), p. 20.

56 Stott, «Marriage and Divorce», pp. 174-176; Murray, *Divorce*, pp. 69-78.

57 Para Stott esto significa que el permiso no se aplica a matrimonios antes de la conversión. El creyente no debe tomar la iniciativa. Y esta libertad del creyente se debe «solamente a la falta de voluntad de parte de una persona inconversa, basada en razones religiosas, a continuar viviendo con su cónyuge convertido». «Marriage and Divorce», p. 176.

58 *The Oxford Classical Dictionary*, ed. N. G. L. Hammond y H. H. Scullard, 2nda edición (Oxford: Clarendon, 1970), pp. 649-650.

59 *Confesión de Fe de Westminster*, 24.6.

60 H. N. Ridderbos, *Matthew*, trad. Ray Togtman (Grand Rapids: Zondervan, 1987), p. 109. Ver también William Hendriksen: «La excepción ... permite el divorcio solamente cuando una de las partes...por medio de infidelidad marital («fornicación») se rebela en contra de la esencia misma del vínculo matrimonial». *New Testament Commentary: Exposition of the Gospel According to Matthew* (Grand Rapids: Baker, 1973), p. 305.

61 Heinrich Bullinger, *The Christen State of Matrimonye* [El estado cristiano del matrimonio], trad. Miles Coverdale (Antwerp: M. Crom., 1541) último capítulo, quinto principio. Ver también *The Decades of Henry Bullinger* [Las décadas de Henry Bullinger], ed. Thomas Harding, trad. H. I., 4 tomos (Cambridge: Cambridge University Press, 1852) 1:403, 2:228, 4:511.

62 David M. Walker, *The Oxford Companion to Law* [Ayudas para leyes de Oxford] (Oxford: Clarendon, 1980), p. 353.

LOS DIEZ MANDAMIENTOS: EL AMOR DE DIOS

James Montgomery Boice

No es ser realista, y aun puede considerarse erróneo, aproximarse a los diez mandamientos como si fueran la totalidad o incluso la parte más importante de la ley. La ley es una unidad, y no hay nada ni en el Antiguo ni el Nuevo Testamento que justifique este aislamiento del Decálogo que ha tenido lugar en algunos de los escritos de la iglesia. Los Diez Mandamientos han adquirido tanta importancia en parte por que han sido utilizados por su valor para la instrucción catequística.

Hecha esta aclaración, los Diez Mandamientos deberían ser, sin embargo, discutidos por varias razones. Primero, dicha discusión serviría para hacer descender la ley desde una posición abstracta, que muchas veces parece tener (quizá hasta incluso en el capítulo anterior), el campo de los temas específicos. Para que la ley cumpla su función principal que es la de procesarnos por el pecado, debe procesarnos por pecados especiales, de los que somos culpables. Admitir que «yo soy un pecador» puede simplemente significar algo más que decir «yo no soy perfecto» —pero otra cosa— distinta es admitir que «yo soy un idólatra, un asesino, un adúltero, un ladrón o cualquier otra cosa semejante». Es en este nivel donde debe aplicarse la ley. Segundo, los Diez Mandamientos tienen un valor especial por su alcance tan amplio.

En la mayoría de las enumeraciones protestantes, los primeros cuatro abarcan el área cubierta por Cristo con su «primer y más importante mandamiento»: «Amarás al Señor tu Dios con todo tu corazón, y con toda tu alma, y con toda tu mente» (Mt 22.37). Los restantes seis abarcan la segunda área de responsabilidad: «Amarás a tu prójimo como a ti mismo» (v. 39). En el catolicismo medieval, seguido por Lutero, la lista se dividió en tres mandamientos en la primera categoría y siete en la segunda categoría.

Cuando analizamos los mandamientos del Decálogo en detalle no debemos olvidarnos del contexto más amplio en el que se halla inmerso. Es más, debemos ser muy cuidadosos e interpretar cada uno a la luz de la totalidad de la revelación bíblica. Será conveniente seguir las siguientes pautas:

1. *Los mandamientos no se limitan a las acciones externas, sino que también se aplican a las disposiciones de la mente y el corazón.* Las leyes humanas solamente se refieren a las acciones externas, porque los seres humanos no son capaces de ver dentro de los corazones de los demás. Pero a Dios, que puede ver hasta lo más profundo, también le conciernen las actitudes. En el Sermón del Monte, Cristo enseñó que el sexto mandamiento además de referirse al acto de asesinato se refería a los enojos y el odio (Mt 5.21-22), y que el séptimo mandamiento además de referirse al adulterio se refería a la lujuria (Mt 5.27-30). El apóstol Juan refleja esta perspectiva en su primera epístola, donde argumenta que «todo aquel que aborrece a su hermano es homicida» (1 Jn 3.15).

2. *Los mandamientos siempre contienen más que una interpretación mínima las palabras.* Es así que el mandamiento de honrar a nuestros padres y a nuestras madres podría

interpretarse como significando que únicamente debemos tenerles respeto y no hablar mal de ellos. Pero esto sería demasiado poco porque Jesús mismo enseñó que además incluye nuestra obligación de proveer con las finanzas en su ancianidad (Mt 15.3-6). En otras palabras, el mandamiento se refiere a todo lo que sea posible hacer por los padres de cada uno, bajo las pautas del segundo más importante mandamiento de Cristo.

3. *Un mandamiento expresado en un lenguaje positivo implica el negativo, y un mandamiento negativo también implica el positivo.* Así, cuando se nos dice que no debemos tomar el nombre de Dios en vano, debemos entender que también se nos está ordenando la obligación opuesta, reverenciar su nombre (Dt 28.58; Sal 34.3; Mt 6.9). El mandamiento que dice que no debemos matar no solo significa que yo no he de matar ni siquiera odiar a mi prójimo, sino que también implica que he de hacer todo lo que esté a mi alcance para su beneficio. (Lv 19.18).

4. *La ley es una unidad, en cuanto cada mandamiento está relacionado con los otros.* No es posible cumplir con algunos de los deberes enumerados en los mandamientos, creyendo que de esa manera estamos libres de cumplir los demás. «Porque cualquiera que guardare toda la ley, pero ofendiere en un punto, se hace culpable de todos» (Stg 7.10; compararlo con Dt 27.26).

EL PRIMER MANDAMIENTO: NO TENDRÁS DIOSES AJENOS

El primer mandamiento comienza donde podríamos suponer que debiera comenzar: en el campo de nuestra relación con Dios. Requiere nuestra adoración exclusiva y fervorosa. «Yo soy Jehová tu Dios, que te sacó de la tierra de Egipto, de casa de servidumbre. No tendrás dioses ajenos delante de mí» (Éx 20.2-3).

Adorar a cualquier otro dios que no sea el Señor bíblico es no cumplir con este mandamiento. Pero para no cumplir con este mandamiento no es necesario adorar a un dios claramente definido —Zeus, Minerva, el emperador romano, o uno de los tantos ídolos modernos—. No estamos cumpliendo con este mandamiento cuando colocamos a alguna persona o alguna cosa en el primer lugar en nuestros afectos, lugar que solo le corresponde a Dios. Con mucha frecuencia el dios sustituto somos nosotros mismos o la opinión que tenemos de nosotros mismos. Pueden ser cosas tales como el éxito, las posesiones materiales, la fama o el ejercer poder sobre otros.

¿Cómo podemos cumplir con este mandamiento? John Stott escribe: «Para nosotros, guardar este primer mandamiento sería, como Jesús dijo, amar al Señor nuestro Dios con todo el corazón, con toda nuestra alma y con toda nuestra mente (Mt 22.37); ver todo desde su perspectiva y no hacer nada sin que esté referido a él; hacer de su voluntad nuestra guía y de su gloria nuestra meta; colocarlo a él en el primer lugar en nuestros pensamientos, palabras y acciones: en los negocios y en el descanso; en las amistades y en las carreras profesionales; en el uso del dinero, el tiempo y los talentos; en el trabajo y en el hogar... A excepción de Jesús de Nazaret, ningún hombre jamás ha cumplido este mandamiento».[1]

¿Pero por qué no debemos tener otros dioses? La respuesta está en el prefacio a este mandamiento, que también sirve de prefacio a todo el Decálogo. Podemos considerar dos partes en la respuesta: primero, debido a lo que Dios es; segundo, por lo que ha realizado. ¿Quién es el Dios verdadero? Se expresa en las palabras «Yo soy JEHOVÁ tu Dios». En el hebreo las palabras son *Yahveh Eloheka*. La razón por la que deberíamos obedecer estos mandamientos es que el Dios que está hablando en los mandamientos es el Dios verdadero, el Dios que no tiene principio ni fin. «YO SOY EL QUE SOY» (Éx 3.14). Él es autoexistente. Nadie lo creó, y por lo tanto él no es responsable frente a nadie. Él es autosuficiente. No necesita de nadie, y por lo tanto no depende de nadie para nada. Cualquier dios que sea menos que esto no es Dios, y todos los demás dioses son menos que esto. Dios puede demandar esta adoración porque Dios es como es.

Lo que Dios ha hecho se nos señala en las palabras «que te sacó de la tierra de Egipto, de casa de servidumbre». En un primer marco de referencia estas palabras se aplican exclusivamente a Israel, la nación liberada de la esclavitud en Egipto y a quien estos mandamientos fueron dados en particular. Aun si Dios fuera solo un dios tribal limitado, los israelitas le deberían reverenciar por haberlos liberado. Pero esta afirmación no se extingue en esta referencia literal. Puede aplicarse a cualquiera que haya experimentado la liberación, ya sea de la muerte o de la esclavitud o de la pobreza o de la enfermedad. No hay nadie que no haya sido bendecido por Dios en alguna área, si bien puede no estar consciente de ello y no reconocer a Dios como la fuente de dicha bendición espiritual. La liberación de Israel no fue solo una liberación física; implícita en esta liberación también quedaban libres de la idolatría egipcia, una liberación de dioses falsos. Del mismo modo, el llamado de Abraham a dejar Ur también era un llamado a servir al Señor en lugar de los dioses sin dignidad de Mesopotamia (Jos 24.2-3,14).

Desde esta perspectiva, el razonamiento detrás del primer mandamiento es aplicable a cualquier ser humano. Todos han experimentado la liberación del Señor. Todos se han beneficiado del avance progresivo de la verdad sobre la superstición mediante la revelación dada al mundo a través del judaísmo y el cristianismo. ¿Pero como resultado de esto, adoramos a Dios plenamente y en exclusividad? Sin lugar a duda que no lo hacemos. En consecuencia, el primer mandamiento virtualmente nos está gritando que somos desagradecidos, desobedientes, rebeldes y gobernados por el pecado.

EL SEGUNDO MANDAMIENTO: NO TE HARÁS IMAGEN

El primer mandamiento se refiere al objeto de nuestra adoración, prohibiéndonos la adoración de dioses falsos. El segundo mandamiento se refiere a la manera en que esta adoración debe desarrollarse, prohibiéndonos adorar ni siquiera al Dios verdadero de manera indigna. También está requiriendo una adoración espiritual. «No te harás imagen, ni ninguna semejanza de lo que esté arriba en el cielo, ni abajo en la tierra, ni en las aguas debajo de la tierra. No te inclinarás a ellas, ni las honrarás; porque yo soy Jehová tu Dios, fuerte, celoso, que visito la maldad de los padres sobre los hijos hasta la tercera y cuarta generación de los que me aborrecen, y hago misericordia a millares, a los que me aman y guardan mis mandamientos» (Éx 20.4-6).

Si consideramos este mandamiento fuera del contexto del primer mandamiento, aparentemente solo estaría prohibiendo la adoración de ídolos. Pero cuando lo consideramos junto con el primer mandamiento, dicha interpretación resulta inadecuada; simplemente sería una repetición del primero pero en otras palabras. Ya hemos delineado la progresión: en primer lugar, Dios prohíbe la adoración de cualquier otro dios; y luego prohíbe la adoración de sí mismo por medio de imágenes.

La adoración de Dios mediante imágenes o el uso menor de imágenes para enriquecer la adoración de Dios no parece ser un asunto tan grave. Se podría argumentar que la adoración es a la vez una pregunta pragmática como una pregunta teológica. ¿Qué puede estar mal en la utilización de imágenes en la adoración si sirven de ayuda? Algunas personas afirman que las imágenes les sirven para concentrar su atención. Pero aun si lo que estuvieran haciendo no fuera correcto, ¿qué daño estarían haciendo? El problema parece ser todavía mayor cuando leemos la advertencia tan severa que acompaña este mandamiento: «Porque yo soy Jehová tu Dios, fuerte, celoso, que visitó la maldad de los padres sobre los hijos hasta la tercera y cuarta generación de los que me aborrecen». ¿Por qué se trata de una cuestión tan seria?

Existen dos respuestas a esta pregunta. La primera es simplemente que *las imágenes deshonran a Dios*, como lo señala J. I. Packer.[2] Deshonran a Dios porque opacan la gloria de Dios. Esto no es lo que el adorador cree, por supuesto —él o ella creen que la imagen representa algún aspecto valioso de la gloria de Dios— pero no existe nada material que pueda representar los atributos de Dios de manera adecuada.

Encontramos un ejemplo en el libro de Éxodo. No mucho después que Moisés había subido al monte Sinaí para recibir la ley, los israelitas que se habían quedado abajo esperándolo comenzaron a inquietarse y le solicitaron a Aarón, el hermano de Moisés, que les hiciese un ídolo. Argumentaban que no sabían lo que le había sucedido a Moisés y que necesitaban de un dios que fuera delante de ellos en su viaje. Aarón hizo como le fue solicitado, les tomó el oro y la plata y creó un becerro, posiblemente una versión en miniatura de los dioses en forma de bueyes que existían en Egipto. Lo que es interesante de la actitud de Aarón, sin embargo, es que él por lo menos nunca creyó que el becerro representara otro dios. Por el contrario, lo consideraba como la imagen visible de Dios, como surge claramente de la lectura de la narración que relata estos acontecimientos. Aarón identificaba al ídolo con el Dios que había sacado al pueblo de la tierra de Egipto (Éx 32.4), y anunciaba su dedicación con estas palabras: «Mañana será fiesta para Jehová» (Éx 32.5). Posiblemente, Aarón hubiera dicho que la elección de un becerro (o un buey o un toro) sugería el grandioso poder de Jehová. Pero aquí es precisamente donde radicaba su equivocación. Un becerro, e incluso un toro muy grande, nunca podrían haber representado el verdadero poder de Dios. Los israelitas estaban en realidad rebajando a su verdadero y grandioso Dios a la categoría de los impotentes dioses semejantes a bueyes que había en Egipto.

Uno de los motivos de las plagas en Egipto había sido el manifestar la superioridad de Dios por sobre todos los demás dioses egipcios. Al convertir el agua del Nilo en sangre, Dios estaba manifestando su poder sobre los dioses del Nilo, Osiris, Hapimon y Tauret. Al producir una invasión de ranas, Dios estaba manifestando su poder sobre la diosa Hekt, la cual es siempre representada con la cabeza y el cuerpo de una rana. Los juicios que Dios pronunció sobre la tierra servían para manifestar el poder de Dios sobre Geb, el dios de la tierra. Y así sucesivamente con las demás plagas, hasta el juicio contra Ra, el dios del sol, cuando el sol se oscureció, y el juicio contra los primogénitos de todos los egipcios, incluyendo al primogénito de Faraón quien había de ser el siguiente «dios supremo». El Dios de Israel no podía ser colocado en la misma categoría, pero esto fue lo que hizo Aarón cuando creó una representación de él.

La segunda razón por la que se nos prohíbe que adoremos aun al Dios verdadero mediante imágenes es que *las imágenes desvían al adorador,* como también comenta Packer. Es así como en el ejemplo del becerro que hizo Aarón, el resultado de la «fiesta» era totalmente distinto al día de reposo santo que Dios en ese mismo instante le estaba describiendo a Moisés en el monte de Sinaí. La fiesta se convirtió en una orgía donde casi todos los mandamientos, si no todos, fueron también quebrados.[3] Es importante también considerar el lado positivo de este segundo mandamiento. Si la adoración de Dios mediante medios que no son dignos de él está prohibida, deberíamos ser en extremo cuidadosos para descubrir como él es realmente para así poder adorarle cada vez más como el único y grandioso Dios del universo, trascendente, espiritual e inescrutable. ¿Lo adoramos de esa manera? De ningún modo. En lugar de buscar conocerlo para poder adorarlo debidamente, le damos la espalda para crearnos dioses a nuestra medida. Pablo nos dice: «Pues habiendo conocido a Dios, no le glorificaron como a Dios, ni le dieron gracias, sino que se envanecieron en sus razonamientos, y su necio corazón fue entenebrecido. Profesando ser sabios, se hicieron necios, y cambiaron la gloria del Dios incorruptible en semejanza de imagen de hombre corruptible, de aves, de cuadrúpedos y de reptiles» (Ro 1.21-23).

Esta es la razón detrás de la severa advertencia que cierra el segundo mandamiento. Dios no es celoso de la manera como nosotros definimos los celos y, por lo tanto, algo resentido cuando lo ignoramos. Cuando lo ignoramos, esta actitud está demostrando tal ingratitud, vanidad y pecado, que merece el juicio de Dios. Pero al mismo tiempo que habla de juicio, Dios también está hablando de tener misericordia sobre muchas de las generaciones de aquellos que le aman y guardan sus mandamientos.

El tercer mandamiento: Santificarás mi nombre

«No tomarás el nombre de Jehová tu Dios en vano; porque no dará por inocente Jehová al que tomare su nombre en vano»

(Éx 20.7). El tercer mandamiento debe ser tomado conjuntamente con la oración en el Padre Nuestro donde Jesús exhorta a sus discípulos para que oren diciendo: «Santificado sea tu nombre» (Mt 6.9). Esta exhortación agrega una dimensión positiva a la forma negativa que asume este mandamiento en el Antiguo Testamento. El nombre de Dios representa la naturaleza de Dios. En consecuencia, deshonrar el nombre de Dios es deshonrar a Dios, y santificar su nombre es honrarlo. Como los diversos nombres de Dios representan sus muchos atributos, todos dignos de alabanza, estamos santificando su nombre cuando honramos algún aspecto de su carácter. Calvino dice:

> En mi opinión, debemos diligentemente observar los siguientes tres puntos: primero, todo lo que nuestra mente conciba sobre Dios, todo lo que nuestra lengua pronuncie, debería manifestar su excelencia, igualar la altura de su nombre sagrado y, finalmente, servir para glorificar su grandeza. Segundo, no deberíamos con imprudencia y perversamente abusar de su Santa Palabra y adorar misterios, ya sea por nuestra ambición, o codicia, o entretenimiento, sino que como portadores de la dignidad de su nombre, siempre deberían ser honrados y apreciados entre nosotros. Por último, no deberíamos difamar ni retractarnos de sus obras, como los hombres miserables tienen el hábito de vociferar contra él; sino que sobre todo lo que reconozcamos como proveniente de él deberíamos expresarnos con alabanza de su sabiduría, justicia y bondad. Esto es lo que significa santificar el nombre de Dios.[4]

Los distintos nombres de Dios tienen significados específicos. *Elohim* es el nombre bíblico más común. Al utilizar el nombre

Elohim estamos reconociendo que Dios es el Creador de todo lo que existe. Es el nombre usado en el versículo inicial de la Biblia: «En el principio creó Dios los cielos y la tierra» (Gn 1.1). *Elohim* creó al sol, la luna y los planetas; formó la tierra, la cubrió con plantas, peces y animales; hizo al hombre y la mujer; te hizo a ti. ¿Lo honras como tu Creador? Si no lo honras como tu Creador, estás deshonrando su nombre y quebrando el tercer mandamiento. Otro nombre de Dios es *El Elyon*, que significa «Dios Altísimo». Aparece por primera vez en el relato de Abraham con Melquisedec, luego de su lucha con los reyes de la llanura y su rescate de Lot. Melquisedec era «el sacerdote del Dios Altísimo» (Gn 14.18). *El Elyon* aparece también en la descripción que Isaías hace de la rebeldía de Satanás, «y seré semejante al Altísimo» (Is 14.:14). Este nombre resalta el dominio y la soberanía de Dios. ¿Lo honras como el Dios soberano? No lo honras como el Dios soberano si te quejas de las circunstancias o dudas de su habilidad para cuidar de ti y cumplir sus promesas.

Yahveh significa «YO SOY EL QUE SOY». Nos habla sobre la autoexistencia, la autosuficiencia y la eternidad de Dios; y aparece en las revelaciones que Dios hace de sí mismo en su carácter de redentor; por ejemplo, cuando se revela a Moisés antes de la liberación del pueblo de Israel de Egipto. ¿Lo honramos como nuestro redentor? ¿Lo alabamos por lo completa de su redención en Jesucristo?

Todos los nombres de Dios nos revelan algo sobre él, y nosotros deberíamos honrarlo tomando en consideración todos sus nombres. En particular, hemos considerado los nombres *Elohim, El Elyon*, y *Yahveh*. Pero él también es *Yahveh Jireh*, el Dios que provee. Es el Dios de los ejércitos. Es el Padre, el Hijo y el Espíritu Santo. Es el Alfa y la Omega. Es el Anciano de Días, sentado sobre el trono de los cielos. Es nuestro Maravilloso Consolador, el Dios Todopoderoso, el Padre Eterno, el Príncipe de

Paz. Él es nuestra roca y la fortaleza hacia donde podemos acudir y encontrar seguridad. Él es el camino, la verdad y la vida. Él es la luz del mundo. Él es el pan de vida. Él es la resurrección y la vida. Él es el buen pastor, el gran pastor y el jefe de los pastores. Él es el Dios de Abraham, de Isaac y de Jacob. Él es el Dios de José, de Moisés, de David. Él es el Dios de Débora, de Ana, de Ester. Él es el Dios de los escritores del Nuevo Testamento y de todos los apóstoles. Él es el Señor de señores y Rey de reyes. Si no lo honramos con respecto a cada uno de estos nombres, lo estamos deshonrando y quebrando su mandamiento.

Pero además, nuestras acciones importan tanto como nuestras palabras. Siempre que nuestra conducta no sea coherente con nuestra profesión de fe cristiana, aunque sea una profesión muy ortodoxa, estamos deshonrando a Dios. Las personas que pertenecen a Dios han tomado su nombre, para decirlo de alguna manera, y sus acciones deben santificar su nombre. Si «cometen adulterio» con el mundo, están transgrediendo su inmenso amor; están deshonrando el nombre de cristianos (que significa «uno de Cristo»). Esta deshonra es todavía peor que las vociferaciones de los infieles.

EL CUARTO MANDAMIENTO: SANTIFICARÁS MI DÍA

Ningún otro punto en el tratamiento que los cristianos hacen de la ley del Antiguo Testamento ha causado tanta dificultad como la interpretación del cuarto mandamiento. El cuarto mandamiento prescribe que el séptimo día de la semana, el sábado, deberá ser un día de reposo, pero la mayoría de los cristianos no observan este mandamiento. Por el contrario, como todos sabemos, adoran durante el día domingo. Pero todavía más, ni siquiera guardan el domingo de acuerdo con las reglas que fueron dadas para el día de reposo. ¿Es esto correcto? ¿Puede justificarse la observancia del día domingo?

Lo que no podemos hacer es tratar este tema a la ligera. De todos los mandamientos, el mandamiento referente al día de reposo es el más largo y posiblemente el más solemne. Dice: «Acuérdate del día de reposo para santificarlo. Seis días trabajarás, y harás toda tu obra; mas el séptimo día es reposo para Jehová tu Dios; no hagas en él obra alguna, tú, ni tu hijo, ni tu hija, ni tu siervo, ni tu criada, ni tu bestia, ni tu extranjero que está dentro de tus puertas. Porque en seis días hizo Jehová los cielos y la tierra, el mar, y todas las cosas que en ellos hay, y reposó en el séptimo día; por tanto, Jehová bendijo el día de reposo y lo santificó» (Éx 20.8-11).

En general ha habido tres enfoques a la cuestión sobre el día de reposo y el domingo. Primero, algunos enseñan que los cristianos deberían adorar el día sábado. Esta es la postura de los Adventistas del Séptimo Día, por ejemplo, y de algunos otros grupos. En segundo lugar tenemos la postura de los que dicen que el domingo es simplemente el equivalente neotestamentario del día de reposo del Antiguo Testamento y que debe ser observado de la misma manera. La *Confesión de Fe de Westminster* llama al Día del Señor «el día de reposo cristiano». Luego agrega que «el día de reposo es santificado cuando los hombres, luego de haber preparado sus corazones y puesto en orden los asuntos comunes de antemano, guardan un reposo santo durante todo el día, libres de cualquier trabajo, palabra y pensamiento, y de todo lo que se relacione con los goces y las recreaciones mundanas; y que además ocupan todo este tiempo en el ejercicio público y privado de la adoración, y en los deberes de necesidad y misericordia» (XXI, 7, 8). Más adelante, la teología puritana y reformada se adhirió firmemente a esta postura. En tercer lugar, tenemos la postura de considerar que el día de reposo fue abolido con la muerte y la resurrección de Cristo y que ha sido suplantado por un nuevo día, el Día del Señor, con sus propias características. Esta era la postura de Juan Calvino, quien claramente expresó que «el día sagrado para los judíos había sido dejado de lado» y que «otro había sido instituido» en su lugar.[5] ¿Cuál es la solución? Hay varias cosas importantes que es posible señalar y que nos pueden ayudar. En primer lugar, el día de reposo era una institución singularmente judía que no fue ni dada ni observada por ninguna otra raza o nación, ni en los tiempos antiguos, ni en los tiempos modernos. Lo mismo no ocurre con los demás mandamientos; es posible encontrar muchos paralelismos entre los demás mandamientos y otros códigos legales de la antigüedad. Para señalar que esto no es cierto, los defensores del día de reposo suelen citar Génesis 2.2-3 (con referencia al cuarto mandamiento). Estos versículos dicen lo siguiente: «Y acabó Dios en el día séptimo la obra que hizo; y reposó el día séptimo de toda la obra que hizo. Y bendijo Dios al día séptimo, y lo santificó, porque en él reposó de toda la obra que había hecho en la creación». Pero si hemos de ser estrictos, estos versículos no nos dicen que Dios está instituyendo el día de reposo en el momento de la creación; por el contrario, hay otros versículos que parecen enseñar que lo instituyó más adelante.

Uno de estos versículos lo encontramos en Nehemías 9.13-14. Nehemías, que había sido el instrumento para llevar a cabo un gran avivamiento entre los judíos que habían regresado a Jerusalén luego de su cautiverio en Babilonia, había organizado un culto especial de adoración y rededicación. En ese culto los sacerdotes dirigieron al pueblo en su adoración, diciendo con respecto a Dios: «Y sobre el monte de Sinaí descendiste, y hablaste con ellos desde el cielo, y les diste juicios rectos, leyes verdaderas, y estatutos y mandamientos buenos, y les ordenaste el día de reposo santo para ti, y por mano de Moisés tu siervo les prescribiste mandamientos, estatutos y la ley». Estos versículos están relacionando el otorgamiento de la ley concerniente al día de reposo con el monte de Sinaí, e implican que el día de reposo no se conocía ni se guardaba hasta ese entonces.

Otro pasaje importante es el que encontramos en Éxodo. «Habló además Jehová a Moisés, diciendo: Tú hablarás a los hijos de Israel, diciendo: En verdad vosotros guardaréis mis días de reposo; porque es señal entre mí y vosotros por vuestras generaciones, para que sepáis que yo soy Jehová que os santifico. Así que guardaréis el día de reposo, porque santo es a vosotros; el que lo profanare, de cierto morirá; porque cualquiera que hiciere obra alguna en él, aquella persona será cortada de en medio de su pueblo. Seis días se trabajará, mas el día séptimo es día de reposo consagrado a Jehová; cualquiera que trabaje en el día de reposo, ciertamente morirá. Guardarán, pues, el día de reposo los hijos de Israel, celebrándolo por sus generaciones por pacto perpetuo. Señal es para siempre entre mí y los hijos de Israel; por que en seis días hizo Jehová los cielos y la tierra, y en el séptimo día cesó y reposó» (Éx 31.12-17).

Estos versículos están identificando al día de reposo como una señal de un pacto entre Dios y el pueblo de Israel; esto es importante, ya que se los repite en dos oportunidades. Es difícil comprender, por lo tanto, cómo la observancia del día de reposo puede legítimamente ser aplicada a otras naciones. Por el contrario, era la observancia del día de reposo lo que distinguía a Israel del resto de las naciones, del mismo modo que la circuncisión los diferenciaba.

¿Pero cuál es la situación con respecto al día domingo? El domingo es otro día que ha sido establecido por Dios, pero para la iglesia y no para Israel, y con características muy diferentes. El día de reposo era un tiempo de descanso e inactividad. Es más, existían severas penas para el caso de que no se reposara. Por el contrario, el domingo del cristianismo es un día de júbilo, de actividad y de expectativa. Este carácter está dado por los acontecimientos que rodearon al Día del Señor, cuando Cristo resucitó. El Señor reunió a sus discípulos, les enseñó, les impartió el Espíritu Santo (Jn 20.22) y los comisionó para que evangelizaran el mundo. El hecho que el domingo fue establecido y el día de reposo abolido lo podemos apreciar en la rapidez y la totalidad con que el domingo sustituyó al día de reposo en la adoración de la iglesia primitiva. El día de reposo se menciona con mucha frecuencia en el Antiguo Testamento. En los Hechos de los Apóstoles, por el contrario, la palabra figura solamente nueve veces, y en ninguna ocasión se dice que sea un día observado por los cristianos. El primer capítulo se refiere al día de reposo en la expresión «camino de un día de reposo» (Hch 1.12). Luego ocurre cuatro veces en el capítulo trece cuando nos describe cómo Pablo usaba el día de reposo con fines evangelísticos, yendo a la sinagoga para predicarles a los judíos que estaban reunidos allí (13.14,27,42,44). Y en algunos capítulos subsiguientes tenemos referencias similares (15.21; 17.2; 18.4). Pero en ninguna ocasión se sugiere que la iglesia se reunía en el día de reposo o que lo guardaban con afecto y atención especiales.

Sin embargo, no debemos creer que el cuarto mandamiento o la celebración cristiana del Día del Señor no tienen nada que decir sobre el pecado humano o nuestra necesidad de un Salvador. El día de reposo era un día en memoria de Dios como el Creador y como el libertador de su pueblo. El domingo cristiano es un día de celebración de la resurrección de Cristo. ¿Pero observamos estos días naturalmente? ¿El corazón humano puede con naturalidad apartar un tiempo, cualquier momento, para adorar y servir a Dios y regocijarse en todos sus favores? No puede hacerlo. No tiene la gratitud ni la sensibilidad suficiente. Como consecuencia, esta parte de la ley también nos condena.

NOTAS

1 Stott, *Basic Christianity*, p. 65.
2 Packer, *Knowing God*, p. 40.
3 Packer, *Knowing God*, p. 41. Ver en este volumen, pp. 106-108.
4 Calvino, *Institutes*, p. 388.
5 Calvino, *Institutes*, p. 399.

Tomado de la obra *Fundamentos de la fe cristiana,* Miami, Florida: Logoi-Unilit, 1996, pp. 230-240.

LOS DIEZ MANDAMIENTOS: EL AMOR A LOS DEMÁS

James Montgomery Boice

Thomas Watson el gran teólogo puritano en determinada ocasión, en sus escritos, comparó los Diez Mandamientos de Éxodo 20 con la escalera que Jacob vio en su sueño. «La primera de las tablas de la ley se refiere a Dios y constituye la parte superior de la escalera que llega hasta los cielos; la segunda tabla se refiere a los superiores y los inferiores, y es la base de la escalera que descansa sobre la tierra. Por medio de la primera tabla, caminamos religiosamente hacia Dios; por medio de la segunda, caminamos religiosamente hacia el hombre. El que no cumple con la segunda tabla, no puede cumplir con la primera tabla».[1] La verdad que encierra esta última afirmación debería ser evidente. Del mismo modo que no nos podemos conocer a nosotros mismos, ni a los demás, si antes no hemos conocido a Dios, tampoco podemos tener un comportamiento adecuado hacia los demás sin haber actuado adecuadamente respecto a Dios, y viceversa. Para servir a Dios debemos servir a las demás personas. Tener «los pensamientos en los cielos», contrariamente a lo que se cree popularmente, es ser «de servicio terrenal».

EL QUINTO MANDAMIENTO: HONRARAS A TU PADRE Y A TU MADRE

La segunda tabla de la ley comienza con la relación que existe entre una persona y sus padres. Esto es deliberado, ya que al tratar el tema de los padres, el mandamiento está dirigiendo la atención sobre la mínima unidad de la sociedad, la familia, que es fundamental para el resto de todas las relaciones y estructuras sociales. Pero la intención de este mandamiento también está incluyendo otras clases de «padres» y «madres». Los comentaristas han señalado que también existen padres políticos (aquellos que ocupan posiciones seculares de autoridad), padres espirituales (los pastores y otros ministros cristianos) y aquellas personas que por su edad o experiencia también son llamadas padres. Sin embargo, el quinto mandamiento tiene en mente a los padres naturales, los que viven en el mismo hogar. El quinto mandamiento es como sigue: «Honra a tu padre y a tu madre, para que tus días se alarguen en la tierra que Jehová tu Dios te da» (Éx 20.12). Significa que debemos respetar a quienes Dios ha colocado por encima nuestro y tratarlos con honor, obediencia y gratitud».[2]

Este mandamiento está colocado sobre un fondo oscuro: el tan natural rechazo humano a cualquier tipo de autoridad. Es por esto que la familia es de singular importancia en la economía divina. Si no se les enseña a los niños a respetar a sus padres, sino que se los deja sin castigo cuando desobedecen o deshonran a sus padres, más tarde en su vida también se rebelarán contra otras formas válidas de autoridad. Si desobedecen a sus padres, luego desobedecerán las leyes de su país. Si no respetan a sus padres, luego tampoco respetarán a sus maestros, ni a los que poseen una sabiduría fuera de lo común, ni a los gobernantes electos, ni a muchos otros. Si no honran a sus padres, tampoco honrarán a Dios.

En este mandamiento encontramos la necesidad de disciplinar a los hijos, una responsabilidad explícita en la Biblia. La Biblia dice: «Instruye al niño en su camino, y aun cuando fuere viejo no se apartará de él» (Prv 22.6). También dice: «Castiga a tu hijo en tanto que hay esperanza; mas no se apresure tu alma a destruirlo» (Prv 19.18).

Por otro lado, cuando la Biblia exhorta a los hijos a que honren a sus padres, también está dirigiéndose seriamente a los padres. Los padres deberían ser cariñosos para que sus hijos los honren. En un sentido los hijos siempre deben honrar a sus padres: otorgándoles el debido respeto y consideración, a pesar de sus limitaciones. Pero en otro sentido, tampoco pueden honrar cabalmente a una persona que no merece ninguna honra como, por ejemplo, un borracho, o un licencioso irresponsable. El quinto mandamiento además está animando a quienes son padres a ser devotos, honestos, trabajadores, fieles, compasivos y sabios, ya que siempre es posible honrar y obedecer plenamente a alguien con estas características. Y, además, está fijando estos mismos estándares sobre aquellos que están en alguna posición de autoridad: los políticos, los líderes de la industria y el trabajo, los educadores y todos los que ejercen cualquier tipo de liderazgo o influencia.

El sexto mandamiento: No matarás

El sexto mandamiento ha sido muchas veces mal interpretado debido a la traducción errónea de la palabra *ratsach* como «matar», en la mayoría de las Biblias. La palabra en realidad significa «asesinar»; y la forma personal sustantiva de este verbo significa «homicida». Este mandamiento, tan corto, debería ser traducido: «No asesinarás». La incapacidad de comprender esto ha conducido a algunos a citar la autoridad bíblica contra cualquier forma de matar. Esta postura no considera que la Biblia reconoce la necesidad de matar animales para consumo alimenticio o para los sacrificios, a los enemigos en la batalla, y a los que en un proceso judicial son hallados culpables de la pena capital. Otras partes de la ley prescriben la pena de muerte para alguna de las ofensas mencionadas en el Decálogo.

Decir que la palabra significa «asesinar» en lugar de «matar» no debería servir de consuelo para nadie, sin embargo. En la perspectiva bíblica, el asesinar se considera en un sentido amplio, y por lo tanto contiene elementos de los que todos somos culpables. Podemos traer a colación las enseñanzas de Jesucristo en el Sermón del Monte, que son de particular importancia. En los días de Jesús, y muchos años antes, el asesinato había sido definido por los líderes de Israel (y por otros también) como un acto meramente externo, y habían enseñado que el mandamiento solamente se refería a dicho acto.

«Pero, ¿acaso el asesinato es solamente eso?», preguntó Jesús. «¿Asesinar no es nada más que el hecho de matar injustamente? ¿Qué ocurre con las motivaciones? ¿Qué ocurre con la persona que ha planificado matar a otra pero que luego es impedida de hacerlo por circunstancias externas? ¿Qué pasa con aquella persona que desea matar a otra, pero que no lo hace porque teme ser descubierta? ¿Qué ocurre con la persona que mata con la mirada o con las palabras?». Desde la perspectiva de las leyes humanas, los seres humanos toman en consideración estas diferencias. Pero Dios pesa los corazones y por lo tanto también le concierne las motivaciones. Jesús dijo: «Oísteis que fue dicho a los antiguos: No matarás; y cualquiera que matare será culpable de juicio. Pero yo os digo que cualquiera que se enoje contra su hermano, será culpable de juicio» (Mt 5.21-22).

Pero el sexto mandamiento no prohíbe únicamente el enojo. De acuerdo con Jesús, Dios tampoco perdonará ninguna expresión de desprecio. «Cualquiera que diga: Necio, a su hermano, será culpable ante el concilio; y cualquiera que le diga: Fatuo, quedará expuesto al infierno de fuego» (Mt 5.22). En el texto griego este versículo contiene dos palabras claves: *raca* y *moros*. El término *raca* es una expresión peyorativa que significa «vacío», pero el insulto está más en el sonido que en el significado. Podría ser traducido como «una nada», o como decirle a una persona que «no es nadie». *Moros* significa «tonto» (el término inglés *moron*, que significa «un deficiente mental» proviene de esta palabra), pero alguien que es un tonto desde el punto de vista moral. Es alguien que «se hace el tonto». En consecuencia, la palabra tiene el efecto de ser una mancha en la reputación de alguien. Por medio de estas palabras, Jesús estaba enseñando que, según los estándares de Dios, insultar o manchar la reputación de alguien constituye un incumplimiento del sexto mandamiento.

Es evidente que esta interpretación bucea en las profundidades de nuestro ser. No es de mucha ayuda recordar que existe algo llamado un enojo justo, o que existe una distinción válida entre estar enojado contra el pecado y contra el pecador. Por supuesto que existe un enojo justo. Pero nuestro enojo no suele caracterizarse por ser justo; con frecuencia solemos enojarnos injustamente cuando consideramos que hemos sido real o imaginariamente agraviados. ¿Cometemos asesinato? Sí, de acuerdo con la definición de Jesús, lo estamos cometiendo. Albergamos rencores. Murmuramos e insultamos. Perdemos los estribos. Matamos por negligencia, por despecho y por envidia. Y sin duda hacemos cosas aun peores, que podríamos reconocer si pudiéramos ver dentro de nuestros corazones como lo hace Dios.[3]

EL SÉPTIMO MANDAMIENTO: NO COMETERÁS ADULTERIO

El séptimo mandamiento también es muy corto: «No cometerás adulterio». En el Sermón del Monte el Señor también amplía este mandamiento, explicando que también se refiere a los pensamientos y las intenciones del corazón, además de referirse a los actos externos. Además, lo vincula con una consideración apropiada sobre el matrimonio cuando condena el divorcio. Dice: «Oísteis que fue dicho: No cometerás adulterio. Pero yo os digo que cualquiera que mira a una mujer para codiciarla, ya adulteró con ella en su corazón... También fue dicho: Cualquiera que repudie a su mujer, dele carta de divorcio. Pero yo os digo que el que repudia a su mujer, a no ser por causa de fornicación, hace que ella adultere; y el que se casa con la repudiada comete adulterio» (Mt 5.27-28, 31-32).

De acuerdo al punto de vista que Jesús tenía sobre la ley, la lujuria es equivalente al adulterio, del mismo modo que el odio es equivalente al asesinato. Los estándares de Dios son la pureza antes del matrimonio y la fidelidad en el matrimonio.

No hay ningún otro tema de la moralidad contemporánea que sea tan conflictivo con los estándares bíblicos. Los medios de comunicación de masas al conjuro del sexo promueven el materialismo y la persecución del placer. La televisión inunda nuestras salas de estar con publicidad cargada de sexo. Las películas son todavía peores; los mejores barrios de nuestras ciudades tienen salas de cine donde se estrenan películas condicionadas o excitantes películas de horror. Los periódicos publicitan estas películas con láminas que habrían resultado escandalosas hace unos pocos años e informan con lujo de detalles los crímenes sexuales que antes los periódicos serios evitaban. El hedonismo del siglo veinte está simbolizado por la llamada filosofía «playboy». Los logros dudosos de la revista *Playboy* fueron trasladar la explotación del sexo de las cloacas, utilizar una impresión de buena calidad en un buen papel, y vender la revista a millones de personas, junto con la filosofía que hace del placer la meta principal en la vida —en el sexo como en todas las demás áreas—. El hedonismo hace que el placer personal sea el objetivo número uno; es el conseguir una segunda casa, un tercer automóvil, los amigos correctos, así como la libertad sexual y la experimentación. *Playboy* y muchas otras revistas similares, y aun otras peores, predican tanto la importancia de elegir el mejor vino o el mejor equipo estereofónico, como la elección del mejor compañero sexual. El problema no es la revista *Playboy* en sí, sino la filosofía del «placer en primer lugar» que el imperio *Playboy* ha capitalizado: todo lo que contribuya a mi propio placer debe ser colocado en primer lugar, y en la persecución del placer ninguna norma es válida.

La mención de normas nos conduce a otro desafío de la ética bíblica, la llamada Nueva Moralidad (*New Morality*), que fuera popularizada por conocidos hombres eclesiásticos como el Obispo J. A. T. Robinson en Inglaterra, Joseph Fletcher, Harvey Cox, el fallecido James Pike, y otros. Luego de la publicación inicial de sus puntos de vista, algunos de estos escritores han modificado sus posturas. Pero todos una vez propusieron enfocar la moralidad basándose sobre dos convicciones: primero, que el curso de acción apropiado para un conjunto dado de circunstancias debe ser determinado por la situación misma y no por una norma ética predeterminada (ni siquiera aunque sea bíblica), y segundo, que el único absoluto para cualquier situación ética es el requisito del amor. Todo está bien si no lastima a otra persona, y si lastima o no a otra persona no es una conclusión a la que deba llegarse únicamente por el contexto de la situación. De acuerdo con este enfoque, la fornicación y el adulterio no son necesariamente malos. El bien o el mal del acto depende de si «ayuda» o «lastima» a otra persona. De manera similar, el mentir, el robar, el libertinaje, y muchas otras cosas que hasta ese entonces habían sido consideradas como malas, no deben ser necesariamente evitadas.

Como respuesta a la Nueva Moralidad debemos decir que el amor podría ser una guía adecuada para el curso de acción correcto si fuéramos capaces de amar como ama Dios y con pleno conocimiento de la situación y de todas las consecuencias de nuestras acciones. Pero no somos capaces de amar de ese modo. Nuestro amor es egoísta. Además, no podemos conocer todas las consecuencias que nuestra acción «desinteresada» y «generosa» pueda tener. Una pareja puede decidir que mantener relaciones sexuales antes del matrimonio les será beneficioso y que ninguno de ellos se verá perjudicado. Pero no lo pueden saber con certeza, y muchos, si no todos, que han razonado de esta manera se han equivocado. Hay demasiada culpa, demasiados patrones de infidelidad profundamente incorporados, y demasiados niños no deseados, para hacer de la Nueva Moralidad una opción valedera.

Bajo el impacto de la corriente de los medios de comunicación de masas, el hedonismo popular, y la Nueva Moralidad, la proclama «Si te hace sentir bien, hazlo» se ha convertido en el santo y seña de nuestra época. ¿Debemos aceptar este nuevo estándar? A la luz de los mandamientos de Dios en el Decálogo y en el Sermón del Monte, el cristiano debe responder que «No». Pero, al mismo tiempo, debemos reconocer sinceramente, como observa C. S. Lewis, que el estándar cristiano «es tan difícil y tan contrario a nuestros instintos» que es evidente que algo está mal en nosotros personalmente y en nuestra sociedad.[4] Debemos reconocer que todos somos pecadores, y que tampoco los cristianos pueden ser automáticamente victoriosos sobre los pecados y las perversiones sexuales.[5]

Como todos los mandamientos negativos del Decálogo, este también lleva implícito uno positivo. La afirmación positiva del mismo, como ya lo hemos mencionado, es la pureza antes del matrimonio y la fidelidad de ahí en adelante. No somos puros antes del matrimonio ni fieles después si tomamos en cuenta también nuestros pensamientos, y muchas personas no solamente pecan con su pensamiento. ¡Qué lejos estamos de lograr los estándares de Dios! ¡Cuánta miseria hemos traído sobre nosotros y sobre otros como consecuencia!

El octavo mandamiento: No hurtarás

La norma que dice que una persona no debería hurtar ha sido generalmente aceptada por toda la raza humana, pero solo la

Apéndice

religión bíblica muestra por qué hurtar está mal. Todo lo que una persona justamente posee le ha sido impartido por Dios. «Toda buena dádiva y todo don perfecto desciende de lo alto, del Padre de las luces» (Stg 1.17). Por lo tanto, robar a alguien es pecar contra Dios. Por supuesto, los hurtos también constituyen una ofensa contra los demás. Podría perjudicarlos si no pudieran compensar la pérdida. Podría humillarlos, ya que no los estaríamos considerando dignos de nuestro respeto o amor. Pero también aquí estamos pecando contra Dios ya que él es quien le asigna el valor a cada persona. Vemos un ejemplo de este punto de vista en el grandioso salmo de confesión que escribió David. Si bien le había robado a Betsabé su buen nombre y hasta había matado a su esposo, David dijo, hablando con respecto a Dios: «Contra ti, contra ti solo he pecado» (Sal 51.4).

No debemos creer que hemos cumplido con este mandamiento por el simple hecho de que nunca nos hayamos introducido en un hogar extraño y nos hayamos retirado luego de sustraer la propiedad de otro. Podemos hurtar a distintos sujetos: a Dios, a otros y a nosotros mismos. Podemos hurtar de diversas maneras: a hurtadillas, por medio de la violencia, o por medio de engaños. Hay muchos objetos que pueden ser robados: el dinero, el tiempo, e incluso la reputación de una persona.

Estamos hurtándole a Dios cuando no lo adoramos como deberíamos o cuando colocamos nuestros intereses antes que los suyos. Estamos hurtándole cuando dedicamos nuestro tiempo para gratificarnos personalmente y no compartimos con otros el evangelio de su gracia. Le hurtamos a un empleador cuando no trabajamos como somos capaces de hacerlo o cuando nos tomamos recreos más largos o nos retiramos antes de la hora de salida. Le hurtamos cuando malgastamos la materia prima con la que estamos trabajando o utilizamos su teléfono para mantener extensas conversaciones personales, en lugar de cumplir con las tareas asignadas. Estamos hurtando si, como comerciantes, cobramos demasiado por nuestros productos o intentamos hacer «un negocio redondo» en un campo lucrativo. Estamos hurtando cuando vendemos un producto de calidad inferior como si fuera de mejor calidad. Le hurtamos a nuestros empleados cuando los hacemos trabajar en un ambiente laboral perjudicial para su salud o cuando no le pagamos un salario digno que les garantice una calidad de vida saludable y adecuada. Estamos hurtando cuando no administramos correctamente los dineros de otros. Estamos hurtando cuando tomamos un préstamo y luego no lo saldamos en fecha, o no lo pagamos. Nos robamos a nosotros mismos cuando malgastamos nuestros recursos, ya sea el tiempo, los talentos o el dinero. Estamos hurtando cuando gozamos de nuestros bienes materiales, mientras otros deben llevar una existencia de extrema necesidad: sin alimento, ropa, vivienda, o cuidados médicos. Estamos hurtando cuando nos volvemos tan mezquinos que acumulamos y ahorramos dinero hasta el extremo de robarnos a nosotros mismos no cubriendo nuestras necesidades.

El lado positivo de este mandamiento es evidente. Si debemos evitar tomar lo que le pertenece a otro, también debemos hacer todo lo que esté a nuestro alcance para hacer que los demás prosperen, ayudándolos a lograr todo su potencial. El Señor resume este deber en la Regla de Oro: «Así que, todas las cosas que queráis que los hombres hagan con vosotros, así también haced vosotros con ellos; porque esto es la ley y los profetas» (Mt 7.12).

No es posible evitar ver que este mandamiento indirectamente está estableciendo el derecho a la propiedad privada. Si no hemos de tomar lo que pertenece a los demás, la base de esta prohibición es que evidentemente las personas tienen un derecho a lo que les pertenece, derecho que les es reconocido por Dios. Algunos enseñan que los cristianos deberían tener todo en común, al menos si son lo suficientemente espirituales, pero esto no es bíblico. Es cierto que por diversas razones históricas y sociales un grupo de personas eligieron poner todos sus bienes bajo una propiedad común, como lo hicieron los primitivos cristianos en Jerusalén por un tiempo luego de Pentecostés (Hch 2.44-45).

Algunos pueden ser específicamente llamados a vivir así, ya sea como un testimonio ante el mundo de que la vida de una persona no consiste solo en la abundancia de las cosas que él o ella posea, o porque dicha persona está tan atada a las posesiones que debe liberarse de ellas para poder crecer espiritualmente. Jesús le dijo al joven rico que debía despojarse de todos sus bienes y dárselo a los pobres. Sin embargo, a pesar de estas situaciones especiales, ni el Antiguo ni el Nuevo Testamento prohíben la propiedad privada de bienes, sino que por el contrario la endosan.

El caso de Ananías y Safira suele ser citado para apoyar la teoría comunal, ya que fueron muertos por haber retenido una parte de los ingresos que resultaron de una venta de una propiedad (Hch 5.1-11). Su pecado, sin embargo, no fue la posesión de una propiedad sino el haber mentido a los miembros de la iglesia y al Espíritu Santo. Habían pretendido estar dando todo cuando en realidad estaban reteniendo una parte. En relación a esto, incluso el apóstol Pedro reconoce su derecho a dicha posesión. «Y dijo Pedro: Ananías, ¿por qué llenó Satanás tu corazón para que mintieses al Espíritu Santo, y sustrajeses del precio de la heredad? Reteniéndola, ¿no se te quedaba a ti? y vendida, ¿no estaba en tu poder? ¿Por qué pusiste esto en tu corazón? No has mentido a los hombres, sino a Dios» (Hch 5.3-4).

El hecho de que la Biblia establezca el derecho a la propiedad privada no hace que nos resulte más fácil cumplir con el octavo mandamiento. Lo hace mucho más difícil. No podemos evadir el hecho de que en muchas ocasiones le robamos a los demás lo que les corresponde; y el juicio de Dios nos convierte en ladrones.

El noveno mandamiento: No mentirás

Cuando hablamos del robo de la reputación de los demás en la última sección ya estábamos anticipando el noveno mandamiento: «No hablarás contra tu prójimo falso testimonio» (Éx 20.16).

Este es el último de una serie de mandamientos relacionados con el respeto a los derechos de los demás, como una expresión del mandamiento a amar. Cuando insultamos a una persona le estamos hurtando su buen nombre y su posición social. «Este mandamiento no es solamente válido en las cortes de justicia. Si bien incluye el perjuro, también están implícitas todas las formas de escándalo y maledicencia, toda conversación ociosa y charlatanería, todas las mentiras y las exageraciones deliberadas y las medias verdades que distorsionan la verdad. Podemos hablar falso testimonio cuando atendemos a ciertos rumores maliciosos y luego los seguimos transmitiendo, o cuando usamos a otra persona para burlarnos de ella, creando impresiones falsas, o cuando no corregimos afirmaciones falsas, tanto por nuestro silencio como por nuestro discurso».[6]

Nuestro deber hacia las demás personas es solo la mitad del cuadro. No solamente estamos dañando a otra persona cuando damos un falso testimonio o juramos en falso. Nuestra no fidelidad a la verdad también deshonra a Dios. Él es el Dios de la verdad y odia la mentira (Is 65.16; Jn 14.6). La Biblia nos dice: «He aquí, tú amas la verdad en lo íntimo» (Sal 51.6). Nos dice que la persona que es obediente a Dios «no se goza de la injusticia, mas se goza en la verdad» (1 Co 13.6). Y también dice: «Hablad verdad cada uno con su prójimo» (Ef 4.25).

Esto no es fácil de llevar a cabo, como cualquiera que esté preocupado de su integridad personal puede reconocer. En algunas situaciones, mentir o al menos no decir toda la verdad, parece ser el curso de acción debido. En otras situaciones, el decir la verdad parece imposible. Para los hombres bien puede ser imposible; pero con Dios todo es posible (Lc 18.27). ¿Cómo podemos comenzar a crecer en esta área? El primer paso radica en tomar conciencia que «de la abundancia del corazón habla la boca» (Mt 12.34) y que el corazón solamente puede cambiar cuando el Señor Jesucristo toma posesión del mismo. Si nuestros corazones están llenos de nuestro ego, entonces inevitablemente siempre usaremos la verdad en beneficio nuestro. Pero si la verdad inunda nuestro corazón como lo hará cuando Cristo lo controle, entonces lo que digamos será la verdad y crecientemente será de edificación para los demás.

EL DÉCIMO MANDAMIENTO: NO CODICIARÁS

El décimo mandamiento es quizá el más revelador y el más devastador de todos los mandamientos, ya que trata explícitamente la naturaleza interna que tiene la ley. La codicia es una actitud de la naturaleza interna que puede, o no, expresarse en un hecho adquisitivo externo. Además, puede estar dirigida a cualquier objeto. El texto lee: «No codiciarás la casa de tu prójimo, no codiciaras la mujer de tu prójimo, ni su siervo, ni su criada, ni su buey, ni su asno, ni cosa alguna de tu prójimo» (Éx 20.17).

Es asombroso lo moderno que es este mandamiento, y cómo golpea las raíces de nuestra cultura occidental materialista. Un elemento ofensivo de nuestro materialismo es la insensibilidad a las necesidades de los demás, la que muchas veces, a su vez, genera una insensibilidad hacia los pobres de nuestras ciudades y los necesitados del resto del mundo. Pero aun más ofensivo que esto resulta nuestra insatisfacción irracional con toda nuestra abundancia de riquezas y oportunidades. Es cierto, no todo el occidente es rico y tampoco hay nada intrínsecamente malo en querer mejorar nuestra suerte en una medida razonable, especialmente cuando ocupamos un lugar bajo en la escala socioeconómica. Esto en sí no constituye la codicia. Lo que está mal es desear algo por el mero hecho de que otra persona lo disfruta. Está mal desear constantemente poseer más cuando no tenemos ninguna necesidad. Está mal no ser felices con nuestros recursos escasos. Desgraciadamente, la codicia es lo que los medios de comunicación de masas parecen haberse propuesto incorporar en nosotros para que nuestra economía, extravagante y dilapidadora, pueda continuar en expansión, aun cuando esto signifique perjudicar las economías de las naciones menos desarrolladas.

Pero también podemos apreciar nuestra codicia de otra manera. Muchos, particularmente las personas cristianas, están realmente felices con lo que Dios les ha dado. No son exageradamente materialistas. Pero son codiciosos con respecto a sus hijos. Quieren lo mejor para ellos, y en muchos casos pueden sentirse heridos y hasta rechazados cuando sus hijos escuchan el llamado divino para renunciar a la vida de abundancia material y dedicarse al servicio misionero o a algún otro servicio cristiano.

La paga del pecado y la dádiva de Dios

No debemos concluir este estudio de la ley de Dios como está expresada en los Diez Mandamientos sin aplicarla a nuestras personas. Hemos considerado diez áreas en las que Dios requiere de los hombres y las mujeres determinados estándares de conducta. Al considerarlos nos hemos visto juzgados. No hemos adorado a Dios como es debido. Hemos adorado ídolos. No hemos honrado a Dios en toda su plenitud. No nos hemos regocijado ni le hemos servido en el día del Señor. Somos deudores con respecto a nuestros padres terrenales. Hemos matado, por medio del odio y la mirada, si no literalmente. Hemos cometido adulterio con el pensamiento y quizá también con nuestros hechos. No hemos dicho siempre la verdad. Hemos deseado y tramado para obtener las pertenencias de nuestro prójimo.

Dios nos ve en nuestro pecado. «Y no hay cosa creada que no sea manifiesta en su presencia; antes bien todas las cosas están desnudas y abiertas a los ojos de aquel a quien tenemos que dar cuenta» (Heb 4.13). ¿Cuál es la reacción de Dios? Ciertamente, no es la de excusarnos, y pasar por alto nuestro pecado. Por el contrario, nos dice que de ningún modo puede librarnos de la culpa. Nos enseña que «la paga del pecado es muerte» (Ro 6.23). El juicio está pronto a ser ejecutado.

¿Qué podemos hacer? Por nuestros propios medios no hay nada que podamos hacer. Pero la gloria del evangelio es que no estamos solos. Por el contrario, Dios ha intervenido para realizar lo que nosotros no podíamos hacer. Hemos sido juzgados por la ley y hemos sido hallados faltos. Pero Dios ha enviado a Jesús, quien ha sido juzgado por la ley y ha sido hallado perfecto. Él ha muerto ocupando nuestro lugar para llevar el justo juicio que nos correspondía de manera que podamos presentarnos limpios ante Dios para ser vestidos con su justicia. La Biblia va más allá de la «paga del pecado», e insiste en que «la dádiva de Dios es vida eterna en Cristo Jesús Señor nuestro» (Ro 6.23). Si la ley lleva a cabo en nosotros su tarea propia no nos hará justos por nuestros propios medios. Nos hará justos por medio de Cristo, cuando haga que nos volvamos de nuestras obras corruptas al Salvador quien es nuestra única esperanza.

Tomado de la obra *Fundamentos de la fe cristiana*, Miami, Florida: Logoi-Unilit, 1996, pp. 241-251.

NOTAS

1 Thomas Watson, *The Ten Commandments* (1692; reimpresión ed., London: The Banner of Truth Trust, 1970), p. 122.

2 Calvino, *Institutes*, p. 401.

3 He discutido este mismo tema con mayor detalle en *The Sermon on the Mount* (Grand Rapids, MI: Zondervan, 1972), pp. 105-11.

4 Lewis, *Mere Christianity*, p. 75.

5 El material sobre la moralidad sexual contemporánea también aparece en mi libro *The Sermon on the Mount*, pp. 112-15. Un estudio completo de la interpretación que Cristo hace del séptimo mandamiento y la cuestión del divorcio aparece en las páginas 112-48.

6 Stott, *Basic Christianity*, p. 69

LAS CARACTERÍSTICAS DE LOS LÍDERES: UNA AUTOEVALUACIÓN

Richard B. Ramsay

INTRODUCCIÓN

A veces los oficiales de las iglesias son elegidos por su educación, por su situación económica, o por sus actividades en la iglesia, y a veces la preparación que reciben los candidatos para oficiales es exclusivamente doctrinal y teórica. Sin embargo, según la Biblia, los requisitos más importantes tienen que ver con el carácter y la madurez espiritual. Los únicos requisitos específicamente mencionados son los que vamos a estudiar ahora, encontrados en 1 Timoteo 3.1-13 y Tito 1.5-9.

I. 1 TIMOTEO 3.1-7

Analizaremos cada palabra de esta lista de características. Se explica el significado de cada una, y después se hace una autoevaluación.

1. *Irreprensible*
   Esta palabra significa literalmente que no lo pueden «atrapar» o «agarrar» en nada. Significa que es libre de acusaciones. Por supuesto, no significa que sea perfecto, sino que la gente no tiene serias acusaciones en su contra. Significa que no puede ser cualquier persona entre la multitud. El líder debe ser conocido por su madurez espiritual. En otras palabras, cuando la gente describe su carácter, no lo identifican primeramente o fundamentalmente con alguna característica negativa. Por ejemplo, si alguien pregunta a sus amigos, familiares, o colegas cómo es, no dirán: «Es un hombre que siempre se enoja», o «Él es el hombre que vive en adulterio», o «Lo único que sé de él es que siempre pide dinero prestado y no lo devuelve», o algo parecido. Cosas así no se dicen de un hombre de «buen testimonio». Por lo tanto, es un hombre que debe tener el reconocimiento y respeto de la congregación en cuanto a su integridad.

AUTOEVALUACIÓN:
   ¿Cómo se ve a sí mismo con respecto a esta característica? Pregúntese si las personas que lo conocen describen su carácter en forma positiva o negativa. Ponga un círculo alrededor del número que mejor lo describa, siendo el número 10 lo más alto.

1	2	3	4	5	6	7	8	9	10

Negativa ———————————————————————— Positiva

   ¿Hay algún problema moral que le hace cuestionar su calificación como líder?

¿Sus amigos y familiares frecuentemente se refieren a un problema moral que Ud. tiene?

1   2   3   4   5   6   7   8   9   10
Muy ——————————————————————— Nunca
Frecuentemente

2. *Marido de una sola mujer*

Pablo no está diciendo que *tiene* que ser casado. De otro modo ¡él mismo no estaría viviendo de acuerdo con su propio consejo! 1 Corintios 7.7-9 indica que Pablo no era casado.

> Quisiera más bien que todos los hombres fuesen como yo; pero cada uno tiene su propio don de Dios, uno a la verdad de un modo, y otro de otro.
>
> Digo, pues, a los solteros y a las viudas, que bueno les fuera quedarse como yo; pero si no tienen don de continencia, cásense, pues mejor es casarse que estarse quemando.

Algunos piensan que Pablo tendría que ser casado para ser miembro del Sanedrín, pero otros dicen que ese reglamento no era válido hasta después del tiempo de Pablo.[1] Por otro lado, el texto insinúa que lo normal es que sea casado. Obviamente no sería correcto prohibir que los oficiales se casen, como la Iglesia Católica lo hace con los sacerdotes. El punto aquí es que tenga *una* ¡y no *dos esposas*! Si este requisito suena un poco extraño, habría que recordar que en los tiempos del Nuevo Testamento, la monogamia no era tan universal como en nuestros días. Aun entre los judíos de esa época, algunos aceptaban la poligamia.

1 Richard Longnecker, *The Ministry and Message of Paul* (Grand Rapids, Zondervan, 1971), pp. 23-24.

Pero hay algo más importante para nosotros hoy en día: Este requisito apunta algo más allá de la situación legal. Tiene implicaciones acerca de la *fidelidad* matrimonial y la *pureza* sexual. Esto sí es un problema muy serio y muy generalizado hoy en día. Jesús explica que el hecho de codiciar a una mujer significa «adulterio».

> Oísteis que fue dicho: No cometerás adulterio. Pero yo os digo que cualquiera que mira a una mujer para codiciarla, ya adulteró con ella en su corazón. Por tanto, si tu ojo derecho te es ocasión de caer, sácalo, y échalo de ti; pues mejor te es que se pierda uno de tus miembros, y no que todo tu cuerpo sea echado al infierno. Y si tu mano derecha te es ocasión de caer, córtala, y échala de ti; pues mejor te es que se pierda uno de tus miembros, y no que todo tu cuerpo sea echado al infierno. (Mateo 5.27-30)

Hay muchas maneras en que nos llegan las tentaciones hoy en día, especialmente a través de las revistas, la televisión, y el Internet. Muchos hombres luchan con la impureza sexual debido a estas imágenes. Quizás piensen que no están haciendo daño a nadie, pero a lo largo afecta la relación de pareja, daña la conciencia, y corrompe la pureza. Sobre todo, los aleja del Señor.

Lea los siguientes textos:

> En el día en que Dios juzgará por Jesucristo los secretos de los hombres, conforme a mi evangelio (Romanos 2.16)

> Y no participéis en las obras infructuosas de las tinieblas, sino más bien reprendedlas; porque vergon-

zoso es aun hablar de lo que ellos hacen en secreto.
Mas todas las cosas, cuando son puestas en evidencia
por la luz, son hechas manifiestas; porque la luz es lo
que manifiesta todo (Efesios 5.11-13)

¿Cómo actúa usted cuando está solo? ¿Piensa que nadie lo
ve? Pues, ¡está muy equivocado! ¡Dios ve todo, y todo será manifiesto!

Autoevaluación:

¿Tiene problemas con *pensamientos* impuros?

1	2	3	4	5	6	7	8	9	10

Frecuentemente ——————————————————— Nunca

¿Tiene problemas con *actos* impuros?

1	2	3	4	5	6	7	8	9	10

Frecuentemente ——————————————————— Nunca

¿Cuál es su problema más serio en esta área?

¿Qué puede hacer para superarlo?

Este requisito nos obliga a hablar del tema del divorcio. ¿Un
hombre separado o casado por segunda vez puede ser presbítero o diácono? La respuesta es que todo depende de la situación

particular, el motivo de la separación o divorcio, si era cristiano cuando tuvo problemas o si el problema sucedió antes de su conversión, por ejemplo. El tema es demasiado amplio para profundizar aquí, pero la respuesta básica es que si él fue la parte inocente en la ruptura del matrimonio, o si él no era cristiano cuando sucedió el problema, entonces se puede *considerar* para el oficio. No hay razón bíblica para rechazar su nombramiento. No obstante, hay que estudiar bien el caso, y hay que considerar el efecto que su nombramiento puede tener entre las personas que lo conocen. Desgraciadamente, estos antecedentes afectan el respeto que algunos pueden tener por él como líder. Así los presbíteros actuales tendrán que evaluar cada caso en forma independiente.

3. Sobrio, prudente, y decoroso
   Estos tres términos están relacionados, así que conviene tratarlos juntos.
   «Sobrio» significa literalmente que no es un alcohólico, pero también apunta más ampliamente al hecho de que tiene dominio propio, seriedad de pensamiento, y la mente clara. No indica necesariamente que no consuma bebidas alcohólicas, sino que las usa en moderación. No es una persona «grave», sino un hombre que puede ponerse serio cuando la situación lo exige. Es objetivo. Es una persona en quien la gente puede confiar.
   «Prudente» se refiere también al dominio propio, que está en su sano juicio. No hace locuras, y no toma riesgos innecesarios. Sabe tener cuidado. La misma palabra se usa en Marcos 5.15 para el endemoniado después de que había sido sanado; estaba en su «juicio cabal».
   «Decoroso» señala que es respetable, de buena conducta, ordenado, digno de respeto. A veces se refiere a la vestimenta, que es discreta, decente. La palabra viene del verbo

κοσμεω (pronunciado «cosméo») que significa ordenar, decorar, adornar. De este término viene la palabra κοσμος («cosmos»), que significa «el mundo» o «el universo», llamado «cosmos» por el orden que tiene. El concepto que estas tres palabras tienen en común es que el líder tiene *buen juicio*. Demuestra *sabiduría*. Debe ser un hombre *serio* en el buen sentido de la palabra, no «grave», pero tampoco liviano o superficial. Tiene *dominio propio*. Se puede confiar en él. La gente lo respeta.

Autoevaluación:

¿Es Ud. una persona de buen juicio?

1	2	3	4	5	6	7	8	9	10

Nunca ———————————————————— Siempre

¿Tiene hábitos que no pueda controlar?

1	2	3	4	5	6	7	8	9	10

Ninguno ——————————————————— Muchos

¿Tiene buena presencia personal?

1	2	3	4	5	6	7	8	9	10

Muy mala ——————————————————— Muy buena

¿La gente tiende a confiar en Ud.?

1	2	3	4	5	6	7	8	9	10

Nunca ———————————————————— Siempre

4. *Hospedador*
    Quiere decir literalmente «amigo de extraños». Es una perso-
    na que abre su puerta a visitas. Pero aún más importante, es
    una persona que abre su *corazón* a personas nuevas.

Autoevaluación:

¿Ud. se relaciona bien con personas nuevas?

1	2	3	4	5	6	7	8	9	10

Nunca ———————————————————————— Siempre

¿Ud. utiliza su casa para recibir a visitas?

1	2	3	4	5	6	7	8	9	10

Nunca ———————————————————————— Muy
frecuentemente

5. *Apto para enseñar*
    Hasta ahora, todas las características del presbítero que se
    han mencionado son atributos que cada cristiano debería cul-
    tivar. Solo se exige un nivel más alto de madurez en estas
    áreas de parte de los oficiales.
    Ahora el requisito «apto para enseñar» describe algo espe-
    cialmente para presbíteros. No todos los cristianos tienen que
    desarrollar esta aptitud.
    Un presbítero tampoco tiene que ser un maestro erudito, o un
    orador superdotado. Solo tiene que saber compartir las en-
    señanzas de la Escritura de una manera que ayude a los de-
    más en su crecimiento espiritual. Debe tener un conocimiento
    bíblico y teológico suficiente para evitar errores serios, y debe
    tener la capacidad para explicar las enseñanzas claramente.

No todos los presbíteros pueden predicar o hacer clases para un grupo grande de personas, pero deberían saber enseñar por lo menos en forma personal.

Autoevaluación:

¿Ud. siente que tiene un buen nivel de conocimiento de la Biblia y la teología?

1   2   3   4   5   6   7   8   9   10
Nada —————————————————— Mucho

¿Cuánto tiempo pasa con Dios en su devocional personal diario?

1   2   3   4   5   6   7   8   9   10
Nunca —————30 minutos————— 60 minutos

¿Ud. puede explicar las enseñanzas bíblicas en forma clara a otras personas?

1   2   3   4   5   6   7   8   9   10
Nunca —————————————————— Siempre

6. *No dado al vino*
Esto es claro. Mientras la palabra anterior, «sobrio», indica algo más amplio, esta palabra específicamente que no es adicto a bebidas alcohólicas. Aun así, podríamos aplicarla a cualquier tipo de vicio como las drogas o el consumo excesivo de comida.

Autoevaluación:

¿Ud. tiene problemas en controlar el consumo de alcohol?

1	2	3	4	5	6	7	8	9	10

Nunca ———————————————————— Siempre

¿Ud. tiene problemas con algún otro vicio?

1	2	3	4	5	6	7	8	9	10

Nunca ———————————————————— Siempre

7. *No pendenciero*
Esta palabra viene del verbo que significa «pegar». Significa que el líder no deber ser peleador, mal genio, violento, «enojón».

Autoevaluación:

¿Ud. recurre a la violencia cuando está enojado?

1	2	3	4	5	6	7	8	9	10

Nunca ———————————————— Frecuentemente

¿Ud. se enoja fácilmente?

1	2	3	4	5	6	7	8	9	10

Nunca ———————————————————— Siempre

8. *No codicioso de ganancias deshonestas*
No hay nada malo en ganar dinero honestamente, o en desear mejorar la situación económica. Lo que se condena aquí

es el deseo de ganancias *deshonestas*. Un líder de la iglesia no puede estar involucrado en negocios ilícitos o en prácticas deshonestas en su trabajo.

AUTOEVALUACIÓN:

¿Ud. ha hecho algo deshonesto en su trabajo?

1   2   3   4   5   6   7   8   9   10
Muchas veces ———————————————————— Nunca

¿Ud. a veces tiene deseos de ganar mucho dinero, sin importar si la forma sea deshonesta?

1   2   3   4   5   6   7   8   9   10
Muchas veces ———————————————————— Nunca

9. *Amable, apacible*
La palabra traducida «amable» significa literalmente, «sin pelea». «Apacible» apunta al hecho de que ama la paz. Los dos indican lo opuesto de «pendenciero». El líder debería ser amistoso, benigno, tranquilo, pacífico.

AUTOEVALUACIÓN:

¿Ud. se considera «amable?»

1   2   3   4   5   6   7   8   9   10
Nunca ———————————————————— Siempre

¿Se considera una persona pacificadora?

1	2	3	4	5	6	7	8	9	10

Nunca ———————————————————— Siempre

10. *No avaro*

Literalmente, no ama el dinero. Mientras la frase anterior, «no codicioso de ganancias deshonestas», habla específicamente de la deshonestidad, esta palabra señala el problema de simplemente desear tener mucho dinero, aunque no lo gane con métodos deshonestos. No condena el deseo de mejorar su situación, siempre que esté dentro del contexto de prioridades sanas. La avaricia es un deseo que domina a alguien, haciendo que la riqueza sea una meta demasiado importante en su vida. Un síntoma de la avaricia es la falta de generosidad.

Autoevaluación:

¿Ud. se considera generoso?

1	2	3	4	5	6	7	8	9	10

Nunca ———————————————————— Siempre

¿Ud. da el diezmo regularmente a la iglesia?

1	2	3	4	5	6	7	8	9	10

Nunca ———————————————————— Siempre

¿Tener mucho dinero es una meta muy importante en su vida?

1	2	3	4	5	6	7	8	9	10

Muy —————————————————————— Poco
Importante   Importante

11. *Gobierna bien su casa, con los niños en sujeción con toda honestidad*

Pablo destaca esta característica, porque es la única por la cual también da un pequeño argumento. Dice, «Pues el que no sabe gobernar su propia casa, ¿cómo cuidará de la iglesia de Dios?» Con esto queda muy claro que el presbítero *gobierna* la iglesia, que *cuida* de ella. La idea es que su mejor escuela ¡es su propio hogar!

Una persona que no sabe amar y disciplinar a sus hijos, difícilmente será buen líder espiritual en la iglesia. Los oficiales actúan como «padres» espirituales con los miembros de la iglesia. Tienen que mostrarles mucho cariño, enseñarles, animarlos, y a veces corregirlos.

Frecuentemente los oficiales de las iglesias dedican tanto tiempo al ministerio que abandonan a su propia familia. ¿Qué demuestra eso? ¡Que no saben ordenar sus prioridades! Si en nombre del ministerio, no dan tiempo a sus esposas e hijos, solamente demuestran que tampoco van a ser buenos guías espirituales en la iglesia, porque no están ministrando a los que están más cerca.

El resultado será que tendrán problemas en su familia, y esto va a perjudicar su ministerio a la larga. Tendrán que volver a invertir más tiempo que lo normal en su familia para arreglar los conflictos. Serán malos ejemplos para los demás también. El efecto será una iglesia llena de conflictos familiares.

Es como el cuidado de un vehículo. Si el dueño lo mantiene regularmente, con los afinamientos, los cambios de aceite, y los arreglos necesarios, andará bien, y él tendrá tiempo para otras cosas. Pero si descuida el automóvil porque piensa que no tiene tiempo, al final tendrá que dar más tiempo que nunca para arreglarlo. ¡Es un círculo vicioso!

AUTOEVALUACIÓN:

¿Ud. da suficiente tiempo a su familia?

1	2	3	4	5	6	7	8	9	10
Nunca ———————————————————————— Siempre

¿Sus hijos le obedecen?

1	2	3	4	5	6	7	8	9	10
Nunca ———————————————————————— Siempre

¿Ud. aparta un día en la semana para estar con su cónyuge?

1	2	3	4	5	6	7	8	9	10
Nunca ———————————————————————— Siempre

¿Tiene por costumbre practicar un devocional familiar?

1	2	3	4	5	6	7	8	9	10
Nunca ———————————————————————— Todos
los días

12. *No un neófito*
La palabra «neófito» significa literalmente, «recién plantado», comúnmente usado para plantas. Aquí se refiere a una persona recién convertida. La advertencia en la segunda parte del versículo seis es que una persona nueva en la fe, honrada con este oficio, fácilmente se pone arrogante y queda bajo «el mismo juicio que el diablo». Es decir, «se le sube a la cabeza». La referencia al diablo probablemente apunta al hecho de que fue la arrogancia que lo hizo caer a él.
¿Cuánto tiempo es muy poco tiempo para ser presbítero? Pablo no estipula ningún tiempo específico, y por lo tanto, cada iglesia tendrá que pedir sabiduría para evaluar a los candidatos por sí mismos. No obstante, para dar una idea, menos de un año obviamente es muy poco tiempo, y menos de dos tampoco es muy aconsejable.

AUTOEVALUACIÓN:

¿Hace cuánto tiempo Ud. fue convertido?

1	2	3	4	5	6	7	8	9	10
Menos	— un—		dos—		tres—		—cuatro—		
de un año	año		años		años		años o más		

13. *Que tenga buen testimonio de los de afuera*
No basta con que los miembros de la iglesia tengan una buena impresión del líder. También debe ser respetado por los que no son de la iglesia. La idea es que a veces es más fácil dar una buena imagen en los círculos cristianos que en el ambiente «pagano». Las circunstancias del trabajo frecuentemente presentan más tentaciones. Las otras personas no vi-

ven de acuerdo con los principios bíblicos, y de repente la persona débil en la fe empieza a seguir la corriente. Es por eso que el líder debe tener un buen testimonio para los «de afuera» de la iglesia también. Es allí donde se nota si es fuerte o no. Caer en el «lazo del diablo» significa simplemente enredarse en el pecado. Si uno es débil, sigue las malas costumbres de los demás, tiene mala reputación, se desanima, y se enreda más todavía. Es un peligroso círculo vicioso.

Autoevaluación:

¿Cómo es su reputación con las personas fuera de la iglesia?

1	2	3	4	5	6	7	8	9	10
Muy mala ———————————————————————— Muy buena

¿Cuántas personas han conocido al Señor por su testimonio?

1	2	3	4	5	6	7	8	9	10
Ninguna ———————————————————————— Diez personas

II. Tito 1.5-9

¿Cuáles son las características mencionadas aquí que no se encuentran en 1 Timoteo 3?

En realidad, la lista es bastante parecida. Hay unos pocos requisitos nuevos. Los vamos a ver en forma resumida:

14. *No soberbio*
Significa terco, testarudo, arrogante. El concepto está incluido en Timoteo, donde se advierte que un neófito podría «envanecerse».

15. *Amante de lo bueno*
No basta con portarse bien porque es un deber solamente. Un cristiano debería *amar* lo bueno.

16. *Justo, santo*
Estas palabras son muy amplias, indicando todo tipo de justicia y santidad moral. Esto comprueba que las «listas» de requisitos no son listas completas. Las características mencionadas aquí en Tito y en Timoteo realmente son *muestras*, ejemplos, de una madurez espiritual. Por ejemplo, Pablo no menciona específicamente que el presbítero no debe ser asesino. Entonces, un hombre no puede deducir que si es asesino, pero cumple con los otros requisitos, ¡puede ser líder en la iglesia! Palabras como esta, «justo», cubren una multitud de atributos. Estas «listas» de Pablo son pautas que Timoteo y Tito debían usar para hacer un chequeo moral. Así nos sirven también para evaluar a los candidatos y especialmente para evaluarnos a nosotros mismos.

17. *Retenedor de la palabra fiel que ha sido enseñada*
Esta es la única mención específica de pureza doctrinal. Se refiere al cuerpo de enseñanza de los apóstoles. Un líder tiene que asimilar, creer, y defender, la enseñanza sana, bíblica.

AUTOEVALUACIÓN:

¿Ud. se considera arrogante?

1	2	3	4	5	6	7	8	9	10
Muy									Nada

¿Ud. ama lo bueno?

1	2	3	4	5	6	7	8	9	10
Nunca									Siempre

¿Ud. se considera justo?

1	2	3	4	5	6	7	8	9	10
Nada									Muy

¿Ud. considera que tiene buena comprensión de la sana doctrina?

1	2	3	4	5	6	7	8	9	10
Mala									Muy buena

III. 1 TIMOTEO 3.8-13

¿Cuáles son las características mencionadas aquí para los diáconos que no están en la lista para los presbíteros? Hay unas pocas, que explicaremos en forma resumida:

18. *Honestos (honorables)*
    La traducción «honestos» es desafortunada, porque el sentido de la palabra en el griego es «digno de respeto», «honorable». Está en la misma categoría con las palabras «sobrio», «prudente», y «decoroso», en el versículo 2. Con eso no queremos negar la obvia importancia de la honestidad, especialmente para los diáconos, quienes manejan el dinero y las posesiones de la iglesia.

19. *Sin doblez*
    Esta frase se acerca más al concepto de la honestidad, pero honestidad en sus palabras, no tanto en el uso de dinero. El líder debe ser sincero, transparente. No debe decir una cosa a una persona, y otra cosa a otra persona.

20. *No calumniadoras*
    En el versículo 11, Pablo habla de las «mujeres». Algunos piensan que Pablo se refiere a las esposas de los diáconos, pero nada en el texto indica eso. Probablemente había mujeres que hacían el trabajo diaconal, en adición al trabajo de los hombres diáconos.
    La «calumnia» es hablar mal de otra persona de tal manera que hace daño a su reputación.

21. *Fieles en todo*
    Es bastante inclusiva esta frase. Apunta al espíritu de entrega total, de servicio. Indica responsabilidad y devoción. Los oficiales son cumplidores.

Autoevaluación:

¿Ud. se considera sincero?

1   2   3   4   5   6   7   8   9   10

Nunca ———————————————————— Siempre

¿Ud. a veces habla mal de otras personas, haciendo daño a su reputación?

1   2   3   4   5   6   7   8   9   10

Frecuentemente ———————————————— Nunca

¿Ud. se considera responsable y cumplidor?

1   2   3   4   5   6   7   8   9   10

Nunca ———————————————————— Siempre

RESUMEN DE LA AUTOEVALUACIÓN

1. ¿Ud. se calificó con un número cinco o menos en alguna área? Honestamente, ¿cree Ud. que tiene un problema suficientemente serio en alguna de las áreas para no calificar como líder de la iglesia en esta etapa de su vida? Si es así, debería conversar con el pastor o con los presbíteros acerca de esa área.

2. Si no tiene calificaciones de cinco o menos, seguramente falta crecer todavía en muchas áreas. ¿En qué área necesita mejorar?

3. ¿Qué cosas prácticas podría hacer para crecer en las áreas débiles?

LA MAYORDOMÍA: UN DESAFÍO BÍBLICO-TEOLÓGICO

Richard B. Ramsay

Introducción

Cuando usted entregó su vida al Señor Jesús, se supone que le entregó todo, ¿no es cierto? Su vida es como una casa que tiene un nuevo dueño, y usted le entregó las llaves. Pablo dice, «¿No sabéis que sois templo de Dios, y que el Espíritu de Dios mora en vosotros?» (1 Corintios 3.16) Cada pieza de nuestra «casa» le pertenece a Dios. No obstante, a veces tenemos habitaciones cerradas con llave que no queremos entregar. Son áreas de nuestra vida que son difíciles de rendir a Él. El uso de nuestras posesiones y nuestro dinero es una de esas áreas.

El Señor quiere entrar también esta habitación para limpiar y ordenarla. Si usted puede soltar las llaves de esta habitación, será una persona libre de culpa y preocupaciones. ¡Aprenderá a descansar en Él para cada aspecto de su vida!

El objetivo de este artículo es mostrar algunas pautas bíblicas para el uso de nuestros bienes. Seguiremos el orden bíblico, empezando con Génesis, y siguiendo hasta las cartas de Pablo. Permita que el Señor le muestre algunos principios importantes de la mayordomía, y ¡esté dispuesto a cambiar su vida!

I. EN EL HUERTO DE EDÉN

Dios ha dado al hombre la tarea de «sojuzgar» la tierra y «señorear» sobre todos los animales. Como Dios es dueño de la tierra, decimos que el hombre es el «mayordomo» de la creación, el que cuida los bienes que pertenecen a otro.

> Y los bendijo Dios, y les dijo: Fructificad y multiplicaos; llenad la tierra, y sojuzgadla, y señoread en los peces del mar, en las aves de los cielos, y en todas las bestias que se mueven sobre la tierra (Génesis 1.28).

El primer trabajo encomendado al hombre fue el de cuidar el huerto de Edén.

> Tomó, pues, Jehová Dios al hombre, y lo puso en el huerto de Edén, para que lo labrara y lo guardase (Génesis 2.15).

El segundo trabajo fue el de poner nombres a los animales.

> Jehová Dios formó, pues de la tierra toda bestia del campo, y toda ave de los cielos, y las trajo a Adán para que viese cómo las había de llamar; y todo lo que Adán llamó a los animales vivientes, ese es su nombre (Génesis 2.19).

Note que el hecho de tener que trabajar no es un castigo, o una consecuencia de la caída. El hombre tenía que trabajar aun antes. El trabajo es parte de la imagen de Dios en el hombre; Dios trabajó seis días en la creación, y cuando hizo al hombre, lo hizo para trabajar también. El hombre se realiza a través del trabajo y se siente bien consigo mismo. El trabajo no es una vergüenza, sino que es parte de la dignidad del hombre. Administrar la creación involucra mucho más que cuidar las plantas. Para «sojuzgarla», el hombre tiene que organizarse y crear las estructuras sociales necesarias. Tiene que mantener orden con la multiplicación de la población. Esto nos lleva inmediatamente a pensar en el comercio, la política y la economía. La tarea de nombrar los animales sugiere una actividad científica, de clasificarlos. Esto nos hace pensar en las ciencias, la investigación y la educación. Sin el pecado, el hombre habría desarrollado una sociedad compleja y ordenada, con una cultura sana, y con organizaciones sociales que funcionaran bien. Génesis 1.28 ha sido llamado «el mandato cultural», porque Dios manda al hombre a desarrollar la cultura de acuerdo con Su voluntad. Aunque la Biblia no utiliza el término «mandato cultural», la idea está incluida en el concepto del «reino de Dios», un término usado con mucha frecuencia en la Biblia. El reino de Dios es el cumplimiento del *mandato cultural*.

Pero el pecado destruyó la posibilidad de trabajar y realizar el «mandato cultural», de establecer el reino de Dios, sin la intervención sobrenatural de Dios en Jesucristo.

> Y al hombre dijo: Por cuanto obedeciste a la voz de tu mujer, y comiste del árbol de que te mandé diciendo: No comerás de él; maldita será la tierra por tu causa; con dolor comerás de ella todos los días de tu vida. Espinos y cardos te producirá, y comerás plantas del campo. Con

el sudor de tu rostro comerás el pan hasta que vuelvas a la tierra, porque de ella fuiste tomado; pues polvo eres, y al polvo volverás (Génesis 3.17-19).

El hombre sigue siendo mayordomo de la tierra, pero el pecado ha hecho difícil su tarea. El «mandato cultural» sigue vigente, pero ahora se ha complicado con la distorsión de la imagen de Dios en el hombre. El trabajo ya no es de todo placentero, sino que frecuentemente es tedioso.

II. EL PENTATEUCO

1. *El maná*

Hay una lección de fe en la historia del maná en el desierto. Los israelitas tenían que recoger *diariamente* la porción de este pan celestial milagroso que les correspondía. En el sexto día, debían recoger el doble, para tener suficiente para el día de reposo, sin recoger más en ese día.

Y Jehová dijo a Moisés: He aquí yo os haré llover pan del cielo; y el pueblo saldrá, y recogerá diariamente la porción de un día, para que yo lo pruebe si anda en mi ley, o no. Mas en el sexto día prepararán para guardar el doble de lo que suelen recoger cada día (Éxodo 16.4-5).

Cada uno debía recoger lo justo y suficiente para comer, nada más y nada menos. Si alguien no tomara suficiente, de todas maneras, Dios le haría multiplicar lo poco que tenía para que no le faltara. Si alguien tomara demasiado, en forma egoísta, sin confiar en Dios, Dios haría que de todas maneras no le sobrara. Cada uno tendría lo necesario, ni más ni menos.

Esto es lo que Jehová ha mandado: Recoged de él cada uno según lo que pudiere comer; un gomer por cabeza, conforme al número de vuestras personas, tomaréis cada uno para los que están en su tienda. Y los hijos de Israel lo hicieron así; y recogieron unos más, otros menos; y lo medían por gomer, y no sobró al que había recogido mucho, ni faltó al que había recogido poco; cada uno recogió conforme a lo que había de comer. Y les dijo Moisés: Ninguno deje nada de ello para mañana (Exodo 16.16-19).

Esta provisión milagrosa no permitía el egoísmo, y enseñaba a confiar en el Señor. Tenían que confiar en el Señor **diariamente** para su sostén, tal como dice la frase en la oración del *Padre Nuestro*, «danos hoy el pan de cada día.» Dios siempre da lo justo y suficiente para cada día.

2. *Los diez mandamientos*
En los diez mandamientos, encontramos dos principios clave: el trabajo/reposo, y la prohibición del robo. En el cuarto mandamiento, se instruye a trabajar seis días y descansar el séptimo. Por un lado, vemos de nuevo que el trabajo es algo bueno; la Biblia no sugiere en ningún lugar que el hombre debe buscar la forma de trabajar lo menos posible. Por otro lado, el descanso también es esencial; es parte de una buena mayordomía. El hombre tiene que cuidarse a sí mismo para poder seguir cuidando la creación. Si se cansa demasiado, se enferma y no puede trabajar.

Seis días trabajarás, y harás toda tu obra; mas el séptimo día es reposo para Jehová tu Dios; no hagas en él obra alguna, tú, ni tu hijo, ni tu hija, ni tu siervo, ni tu criada, ni tu bestia, ni tu extranjero que está dentro de tus puertas. Porque en seis días hizo Jehová los cielos y la tierra, el mar, y todas las cosas que en ellos hay, y reposó en el séptimo día; por tanto, Jehová bendijo el día de reposo y lo santificó (Éxodo 20.9-11).

El octavo mandamiento prohíbe el robo.

No hurtarás (Éxodo 20.15).

Este mandamiento presupone cierto concepto de la «propiedad privada». Es decir, los bienes pertenecen a alguien, y si otra persona los toma, es un robo. Uno de los primeros principios de la mayordomía es de respetar la propiedad de otros.

3. *El año sabático y el año de jubileo (Levítico 25)*
   La observación del año sabático y del año de jubileo era una extraordinaria medida para proteger al pueblo de Israel contra abusos, y para enseñarles a confiar en el Señor. Contiene lecciones fundamentales para la mayordomía. Cada siete años, debían dejar descansar la tierra, sin sembrar para una nueva cosecha. Después de siete años sabáticos, también debían celebrar otro año más de descanso, justo después de un año sabático; esto era nombrado apropiadamente el año de *jubileo*. ¡Los terrenos volvían a sus dueños originales, las deudas se perdonaban, y los prisioneros fueron liberados! Los que habían tenido que venderse como siervos, recibían su libertad también.

Y santificaréis el año cincuenta, y pregonaréis libertad en la tierra a todos sus moradores; ese año os será de jubileo, y volveréis cada uno a vuestra posesión, y cada cual volverá a su familia (Levítico 25.10).

Y cuando tu hermano empobreciere, estando contigo, y se vendiere a ti, no le harás servir como esclavo. Como criado, como extranjero estará contigo; hasta el año del jubileo te servirá. Entonces saldrá libre de tu casa; él y sus hijos consigo, y volverá a su familia, y a la posesión de sus padres se restituirá (Levítico 25.39-41).

Esta ley animaba a usar iniciativa, porque si alguien trabajaba con mucho empeño, tendría mejor cosecha, y podría comprar más terreno. Pero la ley también aseguraba compasión en los negocios; impedía que se amontonara riquezas de una generación para otra. Es decir, no podían comprar más terreno, pasárselo al hijo, y el hijo a su hijo, etc. El proceso de acumular más terreno terminaba después de una sola generación. Al año cincuenta, se devolvía todo al dueño original. Esto significaba que, en vez de comprar un terreno de otro dueño, en realidad se alquilaba, y se pagaba el porcentaje de años que podía usarlo antes del próximo año de jubileo.

Conforme al número de los años después del jubileo comprarás de tu prójimo; conforme al número de los años de los frutos te venderá él a ti. Cuanto mayor fuere el número de los años, aumentarás el precio, y cuanto menor fuere el número, disminuirás el precio; porque según el número de las cosechas te venderá él (Levítico 25.15-16).

En el sentido estricto de la palabra, ningún hombre es dueño de nada, porque todo es de Dios. Somos todos extranjeros, visitas, en propiedad de Él.

> La tierra no se venderá a perpetuidad, porque la tierra mía es; pues vosotros forasteros y extranjeros sois para conmigo (Levítico 25.23).

Podemos imaginar la pregunta de los israelitas cuando escucharon que tenían que guardar el año sabático o el año de jubileo. No podían sembrar ni cosechar. ¿Qué iban a comer?

> Y si dijereis: ¿Qué comeremos el séptimo año? He aquí no hemos de sembrar, ni hemos de recoger nuestros frutos; entonces yo os enviaré mi bendición el sexto año, y ella hará que haya fruto por tres años (Levítico 25.20-22)

Aquí hay otro principio importante: Si obedecemos al Señor, Él nos cuidará. Fíjese que la obediencia nace de la fe. Es decir, si confiamos en Él, haremos lo que Él dice, y no nos preocuparemos. Si no confiamos en Él, haremos todo a nuestra manera, y no obedeceremos.

4. *El diezmo*
Un «diezmo» es un diez por ciento. Los israelitas tenían que entregar un diez por ciento de su cosecha y de sus animales al Señor. Era «dedicado a Jehová», «consagrado a Jehová». Si preferían dar dinero, en vez de dar 10% de su cosecha o animales, tenían que agregar un 20% al precio comercial. Por ejemplo, si debían dar 10 ovejas que valían 100 dólares cada una, tendrían que dar un diezmo de $1.200 dólares en dine-

ro, y no solamente $1.000 dólares. No podían elegir los animales más débiles, sino que según pasaban por la vara, tenían que sacar cada décimo animal.

Y el diezmo de la tierra, así de la simiente de la tierra como del fruto de los árboles, de Jehová es; es cosa dedicada a Jehová. Y si alguno quisiere rescatar algo del diezmo, añadirá la quinta parte de su precio por ello (Levítico 27.30-31).

Los diezmos se entregaban a los levitas, los sacerdotes, para su comida y para su ministerio. Ellos necesitaban el diezmo porque no habían heredado ningún terreno.

Y he aquí yo he dado a los hijos de Leví todos los diezmos en Israel por heredad, por su ministerio, por cuanto ellos sirven en el ministerio del tabernáculo de reunión (Números 18.21).

Los israelitas debían diezmar cada año de todos sus productos: granos, vino, aceite, y las primicias de sus animales.

Indefectiblemente diezmarás todo el producto del grano que rindiere tu campo cada año. Y comerás delante de Jehová tu Dios en el lugar que él escogiere para poner allí su nombre, el diezmo de tu grano, de tu vino y de tu aceite, y las primicias de tus manadas y de tus ganados, para que aprendas a temer a Jehová tu Dios todos los días (Deuteronomio 14.22-23).

Cada año hacían una fiesta religiosa en Jerusalén, y usaban los productos que entregaban como diezmo para celebrar. El acto de dar el diezmo era un momento de alegría y celebración. Aparentemente, después de la fiesta, dejaban el resto del diezmo para los levitas en el templo en Jerusalén. Esto les daría comida para el resto del año.

> ...y comeréis allí delante de Jehová vuestro Dios, y os alegraréis, vosotros y vuestras familias, en toda obra de vuestras manos en la cual Jehová tu Dios te hubiere bendecido (Deuteronomio 12.7).

Cada tercer año, en vez de usar estos productos para la fiesta religiosa de su propia familia en Jerusalén, los entregaban a los levitas, los extranjeros, los huérfanos, y las viudas en sus propias ciudades.

> Al fin de cada tres años sacarás todo el diezmo de tus productos de aquel año, y lo guardarás en tus ciudades. Y vendrá el levita, que no tiene parte ni heredad contigo, y el extranjero, el huérfano y la viuda que hubiere en tus poblaciones, y comerán y serán saciados; para que Jehová tu Dios te bendiga en toda obra que tus manos hicieren (Deuteronomio 14.28-29).

Resumen:

Los principios éticos que encontramos en la ley de Moisés son extraordinarios, y dignos de practicar hoy en día. No tenemos que guardar cada aspecto de estas leyes al pie de la letra; sería prácticamente imposible imponer una ley del año de jubileo, por ejemplo. (¿Quiénes eran los dueños originales de los terrenos?) No obstante, hay pautas muy importantes para nuestros gobiernos y para nuestras familias.

1. Podemos confiar en Dios diariamente para nuestro sostenimiento.
2. Cuando le obedecemos, Él es fiel y nos cuidará.
3. Debemos demostrar compasión y justicia con los necesitados.
4. Debemos descansar y dejar a otros descansar.
5. Debemos dar el diezmo.
6. Debemos respetar la propiedad de otros.
7. Podemos trabajar para mejorar nuestra situación, pero no amontonar riquezas en forma egoísta de generación en generación.

III. PROVERBIOS

Es de esperar que el libro de sabiduría contiene muchos consejos prácticos acerca de la mayordomía. Hay un fuerte énfasis en el esfuerzo, la diligencia, la honestidad, y en la dignidad del trabajo.

Ve a la hormiga, oh perezoso,
Mira sus caminos, y sé sabio;
La cual no teniendo capitán,
Ni gobernador, ni señor,
Prepara en el verano su comida,
Y recoge en el tiempo de la siega su mantenimiento.
Perezoso, ¿hasta cuándo has de dormir?
¿Cuándo te levantarás de tu sueño?
Un poco de sueño, un poco de dormitar,
Y cruzar por un poco las manos para reposo;
Así vendrá tu necesidad como caminante,
Y tu pobreza como hombre armado.
(Proverbios 6.6-11)

El peso falso es abominación a Jehová;
Mas la pesa cabal le agrada (Proverbios 11.1).

Mejor es el pobre que camina en integridad,
Que el de perversos labios y fatuo (Proverbios 19.1).

Se hace el contraste entre el perezoso y el sabio. El sabio
trabaja fuerte, planifica, y usa correctamente sus bienes, mientras el perezoso se ve ridículo a su lado.

El perezoso no ara a causa del invierno;
Pedirá, pues, en la siega, y no hallar (Proverbios 20.4)

Prepara tus labores fuera,
Y disponlas en tus campos,
Y después edificarás tu casa (Proverbios 24.27).

Dice el perezoso: El león está en el camino;
El león está en las calles.
Como la puerta gira sobre sus quicios,
Así el perezoso se vuelve en su cama (Proverbios
26.13-14).

IV. LOS PROFETAS

En los libros proféticos, encontramos principios de mayordomía en las denuncias de Dios contra Su Pueblo. Los juzga especialmente por dos motivos: 1. No mostrar justicia y misericordia con los pobres, y 2. No dar el diezmo.

Jehová vendrá a juicio contra los ancianos de su pueblo y contra sus príncipes; porque vosotros habéis devorado la viña, y el despojo del pobre está en vuestras casas.¿Qué pensáis vosotros que majáis mi pueblo y moléis las caras de los pobres? dice el Señor, Jehová de los ejércitos (Isaías 3.14-15).

Pisotean en el polvo de la tierra las cabezas de los desvalidos, y tuercen el camino de los humildes; y el hijo y su padre se llegan a la misma joven, profanando mi santo nombre.

Como consecuencia por no haber sido justo y compasivo con los pobres, Dios quitó las propiedades de los ricos y las entregó a los pobres. Cuando los babilonios llevaron cautivo a Judá, los pobres quedaron con las viñas y las tierras (Amos 2.7).

Y a los del pueblo que habían quedado en la ciudad, a los que se habían pasado al rey de Babilonia, y a los que habían quedado de la gente común, los llevó cautivos Nabuzaradán, capitán de la guardia. Mas de los pobres de la tierra dejó Nabuzaradán, capitán de la guardia, para que labrasen las viñas y la tierra.

Según Malaquías, no dar el diezmo es una forma de robar a Dios, y demuestra falta de confianza en Dios (2 Reyes 25.11-12).

¿Robará el hombre a Dios? Pues vosotros me habéis robado. Y dijisteis: ¿En qué te hemos robado? En vuestros diezmos y ofrendas. Malditos sois con maldición, porque vosotros, la nación toda, me habéis robado. Traed todos los diezmos al alfolí y haya alimento en mi casa; y probadme ahora en esto, dice Jehová de los ejércitos, si no os abriré las ventanas de los cielos, y derramaré sobre vosotros bendición hasta que sobreabunde (Malaquías 3.8-10).

V. El Nuevo Testamento

En el Nuevo Testamento hay un cambio de actitud hacia las leyes del Antiguo Testamento, sin cambiar los valores subyacentes. La nueva actitud pone todas las normas éticas en un contexto de gracia. Además, los creyentes del Nuevo Testamento son tratados más como adultos, lo cual significa que, junto con más libertad, hay más responsabilidad.

No es necesario guardar todas leyes del Antiguo Testamento exactamente de la misma manera hoy en día. Ya no practicamos las leyes ceremoniales porque Jesús ya hizo el último sacrificio. Ya no tenemos que guardar las leyes civiles (como el año de jubileo, por ejemplo) porque el Pueblo de Dios no es una sola nación, sino es gente de todas las naciones. Pero hay principios éticos universales que todavía son vigentes.

Sobre todo, se incentiva a desarrollar una actitud de desprendimiento, confiando en Dios para cuidarnos.

No os hagáis tesoros en la tierra, donde la polilla y el orín corrompen, y donde ladrones minan y hurtan; sino haceos tesoros en el cielo, donde ni la polilla ni el orín corrompen, y donde ladrones no minan ni hurtan. Porque donde esté vuestro tesoro, allí estará también vuestro corazón (Mateo 6.19-21 y 24-34).

Por tanto os digo: No os afanéis por vuestra vida,
qué habéis de comer o qué habéis de beber; ni por
vuestro cuerpo, qué habéis de vestir. ¿No es la vida
más que el alimento, y el cuerpo más que el vestido?
Mirad las aves del cielo, que no siembran, ni siegan, ni
recogen en graneros; y vuestro Padre celestial las alimenta. ¿No valéis vosotros mucho más que ellas?
(Mateo 6.25-26)

Los judíos en el tiempo de Jesús habían llegado a creer que la
riqueza era señal obvia de la bendición de Dios, y que la pobreza
era señal de castigo, pero Jesús corrige este malentendido, enseñando que los pobres son bendecidos.

Y alzando los ojos hacia sus discípulos, decía: Bienaventurados vosotros los pobres, porque vuestro es el
reino de Dios. Bienaventurados los que ahora tenéis
hambre, porque seréis saciados. Bienaventurados los
que ahora lloráis, porque reiréis (Lucas 6.20-21).

El principio del diezmo es repetido por Jesús en el Nuevo
Testamento, en forma indirecta. Los fariseos habían hecho de
tales leyes algo legalista, y le habían dado demasiada importancia. No obstante, en las palabras de Jesús, el diezmo, sin ser «lo
más importante de la ley», todavía es un principio que no debemos dejar al lado.

¡Ay de vosotros, escribas y fariseos, hipócritas!
porque diezmáis la menta y el eneldo y el comino, y
dejáis lo más importante de la ley: la justicia, la misericordia y la fe. Esto era necesario hacer, sin dejar de
hacer aquello (Mateo 23.23).

Algunos de los cristianos del Nuevo Testamento se sentían tan comprometidos, tan llenos de amor, y tan confiados en el Señor, que ellos entregaban sus propiedades para ayudar a los pobres entre ellos. Esto era voluntario, y no se pretendía establecer una ley para todos en todo tiempo. Sin embargo, la actitud es digna de imitar, y demuestra un cambio radical en valores que hace mucha falta en nuestra sociedad consumista y materialista de hoy. ¡Sus bienes ya no tenían importancia! En vez de dar solamente un diezmo, ¡dieron todo!

> Todos los que habían creído estaban juntos, y tenían en común todas las cosas; y vendían sus propiedades y sus bienes, y lo repartían a todos según la necesidad de cada uno (Hechos 2.44-45).

Pablo exhorta a ser generosos con los necesitados, mostrando gracia, imitando el ejemplo de Jesús, quien se hizo pobre para hacernos ricos.

> Por tanto, como en todo abundáis, en fe, en palabra, en ciencia, en toda solicitud, y en vuestro amor para con nosotros, abundad también en esta gracia .No hablo como quien manda, sino para poner a prueba, por medio de la diligencia de otros, también la sinceridad del amor vuestro. Porque ya conocéis la gracia de nuestro Señor Jesucristo, que por amor a vosotros se hizo pobre, siendo rico, para que vosotros con su pobreza fueseis enriquecidos (2 Corintios 8.7-9).

Asegura que esto no debe ser una carga que causa tristeza, sino una alegría, y que Dios proveerá por nuestras necesidades.

Pero esto digo: El que siembra escasamente, también segará escasamente; y el que siembra generosamente, generosamente también segará. Cada uno dé como propuso en su corazón: no con tristeza, ni por necesidad, porque Dios ama al dador alegre. Y poderoso es Dios para hacer que abunde en vosotros toda gracia, a fin de que, teniendo siempre en todas las cosas todo lo suficiente, abundéis para toda buena obra (2 Corintios 9.6-8).

RESUMEN

El énfasis del Nuevo Testamento está especialmente en la actitud que debemos tener. Nos desafía a ser generosos, y garantiza que Dios nos cuidará. Nos exhorta a descansar en el Señor, sin preocuparnos por las cosas materiales. Los primeros discípulos dieron todo para el avance del evangelio, sabiendo que estaban invirtiendo en algo eterno. No hay énfasis en reglas fijas en el Nuevo Testamento, pero se enseña que nuestra fe en Jesús transforma la vida tanto que estaremos dispuestos a ayudar a otros, sacrificando nuestra propia comodidad.

CONCLUSIÓN

Siempre parece que nos falta dinero, que siempre nos falta mejor ropa, que estamos haciendo «gimnasia bancaria» para sobrevivir el mes. A veces las posesiones y las presiones nos hacen vivir una vida estresada. Pero el Señor quiere librarnos de ese estilo de vida. Él pide que seamos fieles y generosos, sabios y diligentes, y promete cuidarnos.

Es como la historia del hombre en el desierto que encontró una bomba de agua al lado de un pozo. Había un pequeño frasco de agua y una nota que decía:

> ¡Ojo! ¡No tomes esta agua! Tienes que usarla para mojar la bomba, para que funcione. Si tú tomas esta agua, tomarás poquita, y después no habrá más agua para nadie. Si tienes fe y viertes esta agua en la bomba, podrás tomar agua, y dejar el frasco lleno para el próximo viajero.

Así es con nuestras posesiones y nuestro dinero. Si tenemos fe, compartiremos con otros generosamente, y el Señor nos cuidará. ¡Todos recibiremos el beneficio! Pero si somos egoístas, nadie recibe nuestra ayuda, y Dios tampoco promete cuidarnos de la misma manera.

EL USO DE LA LEY DEL ANTIGUO TESTAMENTO HOY

Richard B. Ramsay

INTRODUCCIÓN

Recuerdo una clase de la escuela dominical cuando era joven; conversábamos acerca de la pena de muerte, y leímos Éxodo 21.12, «El que hiriere a alguno, haciéndole así morir, él morirá». El maestro concluyó que la pena de muerte era el castigo obligatorio para un asesino. Pero yo seguí leyendo después en el mismo capítulo, y encontré que el versículo 17 decía, «Igualmente el que maldijere a su padre o a su madre, morirá». Yo entendía que era un pecado insolente maldecir a los padres, ¡pero me costaba creer que el castigo apropiado hoy en día fuera la muerte! Me preguntaba, ¿por qué utilizamos algunos pasajes del Antiguo Testamento para establecer normas éticas, y no otros? ¿Cómo discernir cuáles debemos usar?

Una de las preguntas teológicas más complejas, pero que tiene muchas implicaciones prácticas es ¿cómo debemos usar la ley del Antiguo Testamento hoy en día? Algunos piensan que esas leyes no tienen nada que enseñarnos ahora, mientras otros opinan que debemos practicarlas casi al pie de la letra, tal como en aquel tiempo. La mayoría tiene alguna posición entre estos extremos.

El propósito de este artículo es acercarnos a una resolución de este problema teológico. Primero, haremos una comparación de la posición de Juan Calvino con varios teólogos que representan otras posiciones comúnmente sostenidas: Martín Lutero, Lewis Sperry Chafer, Greg Bahnsen, y John S. Feinberg y Paul D. Feinberg. Aunque hay obvias diferencias, creo que también hay puntos en común entre estos teólogos. He elegido a Juan Calvino como punto de comparación, en parte porque él ha hecho un análisis extensivo del tema, en parte porque creo que ha sido malinterpretado, y en parte porque me inclino personalmente a aceptar su posición. Finalmente, analizaremos algunos pasajes acerca del tema para establecer unas pautas bíblicas.

I. JUAN CALVINO

A. LOS TRES ASPECTOS DE LA LEY

Calvino, siendo abogado además de teólogo, dio mucha importancia a este tema, y fue muy preciso y sistemático en sus escritos. Hace una distinción entre los aspectos «morales», «ceremoniales» y «judiciales» de la ley. La ley moral es «la verdadera y eterna regla de rectitud, prescrita para los hombres de todas las naciones y todos los tiempos, quienes desean conformar sus vidas a la voluntad de Dios». La ley ceremonial era la «tutela de los judíos», y contiene «figuras» de Cristo. La ley civil contenía los preceptos para el gobierno de la nación de Israel.[1]

En realidad, Calvino no fue el primero en hacer esta distinción; Tomás de Aquino la había propuesto siglos antes.

---

1 Juan Calvino, *Institución de la Religión Cristiana*, ed. Luis de Uzos y Río, trad. Cipriano de Valera, 2 tomos. (Rijwijk, Países Bajos: Fundación Editorial de Literatura Reformada, 1981), (IV,xx,15), II:1181.

Apéndice

Es necesario dividir los preceptos de la Antigua
Ley en tres clases: los preceptos morales, dictados por
la ley natural, los preceptos ceremoniales, que son determinaciones de la adoración divina, y los preceptos
judiciales, que son determinaciones de la justicia que
ha de ser observada entre los hombres. [2]

Según Calvino, estas categorías no son distintas leyes, sino
diferentes *aspectos* de la misma ley. La ley moral se encuentra a
través de toda la ley mosaica. Los comentarios de Calvino sobre
el Pentateuco son una prueba de que esta es su posición. Él estructura el estudio de todas las leyes en función de los diez mandamientos. Calvino considera toda la ley de Moisés como una
sola tela. Por esto su comentario es llamado una «armonía». Esto
debe estar claro para poder entender lo que dice Calvino acerca
de la permanente validez de los diferentes aspectos.

1. *La ley ceremonial*
   El aspecto más fácil de explicar es la ley ceremonial. Los
sacrificios apuntan a Cristo. Ahora que él ha venido a morir
en la cruz, sería incorrecto e inapropiado continuar con ellos.
Calvino dice: «... Si ellos no hubieran cesado, seríamos incapaces de discernir con qué propósito fueron establecidos».
Él cita Colosenses 2.13-17, Hechos 10.1, y Efesios 2.14-
15, entre otros pasajes como prueba que ya no debemos
practicar la ley ceremonial. Dice que la ley ceremonial no está
abolida en cuanto a su «efecto», sino en cuanto a su «uso».

2 Tomás de Aquino, *Summa Theologicae*, (edición hermanos Benziger, 1947)
traducido al inglés por The Fathers of the English Dominican Province (leído en el
Internet: *Christian Classics Ethereal Library*, http://www.ccel.org), primera parte de
la segunda parte, pregunta 99, artículo 4, *Si, además de los preceptos morales y
ceremoniales, hay preceptos judiciales* (traducido al español del inglés por Richard
Ramsay.)

Es decir, las leyes no han sido «privadas ... de su santidad».[3] Ellas aún apuntan a Cristo como siempre lo hacían. Sin embargo, la ley ceremonial ya no debe ser *practicada*, sino *estudiada* para aprender más de Cristo y la salvación.

2. *La ley civil*

Calvino enseña que la ley civil fue abolida cuando el pueblo de Dios dejó de ser simplemente la nación judía, y empezó a incluir a los gentiles de todas partes del mundo.

> Así como el ejercicio de las ceremonias pertenecía a la doctrina de la piedad, que es el primer punto de la ley moral, por cuanto mantenía a la iglesia judaica en la reverencia que se debe a Dios, sin embargo era distinta de la verdadera piedad; igualmente, aunque su ley judicial no tuviese otro fin sino conservar esta misma caridad que en la ley de Dios se ordena, no obstante tenía una propiedad distinta y peculiar, que no quedaba comprendida bajo el mandamiento de la caridad. Por tanto, así como las ceremonias han sido abolidas quedando en pie íntegramente la verdadera piedad y religión, así todas las referidas leyes judiciales pueden ser mudadas y abrogadas sin violar en manera alguna la ley de la caridad.[4]

En otras palabras, la moralidad civil no debe ser identificada simplemente con las leyes judiciales del Antiguo Testamento. La moralidad civil debe ser identificada más bien con el «pre-

---

3 Calvino, *Institución* (II,vii,16) I, 258.
4 Calvino, *Institución* (IV,xx,15) II,1181.

Apéndice

cepto de caridad» subyacente en esas leyes. La verdadera moralidad civil puede permanecer, aunque las leyes específicas cambien.

Calvino advierte que no podemos insistir en imponer la ley mosaica en nuestros gobiernos de hoy en día.

> ... Porque hay algunos que piensan que un estado no puede ser bien gobernado si, dejando a un lado la legislación mosaica, se rige por las leyes comunes de las demás naciones. Cuán peligrosa y sediciosa sea tal opinión lo dejo a consideración de los otros; a mí me basta probar que es falsa y fuera de camino.[5]

La ley judicial daba «fórmulas de equidad y justicia, por medio de las cuales podían vivir inocente y pacíficamente». Pero las leyes específicas para una nación y una cultura deben variar de una a otra nación y de una a otra cultura, manteniéndose los principios universales subyacentes en las leyes civiles judías.

> ...Se ha dejado a todos los pueblos y naciones la libertad para hacer las leyes que parecieren necesarias; las cuales, sin embargo, están de acuerdo con la ley eterna de la caridad; de tal manera que, diferenciándose solo en la forma, todas tienden a un mismo fin.[6]

Esto no debe ser considerado como un tipo de «ética situacional» al estilo de Joseph Fletcher.[7] Las leyes específi-

5 Calvino, *Institución* (IV,xx,14) II,1180.
6 Calvino, *Institución* (IV,xx,15) II,1181.
7 Joseph Fletcher, *Situational Ethics* [La ética situacional] (Philadelphia : Westminster, 1966).

cas del Antiguo Testamento aún nos ayudan a conocer el gran principio de «caridad», o «equidad» en asuntos del estado. Calvino está diciendo que la ley *moral* es una guía para formular la ley *civil*. Como se explica más adelante en forma más detallada, la ley *moral* satura todo el Antiguo Testamento pero no puede ser identificada con los particulares de la ley civil.

Y como quiera que la ley de Dios que nosotros llamamos moral, no es otra cosa sino un testimonio de la ley natural y de la conciencia que el Señor ha imprimido en el corazón de todos los hombres, no hay duda que esta equidad de la que ahora hablamos queda en ella muy bien declarada. Así pues, esta equidad ha de ser el único blanco, regla y fin de todas las leyes.

Así pues, todas las leyes que estuvieren de acuerdo con esta regla, que tendieren a este blanco y que permanecieren en estos límites no deben desagradarnos, aunque no convenga con la ley de Moisés, o bien entre ellas mismas.[8]

La posición de Calvino es que la Ley del Antiguo Testamento contiene principios morales universales que forman la base para las leyes civiles particulares. La ley moral es el fundamento concreto que no puede ser cambiado. La ley civil es como una casa de madera construida sobre este fundamento, y puede ser reestructurada y remodelada de acuerdo a la nación y la cultura en particular.

Un buen ejemplo es el robo. La ley mosaica prohíbe robar y ordena ciertos castigos (Éxodo 22.1-4). El principio de que el robo es incorrecto es eterno, porque nace del mismo ca-

8 Calvino, *Institución* (IV,xx,16) II,1182.

rácter de Dios. Por lo tanto, las leyes civiles deben prohibir el robo, pero el castigo puede variar de país en país.[9] Podría seguirse un proceso similar al formular otras leyes. Los principios morales deben buscarse a través de todo el Antiguo Testamento. La aplicación de estos principios se hace en el contexto particular.

En resumen, para Calvino, la ley civil también fue abolida en un sentido. Hoy en día no pueden ser impuestos sus particulares. Sin embargo, Dios no nos ha dejado sin pautas éticas para los cristianos que queremos influir en el sistema legal de nuestros países.

3. *La ley moral*

La ley moral es el aspecto eterno de la Ley. Calvino la llama «la verdadera y eterna regla de justicia, ordenada para todos los hombres en cualquier parte del mundo en que vivan».[10] Calvino sostiene que todavía debemos obedecer la ley moral.

En Cristo queda abolida la maldición de la ley, pero la obediencia permanece.

Así que, la ley sirve para exhortar a los fieles, no para complicar sus conciencias con maldiciones. Incitándolos una y otra vez, los despierta de su pereza y los estimula para que salgan de su imperfección. Hay muchos que por defender la libertad de la maldición de la Ley dicen que esta ha sido abrogada y que no tiene valor para los fieles —sigo hablando de la ley moral— , no porque no siga prescribiendo cosas justas, sino únicamente para que ya no siga significando para ellos

9 Calvino, *Institución* (IV,xx,16) II,1182.
10 Calvino, *Institución* (IV,xx,15) II,1181.

lo que antes, y no los condene y destruya, pervirtiendo
y confundiendo sus conciencias.[11]

Calvino habla de tres funciones de la ley moral: Las primeras
dos son para los no-creyentes, la tercera para los creyentes.

a. Primero, la ley *condena el pecado.*

... hace conocer a cada uno su propia injusticia, le
da la certeza y el convencimiento de ello, condenándo-
lo, en conclusión.[12]

La ley moral es como un *espejo.* Permite al hombre verse
tal como realmente es. Le muestra su pecado, «igual como
vemos en un espejo los defectos de nuestra cara».[13]
Calvino cita especialmente Romanos 3.20 y Romanos
5.20, como evidencias de esta función de la ley.
Esta función es para los no-creyentes, para demostrarles que
no pueden fiarse de su propia fuerza o de su propia justicia.

O sea, para que dejando a un lado la vana opinión
que tenían de sus fuerzas, comprendan que no viven ni
existen más que por la sola potencia de Dios . .[14].

b. La segunda función de la ley moral es *apartar el pecado.*

El segundo cometido de la ley es que aquellos que
nada sienten de lo que es bueno y justo, sino a la fuer-

11 Calvino, *Institución* (II,vii,14) I, 257.
12 Calvino, *Institución* (II,vii,6) I, 251.
13 Calvino, *Institución* (II,vii,7) I, 251.
14 Calvino, *Institución* (II,vii,8) I, 252.

za, al oír las terribles amenazas que en ella se contienen, se repriman por lo menos por temor de la pena.[15]

La ley es como un *cabestro* «para la concupiscencia de la carne, la cual de no ser así refrenada, se desmandaría sin medida alguna».[16] Cita especialmente 1 Timoteo 1.9-10 como evidencia por parte de las Escrituras.

En este caso también el propósito es para los no-creyentes, especialmente para los hombres impíos endurecidos, a quienes no les importa ser justos. La única cosa que los puede refrenar es una amenaza de castigo. Esta función, además, ayuda a dirigir a los no-creyentes a Cristo. Ambas funciones satisfacen las necesidades de los dos tipos diferentes de personas. Un tipo confía en su propia justicia. Necesita mirar a la ley y ver su pecado para dejar de confiar en sus propias fuerzas. El otro tipo no se preocupa de ser bueno. Necesita oír una amenaza de castigo, para por lo menos refrenar su completo abandono al pecado. Para este segundo tipo la ley sirve para que el Señor, en Su tiempo, lo regenere y lo convierta. De otra forma, continuaría endureciendo su corazón y distanciándose de la gracia salvadora de Dios.[17]

c. La tercera función de la ley moral es *guiar* a los creyentes en la justicia. La ley hace dos cosas para guiar a los creyentes:

a. Enseña.

Es para ellos un excelente instrumento con el cual cada día pueden aprender a conocer mucho mejor cuál es la volun-

---

15 Calvino, *Institución* (II,vii,10) I, 254.
16 Calvino, *Institución* (II,vii,10) I, 255.
17 Calvino, *Institución* (II,vii,11) I,255.

tad de Dios, que tanto anhelan conocer, y poder ser confirmados en el conocimiento de la misma.[18]

b. Exhorta.

Además, como no solo tenemos necesidad de doctrina, sino también de exhortación, aprovechará también el creyente de la ley de Dios, en cuanto que por la frecuente meditación de la misma se sentirá movido a obedecer a Dios, y así fortalecido, se apartará del pecado.[19]

Aquí Calvino usa la ilustración del *látigo*. «La ley, para la carne, es como un látigo para un asno ocioso y terco, para hacerlo levantarse y trabajar». ¡El paralelo no es muy halagador, pero es acertado!

Debe aclararse que Calvino no está hablando solamente de los diez mandamientos en sí, como si estuvieran aislados del resto de la ley. Dice, «las leyes judiciales y ceremoniales pertenecen también a las costumbres».[20] Su comentario sobre los diez mandamientos incluye el resto de la ley junto con ellos, como se explicó anteriormente. Toda la ley es provechosa como guía moral. Es decir, estudiamos toda la ley para aprender los principios morales. Sin embargo, hay mandamientos específicos que ya no observamos, tales como las ordenanzas ceremoniales. Las leyes para el gobierno civil, especialmente los castigos, por ejemplo, tampoco son necesariamente aplicables a nuestros gobiernos. No obstante, incluso esos aspectos de la ley aún nos enseñan y nos exhortan. No los *practicamos* pero si los *estudiamos*.

18 Calvino, *Institución* (II,vii,12) I,255.
19 Calvino, *Institución* (II,vii,12) I,256.
20 Calvino, *Institución* (IV,xx,14) II,1181.

Es importante destacar la actitud positiva de Calvino hacia la ley. Él nos advierte sobre aquellos que «dirían adiós a las dos tablas de la ley». Dice: «¡Eliminen este mal pensamiento de vuestras mentes!» Agrega que un hombre justo medita constantemente en la ley. *No* debemos pensar de la ley como un «príncipe estricto que no está satisfecho hasta que se cumplan todos sus requerimientos». La ley es más bien un guía agradable para el creyente y un instrumento de salvación para el no creyente.[21]

B. EL NUEVO PACTO

Su punto de vista sobre las diferencias entre el Antiguo Pacto y el Nuevo Pacto sirve como base del enfoque de Calvino sobre la ley. Él insiste que la salvación era por gracia, tanto en el Antiguo Pacto como en el Nuevo Pacto, pero destaca cinco diferencias entre los dos: 1) En el Antiguo Pacto, las bendiciones eran disfrutadas bajo beneficios terrenales, mientras que bajo el nuevo, son disfrutadas «directamente». 2) El Antiguo Pacto fue revelado en imágenes y sombras, el Nuevo Pacto en sustancia. 3) El Antiguo Pacto era «literal», de la letra, sobre piedra, anunciando muerte y maldición, mientras que el Nuevo Pacto es «espiritual», escrito en la tierra, anunciando vida y misericordia. 4) El Antiguo Pacto era de «cautiverio», el Nuevo es de «libertad». 5) El Antiguo Pacto era para una sola nación, el Nuevo Pacto incluye a los gentiles.[22]

Se debe notar que para Calvino, el «Antiguo Pacto» no es lo mismo que el «Antiguo Testamento» de la Biblia. Un *creyente* de los *tiempos* del Antiguo Testamento realmente pertenecía al *Nuevo Pacto*. Los tiempos del Antiguo Testamento eran la «vieja economía» para Calvino, la antigua «forma de administración». La

21 Calvino, *Institución* (II,vii,13-15) I, 256-258.
22 Calvino, *Institución* (II,xi,1-14) I,329-341.

forma de administración es la que ha cambiado. Calvino explica en su comentario sobre Gálatas 3.19 que, aunque la vieja economía ha pasado, esto no significa que la ley haya sido «abolida».[23] Hace énfasis en el contraste entre la nación judía y la inclusión de los gentiles. Este es un punto esencial en el entendimiento de la diferencia entre el Antiguo y el Nuevo Pacto, y por lo tanto una clave para entender la nueva función de la ley. Calvino dice que la ley era «temporal». La época teocrática ha terminado, pero la ley aún nos instruye en justicia. Los principios morales subyacentes son eternos.

Calvino usa una ilustración en su comentario sobre Gálatas 3.23 que nos ayuda a comprender su posición. Dice que los padres del Antiguo Testamento caminaron en el *mismo camino* que los creyentes del Nuevo Testamento, pero ellos empezaron al *amanecer*, y ahora es *mediodía*.

> Cualquiera sea la oscuridad bajo la ley, los padres no ignoraban el camino en que debían caminar. Aun cuando la ley no es igual al esplendor del mediodía, con todo, en tanto sea suficiente para guiar un viaje, los viajeros no esperan a que el sol esté en su apogeo. Su porción de luz se asemeja al amanecer, la cual era suficiente para preservarlos de todo error, y guiarlos a la bendición eterna.[24]

Calvino continúa explicando que ciertos *aspectos* de la ley moral han sido «abolidos» bajo el nuevo pacto. Menciona: 1) La conexión entre la recompensa y el castigo por las obras. 2) La ley

---

23 Juan Calvino, *Commentaries on the Epistles of Paul to the Galatians and Ephesians,* trad. William Pringle [Comentarios sobre las epístolas de Pablo a los gálatas y a los efesios] (Edinburgh: Calvin Translation Society, 1854), p.101.
24 Calvino, *Gálatas y Efesios,* p.107.

requería de «la más alta perfección». 3) La ley no perdonaba. 4) La ley no «muestra abiertamente» a Cristo y su gracia, sino que lo apunta a distancia». Calvino dice:

> Todas aquellas cualidades de la ley, de las cuales Pablo nos habla, están abolidas; de modo que el oficio de Moisés ya ha terminado, tanto así que difiere en aspectos externos con un pacto de gracia.[25]

La revelación es más clara y la gracia es más grande bajo el Nuevo Pacto. Eso cambia nuestra perspectiva sobre la ley.

C. EJEMPLOS

Para entender la posición de Calvino sobre el uso de la ley del Antiguo Testamento hoy en día, debemos ver algunos ejemplos de sus aplicaciones de esas leyes. Primero: ¿qué hace con las leyes de Levítico 20 sobre los animales puros e impuros? Calvino dice que esas leyes fueron «abolidas», que ahora está permitido comer esos animales, como los cerdos, tal como estaba permitido después del diluvio y antes de Moisés. El se refiere a Hechos 10 para demostrar que esas leyes estaban «abrogadas». Pero extrae varios principios morales de ellas. Por ejemplo, nosotros deberíamos aprender a no tomar parte en la «contaminación de los gentiles» (ahora los no creyentes), y deberíamos aprender a «cultivar la pureza». En otras palabras, no necesitamos practicar los mandamientos específicos sobre los animales impuros, sino que debemos tomar los principios morales que de ellos emanan.[26]

¿Qué dice con respecto al año del jubileo (Levítico 25)? Calvino dice que no tenemos que devolver la propiedad a su

---

25 Calvino, *Gálatas y Efesios*, p.110.
26 Juan Calvino, *Commentaries on the Four Last Books of Moses*, [Comentarios sobre los últimos cuatro libros de Moisés] 2:53-68.

antiguo dueño cada cincuenta años o librar a todos los prisioneros cada cincuenta años. No obstante, busca los principios morales universales contenidos en estas leyes. Concluye que lo importante era mantener una distinción entre Israel y las otras naciones. El año de jubileo ayudaba a recordar:

> ...cuán solemne era para ellos el ser apartados de otras naciones para ser una nación especial y santa para Dios; mejor dicho, la renovación de todas las cosas hacía referencia a lo siguiente: que siendo redimidos nuevamente en el gran Sabath, podían dedicarse enteramente a Dios su Salvador.[27]

Uno de los ejemplos más interesantes es el punto de vista de Calvino sobre el día de reposo, el cuarto mandamiento. Él dice que el cuarto mandamiento tiene tres propósitos: 1) Representaba el descanso espiritual en Cristo. 2) Era un día para oír la ley, para meditar en las obras de Dios, y estar «entrenados en piedad». 3) Era un descanso para las personas que trabajaban bajo la autoridad de otros. El primer propósito era un aspecto ceremonial que fue cumplido por Cristo y que ya no es necesario. Los otros dos propósitos permanecen. Calvino objeta una observación judía del día de reposo. Nosotros «trascendemos» el judaísmo. Su observancia incluía detalles minuciosos que apuntaban a Cristo. Sin embargo, nosotros no celebramos el día de reposo «como una ceremonia, con la mayor escrupulosidad, como si de ese modo se figurara un misterio espiritual». Más bien lo celebramos como un «remedio necesario para conservar el orden de la iglesia». Nuestra observancia aún prefigura cosas espirituales, pero los detalles minuciosos y misteriosos que prefiguraban a Cristo,

27 Calvino, *Últimos cuatro libros de Moisés,* p.106.

ahora que Él ya vino, no son tan importantes. Calvino dice que el día para observar el reposo fue cambiado para evitar «supersticiones», es decir, para evitar la observación del día como los judíos. Se eligió el primer día a causa de la resurrección.[28] Los detalles se desmoronaron. Los principios permanecen. La separación entre los judíos y los gentiles desapareció, pero el principio de mantenerse alejados del pecado del mundo permanece. El día de reposo cambió de día, y se modificó su observación, pero se mantiene el principio de descansar del trabajo y reservar tiempo para la adoración del Señor.

D. Resumen

Calvino no elimina el uso de la ley del Antiguo Testamento, pero tampoco propone usarla tal como la tenían que observar en aquel tiempo. La ley ceremonial está abrogada porque Cristo ya la cumplió. La ley civil está abrogada porque el pueblo de Dios ya no es una nación política. Las leyes morales permanecen como una guía. Esta ley moral está resumida en los diez mandamientos, pero no está limitada a ellos. La ley moral son los principios universales subyacentes en toda la ley del Antiguo Testamento. Sirve para condenar a los no creyentes por su pecado, y así, dirigirlos a Cristo. Sirve para refrenar a los pecadores endurecidos por medio de sus amenazas. Además sirve como un guía moral, dando toda una base a la ley civil.

Vivimos en una nueva etapa del reino de Dios. Estamos bajo un Nuevo Pacto que mejora, pero no elimina, el Antiguo Pacto. Hay continuidad, pero también hay desarrollo. Estamos en el mismo camino que nuestros padres espirituales del Antiguo Testamento, pero la luz es más brillante. Estamos caminando en el mediodía.

---

28 Calvino, *Institución*, (II,viii,28-33) I,283-287.

La posición de Calvino se encuentra expresada históricamente en *La confesión de fe de Westminster*. La *Confesión* (capítulo 21, especialmente párrafo 3) hace una distinción entre tres aspectos de la ley del Antiguo Testamento: a) el aspecto ceremonial, b) el aspecto civil, y c) el aspecto moral. Explica que ya no tenemos que guardar las ceremonias (como los sacrificios, y los ritos de purificación), porque Cristo cumplió la ley ceremonial. Tampoco tenemos que practicar la ley civil (como los castigos y las leyes acerca de propiedades), porque el pueblo de Dios ya no es solamente la nación de Israel, sino la iglesia en distintos países en todo el mundo. Sin embargo, la ley moral (principios éticos, resumidos en los diez mandamientos) todavía es vigente hoy. Toda la ley es útil para enseñarnos verdades espirituales y principios de justicia, pero no es obligación guardar la ley como en el tiempo del Antiguo Testamento. Es decir, no pecamos si no guardamos los aspectos ceremoniales o civiles, pero sí pecamos si no vivimos de acuerdo con los principios morales.

David C. Jones (profesor de *Covenant Theological Seminary*) es un representante actual de esta posición calvinista. Explica varias posiciones, incluyendo la de Agustín, de Aquino, y de la *Confesión de Fe de Westminster*, en *Biblical Christian Ethics* [La ética bíblica cristiana]. [29]

II. La comparación con otros teólogos

Un análisis breve de las ideas que han desarrollado algunos teólogos importantes acerca de este tema mostrará puntos de acuerdo y puntos de desacuerdo con Calvino.

---

29 David Clyde Jones, *Biblical Christian Ethics* [La ética bíblica cristiana] (Grand Rapids: Baker Books, 1994), pp. 103-124.

A. MARTÍN LUTERO

Lutero sostenía que la Ley del Antiguo Testamento fue «abrogada» en el tiempo del Nuevo Testamento. En un sermón (en el año 1525) sobre «Cómo los cristianos debemos considerar a Moisés», dijo que la ley de Moisés era solamente para los judíos, incluyendo los diez mandamientos.[30] Sin embargo, dice que la ley de Moisés contiene muchos principios éticos muy sabios. No son «obligatorios» hoy, pero de todas maneras son una buena guía. Dice «Si fuera emperador, tomaría de Moisés un modelo para mis estatutos».[31] En su comentario sobre Tito 1.15 (del año 1527), dice:

> ...Pablo llama despectivamente *mitos* (aquí Lutero se refiere al versículo 14, la palabra traducida «fábulas») a la Ley: mitos eran todo lo relativo a la comida, a la ropa, o la bebida. Por tanto, hay mandamientos de los hombres y mitos judíos. Las prescripciones que encontramos en la Ley de Moisés acerca de animales puros e impuros, también las llama mitos. En verdad, esto es lo que son. No deben imponerse a los hombres.[32]

También decía en un prefacio del Antiguo Testamento (escrito en 1523, *revisado en 1545*) que había tres clases de leyes en los escritos de Moisés: a) leyes «temporales» relacionadas con asuntos temporales, como el matrimonio por ejemplo, b) leyes acerca del culto, y c) leyes de «fe y amor». Dice que debemos

---

30 Martín Lutero, «How Christians Should Regard Moses» [¿Cómo deben los cristianos considerar a Moisés?] en *Martin Luther's Basic Theological Writings* [Los escritos teológicos básicos de Martín Lutero] ed. Timothy F. Lull (Minneapolis, Minnesota: Fortress Press, 1989), pp. 135-148.

31 Lutero, «How Christians Should Regard Moses», p. 140.

32 Martín Lutero, *Comentarios de Martín Lutero; cartas del apóstol Pablo a Tito, Filemón, y epístola a los Hebreos* (Barcelona: CLIE, 1999), p. 57.

observar todas las leyes donde su observación «no está en conflicto con la fe y el amor». Si alguna ley está en conflic~~ ~la fe y el amor, debemos «deshacernos totalmente» de el͟͟   ͟͟ ͟͟el mismo sermón, expresa su posición acerca de los Diez Mandamientos. Dice que «cesaron», pero no en el sentido de que no debemos cumplirlos, sino en el sentido de que «el oficio de Moisés en ellos cesa». «El oficio de Moisés ya no puede reprender el corazón y hacerlo culpable por no haber guardado los mandamientos, mereciendo la muerte, tal como hacía antes de la gracia, antes de la venida de Cristo».[34]

Hay que tomar en cuenta la situación histórica en que Lutero escribió sus comentarios. Estaba luchando contra el legalismo de la iglesia, tratando de exponer el evangelio de la gracia. Lo más importante para Lutero era explicar que nadie se salva por la ley, sino solamente por Cristo.

Considero que Lutero, en el comentario sobre Tito, está hablando del uso *incorrecto* de la Ley de parte de los judíos en tiempo del Nuevo Testamento, y no de la Ley misma. Además, se ve una diferencia entre su posición en el comentario sobre Tito y su prefacio del Antiguo Testamento. Si sus comentarios en el prefacio acerca de la ley son del año 1545, esto mostraría un progreso hacia una posición menos negativa hacia la ley de Moisés.

Además, su distinción entre las tres clases de leyes no está lejos de la posición de Juan Calvino. Las leyes «temporales» serían como la ley «civil», las leyes de «culto» serían la ley «ceremonial», y las leyes de «fe y amor» serían algo semejante a la ley «moral». En ningún momento Lutero sugiere que descartemos totalmente los principios éticos que se encuentran en la ley de Moisés.

---

33 Martin Lutero, «Preface to the Old Testament» [Prefacio al Antiguo Testamento], en *Martin Luther's Basic Theological Writings*, ed. Timothy F. Lull (Minneapolis, Minnesota: Fortress Press, 1989), p. 123.

34 Ibid., p. 127.

B. Lewis Sperry Chafer

Lewis Sperry Chafer sostiene que la ley mosaica caducó con la muerte de Cristo y ya no es aplicable a nosotros.

> Puede concluirse, entonces, que la ley dada por Moisés fue un pacto de obras, que fue «añadida» después de siglos de historia humana, que su dominio fue terminado por la muerte de Cristo, que fue dada solamente a Israel, y que, desde el momento en que nunca fue dada a los gentiles, la única relación que los gentiles pueden mantener con esta es, sin ninguna autoridad divina, imponerla sobre sí mismos.[35]

Más tarde llama «legalistas» a quienes quieren «imponer» los Diez Mandamientos a la iglesia de hoy. Dice,

> ... Ningún legalista propone traspasar a la gracia los juicios que gobernaban la vida social de Israel, o las ordenanzas que gobernaban su ritual religioso en la tierra. Sin embargo, los mandamientos morales del Decálogo son impuestos casi universalmente sobre la iglesia por estos legalistas.[36]

Él admite que todos los mandamientos, excepto el cuarto, son repetidos en el Nuevo Testamento, pero insiste en que aparecen «con el carácter y colorido de la gracia pura». Por lo tanto, dice, los «grandes valores morales» del Decálogo no deben ser «descartados».[37] La gracia es como un colador que nos permite

---

35 Lewis Sperry Chafer, *Systematic Theology* [Teología sistemática] 8 vols. (Dallas: Dallas Seminary Press, 1948) 4:166.
36 Chafer, *Systematic Theology*, p.208.
37 Chafer, *Systematic Theology*, p.209.

conservar aquellos elementos de la ley del Antiguo Testamento que calzan en el Nuevo Testamento, desatendiendo a lo restante.

> Así como algunos principios de la ley mosaica son reafirmados bajo la gracia, otros aspectos ajenos a la gracia son omitidos.[38]

A primera vista, parece que Chafer tiene muy poco en común con Calvino acerca este tema. En teoría, los dos enfoques son casi opuestos. No obstante, sugiero que en la práctica, «los grandes valores morales» de Chafer no están tan lejos del «aspecto moral de la ley» de Calvino. Además, con respecto a los Diez Mandamientos, Chafer acepta que por lo menos nueve de ellos son repetidos en el Nuevo Testamento, y que son aplicables hoy.

C. Greg Bahnsen

Greg Bahnsen representa la posición que ha sido llamada la «teonomista». Su pauta es el texto en Mateo 5.17,18.

> No penséis que he venido para abrogar la ley o los profetas; no he venido para abrogar, sino para cumplir. Porque de cierto os digo que hasta que pasen el cielo y la tierra, ni una jota ni una tilde pasará de la ley, hasta que todo se haya cumplido. (RV, 1960).

Su tesis principal es que:

> Ni siquiera la cantidad más mínima del aspecto más insignificante de la ley del Antiguo Testamento será invalidada hasta que el cielo y la tierra pasen.[39]

---

38 Chafer, *Systematic Theology*, p.210.
39 Greg Bahnsen. *Theonomy in Christian Ethics* [La teonomía en la ética cristiana] (Nutley N.J.: Craig Press, 1979), p.73.

El título del primer capítulo de su libro, *Theonomy in Christian Ethics* [La teonomía en la ética cristiana], es «La permanente validez de la ley en exhaustivo detalle». Bahnsen se interesa especialmente en aplicar las leyes *civiles* del Antiguo Testamento a nuestros gobiernos de hoy en día. Sostiene que la iglesia primitiva reformuló la ley civil junto con sus creencias, y que después la iglesia medieval divorció el derecho canónico de la ley escritural, haciendo al estado absoluto. Opina que los reformadores pusieron de nuevo las cosas en su sitio, insistiendo en que Dios era la fuente de autoridad y moralidad civil. Según él, el estado debería estar sujeto a las leyes de Dios, y no a la voluntad del hombre.[40]

Para Bahnsen, la pintura de Paul Robert en el antiguo edificio de la Corte Suprema en Lausanne, Suiza, ilustra el enfoque de la Reforma. Se llama «La justicia instruyendo a los jueces». La Señora Justicia está apuntando su espada a un libro llamado «La Ley de Dios». Pero la *Ilustración* nos llevó de vuelta a «la autonomía del estado moderno», según él.[41] Bahnsen cita a Calvino como si este respaldara su propio enfoque:

> Calvino sostenía que «la ley se propone un modelo perfectísimo de justicia ... una regla de vivir perpetua e inmutable»; este modelo santo «conviene a todos los tiempos y a todas las épocas, hasta el fin del mundo». (*Institución*, II, vii, 13)

Nuevamente cita la *Institución* (II, vii, 14):

> Cuando el Señor afirma que él no había venido a destruir la Ley, sino a cumplirla, y que no faltaría ni una

40 Bahnsen, *Theonomy*, pp. 1-3.
41 Bahnsen, *Theonomy*, p. 4.

tilde hasta que pasasen el cielo y la tierra y todo se cumpliese (Mt 5.17), con estas palabras muestra bien claramente que la reverencia y obediencia que se debe a la Ley no han sido disminuidas en nada por su venida.[42]

Además cita la *Confesión de fe de Ginebra* (1536), y a teólogos tales como Warfield y Vos, como si estos respaldaran sus apreciaciones.

Bahnsen hace una distinción solamente entre dos aspectos de la ley: la ley ceremonial, y la ley moral. Los preceptos civiles son parte de la ley moral. Aunque la ley ceremonial no debe ser observada hoy, porque Cristo la cumplió, el aspecto moral sigue siendo una guía ética. No quiere imponer a la fuerza la ley civil, pero piensa que debemos tratar de convencer a las naciones a utilizar voluntariamente los principios del Antiguo Testamento para formular sus leyes.

No estamos promoviendo la «imposición» de la ley de Dios a la fuerza en una sociedad que no lo desea. Los «teonomistas» predicamos y promovemos la autoridad y la sabiduría de la ley bíblica, orando que los ciudadanos sean persuadidos a adoptar voluntariamente las normas de Dios como la ley de la nación. Tal como los seculares hacen campañas y debates para influir con sus convicciones en las leyes civiles, así los cristianos deben trabajar para que la Palabra de Dios influya en la ley civil. No proponemos ninguna «guerra santa» o ningún uso de la fuerza para obligar la sumisión a los mandamientos de Dios...

---

42 Bahnsen, *Theonomy*, p. 2.

Apéndice

...Lo que proponemos aquí es que todos los gobiernos, sea como sea su estructura, deben ser anima-
dos a someterse a las leyes de Israel del Antiguo Testamento y a aplicarlas.[43]

Lo que es especialmente peligroso de la posición teonomista
es que también propone el uso de los *castigos* de la ley mosaica.
Aunque no quieren imponer estas leyes, el hecho de que desean
trabajar hacia la implementación voluntaria de ellas, es muy in-
quietante. Bahnsen dice, «los magistrados civiles deben llevar a
cabo el castigo que Dios ha proscrito en Su Palabra».[44]

Bahnsen distorsiona la posición de Calvino para pretender
tener su apoyo, pero lo único que realmente tiene en común es la
idea de no aplicar ley *ceremonial*.

D. Feinberg y Feinberg

John S. Feinberg y Paul D. Feinberg (profesores de *Trinity
International University*) han hecho un aporte al tema del uso
de la ley del Antiguo Testamento hoy. Hacen una distinción entre
las posiciones de «continuidad» y las de «descontinuidad».[45]

Bajo la categoría de «continuidad», incluyen a Greg Bahnsen
como ejemplo de una posición extrema, pero agregan que hay
otros que tienen una posición más moderada.

---

43 Greg Bahnsen, *By This Standard: The Authority of God's Law Today* [Conforme a
esta norma: la autoridad de la ley de Dios hoy] (Tyler, Texas: Institute for Christian
Economics, 1985), pp. 322-323. Citado en David Jones, *Biblical Christian Ethics*, p. 114.
44 Bahnsen, *By This Standard*, p. 271, citado en David Jones, *Biblical Christian
Ethics*, p. 114.
45 John S. Feinberg and Paul D. Feinberg, *Ethics for a Brave New World* [La ética
para un nuevo mundo feliz] (Wheaton, IL: Crossway Books, 1993), pp. 32-40. Ver
también *Continuity and Discontinuity; Perspectives on the Relationship Between the
Old and New Testaments,* John S. Feinberg, ed. (Wheaton, IL: Crossway Books,
1988). (Secciones traducidas por Richard Ramsay.)

Una segunda posición de continuidad más moderada sostiene que, mientras la ley del Antiguo Testamento se aplica en forma general hoy, uno debe ajustarla a la luz de los cambios en el tiempo. Por ejemplo, ya no vivimos en una teocracia, así que la ley civil no se aplica, y el sistema de sacrificios del Antiguo Testamento ya no se aplica hoy por causa del sacrificio de Cristo. No obstante, hay una continuidad básica entre la ley de Moisés y la ley de Cristo. La primera se aplica hoy, aunque uno no puede predecir siempre con exactitud cómo se aplican algunas de las leyes (como por ejemplo las leyes acerca del ayuno, y las reglas del consumo de alimentos).

Feinberg y Feinberg optan por una «descontinuidad moderada».

En el Nuevo Testamento, no vemos ejercida ni la ley ceremonial ni la ley civil del Antiguo Testamento. Los sacrificios de Cristo pusieron fin a la necesidad de la ley ceremonial, y la ley civil ya no es pertinente, ya que la vida del Nuevo Testamento no se vive bajo una teocracia.

Llegan a su posición en parte por los problemas con la posición de «continuidad», especialmente los problemas en descubrir principios hermenéuticos para «transformar las leyes del A.T. en preceptos del N.T.». Creen que el N.T. «arguye por el fin de la ley mosaica». Apuntan a la carta a los Hebreos para comprobar que la ley ceremonial ya no se aplica. También mencionan pasajes que indican el fin de la teocracia como el gobierno para el pueblo de Dios (Efesios 2.1-15, Romanos 13, 1 Pedro 2.13-15). Por lo tanto, las leyes que gobernaban Israel no se aplican a creyentes hoy. Concluyen que, «Si ni la ley ceremonial ni la ley civil se aplican hoy, ¿qué sentido tiene decir que estamos bajo la ley mosaica?» No obstante, a pesar de estos argumentos que parecen muy negativos acerca de la ley del A.T. hoy, recomiendan una pauta práctica que es mucho más positiva: «...lo que es verdadero y obligatorio durante el A.T. todavía se aplica a la época del N.T., *al menos que el N.T. lo abrogue, específicamente o implícitamente».*

Feinberg y Feinberg no descartan todo uso de la ley del A.T. para encontrar principios éticos para creyentes hoy.

> Algunos objetarán fuertemente que la ley mosaica no puede ser abrogada, porque es la ley de Dios, y ya que Dios no cambia, tampoco cambia su ley. No obstante, esto confunde la aplicabilidad de una expresión particular de la ley de Dios (un código particular, como el de Moisés), con los principios éticos duraderos. Estos últimos no cambian nunca, porque están fundados en la naturaleza incambiable de Dios. Pero esto no significa que estas normas se encuentran expresadas permanentemente en un solo código, el código mosaico.

Prefieren hablar de la «ley de Cristo» como el «código» nuestro en el tiempo del Nuevo Testamento.

> Ciertos principios éticos están fundados en la naturaleza de Dios, y siempre se aplicarán, aunque se encuentran expresados en diferentes tiempos en diferentes códigos. Tal como las leyes del tránsito de dos estados distintos en los Estados Unidos contienen muchas de las mismas leyes, pero representan distintos códigos (uno para cada estado), así las leyes refle-

jadas en la ley de Moisés y la ley de Cristo tienen mucho en común, aunque pertenecen a distintos códigos.

La distinción, entonces, es entre principios éticos y un «código» oficial por el cual se rige el pueblo de Dios.

Sugiero que su concepto de «principios éticos duraderos» no está lejos del concepto calvinista de la «ley moral».

E. RESUMEN

Utilizando las categorías y la terminología de Aquino y Calvino, concluimos que ninguno de los teólogos mencionados piensa que debemos practicar la ley *ceremonial* después del sacrificio de Cristo en la cruz. En cuanto a la ley *civil*, solamente Greg Bahnsen propone observarla hoy, incluyendo los castigos. Calvino propone sacar principios de justicia de la ley civil, pero no vacila en decir que está abrogada. Los demás teólogos simplemente dicen que la ley civil está abrogada. Todos utilizan distinta terminología cuando hablan de lo que Calvino llama la ley *moral*. Calvino y Bahnsen dicen que está vigente, pero Lutero, Chafer, y Feinberg y Feinberg prefieren decir que toda la ley mosaica, incluyendo el aspecto moral está abrogada. Sin embargo, ni ellos descartan todo uso de los principios éticos que se encuentran en el Antiguo Testamento. Piensan que hay pautas duraderas que siguen siendo aplicables hoy en día, pero tenemos que pasar estas pautas por el filtro del N.T., por el filtro de la «gracia» o la «fe y el amor». Reconocen que hay principios éticos que son incambiables porque reflejan el carácter de Dios.

Teólogo	La «ley ceremonial»	La «ley civil»	La «ley moral»
Calvino	Abrogada, pero aprendemos verdades espirituales de ella.	Abrogada, pero aprendemos principios de justicia de ella.	Sigue vigente como una guía ética.
Lutero	Abrogada («ley de culto»)	Abrogada («leyes temporales»)	Abrogada, pero se aplica lo que no está en conflicto con «la fe y el amor».
Lewis Sperry Chafer	Abrogada	Abrogada	Abrogada, pero «los grandes valores morales» no deben ser descartados. Todos los mandamientos, excepto el cuarto son reafirmados en el N.T., pero «con el carácter y colorido de la gracia pura».
Greg Bahnsen	«Válida», pero no la observamos hoy, porque fue cumplida en Cristo.	Vigente (Incluida con la ley moral)	Vigente, incluyendo los preceptos civiles y sus castigos, pero no debemos imponerla a la fuerza.
Feinberg y Feinberg	Abrogada	Abrogada	Abrogada, pero los «principios éticos duraderos» no cambian.

Al riesgo de ser malentendido, sugiero que *en la práctica*, todos los demás teólogos, excepto Greg Bahnsen, utilizarán de manera *semejante* la ley del Antiguo Testamento. ¿Cuál es la gran diferencia entre decir que toda la ley del A.T. está «abrogada», pero que encontramos principios morales duraderos en ella, y decir que los aspectos ceremoniales y civiles están abrogados, pero que la «ley moral» (¡que son principios morales duraderos!) está vigente? Es decir, las formas de *expresar* las distintas posiciones exageran la diferencia que existe *en la práctica*. Una de las diferencias está en la aplicación del cuarto mandamiento, del día de reposo. No obstante, aparentemente todos estos teólogos encuentran algún principio ético aplicable en este mandamiento. Además, Calvino mismo propone un cambio en la observación del cuarto mandamiento en nuestra época, y hay una gran variedad de opiniones entre los seguidores de Calvino acerca de la observación del día de reposo. Probablemente los Feinberg sostienen la posición más cercana a la de Calvino. Es difícil diferenciar entre su pauta de que «...lo que es verdadero y obligatorio durante el A.T. todavía se aplica a la época del N.T., *al menos que el N.T. lo abrogue, específicamente o implícitamente*» y la posición de Calvino. No pretendo sugerir que estos teólogos estén de acuerdo en los detalles de la aplicación de la ley del Antiguo Testamento. No obstante, quisiera destacar que se observa un posible terreno en común para futuro diálogo y acercamiento.

III. LA EVIDENCIA BÍBLICA

¿Cuál es la evidencia bíblica acerca de este tema?

A. NO DESCARTAMOS TODA APLICACIÓN DE LA LEY DEL A.T.

No podemos simplemente descartar toda aplicación de todas las leyes del Antiguo Testamento. Piense en estos dos pasajes, por ejemplo:

> Toda la escritura es inspirada por Dios, y útil para enseñar, para redargüir, para corregir, para instruir en justicia, a fin de que el hombre de Dios sea perfecto, enteramente preparado para toda buena obra (2 Timoteo 3.16-17).

Por lo menos, queda claro que todo el Antiguo Testamento, que era considerado «la escritura» en esa época, es útil para nuestra edificación.

No penséis que he venido para abrogar la ley o los profetas; no he venido para abrogar, sino para cumplir. Porque de cierto os digo que hasta que pasen el cielo y la tierra, ni una jota ni una tilde pasará de la ley, hasta que todo se haya cumplido. De manera que cualquiera que quebrante uno de estos mandamientos muy pequeños, y así enseñe a los hombres, muy pequeño será llamado en el reino de los cielos; mas cualquiera que los haga y los enseñe, este será llamado grande en el reino de los cielos (Mateo 5.17-19).

La interpretación de este pasaje ha sido variada. Cristo dice que no vino a «abrogar» la ley, sino a «cumplirla». La palabra griega traducida «abrogar» es *katalusai*, que significa destruir, *demoler*, o *anular*. La traducción «abrogar» es desafortunada, porque podría comunicar algo más técnico y legal, refiriéndose solamente a hacer inefectiva la ejecución oficial de esta ley. Pero la palabra griega es más fuerte. Jesús dice que no vino a «destruir» la ley o los profetas, que probablemente significa que no vino a oponerse al Antiguo Testamento, sino a continuar el curso proyectado en él. Por lo menos, es obvio que Cristo comunica una actitud positiva y respetuosa hacia la ley del A.T. Por lo tanto, no debemos mirar en forma negativa a la ley del A.T.

Algunos entienden que Cristo «cumplió» la ley en el sentido de que la amplió, y piensan que por lo tanto, debemos observar toda la ley del A.T., agregando la enseñanza de Cristo en el N.T. Otros entienden que esta frase significa que Cristo guardó toda la ley, y que por lo tanto, después de su muerte y resurrección, la ley ha sido abrogada. La palabra aquí en griego, *plerósai*, puede significar *cumplir* o *completar*, así que el léxico solo no determina la interpretación. Tenemos que analizar el contexto para discernir el significado. La frase «hasta que pasen el cielo y la tierra, ni una jota ni una tilde pasará de la ley, hasta que todo se haya cumplido» sugiere que no está hablando de terminar con la ley cuando Cristo haya muerto. Al contrario, el contexto sugiere el tiempo del retorno de Cristo (o el fin del milenio, ¡según la posición escatológica!). Además, el verbo traducido «cumplido» en el versículo 18 es distinto del verbo en el versículo 17. En este caso, la palabra es *génetai* (y no *plerósai*), usado normalmente para indicar que algo sucede. Probablemente la mejor interpretación es que Cristo sigue cumpliendo la ley del A.T. a través de toda la historia, en el sentido de que asegura que se haga realidad. Esto lo hará hasta su retorno. La conclusión, entonces, es que la ley del A.T. sigue siendo válida en algún sentido, hasta que los cielos y la tierra pasen. Pero la pregunta es: ¿en qué sentido?

Para contestar esta pregunta, tenemos que examinar otros pasajes del Nuevo Testamento, para ver cómo utilizan la ley del A.T.

B. HUBO CAMBIOS EN LA LEY

Primero, vemos que cuando vino Jesús, hubo cambios en la aplicación de la ley del Antiguo Testamento. Por ejemplo:

1. *El divorcio*

> También fue dicho: Cualquiera que repudie a su mujer, dele carta de divorcio. Pero yo os digo que el que repudia a su mujer, a no ser por causa de fornicación, hace que ella adultere; y el que se casa con la repudiada, comete adulterio (Mateo 5.31-32).

Le dijeron: ¿Por qué, pues, mandó Moisés dar carta de divorcio, y repudiarla? El les dijo: Por la dureza de vuestro corazón Moisés os permitió repudiar a vuestras mujeres; mas al principio no fue así. Y yo os digo que cualquiera que repudia a su mujer, salvo por causa de fornicación, y se casa con otra, adultera; y el que se casa con la repudiada, adultera (Mateo 19.7-9).

2. *Comidas impuras*

Al día siguiente, mientras ellos iban por el camino y se acercaban a la ciudad, Pedro subió a la azotea para orar, cerca de la hora sexta. Y tuvo gran hambre, y quiso comer; pero mientras le preparaban algo, le sobrevino un éxtasis; y vio el cielo abierto, y que descendía algo semejante a un gran lienzo, que atado de las cuatro puntas era bajado a la tierra; en el cual había de todos los cuadrúpedos terrestres y reptiles y aves del cielo. Y le vino una voz: Levántate, Pedro, mata y come. Entonces Pedro dijo: Señor, no; porque ninguna cosa común o inmunda he comido jamás. Volvió la voz a él la segunda vez: Lo que Dios limpió, no lo llames tú común (Hechos 10.9-15).

3. *La circuncisión y otras costumbres*
El primer concilio de la iglesia joven se reunió para tratar el problema de la circuncisión y la ley de Moisés. Algunos judíos insistían en que los gentiles de Antioquía deberían guardar la ley, incluyendo la circuncisión y la abstención de ciertas comidas. Otros reaccionaron en contra de esta idea.

Pero algunos de la secta de los fariseos, que habían creído, se levantaron diciendo: Es necesario circuncidarlos, y mandarles que guarden la ley de Moisés. Y se reunieron los apóstoles y los ancianos para conocer de este asunto. Y después de mucha discusión, Pedro se levantó y les dijo: Varones hermanos, vosotros sabéis cómo ya hace algún tiempo que Dios escogió que los gentiles oyesen por mi boca la palabra del evangelio y creyesen. Y Dios, que conoce los corazones, les dio testimonio, dándoles el Espíritu Santo lo mismo que a nosotros; y ninguna diferencia hizo entre nosotros y ellos, purificando por la fe sus corazones. Ahora, pues, ¿por qué tentáis a Dios, poniendo sobre la cerviz de los discípulos un yugo que ni nuestros padres ni nosotros hemos podido llevar? Antes creemos que por la gracia del Señor Jesús seremos salvos, de igual modo que ellos (Hechos 15.5-11).

La conclusión del concilio fue que debían mantener algunas costumbres para no causar conflictos entre ellos y los judíos. Pero en ningún momento insistían en que guardaran la ley de Moisés de la misma manera que los judíos del Antiguo Testamento.

Porque ha parecido bien al Espíritu Santo, y a nosotros, no imponeros ninguna carga más que estas cosas necesarias: que os abstengáis de lo sacrificado a ídolos, de sangre, de ahogado y de fornicación; de las cuales cosas si os guardareis, bien haréis. Pasadlo bien (Hechos 15.28,29).

4. *El día de reposo*

Uno hace diferencia entre día y día; otro juzga iguales todos los días. Cada uno esté plenamente convencido en su propia mente. El que hace caso del día, lo hace para el Señor; y el que no hace caso del día, para el Señor no lo hace. El que come, para el Señor come, porque da gracias a Dios; y el que no come, para el Señor no come, y da gracias a Dios (Romanos 14.5,6).

5. *Comidas, bebidas, y días especiales*

Por tanto, nadie os juzgue en comida o en bebida, o en cuanto a días de fiesta, luna nueva o días de reposo, todo lo cual es sombra de lo que ha de venir; pero el cuerpo es de Cristo (Colosenses 2.16,17).

Se concluye que no era la intención del Señor que siguiéramos observando la ley del A.T. tal como la debían guardar en la antigua época.

C. Dos hechos importantes

Existen dos hechos importantes que nos ayudan a entender este «rompecabezas»:

1. El primer hecho es que Cristo hizo el último sacrificio en la cruz y puso fin al sistema ceremonial.
Lea Hebreos 9.24-26

Porque no entró Cristo en el santuario hecho de mano, figura del verdadero, sino en el cielo mismo para presentarse ahora por nosotros ante Dios; y no para ofrecerse muchas veces, como entra el sumo sacerdote en el Lugar Santísimo cada año con sangre ajena. De otra manera le hubiera sido necesario padecer muchas veces desde el principio del mundo; pero ahora, en la consumación de los siglos, se presentó una vez para siempre por el sacrificio de sí mismo para quitar de en medio el pecado

Las ordenanzas del templo y del sistema de sacrificios eran solamente figuras y símbolos que enseñaban a los judíos acerca del Mesías que iba a venir.
Lea Colosenses 2.17.

todo lo cual es sombra de lo que ha de venir; pero el cuerpo es de Cristo.

Ya que Cristo ha cumplido todo esto, ya no necesitamos estas figuras. ¡Hemos visto al Cordero Celestial!

2. El segundo hecho importante es que el pueblo de Dios ya no es la nación de Israel, sino es gente de todas las naciones. Esto puso fin a la aplicación estricta de las leyes civiles, especialmente a los castigos aplicados por las autoridades civiles. Ahora las «ordenanzas» del Antiguo Testamento son consideradas parte de una «pared» que había separado los judíos y los gentiles, pero que ahora ha sido derribada.

Por tanto, acordaos de que en otro tiempo nosotros, los gentiles en cuanto a la carne, erais llamados incircuncisión por la llamada circuncisión hecha con mano en la carne. En aquel tiempo estabais sin Cristo, alejados de la ciudadanía de Israel y ajenos a los pactos de la promesa, sin esperanza y sin Dios en el mundo. Pero ahora en Cristo Jesús, vosotros que en otro tiempo estabais lejos, habéis sido hechos cercanos por la sangre de Cristo. Porque él es nuestra paz, que de ambos pueblos hizo uno, derribando la pared intermedia de separación, aboliendo en su carne las enemistades, la ley de los mandamientos expresados en ordenanzas, para crear en sí mismo de los dos un solo y nuevo hombre, haciendo la paz, y mediante la cruz reconciliar con Dios a ambos en un solo cuerpo, matando en ella las enemistades (Efesios 2.11-16).

Ya no hay judío ni griego; no hay esclavo ni libre; no hay varón ni mujer; porque todos vosotros sois uno en Cristo Jesús. Y si vosotros sois de Cristo, ciertamente linaje de Abraham sois, y herederos según la promesa (Gálatas 3.28,29).

Después de esto miré y he aquí una gran multitud, la cual nadie podía contar, de todas las naciones y tribus y pueblos y lenguas, que estaban delante del trono (Apocalipsis 7.9).

Este hecho afecta el uso de la ley del Antiguo Testamento hoy en día, porque muchos aspectos de la ley tenían el propósito de guiar a Israel como nación civil.

D. LOS TRES ASPECTOS DE LA LEY

Sugiero que aceptemos la distinción de Aquino y Calvino entre los tres aspectos de la ley. Aunque esta terminología no se usa en ningún pasaje bíblico, creo que los dos hechos históricos mencionados arriba hacen necesaria tal distinción.

1. El aspecto ceremonial: tenía que ver con el culto, los sacrificios y la pureza.
2. El aspecto civil: tenía que ver con Israel como una nación.
3. El aspecto moral: la base ética de principios universalmente aplicables.

La ley es como una tela con los distintos aspectos entretejidos. No podemos recortar ciertos pasajes del Antiguo Testamento y decir que ya no sirven. No es que un versículo sea una ley civil y el próximo sea una ley ceremonial, por ejemplo. Más bien, la ley es una unidad. Sin embargo, ayuda mucho saber distinguir entre los distintos *aspectos* de esta ley.

Examinemos un pasaje para distinguir estos tres aspectos, *Levítico 25*: el año de jubileo. En este capítulo leemos que cada cincuenta años, los terrenos deberían ser devueltos a los dueños originales, los prisioneros deberían ser liberados, y todas las deudas deberían ser perdonadas. Pensemos en los tres aspectos de este pasaje:

1. *El aspecto ceremonial*
   Esta ordenanza, tal como el día de reposo semanal, simbolizaba el reposo espiritual y la liberación que trae Jesús. Él es nuestro Redentor quien nos rescató del dominio del pecado. (Véase Hebreos 4.) Hoy en día, al leer este pasaje, ¡nos anima pensar en las futuras bendiciones de un reposo eterno!

2. *El aspecto civil*
   El año de jubileo era una ley para la nación de Israel en la tierra prometida. Como una entidad política, tenían que ad-

ministrar las propiedades que Dios les había dado, y organizar el sistema económico. Esta ordenanza gobernaba compras y ventas entre los judíos. También incluía los castigos. Imagínese a un grupo de creyentes en Roma, por ejemplo, descubriendo este pasaje un siglo después de Jesús. ¡Habría resultado *imposible* practicar esta ley al pie de la letra! Eran una pequeña minoría, y por lo tanto, el gobierno probablemente no habría aceptado esta costumbre. Además, ¡nadie habría sabido a quién pertenecía la tierra originalmente! Vemos que los creyentes del Nuevo Testamento no intentaron imponer la ordenanza del año de jubileo como una ley civil.

3. *El aspecto moral*
Sin embargo, encontramos ciertos principios éticos que son eternos y universales en este capítulo. Por ejemplo, vemos que toda propiedad pertenece a Dios, (Levítico 25.23). Por eso, los hijos de Dios deberían *compartir* sus posesiones, y no ser egoístas. No deberían seguir amontonando riquezas para sí mismos o para su familia, generación tras generación. La ley del Jubileo prohibía eso. El que tiene más, debería ayudar al que tiene menos. Esta idea se confirma en el Nuevo Testamento. Pablo enseña en 1 Corintios 8 que las iglesias que tienen más, deberían compartir con las que tienen menos. Los nuevos creyentes vendían sus posesiones para compartir entre todos (Hechos 4.32-37, Hechos 2.45).
En resumen, podemos: 1) aprender algo acerca de Cristo y la salvación (el aspecto ceremonial), y 2) aprender algo acerca de cómo deben ser nuestras leyes civiles (el aspecto civil), pero no tenemos que necesariamente poner en práctica, al pie de la letra, estos dos aspectos de la ley. 3) El aspecto moral sigue siendo una guía para nuestras vidas hoy en día.

Podríamos explicarlo con la siguiente ilustración:

a. *El aspecto moral* de la ley es como el algodón que se usa para hacer un hilo. Este aspecto provee el material básico para toda la ley porque contiene los principios universales y eternos.

b. *El aspecto ceremonial* es como tinta roja que se usa para dar color al algodón, haciendo un hilo rojo. Este aspecto era temporal, porque contenía simbolismo que servía solamente hasta que viniera Jesús.

c. *El aspecto civil* es como tinta azul que se usa para dar otro color al mismo algodón, haciendo otro hilo azul. Este aspecto también era temporal porque contenía leyes civiles para la nación de Israel que terminaron cuando el pueblo de Dios se extendió para incluir a gente de todas las naciones.

Siguiendo la analogía, podríamos decir que durante el período del Antiguo Testamento estos dos hilos —rojo y azul— estaban entretejidos en una sola tela para formar la ley de Israel. Después de Jesús, los colores cambiaron, pero **no** el hilo mismo. La tela fue lavada y quedó blanca, dejando visible el aspecto moral.

Es decir:
1) La base ética de la ley no ha cambiado.
2) Sin embargo, la *aplicación* del aspecto ceremonial y del aspecto civil ha cambiado.

Volviendo a los castigos para asesinato y para maldecir a los padres en Éxodo 21, podemos concluir que los dos actos son pecado, pero no necesariamente debemos aplicar el castigo de la pena de muerte. Yo personalmente creo que hay ciertos casos en que se justifica la pena de muerte por asesinato, por ejemplo en un caso de un asesino que repite su crimen y no muestra ningún arrepentimiento. Pero, ¡en ningún caso aplicaría la pena de muerte a un joven que maldice a sus padres!

El enfoque propuesto se ilustra en el siguiente gráfico:

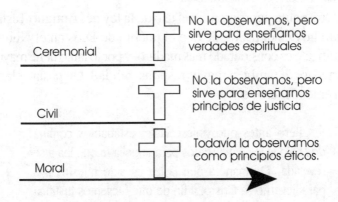

Para aplicar un pasaje de la ley del Antiguo Testamento a nuestra situación hoy en día, entonces, tenemos que distinguir entre los aspectos ceremonial, civil y moral:

1) El aspecto ceremonial nos enseña acerca de Jesús y la salvación. No tenemos que practicar este aspecto, sino buscar los símbolos y las figuras de Jesús y la salvación.

2) El aspecto civil nos da una pauta para nuestras leyes civiles en este tiempo. No tenemos que usar exactamente las

mismas leyes, pero siempre tratar de tener leyes que reflejen estas pautas de justicia y amor.

3) El aspecto moral no ha cambiado. Tenemos que buscar principios éticos universales y aplicar el mismo principio a la situación actual.

El nuevo Testamento, es la mejor herramienta para interpretar la ley del Antiguo Testamento y distinguir estos tres aspectos.

E. EL PUEBLO MÁS MADURO

Otra pauta para entender el uso de la ley del Antiguo Testamento hoy es el hecho de que el pueblo de Dios en el Nuevo Testamento es considerado más maduro, y por lo tanto tiene mayor libertad, pero también mayor responsabilidad. Un pasaje clave para entender esto es:

> Pero antes que viniese la fe, estábamos confinados bajo la ley, encerrados para aquella fe que iba a ser revelada. De manera que la ley ha sido nuestro ayo, para llevarnos a Cristo, a fin de que fuésemos justificados por la fe. Pero venida la fe, ya no estamos bajo ayo (Gálatas 3.23-25, 4.1-7).

> Pero también digo: Entre tanto que el heredero es niño, en nada difiere del esclavo, aunque es señor de todo; sino que está bajo tutores y curadores hasta el tiempo señalado por el padre. Así también nosotros, cuando éramos niños, estábamos en esclavitud bajo los rudimentos del mundo. Pero cuando vino el cumplimiento del tiempo, Dios envió a su Hijo, nacido de

mujer y nacido bajo la ley, para que redimiese a los que estaban bajo la ley, a fin de que recibiésemos la adopción de hijos. Y por cuanto sois hijos, Dios envió a vuestros corazones el Espíritu de su Hijo, el cual clama: ¡Abba, Padre! Así que ya no eres esclavo, sino hijo; y si hijo, también heredero de Dios por medio de Cristo.

En el Antiguo Testamento, la ley sirvió como un «ayo» (o una «niñera»), como un «tutor» o «cuidador». En aquella época, un «ayo» o «tutor» cuidaba a un niño, lo disciplinaba, y lo llevaba a los padres o al maestro para su educación. La ilustración de Pablo es que, bajo el Antiguo Testamento, el pueblo de Dios era como un niño que tenía de la mano a la ley. Pero ahora en el tiempo del Nuevo Testamento, el niño ha crecido, y tiene de la mano a Cristo. No es que la ley sea algo malo, o que haya sido destruida, sino que ha cambiado su función.

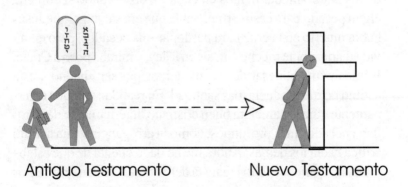

Antiguo Testamento   Nuevo Testamento

Este pasaje también habla de la diferencia entre un heredero y un esclavo. Mientras los dos son niños, no se nota la diferencia. El padre tiene que darles muchas reglas y órdenes específicas a los dos. Un padre tiene que decirle a un niño, por ejemplo, «¡no toques la estufa!». Pero cuando el hijo es más grande, le permite tomar más responsabilidad propia, mientras el esclavo sigue recibiendo órdenes en detalle. Ahora le dice al hijo que no haga nada que le cause daño en general. Le explica el principio, que era la base para la orden de no tocar la estufa. Ahora es maduro y puede aplicar el principio, no solamente a la estufa, sino a muchas otras situaciones también. Así es con el pueblo de Dios. En el Antiguo Testamento, era más como un niño, más como un esclavo. Ahora es más maduro, menos como un esclavo, y más como un hijo. Tiene mayor libertad, pero también mayor responsabilidad.

Conclusión

Creo que uno de los aspectos más importantes en esta discusión es nuestra *actitud* hacia la ley del Antiguo Testamento. Cuando era niño, yo imaginaba a Dios detrás de dos tablas inmensas de los Diez Mandamientos en el cielo, observando si cometía algún pecado para castigarme. Sabía que era salvo porque Jesús había muerto en la cruz para perdonar mis pecados, pero en mi vida diaria, ponía mucho énfasis en la ley, y miraba poco a Cristo. Irónicamente, a pesar de mis esfuerzos por ser «bueno», esta actitud no me producía más santidad. En realidad, aunque externamente quizás pareciera buen cristiano, internamente desarrollaba pecados más profundos, como la arrogancia y una actitud crítica hacia los demás. Ahora me he dado cuenta de que estaba viviendo como un judío legalista del Antiguo Testamento. Ellos miraban hacia adelante al Mesías, pero la ley estaba en el primer plano de su vista. Cristo estaba en la sombra de las dos tablas, por decirlo así, y fácilmente caían en el legalismo. Sin embargo, ahora, después de Cristo, podemos mirar hacia atrás, y ver que

Cristo está en primer plano. No descartamos la ley como una guía para saber la voluntad de Dios, pero las dos tablas de la ley están detrás de la cruz. Ahora sabemos que la ley está en la sombra de Jesucristo. No confiamos en la ley propiamente tal, o en nuestros esfuerzos, para nuestra santificación, sino confiamos en Cristo mismo.

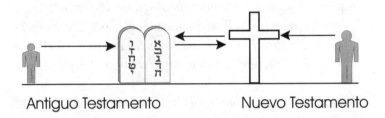

Antiguo Testamento　　　　Nuevo Testamento

Para vivir de acuerdo con nuestra nueva situación, debemos fijar la vista en Cristo. Cuando quitamos la vista de Él, empezamos a cojear. Si miramos a otros, o si miramos a nosotros mismos, tropezamos.

> Por tanto, nosotros también, teniendo en derredor nuestro tan grande nube de testigos, despojémonos de todo peso y del pecado que nos asedia, y corramos con paciencia la carrera que tenemos por delante, puestos los ojos en Jesús, el autor y consumador de la fe, el cual por el gozo puesto delante de él sufrió la cruz, menospreciando el oprobio, y se sentó a la diestra del trono de Dios (Hebreos 12.1-2).

Cuando viajo por la carretera en mi automóvil, tengo que observar los letreros para llegar a mi destino. Sin embargo, si solamente quedo mirando los letreros, y quito la vista del camino, ¡voy a tener un accidente! Funciona así la ley; es un letrero bueno que nos guía hacia Jesús, pero ¡no debemos fijarnos tanto en la ley que no veamos a Cristo! Cuánto más nos acercamos a Cristo, más creceremos espiritualmente, desde adentro.

BIBLIOGRAFÍA

Aquino, Tomás de. *Summa Theologicae*, (edición hermanos Benziger, 1947) traducido al inglés por *The Fathers of the English Dominican Province* (Internet: *Christian Classics Ethereal Library*, http://www.ccel.org).

Bahnsen, Greg. *Theonomy in Christian Ethics*. Nutley, N.J.: Craig Press, 1979.

Calvino, Juan. *Commentaries on the Book of Genesis*, trans. John King, 2 vols. Grand Rapids: Eerdmans, 1948.

_____. *Commentaries on the Epistles of Paul to the Galatians an Ephesians*, trad. William Pringle. Edinburg: The Calvin Translation Society, 1854.

_____. *Commentaries on the Four Last Books of Moses Arranged in the Form of a Harmony*, trad. Charles William Bingham, 4 vols. Edinburg: The Calvin Translation Society, 1843.

_____. *Institución de la religión cristiana*, ed. Luis de Uzos y Río, trad. Cipriano de Valera, 2 tomos, Rijwijk, Países Bajos: Fundación Editorial de Literatura Reformada, 1981.

Chafer, Lewis Sperry. *Systematic Theology*, 8 vols. Dallas: Dallas Seminary Press, 1948.

Feinberg, John S., y Feinberg, Paul D. *Ethics for a Brave New World*. Wheaton: Crossway Books, 1993.

Fletcher, Joseph. *Situational Ethics*. Philadelphia : Westminster, 1966.

Jones, David Clyde. *Biblical Christian Ethics*. Grand Rapids: Baker Books, 1994.

Lutero, Martín. *Comentarios de Martín Lutero; cartas del apóstol Pablo a Tito, Filemón, y epístola a los Hebreos*. Barcelona: CLIE, 1999.

Lull, Timothy F., ed. *Martin Luther's Basic Theological Writings*. Minneapolis, Minnesota: Fortress Press, 1989.

Guía de Estudio

ÉTICA CRISTIANA

Gerald Nyenhuis
James P. Eckman

Guía preparada por la
Facultad Latinoamericana de Estudios Teológicos

Contenido

Cómo obtener un curso acreditado por FLET

Si el estudiante desea recibir crédito por este curso, debe:

1. Llenar una solicitud de ingreso y enviarla a la oficina de FLET.
2. Proveer una carta de referencia de su pastor o un líder cristiano reconocido.
3. Pagar el costo correspondiente. (Ver «Política financiera» en el *Catálogo académico*.)
4. Enviar a la oficina de FLET o entregar a un representante autorizado una copia de su diploma, certificado de notas o algún documento que compruebe que haya terminado los doce años de la enseñanza secundaria (o educación media).
5. Hacer todas las tareas indicadas en esta guía.

Nota: Ver «Requisitos de admisión» en el *Catálogo académico* para más información.

Cómo establecer un seminario en su iglesia

Para desarrollar un programa de estudios en su iglesia, usando los cursos ofrecidos por la Universidad FLET, se recomienda que la iglesia nombre a un comité o a un Director de Educación Cristiana. Luego, se deberá escribir a Miami para solicitar el catálogo ofrecido gratuitamente por FLET. El catálogo contiene:

1. La lista de los cursos ofrecidos, junto con programas y ofertas especiales.
2. La acreditación que la Universidad FLET ofrece.
3. La manera de afiliarse a FLET para establecer un seminario en la iglesia.

Luego de estudiar el catálogo y el programa de estudios ofrecidos por FLET, el comité o el director podrá hacer sus recomendaciones al pastor y a los líderes de la iglesia para el establecimiento de un seminario o instituto bíblico acreditado por FLET.

Universidad FLET
14540 S.W. 136 Street No 200
Miami, FL 33186
Teléfono: (305) 232-5880
Fax: (305) 232-3592
e-mail: admisiones@flet.edu
Página web: www.flet.edu

Cómo hacer el estudio

Cada libro describe el método de estudios ofrecido por esta institución. Siga cada paso con cuidado. Una persona puede hacer el curso individualmente, o se puede unir con otros miembros de la iglesia que también deseen estudiar.

En forma individual:
Si el estudiante hace el curso como individuo, se comunicará directamente con la oficina de la Universidad FLET. El alumno enviará su examen y todas sus tareas a esta oficina, y recibirá toda comunicación directamente de ella. El texto mismo servirá como «profesor» para el curso, pero el alumno podrá dirigirse a la oficina para hacer consultas. El estudiante deberá tener a un pastor o monitor autorizado por FLET para tomar su examen (sugerimos que sea la misma persona que firmó la carta de recomendación).

En forma grupal:
Si el estudiante hace el curso en grupo, se nombrará un «facilitador» (monitor, guía) que se comunicará con la oficina. Los alumnos se comunicarán con el facilitador, en vez de comunicarse directamente con la oficina de FLET. El grupo puede escoger su propio facilitador, el pastor puede seleccionar a algún miembro del grupo que cumpla con los requisitos necesarios para ser guía o consejero, o los estudiantes pueden desempeñar este rol por turno. Sería aconsejable que la iglesia tenga varios grupos de estudio y que el pastor sirva de facilitador de uno de los grupos; cuando el pastor se involucra, su ejemplo anima a la congregación entera y él mismo se hace partícipe del proceso de aprendizaje.

Estos grupos han de reunirse semanalmente, o según el plan de estudios seleccionado, en la iglesia bajo la supervisión del facilitador para que juntos puedan cumplir con los requisitos de estudio (los detalles se encontrarán en las próximas páginas). Recomendamos que los grupos (o «peñas») sean compuestos de 5 a no más de 10 personas.

El facilitador seguirá el manual para el facilitador que se encuentra al final del libro. El texto sirve como «profesor», mientras que el facilitador sirve de coordinador que asegura que el trabajo se haga correctamente.

El plan de enseñanza FLET

El proceso educacional debe ser disfrutado, no soportado. Por lo tanto no debe convertirse en un ejercicio legalista. A su vez, debe establecer metas. Llene los siguientes espacios:

Anote su meta diaria: _____

Hora de estudio: _____

Día de la reunión: _____

Lugar de la reunión: _____

Opciones para realizar el curso

Este curso se puede realizar de tres maneras. El alumno puede escoger el plan intensivo con el cual puede completar sus estudios en un mes y entonces, si desea, puede rendir el examen final de FLET para recibir acreditación. Si desea hacer el curso a un paso más cómodo lo puede realizar en el espacio de dos meses (tiempo recomendado para aquellos que no tienen prisa). Al igual que en la primera opción, el alumno puede rendir un examen final para obtener crédito por el curso. Otra opción es hacer el estudio con el plan extendido, en el cual se completan los estudios y el examen final en tres meses. Las diversas opciones se conforman de la siguiente manera:

Plan intensivo: un mes (4 sesiones)	**Fecha de reunión**
Primera semana: Lecciones 1-2	_____
Segunda semana: Lecciones 3-4	_____
Tercera semana: Lecciones 5-6	_____
Cuarta semana: Lecciones 7-8	_____

Guía de estudio

Plan regular: dos meses (8 sesiones)   **Fecha de reunión**
Primera semana: Lección 1   _____
Segunda semana: Lección 2   _____
Tercera semana: Lección 3   _____
Cuarta semana: Lección 4   _____
Quinta semana: Lección 5   _____
Sexta semana: Lección 6   _____
Séptima semana: Lección 7   _____
Octava semana: Lección 8   _____

Plan extendido: tres meses (3 sesiones)   **Fecha de reunión**
Primer mes: Lecciones 1-3   _____
Segundo mes: Lecciones 4-6   _____
Tercer mes: Lecciones 7-8   _____

Descripción del curso
Un estudio teórico y práctico de la ética cristiana. Se hace aplicación de los principios bíblicos a la vida cotidiana contemporánea.

Metas
1. Cognitiva: El estudiante conocerá conceptos bíblicos fundamentales para la ética cristiana.
2. Afectiva: El estudiante tomará conciencia de áreas en su vida y/o pensamiento que deban conformarse a la ética correcta.
3. Volitiva: El estudiante expresará su propia perspectiva acerca de la ética como consecuencia de lo aprendido.

Objetivos
El alumno demostrará que ha logrado las metas al hacer lo siguiente:

1. Cognitivo: El alumno investigará el tema de la ética y responderá a las interrogantes que surgen de este tema basándose en la lectura de la Biblia y escritos relevantes (el libro de texto y artículos del apéndice).

2. Afectivo: El alumno analizará casos de estudio específicos que implican decisiones éticas y presentará su posición al respecto con justificación bíblica y lógica coherente.

3. Volitivo: El alumno comunicará su propia perspectiva acerca de la ética y demostrará cómo se aplica en la vida real.

Tareas

1. Leer el texto completo *Ética cristiana: un enfoque bíblico-teológico* por Gerald Nyenhuis H. y *Ética cristiana en un mundo postmoderno* por James P. Eckman y responder las preguntas que se encuentran al final de cada capítulo de ambas obras. El alumno debe responder de manera clara, concisa y precisa.

2. Completar 500 páginas de lectura adicional en el área de la ética. El alumno puede incluir los artículos contenidos en este libro de texto como parte de la lectura adicional requerida y/o seleccionar sus lecturas de las «lista de libros sugeridos». El estudiante elaborará un reporte de las lecturas realizadas que incluya el título del texto, el nombre del autor, la cantidad de páginas leídas en cada libro y un párrafo de evaluación (princi-pios provechosos y puntos en los que esté en desacuerdo).

3. Hacer una evaluación de cada artículo del apéndice y escribir una página como máximo que comunique su opinión acerca del mismo y cuáles son los conceptos clave que salen a relucir.

4. Leer los casos de estudio y escribir su repuestas o soluciones a las situaciones presentadas. El alumno debe conversar acerca de los casos con dos o tres personas que le ayuden a reflexionar acerca de los mismos antes de llegar a su propia conclusión. (Si el alumno estudia en grupo debe llegar a la reunión habiendo reflexionado en y escrito su posible solución a los casos presenta-dos a fin de poder discutirlos al principio de la reunión.) [Nota: El alumno tiene la posibilidad de modificar lo que escribió como con-clusión antes de enviar su trabajo final a la sede de FLET.]

5. El alumno escribirá un ensayo en el que de manera clara, concisa y precisa presente su punto de vista y convicciones personales acerca de la ética. (Ética: mi filosofía y convicciones con respaldo bíblico y aplicación práctica). Deberá seguir las siguientes normas: [Nota: Después de la cuarta lección el alumno deberá presentar en *una* página un bosquejo de su ensayo que demuestre la estructura y el desarrollo lógico del mismo.]

a. Explicación de su propia filosofía acerca de la ética (5 páginas a doble espacio).

b. Justificación de la perspectiva adoptada (3 páginas a doble espacio).

c. Aplicación de la perspectiva adoptada a *una* de las siguientes situaciones de la vida real (2 páginas a doble espacio):
   • La verdad y la mentira
   • La guerra
   • El divorcio y las segundas nupcias
   • El aborto (considerado en todos sus casos posibles)
   • La ingeniería genética
   • Obediencia a la autoridad
   • La pena de muerte

Nota: Todas las tareas deberán ser enviadas a la oficina de registro de la Universidad FLET de la siguiente manera:

A mediados del curso, inmediatamente después de la cuarta lección, el alumno enviará su bosquejo de ensayo (*una* página como máximo) por correo electrónico a flet@flet.edu o por fax al (305) 232-3592.

Al final del curso, el alumno enviará las tareas restantes (respuestas a las preguntas para reflexionar, lecciones 1—8; el reporte de la lectura adicional; las evaluaciones de los ocho (8) artículos; las soluciones propuestas a los dieciséis (16) casos de estudio; y el ensayo final). Estas tareas podrán ser enviadas por correo postal a la oficina de la Universidad FLET en Miami, Florida, o al correo electrónico: flet@flet.edu.

Si el alumno realiza estudios en grupo deberá entregar todas sus tareas al facilitador, el cual se encargará de enviarlas a la oficina de registros de FLET.

Calificación
Lectura y reporte: 25%
Evaluaciones de los artículos: 25%
Respuestas a los casos de estudio: 20%
Ensayo de su perspectiva acerca de la ética: 30%
Total: 100%

Libros sugeridos para lectura adicional
A continuación encontrará los textos posibles para lectura y evaluación. El estudiante puede seleccionar las lecturas de esta lista y/o escoger lecturas similares. [Notas: La Universidad FLET no comparte necesariamente la opinión de los autores.]

Antonio Cruz, *Postmodernismo*, Barcelona: Editorial CLIE, 1996.

Antonio Cruz, *Sociología: una desmitificación*, Miami, Florida: Logoi-Unilit, 2002.

Charles Colson, *Y ahora... ¿cómo viviremos?* Miami, Florida: Editorial Unilit, 1999.

Charles Ryrie, *Teología básica*, Miami, Florida: Editorial Unilit, 1993.

Donald Turner, *Ética bíblica personal*, Grand Rapids, Michigan: Editorial Portavoz, 2001.

Francisco Lacueva, *Ética cristiana*, Barcelona: Editorial CLIE.

James Montgomery Boice, *Fundamentos de la fe cristiana*, Miami, Florida: Logoi-Unilit, 1999.

Joe E. Trull y James D. Carter, *Ética ministerial*, El Paso, Texas: Casa Bautista de Publicaciones, 1997.

Josh McDowell y Bob Hostetler, *Es bueno o es malo*, El Paso, Texas: Casa Bautista de Publicaciones, 1996.

Josh McDowell y Norman Geisler, *El amor siempre tiene la razón*, El Paso, Texas: Casa Bautista de Publicaciones, 1997.

Lewis Sperry Chafer, *Teología sistemática*, Spanish Publications, Inc.

Louis Berkhof, *Teología sistemática*, Grand Rapids, Michigan: Libros Desafío, 1999.

Manfred A. Bluthardt, *Ética 1: Introducción a la ética cristiana*, Miami: Logoi, Inc., 1984.

Martín Lutero, *Comentarios de Martín Lutero, Mateo: Sermón del Monte y el Magníficat*, Barcelona: Editorial CLIE, 2001.

Stephen Mott, *Ética bíblica y cambio social*, Grand Rapids, Michigan: Libros Desafío.

Vicente Galan, *Ética del comportamiento cristiano*, Barcelona: Editorial CLIE.

Plan de tareas

Lección 1:

1. Leer Nyenhuis capítulos 1—2 y responder las preguntas que se encuentran al final de cada capítulo.
2. Leer uno artículo del apéndice y escribir su evaluación (ver «Tareas» para más información).
3. Leer dos casos de estudio y escribir su solución o soluciones a las situaciones presentadas.
4. Trabajar en el bosquejo del ensayo de perspectiva personal acerca de la ética.

Lección 2:

1. Leer Nyenhuis capítulos 3—4 y responder las preguntas que se encuentran al final de cada capítulo.
2. Leer un artículo del apéndice y escribir su evaluación acerca del mismo (ver «Tareas» para más información).
3. Leer dos casos de estudio y escribir su solución o soluciones a las situaciones presentadas.
4. Trabajar en el bosquejo del ensayo de perspectiva personal acerca de la ética.

Lección 3:

1. Leer Nyenhuis capítulos 5—6 y responder las preguntas que se encuentran al final de cada capítulo.
2. Leer un artículo del apéndice y escribir su evaluación acerca del mismo (ver «Tareas» para más información).
3. Leer dos casos de estudio y escribir su solución o soluciones a las situaciones presentadas.
4. Continuar con la elaboración del ensayo de perspectiva personal acerca de la ética.

Lección 4:

1. Leer Nyenhuis capítulos 7—8 y responder las preguntas que se encuentran al final de cada capítulo.
2. Leer un artículo del apéndice y escribir su evaluación acerca del mismo (ver «Tareas» para más información).
3. Leer dos casos de estudio y escribir su solución o soluciones a las situaciones presentadas.
4. Continuar con la elaboración del ensayo de perspectiva personal acerca de la ética.

Entregar tareas:
Bosquejo del ensayo

Lección 5:

1. Leer Eckman capítulos 1—3 y responder las preguntas que se encuentran al final de cada capítulo.
2. Leer un artículo del apéndice y escribir su evaluación acerca del mismo (ver «Tareas» para más información).
3. Leer dos casos de estudio y escribir su respuesta o respuestas a las situaciones presentadas.

4. Continuar con la elaboración del ensayo de perspectiva personal acerca de la ética.

Lección 6:

1. Leer Eckman capítulos 4—6 y responder las preguntas que se encuentran al final de cada capítulo.
2. Leer un artículo del apéndice y escribir su evaluación acerca del mismo (ver «Tareas» para más información).
3. Leer dos casos de estudio y escribir su solución o soluciones a las situaciones presentadas.
4. Continuar con la elaboración del ensayo de perspectiva personal acerca de la ética.

Lección 7:

1. Leer Eckman capítulos 7—9 y responder las preguntas que se encuentran al final de cada capítulo.
2. Leer un artículo del apéndice y escribir su evaluación acerca del mismo (ver «Tareas» para más información).
3. Leer dos casos de estudio y escribir su solución o soluciones a las situaciones presentadas.
4. Finalizar los últimos detalles del ensayo de la perspectiva personal acerca de la ética.

Lección 8:

1. Leer Eckman capítulos 10—12 y responder las preguntas que se encuentran al final de cada capítulo.
2. Leer un artículo del apéndice y escribir su evaluación acerca del mismo (ver «Tareas» para más información).
3. Leer dos casos de estudio y escribir su solución o soluciones a las situaciones presentadas.
4. Entregar el ensayo de perspectiva personal acerca de la ética.

Entregar tareas:
    Respuestas a las preguntas para reflexionar (lecciones 1—8)
    Reporte de la lectura adicional
    Evaluaciones de los ocho (8) artículos
    Respuestas a los dieciséis (16) casos de estudio
    Ensayo final

16 *casos de estudio sobre ética*

Los casos de estudio sacan a relucir situaciones que se presentan en nuestra sociedad y a las cuales debemos responder de acuerdo con los principios perfectos de la Palabra santa, inspirada, e inerrante de Dios y la capacitación provista por el Espíritu Santo. Sin duda, necesitamos la ayuda de Dios, la sabiduría que Él nos proporciona, y aun el apoyo de otros en el Cuerpo de Cristo para enfrentar las diversas circunstancias de la vida que requieren una respuesta bíblica.

A medida que el estudiante completa esta fase de la asignatura debe recordar que este ejercicio no representa una búsqueda para nuevas reglas sino una aplicación de los principios de las Escrituras a situaciones cotidianas que demandan una posición y conducta ética correspondiente. No es un ejercicio legalista (léase Romanos 5—8; 12—15; Gálatas 3—5). Tampoco consta de una afirmación de la sabiduría humana independiente de Dios. Sin equivocación, debemos depender de Dios para sabiduría y obedecer en el poder del Espíritu Santo que nos capacita para la santidad.

Lea los casos de estudio, reflexione en los mismos, y conforme a las instrucciones en la sección «Tareas», realice lo siguiente para cada uno:

- Defina el problema o problemas éticos presentados.
- Ofrezca varias soluciones posibles a la situación o situaciones planteadas.
- Escriba la justificación bíblica para sus consejos.

1. La amiga de Rosamaría consiguió trabajo como mesera en un nuevo restaurante de la ciudad. Rosamaría invita a otra amiga para probar la comida del nuevo establecimiento y juntas comen algunos de los platos más costosos de la carta. Cuando la amiga mesera trae la cuenta, ella susurra: «No te preocupes por pagar esos platos. El dueño del restaurante tiene bastante

dinero, y yo no he incluido esas comidas en la cuenta. Que la pasen bien, y regresen pronto». Antes de que Rosamaría responda, la mesera se retira y se para al lado del dueño que se encuentra evaluando su nuevo negocio. ¿Qué debe hacer Rosamaría? [Nota: La mesera es miembro de la iglesia donde Rosamaría asiste y estuvo sin trabajar por varias semanas. Este nuevo trabajo es su primera oportunidad de empleo en un buen tiempo. Tiene tres hijos en casa.]

2. Laura, una mujer joven soltera asiste a una de las iglesias más grandes y de buena reputación en la ciudad. Últimamente, se ha dado cuenta de que el pastor la está halagando un poco más de lo común y diciéndole cosas (en una manera chistosa) como las siguientes ante la presencia de su esposa: «¿Por qué no te llevas a mi esposa a comprar ropa contigo?, tienes muy buen gusto» y «¡La membresía de la iglesia ha aumentado desde que estás asistiendo!». Últimamente, Laura se ha sentido un poco incómoda con los *abrazos fraternales* frecuentes y fuera de lugar que el pastor insiste en darle. Una tarde, en ausencia de la esposa, dicho pastor le dice: «Laurita, vamos a tomarnos un *cafecito* tu y yo para conocernos mejor... nadie se tiene que enterar». Cuando Laura amenaza con contar este hecho a los ancianos de la congregación el pastor responde: «Si lo haces te echo de la iglesia porque yo soy el ungido del Señor». ¿Qué debe hacer Laura? [Esa misma mañana la esposa del pastor le dijo a Laura de manera discreta: «¿Puedes ir conmigo a ayudarme a seleccionar ropa nueva? Quiero darle la sorpresa a mi esposo».]

3. Un hombre anciano, no creyente, es hospitalizado para hacerse unas pruebas ya que ha estado sintiéndose mal y no sabe por qué. Los doctores descubren que tiene una enfermedad avanzada y que le queda muy poco tiempo de vida (quizás días). La esposa del señor se entera y le dice al anciano que todo está bien y que pronto saldrá del hospital. Ella quiere que el anciano no

se preocupe sino que pase sus últimos días en *paz*. Los hijos, creyentes, piensan que el anciano debe saber su condición actual a fin de prepararse para la eternidad. No obstante, la esposa ha dado instrucciones explícitas de que no se le debe decir la verdad al enfermo. Piensa que Dios tendrá misericordia de él porque ha sido bueno y bondadoso con las personas. ¿Qué deben hacer los hijos? [El anciano ha preguntado varias veces, un poco atemorizado: «¿No me han encontrado nada grave, verdad?»]

4. A Sergio se le ha presentado en su empleo una oportunidad para trabajar en una nueva posición con mejor salario. Es casi seguro que lo ascenderán. La semana antes de la reunión en la que se decidirá la promoción de Sergio, Roberto, su íntimo amigo, se le acerca y le pregunta si hay oportunidad de empleo en la empresa donde él trabaja. Sergio sabe que Roberto necesita el empleo y que tiene mejor entrenamiento y calificaciones que él para la posición disponible. Sergio tiene dos hijos a los que no ha podido de manera satisfactoria proveerles económicamente. [La posición actual que ocupa Sergio será eliminada por completo de la compañía una vez que la nueva plaza sea cubierta.] ¿Qué debe hacer Sergio?

5. Juan trabaja para una empresa exitosa. Un día de cada semana él se lleva artículos de la empresa para la casa y después los vende, ya que a su juicio la empresa gasta dinero en asuntos y cosas innecesarias. Un día Ramona, una compañera de trabajo, se da cuenta de lo que está pasando. ¿Qué debe hacer ella? [Juan es el encargado de manejar y supervisar las cámaras de video que monitorean la seguridad de la empresa. Además, tiene una esposa enferma que está deshabilitada y él es el único sostén de su familia.] ¿Se justifica lo que hace Juan?

6. Unos peligrosos guerrilleros han identificado a varios miembros de una familia prominente como blanco para ser secuestrados y quizá asesinados. Los familiares que corren peligro se escon-

den en el hogar de una familia cristiana que vive en un pueblo cercano. Los guerrilleros escuchan un rumor que los señalados están escondidos en casa de dicha familia por lo cual uno de ellos se acerca a la hija adolescente de la familia cristiana y le pregunta si están escondiendo a las personas prominentes que ellos andan buscando. [A la joven adolescente siempre le han enseñado a decir la verdad y confiar en el Señor.] ¿Qué debe hacer la creyente adolescente?

7. Katty es una joven creyente que le gusta conducir su auto a gran velocidad. Una tarde un policía la ve que está por encima del límite permitido y la detiene para darle una multa. Antes de darle la multa, sin embargo, el policía le ofrece la opción de llegar a un «arreglo» y a cambio le pide un soborno para él y su compañero. Katty acepta y saca una cantidad de dinero aceptable de su cartera. Cuando el compañero del policía se acerca, ella se da cuenta que es uno de los diáconos de la iglesia. ¿Qué debe hacer Katty? [Si Katty recibe la multa podría perder su licencia de conducir por la gran cantidad de infracciones que por exceso de velocidad cometió anteriormente.]

8. Fabio y Caridad han estado tratando de tener hijos por varios años. El doctor les explica que tienen dos alternativas; adoptar o usar un método que arriesga la destrucción de óvulos fertilizados. Fabio está a favor de utilizar el segundo método ya que piensa que esos óvulos no son seres humanos. Sin embargo, Caridad piensa que estaría destruyendo vidas para satisfacer su anhelo maternal. [La adopción es una opción que han descartado ya que ambos quieren un bebé de su propia sangre.] ¿Qué deben hacer Fabio y Caridad?

9. Teresita, Ramón y Patricia son universitarios que un día conversan acerca de los jóvenes y la sexualidad. Teresita tiene novio y quiere casarse pero se siente atemorizada por el alto porcentaje de divorcios que hay. Sus amigas le aconsejan a

vivir un tiempo en unión libre con el joven que actualmente es su novio a fin de probar si le irá bien. Ellas le aconsejan que una pequeña prueba ahora es mejor que un divorcio desastroso después en el cual los hijos sufrirán. Teresita expresa que intenta mantenerse virgen para su futuro esposo pero que actualmente participa en todo lo físico excepto la relación máxima conyugal. Ramón cuenta que es homosexual y dice que las *parejas* con las que él anda se llevan mejor que muchos matrimonios heterosexuales. Opina que nació así, que él y su novio son muy felices, y que ellos le pueden enseñar a los compañeros heterosexuales cómo llevarse bien. Patricia, la única cristiana en el grupo ha estado escuchando la conversación y hasta el momento no ha dicho nada [Patricia siente que Teresita y Ramón han sido más buenos con ella que la mayoría de los hermanos de su iglesia y teme perder la amistad de sus compañeros universitarios.] ¿Qué debe hacer o decir Patricia?

10. Victoria es considerada una buena muchacha de la alta sociedad en su ciudad. Su padre es gobernador de la ciudad y ha postulado para la reelección. Ella queda embarazada de un profesor de la universidad. Se lo cuenta al padre que fríamente le dice: «Si me quieres, abortarás al bebé. Eres suficientemente joven para hacer las cosas bien en el futuro, y esta oportunidad para salir reelegido no la volveré a tener. Además, la opinión de tu madre no tiene nada que ver con este asunto.» [El profesor es casado, íntimo amigo del gobernador y gran contribuyente a la campaña electoral de éste. El gobernador no sabe de qué *profesor* se trata.] ¿Qué debe hacer Victoria?

11. Tomasito trabaja en una empresa de mucho prestigio que produce y distribuye ropa de marca costosa. Él secretamente y antes de que salga un cargamento de mercancía se lleva camisas, pantalones y medias que luego reparte a los pobres. Tomasito justifica su acción de la siguiente manera: La empresa podrá obtener una cuantiosa ganancia por los otros artículos que lle-

gue a vender en las tiendas ya que las prendas son de marca. La compañía produce tanta ropa que no va a «echar de menos» unas cuantas piezas que le falten semanalmente. Ninguno de los que trabajan en la empresa (ni el que recibe el menor salario) está sufriendo la necesidad económica que sufren los pobres a quienes él les regala la ropa. Es mejor que la compañía pierda una cantidad insignificante de dinero a que los pobres pierdan mucho. Además, nadie es perfecto, todos los que trabajan allí desde el presidente hasta el que limpia son pecadores, pues si no roban cometen otros pecados. Además, dice que él no se lleva los artículos para beneficiarse a sí mismo sino para ayudar a los necesitados que usan la ropa o la venden para comprar comida y pagar el alquiler. [Tomasito acostumbra testificarles a sus supervisores y compañeros de trabajo durante la hora del almuerzo en la compañía.] ¿Se justifican las acciones y los razonamientos de Tomasito?

12. Roberto fue criado en la iglesia y se le enseñó que no se permite el divorcio y el volverse a casar por ninguna razón. Aun en el caso de adulterio, en su iglesia no se permite el divorcio. En su iglesia enseñan que el divorcio era solo limitado al período del desposorio en el Antiguo Testamento (antes de la consumación del matrimonio). Añaden que ya que dichas costumbres no se usan, por tanto, tampoco hay excepción para el divorcio. A Roberto no le agradaba ninguna joven de la iglesia a la cual asistía hasta que se enamoró de una muchacha que llegó recientemente a la iglesia llamada Lucrecia. Ella se había casado cuando era más joven todavía (supuestamente con menos sabiduría y conocimiento) pero su matrimonio acabó en divorcio porque su ex-esposo le pegaba y abusaba de ella, y no proveía para las finanzas del hogar. Lucrecia no era creyente en ese tiempo. Ahora, Roberto le ha pedido la mano en matrimonio a Lucrecia. Los líderes de la iglesia no están plenamente convencidos de que ellos deban casarse. Uno de los líderes sostiene que el hecho de que ella no hubiese sido creyente no es una razón válida

para permitírsele casar nuevamente ya que las leyes matrimoniales aplican a los hombres en general (sean creyentes o no); por tanto, el pacto hecho ante Dios sigue vigente en el caso de Lucrecia y su ex-esposo. El sencillo hecho de que hizo el pacto matrimonial en la corte como no creyente no la libera de su obligación ante Dios ahora que es cristiana. Otro anciano de la iglesia dice que el divorcio se permite en algunos casos, pero no las segundas nupcias. [Lucrecia es recién convertida y está amenazando con regresar al mundo por las actitudes estrictas de los líderes de la congregación. El ex-esposo de Lucrecia se volvió a casar, pero ella no lo sabe.] ¿Qué deben hacer Roberto y Lucrecia?

13. Leticia es casada y tiene dos hijos. Una noche es violada por un maleante que se escapó de la prisión y queda embarazada. Su esposo quiere que ella aborte tan pronto como este algo recuperada del trauma de la violación. Ella piensa que el bebé no es culpable por las acciones del criminal y que tiene derecho a vivir. [El esposo de Leticia afirma que no aceptará que su esposa dé a luz a un bebé que es hijo de otro hombre (y más allá de un criminal). Da a entender que él no soportará ver nueve meses a su esposa embarazada en esas circunstancias. Le ha dicho a Leticia que si no aborta, él la deja.] ¿Qué debe hacer Leticia?

14. Pepe es un joven soltero cristiano que siente que ha encontrado la compañera de su vida. María, con la cual está a punto de casarse, siente lo mismo. Antes de ser cristiano, Pepe llevó una vida desordenada y tuvo relaciones con sus parejas. Ahora que se acerca el día, se pregunta si debe contárselo a su futura esposa, pues teme que ella cambie de sentimiento y no decida casarse con él. [María cree que pepe es virgen al igual que ella, y además en la iglesia a la cual asiste ha contado con gran satisfacción que se casará con un hombre puro.]¿Qué debe hacer Pepe? ¿Qué debe hacer María si Pepe se lo dice?

15. Clara desea hacerse una cirugía plástica para mejorar su apariencia. Ella reconoce que la belleza física es algo subjetivo pero siente que las personas la miran de manera extraña y que ha perdido empleos por causa de su apariencia. Las hermanas de la iglesia piensan que Dios la creó así y que ella no debe cambiar nada. Ante esto, Clara les dijo a estas amigas cristianas que Dios no las creó con tanto sobrepeso, y, sin embargo, viven en esas condiciones. Además, les dijo que si fuera así como dicen, tampoco deberían usar maquillaje en lo absoluto, ya que ellas no nacieron con polvos, lápiz de labios y rimel. El esposo de Clara piensa que lo que ella quiere cambiar de su apariencia es algo que le agrada a él y que ella al hacerlo perdería su originalidad como persona. ¿Qué debe hacer Clara?

16. Andrea desea hacerse un tatuaje para conmemorar sus cinco años de estar libre de una adicción al alcohol. Sus amigas de la iglesia la han amonestado al decirle que el Antiguo Testamento prohíbe hacerse semejantes marcas en el cuerpo. Ella les ha dicho que ya no está bajo la Ley y que por lo tanto puede hacerse tatuajes. Además, Andrea agregó que la Biblia señala que Rebeca la esposa de Isaac usaba un anillo en la nariz. Las amigas le han dicho que en su cuerpo mora el Espíritu Santo y que tal vez a su futuro esposo no le gustará el águila roja que intenta hacerse en la espalda. Ella ha dicho que si él la ama la querrá con el águila. (Sus padres no saben que ella intenta hacerse este tatuaje tan pronto cumpla los veintiún años. Además, ella dijo que uno de los líderes de la iglesia tiene un tatuaje que se hizo cuando fue oficial de las fuerzas navales.) ¿Qué debe hacer Andrea?

Manual para el facilitador

Introducción

Este material se preparó para ser usado por el facilitador de un grupo o peña. Dicho facilitador se encargará de orientar a un grupo de cinco a diez estudiantes a fin de que completen el curso. La tarea demandará esfuerzo de su parte, ya que, aun cuando el facilitador no es el instructor en sí (el libro de texto sirve de «maestro»), debe conocer bien el material, animar y dar aliento al grupo, y modelar la vida cristiana delante de los miembros de la peña.

La recompensa del facilitador vendrá, en parte, del buen sentir que experimentará al ver que está contribuyendo al crecimiento de otros, del privilegio de entrenar a otros y del fruto que llegará por la evangelización. El facilitador también debe saber que el Señor lo recompensará ampliamente por su obra de amor.

A continuación encontramos las tres facetas principales del programa FLET para el estudio en grupo: las lecciones, las reuniones y las expresiones.

1. **Las lecciones:** Ellas representan el aspecto del programa del cual el alumno es plenamente responsable. Sin embargo, aunque el estudiante debe leer el capítulo indicado y responder las preguntas, también debe reconocer que necesitará la ayuda de Dios para sacar el mayor provecho de cada porción del texto. Usted, como facilitador, debe informarles a los estudiantes que la calidad de la reunión será realizada o minimizada según la calidad del interés, esfuerzo y comunión con Dios que el alumno tenga en su estudio personal. Se ofrecen las siguientes guías a fin de asegurar una calidad óptima en las lecciones:
   a. El alumno debe tratar (si fuese posible) de dedicar un tiempo para el estudio a la misma hora todos los días. Debe asegurarse de tener a la mano todos los materiales que necesite (Biblia, libro de texto, cuaderno, lápices o bolígrafos), y que el lugar donde se realice la tarea tenga un ambiente que

facilite el estudio con suficiente luz, espacio tranquilidad y temperatura cómoda. Esto puede ayudar al alumno a desarrollar buenos hábitos de estudio.

b. El alumno debe proponerse la meta de completar una lección por semana (a no ser que esté realizando otro plan, ya sea más acelerado o más lento, véase la sección de «Opciones para realizar el curso»).

c. El alumno debe repasar lo que haya aprendido de una manera sistemática. Un plan factible es repasar el material al segundo día de estudiarlo, luego el quinto día, el décimo, el vigésimo y el trigésimo.

2. **Las reuniones:** En las reuniones o peñas, los estudiantes comparten sus respuestas, sus dudas y sus experiencias educacionales. Para que la reunión sea grata, de provecho e interesante se sugiere lo siguiente:

a. La reunión debe tener entre cinco y diez participantes: La experiencia ha mostrado que el número ideal de alumnos es de cinco a diez. Esta cantidad asegura que se compartan suficientes ideas para que la reunión sea interesante como también que haya suficiente oportunidad para que todos puedan expresarse y contribuir a la dinámica de la reunión. También ayuda a que el facilitador no tenga muchos problemas al guiar a los participantes en una discusión franca y espontánea, aunque también ordenada.

b. Las reuniones deben ser semanales o según el plan de estudios seleccionado: El grupo o peña debe reunirse una vez a la semana (plan de dos meses). Las reuniones deben ser bien organizadas a fin de que los alumnos no pierdan su tiempo. Para lograr esto se debe comenzar y concluir a tiempo. Los estudiantes pueden quedarse más tiempo si así lo desean, pero la reunión en sí debe observar ciertos límites predeterminados.

De esta manera los estudiantes no sentirán que el facilitador no los respeta a ellos ni a su tiempo.

c. Las reuniones requieren la participación de todos. Esto significa no solo que los alumnos no deben faltar a ninguna de ellas, sino también que todos participen en la discusión cuando asistan. El cuerpo de Cristo, la Iglesia, consiste de muchos miembros que se deben ayudar mutuamente. La reunión o peña debe proveer un contexto idóneo para que los participantes compartan sus ideas en un contexto amoroso, donde todos deseen descubrir la verdad, edificarse y conocer mejor a Dios. Usted, como facilitador, debe comunicar el gran valor de cada miembro y de su contribución particular al grupo.

3. **Las expresiones:** Esta faceta del proceso tiene que ver con la comunicación creativa, relevante, y eficaz del material que se aprende. La meta no es sencillamente llenar a los estudiantes de conocimientos, sino prepararlos para utilizar el material tanto para la edificación de creyentes como para la evangelización de los no creyentes. Es cierto que no todo el material es «evangelístico» en sí, pero a veces se tocan varios temas durante el proceso de la evangelización o del seguimiento y estos conocimientos tal vez ayuden a abrir una puerta para el evangelio o aun mantenerla abierta. Las siguientes consideraciones servirán para guiar la comunicación de los conceptos:

a. La comunicación debe ser creativa: La clave de esta sección es permitir que los alumnos usen sus propios talentos de manera creativa. No todos tendrán ni la habilidad ni el deseo de predicar desde un púlpito. Pero tal vez algunos tengan talentos para escribir poesías, canciones, o coros, o hacer dibujos o pinturas que comuniquen las verdades que han aprendido. Otros quizás tengan habilidades teatrales que pueden usar para desarrollar dramatizaciones que comuniquen principios cristianos de manera eficaz, educativa y entretenida. Y aun otros pueden servir de maestros, pastores o facilitadores para otros grupos o peñas. No les imponga límites a las diversas maneras en las cuales se puede comunicar la verdad de Dios.

b. La comunicación debe ser clara: Las peñas proveen un contexto idóneo para practicar la comunicación de las verdades cristianas. En este ambiente caracterizado por el amor, el aliento y la dirección se pueden hacer «dramatizaciones» en las cuales alguien formule «preguntas difíciles», mientras otro u otros tratan de responder como si fuera una situación real. Después los demás en la peña pueden evaluar tanto las respuestas que se dieron como la forma en la cual se desenvolvió el proceso y el resultado. La evaluación debe tomar en cuenta aspectos como la apariencia, el manejo del material, y el carácter o disposición con que fue comunicado. Se puede hacer una dramatización, algo humorística, donde un cristiano con buenas intenciones, pero no muy «presentable», trata de comunicarse con un incrédulo bien vestido, perfumado y limpio. Después, la clase puede participar en una discusión amigable acerca del papel de la apariencia en la evangelización.

c. La comunicación debe reflejar el carácter cristiano. Usted como facilitador debe modelar algunas de las características cristianas que debemos reflejar cuando hablemos con otros acerca de Jesucristo y la fe cristiana. Por ejemplo, la paciencia, la humildad y el dominio propio deben ser evidentes en nuestras conversaciones. Debemos también estar conscientes de que dependemos de Dios para que nos ayude a hablar con otros de manera eficaz. Sobre todo, debemos comunicar el amor de Dios. A veces nuestra forma de actuar con los no cristianos comunica menos amor que lo que ellos reciben de sus amistades que no son cristianas. Las peñas proveen un contexto amigable, eficaz y sincero para evaluar, practicar y discutir estas cosas.

Cada parte del proceso ya detallado contribuye a la que le sigue, de manera que la calidad del proceso de la enseñanza depende del esfuerzo realizado en cada paso. Si la calidad de la lección es alta, esto ayudará a asegurar una excelente experiencia en la reunión, ya que todos los estudiantes vendrán preparados, habiendo hecho buen uso de su tiempo personal. De la misma manera, si la reunión se desenvuelve de manera organizada y creativa, facilitará la excelencia en las expresiones, es decir, las oportunidades que tendremos fuera de las reuniones para compartir las verdades de Dios. Por lo tanto, necesitaremos la ayuda de Dios en todo el proceso a fin de que recibamos el mayor provecho posible del programa.

Instrucciones específicas

Antes de la reunión: *Preparación*
A. Oración: Es la expresión de nuestra dependencia de Dios.
   1. Ore por usted mismo.
   2. Ore por los estudiantes.
   3. Ore por los que serán alcanzados e impactados por los alumnos.

B. Reconocimiento
   1. Reconozca su identidad en Cristo (Romanos 6—8).
   2. Reconozca su responsabilidad como maestro o facilitador (Santiago 3.1-17).
   3. Reconozca su disposición como siervo (Marcos 10.45; 2 Corintios 12.14-21).

C. Preparación
   1. Estudie la porción del alumno sin ver la guía para el facilitador, es decir, como si usted fuese uno de los estudiantes.
      a. Tome nota de los aspectos difíciles, así se anticipará a las preguntas.
      b. Tome nota de las ilustraciones o métodos que le vengan a la mente mientras lee.
      c. Tome nota de los aspectos que le sean difíciles a fin de investigar más usando otros recursos.

2. Estudie este manual para el facilitador.
3. Reúna otros materiales, ya sea para ilustraciones, aclaraciones, o para proveer diferentes puntos de vista a los del texto.

Durante la reunión: *Participación*

Recuerde que el programa FLET sirve no solo para desarrollar a aquellos que están bajo su cuidado como facilitador, sino también para edificar, entrenar y desarrollarlo a usted mismo. La reunión consiste de un aspecto clave en el desarrollo de todos los participantes, debido a las dinámicas de la reunión. En la peña, varias personalidades interactuarán, tanto unas con otras, como también ambas con Dios. Habrá personalidades diferentes en el grupo y, junto con esto, la posibilidad para el conflicto. No le tenga temor a esto. Parte del curriculum será el desarrollo del amor cristiano. Tal vez Dios quiera desarrollar en usted la habilidad de resolver conflictos entre hermanos en la fe. De cualquier modo, nuestra norma para solucionar los problemas es la Palabra inerrante de Dios. Su propia madurez, su capacidad e inteligencia iluminadas por las Escrituras y el Espíritu Santo lo ayudarán a mantener un ambiente de armonía. Si es así, se cumplen los requisitos del curso y, lo más importante, los deseos de Dios. Como facilitador, debe estar consciente de las siguientes consideraciones:

A. El tiempo u horario
1. La reunión debe ser siempre el mismo día, a la misma hora, y en el mismo lugar cada semana, ya que eso evitará confusión. El facilitador siempre debe tratar de llegar con media hora de anticipación para asegurarse de que todo esté preparado para la reunión y para resolver cualquier situación inesperada.
2. El facilitador debe estar consciente de que el enemigo a veces tratará de interrumpir las reuniones o traer confusión. Tenga mucho cuidado con cancelar reuniones o cambiar horarios. Comunique a los participantes en la peña la responsabilidad que tienen unos con otros. Esto no significa que

nunca se debe cambiar una reunión bajo ninguna circunstancia. Más bien quiere decir que se tenga cuidado y que no se hagan cambios innecesarios a cuenta de personas que por una u otra razón no pueden llegar a la reunión citada.

3. El facilitador debe completar el curso en las semanas indicadas (o de acuerdo al plan de las otras opciones).

B. El lugar

1. El facilitador debe asegurarse de que el lugar para la reunión esté disponible durante las semanas correspondientes al término del curso. También deberá tener todas las llaves u otros recursos necesarios para utilizar el local.

2. Debe ser un lugar limpio, tranquilo y tener buena ventilación, suficiente luz, temperatura agradable y espacio a fin de poder sacarle provecho y facilitar el proceso educativo.

3. El sitio debe tener el mobiliario adecuado para el aprendizaje: una mesa, sillas cómodas, una pizarra para tiza o marcadores que se puedan borrar. Si no hay mesas, los estudiantes deben sentarse en un círculo a fin de que todos puedan verse y escucharse. El lugar completo debe contribuir a una postura dispuesta para el aprendizaje. El sitio debe motivar al alumno a trabajar, compartir, cooperar y ayudar en el proceso educativo.

C. La interacción entre los participantes

1. Reconocimiento:
   a. Saber el nombre de cada persona.
   b. Conocer los datos personales: estado civil, trabajo, nacionalidad, dirección, teléfono.
   c. Saber algo interesante de ellos: comida favorita, cumpleaños, etc.

2. Respeto para todos:
   a. Se deben establecer reglas para la reunión: Una persona habla a la vez y los demás escuchan.

b. No burlarse de los que se equivocan ni humillarlos.

c. Entender, reflexionar o pedir aclaración antes de responder lo que otros dicen.

3. Participación de todos:

a. El facilitador debe permitir que los alumnos respondan sin interrumpirlos. Debe dar suficiente tiempo para que los estudiantes reflexionen y compartan sus respuestas.

b. El facilitador debe ayudar a los alumnos a pensar, a hacer preguntas y a responder, en lugar de dar todas las respuestas él mismo.

c. La participación de todos no significa necesariamente que tienen que hablar en cada sesión (ni que tengan que hablar desde el principio, es decir, desde la primera reunión), más bien quiere decir, que antes de llegar a la última lección todos los alumnos deben sentirse cómodos al hablar, participar y responder sin temor a ser ridiculizados.

Después de la reunión: *Evaluación y oración*

A. Evaluación de la reunión y la oración:

1. ¿Estuvo bien organizada la reunión?
2. ¿Fue provechosa la reunión?
3. ¿Hubo buen ambiente durante la reunión?
4. ¿Qué peticiones específicas ayudarían a mejorar la reunión?

B. Evaluación de los alumnos:

1. En cuanto a los alumnos extrovertidos y seguros de sí mismos: ¿Se les permitió que participaran sin perjudicar a los más tímidos?
2. En cuanto a los alumnos tímidos: ¿Se les animó a fin de que participaran más?
3. En cuanto a los alumnos aburridos o desinteresados: ¿Se tomó especial interés en descubrir cómo despertar en ellos la motivación por la clase?

C. Evaluación del facilitador y la oración:
1. ¿Estuvo bien preparado el facilitador?
2. ¿Enseñó la clase con buena disposición?
3. ¿Se preocupó por todos y fue justo con ellos?
4. ¿Qué peticiones específicas debe hacer al Señor a fin de que la próxima reunión sea aun mejor?

Ayudas adicionales

1. **Saludos:** Para establecer un ambiente amistoso, caracterizado por el amor fraternal cristiano, debemos saludarnos calurosamente en el Señor. Aunque la reunión consiste de una actividad más bien académica, no debe adolecer del amor cristiano. Por lo tanto, debemos cumplir con el mandato de saludar a otros, como se encuentra en la mayoría de las epístolas del Nuevo Testamento. Por ejemplo, 3 Juan concluye con las palabras: La paz sea contigo. Los amigos te saludan. Saluda tú a los amigos, a cada uno en particular. Saludar provee una manera sencilla, pero importante, de cumplir con los principios de autoridad de la Biblia.

2. **Oración:** La oración le comunica a Dios que estamos dependiendo de Él para iluminar nuestro entendimiento, calmar nuestras ansiedades y protegernos del maligno. El enemigo intentará interrumpir nuestras reuniones por medio de la confusión, la división y los estorbos. Es importante reconocer nuestra posición victoriosa en Cristo y seguir adelante. El amor cristiano y la oración sincera ayudarán a crear el ambiente idóneo para la educación cristiana.

3. **Creatividad:** El facilitador debe esforzarse por emplear la creatividad que Dios le ha dado tanto para presentar la lección como para mantener el interés durante la clase completa. Su ejemplo animará a los estudiantes a esforzarse en comunicar la verdad de Dios de manera interesante. El Evangelio de Marcos reporta lo siguiente acerca de Juan el Bautista: Porque Herodes te-

mía a Juan, sabiendo que era varón justo y santo, y le guardaba a salvo; y oyéndole, se quedaba muy perplejo, pero le escuchaba de buena gana (Marcos 6.20). Y acerca de Jesús dice: Y gran multitud del pueblo le oía de buena gana (Marcos 12.37b). Notamos que las personas escuchaban «de buena gana». Nosotros debemos esforzarnos para lograr lo mismo con la ayuda de Dios. Se ha dicho que es un pecado aburrir a las personas con la Palabra de Dios. Hemos provisto algunas ideas que se podrán usar tanto para presentar las lecciones como para proveer proyectos adicionales útiles para los estudiantes. Usted puede modificar las ideas o crear las suyas propias. Pídale ayuda a nuestro Padre bondadoso, todopoderoso y creativo a fin de que lo ayude a crear lecciones animadas, gratas e interesantes.

Conclusión

El beneficio de este estudio dependerá de usted y de su esfuerzo, interés y relación con Dios. Si el curso resulta una experiencia grata, educativa y edificadora para los estudiantes, ellos querrán hacer otros cursos y progresar aun más en su vida cristiana. Que así sea con la ayuda de Dios.

Estructura de la reunión

1. Introducción: Después de una oración para comenzar la lección los alumnos deben discutir los casos de estudio asignados para la lección (véase el plan de tareas). Después de un intercambio de ideas edificador y motivador los alumnos deben pasar al próximo paso.
2. Preguntas: Los estudiantes reflexionarán acerca de las preguntas que se encuentran al final de los capítulos leídos y a las cuales respondieron durante la semana (antes de llegar a la reunión).

3. Expresión: Los alumnos conversarán acerca de cómo comunicar los conceptos y principios de la ética cristiana a otros con creatividad, inteligencia y amor.
4. Conclusión: La reunión se concluye con oración los unos por los otros y por las congregaciones y líderes de las iglesias representadas en la reunión.

Nota: El facilitador del grupo deberá enviar a mediados del curso, inmediatamente después de la cuarta lección, los bosquejos de ensayos de los alumnos. Estos bosquejos deberán ser enviados por correo electrónico a flet@flet.edu o al fax (305) 232-5880.

Al final del curso el facilitador deberá enviar todas las tareas restantes (respuestas a las preguntas para reflexionar, reporte de lectura adicional, evaluación de los ocho (8) artículos; soluciones propuestas a los dieciséis (16) casos de estudio; y el ensayo). Estos trabajos podrán ser enviados por correo postal a la sede de la Universidad FLET—Oficina de registros en Miami, Florida, o a la siguiente dirección de correo electrónico: flet@flet.edu.